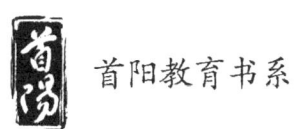 首阳教育书系

历史教育实践

—— 走进课堂 ——

冯丽珍 主编

陕西师范大学出版总社　西安

图书代号　JY24N2093

图书在版编目（CIP）数据

历史教育实践：走进课堂 / 冯丽珍主编.
西安：陕西师范大学出版总社有限公司, 2024. 12.
ISBN 978-7-5695-4759-7

Ⅰ. G633.512

中国国家版本馆 CIP 数据核字第 2024NG6049 号

历史教育实践——走进课堂
LISHI JIAOYU SHIJIAN——ZOUJIN KETANG

冯丽珍　主编

出版统筹	刘东风
责任编辑	韩迎迎　秦友会
责任校对	程凯丽
封面设计	吕　剑
出版发行	陕西师范大学出版总社 （西安市长安南路 199 号　邮编 710062）
网　　址	http://www.snupg.com
印　　刷	陕西信亚印务有限公司
开　　本	787 mm×1092 mm　1/16
印　　张	21
插　　页	1
字　　数	400 千
版　　次	2024 年 12 月第 1 版
印　　次	2024 年 12 月第 1 次印刷
书　　号	ISBN 978-7-5695-4759-7
定　　价	58.00 元

读者购书、书店添货或发现印装质量问题，请与本公司营销部联系、调换。
电话：(029)85307864　85303629　　传真：(029)85303879

序

时光深处的耕耘：探寻历史课堂的实践智慧

夏辉辉

在历史的长河中，教育如同一艘航行的船，承载着知识与智慧，穿越时代的波涛。而在这个信息爆炸、知识迅速更新的时代，教育正经历着前所未有的变革，中学历史教育也在教育改革的大浪潮中不断进步。《历史教育实践——走进课堂》一书的出版，正是对这一时代要求的积极响应，也是对历史教育深情的呼唤，更是对那些在时光深处默默耕耘的历史教师的致敬。

讲好一堂历史课的思考与践行

一堂好的历史课，就如同一盏明灯，照亮学生探索过去的路径，启迪他们对人生、对未来的思考。讲好一堂历史课，不仅关系到历史教育的价值与课堂教学的质量，也关系到教师的教学观与课堂观，更关系到学生的历史学习体验和成效。二十多年来，我国基础教育课程改革的理论与实践不断碰撞交融，大家对"如何讲好一堂历史课"逐步形成了一些共识。

第一，要关注教学目标的引领性。教学目标是教师和学生立足于当下基础上，以具体的教学活动为依托，指向于未来时空的一种结果，这种未来的指向性即人才的培养方向。人工智能的发展对未来人才的标准提出了前所未有的挑战，有专家指出，人工智能将替代所有那些"把人作为工具"的工作。因此，历史课程与教学在回答"培养什么样的人"的时候，要与时俱进，在培养历史学科核心素养的过程中要把历史思维能力的培养和家国情怀的培养放在首位，体现历史学科在培养未来人才中的独特育人价值。

第二，要关注教学内容的结构与变化。历史课程是一门了解中外历史发展进程、传承人类文明、提高人文素养、促进学生全面发展的基础课程，历史课程与教学内容随着课程目标的变化以及考古学与史学研究新成果的出现,也在不断地更新和变化。零散且零碎的历史知识对于核心素养的形成帮助不大,结构化的知识对于学生形成历史大概念、建立各种历史联系、发展历史思维、培养核心素养则有很大的益处,因此,好的历史课堂要通过教学内容的结构化处理来回答"用什么培养人"的问题。

第三,要关注教学过程的有效性。在实践中,越来越多的教师意识到"只有在需要能力的活动中才能培养能力,只有在需要素养的教学过程中才能培养素养"。因此,一节好的历史课,应该有充分的师生对话和交往活动,通过对史料和细节的深入分析,帮助学生理解历史的复杂性和多样性,实现学生历史思维的发展。教师要设计体现历史学科特点的课堂学习活动,从学科内涵的角度回答"如何培养人"这一问题。

第四,要关注学科与学生的双重发展。一节好的历史课,应该把学科与学生两个主体结合起来,把微观上学生的发展与宏观上历史文化的延续结合起来,不再割裂。在这样的课堂上,学科与学生两个"主体"不再是孤立的岛屿,而是相互连接的桥梁。学生的发展不再局限于知识的积累,更包括历史思维的培养、创新能力的激发和素养的提升;同时,历史文化的传承与延续也不再是遥远的回声,而是在学生认识世界、理解历史、发展自我的过程中得以实现。

以上关于"如何讲好一堂历史课"的认识,是无数教师用智慧和汗水浇灌出来的实践之花。本书正是从《中学历史教学参考》"刊网微研"活动宝贵的实践出发,汇聚历史教师在教育实践中的智慧与经验,书中的每一个观点、每一个案例,都是历史教师对"如何讲好一堂历史课"的思考与实践的结果,它们不仅是对过往教学实践的总结,更是对未来教学改革的展望。

一本充满了实践智慧的案例集

在历史课堂这片实践的田野上,每一位教师都是辛勤的农夫,他们播种着智慧的种子,期待着收获满园的芬芳。本书精选了近年来发表在《中学历史教学参考》上59篇与课堂教学实践相关的文章,从十个方面对"如何讲好一堂历史课"进行了案例示范和理论阐述,旨在为历史教育工作者提供实践路径,指引大家在教学实践中不断探索、前行,它不仅是一本论文集,更是一份对历史教育实践的深刻洞察。综合起来看,本书有以下几个特点:

一是具有时代性。本书内容涵盖了教学目标的实现、教学主题的确定、教学内容的处理、教学过程的优化等多个维度,反映了历史教育实践对新课程改革的积极回应。例如,在当前新课程改革的背景下,中国学生发展核心素养与历史学科核心素养共同构成了历史课堂教学的目标体系,本书在历史学科核心素养的基础上,重点讨论了中学生历史思维品质的培养以及家国情怀的培育等,这是对历史学科育人特点和育人价值的回应。此外,本书中多个案例运用大概念教学帮助学生形成"专家思维",引导学生"像历史学家一样思考",并汇集了跨学科主题学习的多篇论文,对于读者理解核心素养时代的课堂样态、教学形态及学习特征很有帮助。

二是体现聚焦性。历史教育的实践是一个不断发现问题、解决问题的过程,本书聚焦于中学历史教师在课堂教学中所关注的热点问题,如核心素养的形成、历史思维的培养、单元主题教学、大概念教学、历史思维的培养、初高中教学衔接、跨学科主题学习、情境教学、课程思政等。这些问题的探讨,不仅有助于教师在教学中找到解决问题的策略,也为历史教育的理论研究提供了丰富的实践基础。例如,本书中关于教学过程的实践探索,既有宏观层面的初高中教学衔接和跨学科主题学习,也有中观层面的基于大单元、大概念对教学过程的实践探索,还有微观层面的概念教学、情境教学、史料教学、细节教学等。

三是突出实践性。丰富的实践案例是本书的一大特色,书中的每一篇文章都是基于作者在教学一线的实践经验,不仅为读者提供了可操作的教学策略,也为历史教育的理论发展提供了实证支持。例如,在"中学生历史思维品质的培养"板块中,除了运用了大量案例说明历史课堂教学如何发展学生的历史思维能力,还有专家的理论文章以说明"什么是历史思维""什么是历史思维能力",这对读者来说是一个很好的从实践到理论的思想练习过程。再如,在"高一历史'教学衔接'"板块中,编者从课标衔接、素养衔接、内容衔接、设问衔接、教学情境衔接、习题衔接、教考衔接等多个维度构建了"教学衔接"案例示范,为读者打开了新的视野。

一条以实践之光照亮未来的教育发展之路

《中学历史教学参考》始终聚焦于课堂的脉动,重视教学的实践,成为历史教师心中的"灯塔"。编辑部结集出版《历史教育实践——走进课堂》一书,是对过往历史教学实践的深刻凝练,也是对未来教育趋势的前瞻性探索。它汇聚了丰富的教学资源,为历史教师提供了教学的灵感,为研究者提供了研究的框架,为读者提供了思想的火花。

我们相信,本书中所汇聚的实践智慧,能够激发读者的思考,引导大家在历史教育的旅途中找到自己的方向和方法。同时,我们也期盼,这些实践的精髓能够成为历史课堂发展的"风向标",引领着历史教育的潮流。最后,我们衷心祝愿,《历史教育实践——走进课堂》能够成为每一位历史教育工作者的良师益友,伴随大家在教育的道路上不断前行,不断成长。

目　录

序　时光深处的耕耘:探寻历史课堂的实践智慧 ………………………… 夏辉辉/001

中学历史教学中的"大概念"
——以《中外历史纲要(上)》第一单元"从中华文明起源到秦汉统一多民族封建国家的建立与巩固"为例

基于大概念的高中历史课时教学设计探索
　　——以"诸侯纷争与变法运动"一课为例 ………………… 韦飞宁　冯炜堂/002
基于大概念的高中历史单元整体教学设计与实践
　　——以"从中华文明起源到秦汉统一多民族封建国家的建立与巩固"单元为例
　　　………………………………………………………………… 姚　静　姚福卫/010
内容与主题衔接的困境与探索
　　——评韦飞宁老师"诸侯纷争与变法运动"一课 …………………… 楼卫琴/018

高一历史"教学衔接"
——以《中外历史纲要(上)》第二单元"三国两晋南北朝的民族交融与隋唐统一多民族封建国家的发展"为例

衔接视域下的高中历史教学设计与实施 ……………………………………… 王光宇/022
探索与突破:高一历史教学衔接的历程和视角 ……………………………… 唐　琴/034
课标衔接:初高中历史衔接教学的出发点 …………………………………… 季　芳/038
问题衔接:高一学生思维进阶的通道 ………………………………………… 刘　俊/044
史证衔接:初高中学术情境创设的变通 ……………………………………… 章慧慧/048
习题衔接:初高中历史教学的变式视角 ……………………………………… 王之剑/051
教考衔接:高考题在高一历史教学中的利用 ………………………………… 张　任/055
"必""选"衔接:高一高二内容的教学互衬 ………………………………… 顾云萍/059

学科衔接：导向素养的跨界初探 ·················· 金秋荣/062
教研衔接：构建联合联袂的"大教研" ·················· 杭辉军/066
民族交往交流交融视域下的中国史教学
　　——基于"三国两晋南北朝的政权更迭与民族交融"一课的思考 ········ 王春梅/069

如何讲好文化史
——以《中外历史纲要（上）》第三单元"辽宋夏金多民族政权的并立与元朝的统一"为例

我对文化史教学的粗浅感悟
　　——以"辽宋夏金元的文化"为例 ·················· 吴文涛/075
底蕴　理性　情怀
　　——"辽宋夏金元的文化"一课引发的几点思考 ·········· 臧家富　刘　芳/081
如何讲好文化史 ·················· 张　帆　成学江/088

跨学科主题学习
——以《中外历史纲要（上）》第四单元"明清中国版图的奠定与面临的挑战"为例

走读鹏城　研史寻迹
　　——跨学科主题学习"千户所城中的明清古迹寻访与历史记忆" ····· 李　静/093
构建"四有"教研机制　支撑教师专业发展 ·················· 周晓楠/098
基于地域文化的高中历史跨学科主题学习探究 ·················· 周晓濛/101
"史"承千载　"剧"创青春
　　——历史剧跨学科主题学习的实践与思考 ·················· 陈　菁/104
"学习进阶"理念下高中历史跨学科校本课程开发的探索实践 ·············· 双学锋/108
跨学科主题学习与信息化桥梁链接的落位与思考 ·················· 范立红/111
素养本位新探索　跨界融合应未来
　　——中学历史跨学科主题学习的教学实践 ·················· 吴　磊/115

中学生历史思维品质的培养
——以《中外历史纲要（上）》第五单元"晚清时期的内忧外患与救亡图存"为例

在寻求突破中发展学生的历史思维能力 ·················· 李德刚/121

学生历史思维品质提升策略浅识 ………………………………… 程宝琴/129
尊重历史自身价值与意义的一节历史课
　　——评李德刚老师"两次鸦片战争"一课 …………………… 王少莲/136
"时空观念"视域下学生历史思维品质的涵育 ………… 李玉民　刘玉强/140
中学生历史思维品质的培养方略
　　——由"两次鸦片战争"引发的思考 ………………………… 张少婷/146
问题设计：历史思维品质培养的关键 ……………………………… 倪　妍/151
从历史思维到历史思维能力 ………………………………………… 张汉林/158
历史思维能力漫谈 …………………………………………………… 王加丰/167
培养历史思维能力是历史教育的重要任务
　　——读张汉林新著《历史思维能力研究》的启发 ……… 刘淑燕　陈德运/175

单元教学
——以《中外历史纲要（上）》第六单元"辛亥革命与中华民国的建立"为例

"以理解为中心"的单元教学设计
　　——以"辛亥革命"为例 ……………………………………… 隋子辉/182
基于叙事的历史单元教学思考 ……………………………………… 马　婷/189
单元教学中的问题设计 ……………………………………………… 周双双/193
基于立意的历史单元教学理解 ……………………………………… 王　磊/196

情境设计与情感体验
——以《中外历史纲要（上）》第七单元"中国共产党成立与新民主主义革命兴起"为例

情境设计与情感体验
　　——以"南京国民政府的统治和中国共产党开辟革命新道路"为例
　　………………………………………………………………… 丁　健/199
家国情怀的"高考表达" ……………………………………………… 郝爱学/204
立德树人　"史意"校园 …………………………………… 陈国峰　冯　磊/210
高中历史"家国情怀"培育实践反思 ………………………………… 徐晓明/215
例谈历史情境教学中的情感体验 ………………………… 陈亚冰　张　宪/219
情感培育是历史教育的旨归 ………………………………………… 李付堂/224

历史概念与价值教育
——以《中外历史纲要(上)》第八单元"中华民族的抗日战争和人民解放战争"为例

"长城"的概念与价值内涵
　　——"从局部抗战到全国抗战"教学反思 ············ 陈一丁/230
"中华民族"作为价值性概念的建构
　　——以"从局部抗战到全国抗战"一课为例 ············ 王　雄/235
大概念统领下的教学设计
　　——以"从局部抗战到全国抗战"一课为例 ············ 曹　伟/243
例说史料的选择与运用 ············ 孙兴武/248
历史细节的教学设计与实施
　　——以"从局部抗战到全国抗战"一课为例 ············ 蒋思敏/254
生成与评价：宏观视角下一节课的立意 ············ 梅　冬/260

历史教学的"维度"
——以《中外历史纲要(上)》第九单元"中华人民共和国成立和社会主义革命与建设"为例

立意与策略：基于"教学维度"的教学实践与思考 ············ 刘相钧/267
历史课堂教学的"三重逻辑" ············ 华春勇　王艳芝/274
思维角度就是教学维度
　　——兼谈"中华人民共和国成立和向社会主义的过渡"的多维度教学问题 ··· 李元亨/280
守正·创新：以文本解读规范历史教学 ············ 郭阿男/284
哲学的思维·逻辑的建构·历史的表达
　　——观"中华人民共和国成立和向社会主义的过渡"一课有感 ············ 赖蓉辉/287

历史教学与课程思政
——以《中外历史纲要(上)》第十单元"改革开放和社会主义现代化建设新时期"为例

"中国特色社会主义的开创与发展"教学设计 ············ 庞明凯/294
"三全"育人浸润无声
　　——历史课程思政育人路径的探索与实践 ············ 田茂刚/302
对历史教学与课程思政的一点思考 ············ 何高峰/309
[附]中学历史课程的变革与反思 ············ 张汉林/311

"刊网微研"第1期

研讨主题：中学历史教学中的"大概念"

研讨团队：广西崇左市教科所姚静教研员工作室

研讨课题：《中外历史纲要（上）》第一单元"从中华文明起源到秦汉统一多民族封建国家的建立与巩固"第2课"诸侯纷争与变法运动"

基于大概念的高中历史课时教学设计探索
——以"诸侯纷争与变法运动"一课为例

○ 韦飞宁　冯炜堂

《普通高中历史课程标准（2017年版2020年修订）》在前言部分中明确指出"进一步精选了学科内容，重视以学科大概念为核心，使课程内容结构化，以主题为引领，使课程内容情境化，促进学科核心素养的落实"。关于大概念教学，叶小兵教授认为，"根据大概念重新建构学习内容的框架，围绕大概念来组织和开展教学活动，以大观念、大任务、大问题来统领整个学习过程，使学生的认识不是停留在分散的、碎片化的知识表层上，促进学生建构合理的历史认识的框架"[1]。学生在学习的过程中建构大概念，又依据大概念扩大知识建构范围，在这一过程中感知历史学科思维，最终落实历史学科核心素养的培育目标。

2021年，广西开始使用统编版高中历史教科书，广大一线同仁普遍反馈教科书内容多而庞杂，一周2个课时难以完成教学任务。如何让学生在一学年的学习时间既完成课本上涵盖的中外历史知识学习又落实核心素养的培育？课程标准中提到的"学科大概念"是一个崭新的备课视角。那么，如何在教学设计中使用"学科大概念"呢？依托《中学历史教学参考》2023年主办的"刊网微研"系列活动，笔者尝试以"诸侯纷争与变法运动"一课为例，以落实历史学科核心素养为要旨，将大概念与高中历史教学设计相结合，希望为推进历史学科核心素养的"落地"做出有益尝试。

一、历史学科大概念确立的依据

首先，历史学科大概念的确立要依据课程标准的要求。第2课"诸侯纷争与变法运动"对应的课程标准为：通过了解春秋战国时期的经济发展和政治变动，理解战国时期变法运动的必然性；了解老子、孔子学说；通过孟子、荀子、庄子等了解"百家争鸣"的局面及其意义。课程标准蕴含的核心概念是"变动"，春秋战国时期的经济变动推动了政治变动和思想领域的变动，在经济制度、政治格局和思想文化领域中引发的变革对华夏周边族群融入并认同华夏的心理历程产生重大影响,也为中国古代统一多民族国家的形成与发展提供了重要的社会心理基础。

其次,教科书是历史学习的重要参考,也是凝练历史学科大概念最直接、有效的来源。在"诸侯纷争与变法运动"一课中,从单元标题分析,"从中华文明起源到秦汉统一多民族封建国家的建立与巩固"体现的是先秦时期历史文化认同奠定了中华民族多元一体格局的社会基础。从课时标题分析,"诸侯纷争与变法运动"重点在于"纷争""变法"两个关键词,"纷争"打破隔阂,促进族群交流;"变法"推动社会转型,政治体制由等级分权制走向君主专制、中央集权和官僚制,华夏族与周边族群以政治认同为纽带日趋融合。从各子目标题来看,第一目"列国纷争与华夏认同",阐述列国纷争促进华夏认同;第二目"经济发展与变法运动"和第三、四目"孔子和老子""百家争鸣"描述春秋战国时期经济的发展推动了变法运动和思想领域的百家争鸣,从而促进了政治认同和文化认同,为大一统国家的建立奠定了基础。

再次,学者研究成果为本课提炼大概念提供了学术支撑。历史文化认同是中华民族之民族认同的历史基础和思想基础,也是历史上各个时期的国家认同的思想基础。历史认同,主要指关于血缘、地理、治统的联系与认识;而文化认同,主要指关于心理、制度、道统的影响与传承[2]。国家认同核心内容是对政权的政治认同,同时还包括地理疆域认同和历史文化认同。先秦两汉时期,国家认同与民族观念是紧密联系在一起的,民族观念与国家认同之间形成交叉融合、互补互动的关系[3]。华夏认同,在春秋战国时代还有一个现象,就是争夺正统。"挟天子以令诸侯"也同样可以看成是对正统的争夺。争夺正统的后果,就是强化了华夏的认同。而族群认同是文化认同的基石,文化认同是族群认同的胶合剂,国家认同是族群认同和文化认同的升华,属于高层次认同感。华夏认同则涵盖族群认同、文化认同、制度认同和国家认同等[4]。

综上,在"认同"这一单元的上位概念和"历史文化认同"和"国家认同"的单元核心大概念统领下,我们将本课的学科大概念凝练为"华夏认同"。

二、聚焦历史学科大概念的教学内容处理

(一)学情分析下的"华夏认同"大概念

关于本课内容,《义务教育历史课程标准(2022年版)》的相关要求为:知道老子、孔子的生平与思想;通过了解这一时期的生产力水平和社会关系的变化,初步理解春秋时期诸侯争霸局面的形成、战国时期商鞅变法等改革和"百家争鸣"局面的产生。在课时设置上,统编版《中国历史》七年级上册第二单元安排了三课时来阐述。基于此分析可知,本课教学的重点不再是诸侯纷争、变法运动和百家争鸣的具体史实,而是牢牢把握"华夏认同"这一概念,将教科书内容进行重新整合,在教学目标的指向下,通过有效问题链和

学习任务的驱动,帮助学生在构建华夏认同发展历程的基础上,理解族群认同、政治认同、文化认同和华夏认同之间关系,进而理解中国古代统一多民族国家的形成和发展的社会心理基础,培养学生树立中华民族共同体意识。

(二)"华夏认同"大概念下教学内容的重整

基于初中已有的学习基础,学生在高中应形成对该段历史发展特征的概括性认识。遂笔者采用以"华夏认同"这一核心概念为统领,对本课内容进行结构化处理,构建课时知识体系(如图1):

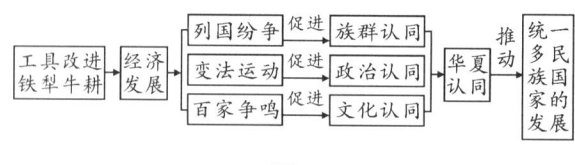

图1

三、落实历史学科大概念的教学设计

列国纷争、商鞅变法、百家争鸣等是本课的三个核心概念,指向大概念理解的核心目标是:(1)在列国纷争中民族关系发生重大变化,"华夏认同"观念不断发展,华夏族群边界不断拓展;(2)生产力决定生产关系,生产关系变化要求上层建筑变革,推动社会转型,政治体制由等级分权制走向君主专制、中央集权和官僚制,华夏族与周边族群以政治认同为纽带日趋融合;(3)社会存在决定社会意识,诸子百家在并立中争鸣,在争鸣中相互借鉴交融,出现"百家合流"局面,推动我国思想文化的大发展。通过对华夏认同发展历程的构建,理解族群认同、政治认同、文化认同和华夏认同之间关系,进而理解中国古代统一多民族国家的形成和发展的社会心理基础。围绕"春秋战国时期,列国纷争,内外战争不断,为什么会出现'华夏认同'""如此动荡的时期,为什么会成为后世统一多民族国家建立与发展的'轴心时代'"两个关键问题展开,结合教科书子目内容,以三大任务推动教学进程:

【学习任务一】怎样认识诸侯纷争与华夏认同

材料一 《犬戎灭西周与平王东迁(公元前771—前770年)》图(摘自《普通高中历史地图册》,图略)

材料二 西汉学者刘向概括战国时的混乱局面说:田氏取齐,六卿分晋,道德大废,上下失序……是以传相放效,后生师之,遂相吞灭,并大兼小,暴师经岁,流血满野……上无天子,下无方伯,力功争强,胜者为右。

——《〈战国策〉书录》

材料三 南夷与北狄交,中国不绝若线(形容局势危急),桓公救中国而攘夷狄。

——《春秋公羊传·僖公四年》

材料四 狄人伐邢。管敬仲言于齐侯曰：戎狄豺狼，不可厌（满足）也，诸夏亲昵，不可弃也。

——《左传·闵公元年》

材料五 楚之先祖出自帝颛顼高阳。高阳者，黄帝之孙，昌意之子也。

——《史记·楚世家第十》

材料六 抚有蛮夷，以属华夏。

——《左传·宣公十二年》

材料七 楚子伐陆浑之戎，遂至于雒，观兵于周疆。定王使王孙满劳楚子。楚子问鼎之大小轻重焉。

——《春秋左传正义》卷二一

问题设计：(1)春秋战国时期，中原各国面临哪些困境？(2)中原各国如何应对这些困境？(3)从楚国争霸过程中的三个细节，说说它们反映了什么现象？

教师分析：问题(1)意在引导学生理解东迁后的周王室势力衰微，争霸战争不断消除各种氏族血缘组织。争霸过程中提出的"尊王攘夷""挟天子以令诸侯"，实质就是对正统的争夺。而"华夏的认同，在春秋战国时代，就是争夺正统"[4]。问题(2)意在让学生理解中原各国在面临蛮夷戎狄侵扰困境时，内部团结抵御而自觉形成华夏观念。问题(3)以楚王争霸为例，从学生熟悉的"楚王问鼎"的故事切入，引导学生深度理解"问鼎中原"实质是争夺正统，是争霸野心之下进一步认同华夏并渴望被华夏各国认同。

设计意图：中原霸主与周边的蛮、夷、戎、狄不断进行战争，出现了长期的空前的民族大迁徙、大交流，中原诸夏与周边"四夷"不断相互吸引、融合互动，促使华夏民族的形成壮大。而楚王争霸的例子，则为了更好地实现从具体到抽象的大概念生成。

【学习任务二】如何理解变法运动与华夏认同

材料八

春秋战国时期：西周晚期，发明冶铁技术，制造出最早的铁器；公元前594年，鲁国实行"初税亩"；春秋后期，发明展性铸铁技术，铁硬度提高，适用制造农具；公元前476年；五尺童男子一人驱牛耕地一天，相当于成年男子用耒耜三天耕作量，私田大量开垦；战国后期，发明渗碳制钢技术，基本完成铁器的普及；战国末年，兴建都江堰、郑国渠。

——田昌五、漆侠主编《中国封建社会经济史》

材料九 公元前594年，鲁国实行"初税亩"，规定不偏公田私田，按田亩实有数，由国家一律收税。

——赵恒烈《关于井田制概念的几个教学问题》

材料十

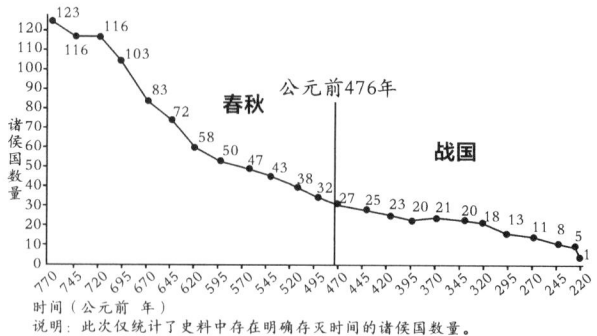

说明：此次仅统计了史料中存在明确存灭时间的诸侯国数量。

——整理自《中国历史纪年表》《春秋大事表列国爵姓及存灭表撰异》

问题设计：(4)为什么战国时期各国要推行变法？

教师分析：春秋战国时期生产力水平的发展，促使井田制崩溃和土地私有制出现，阶级关系也随之变化。兼并战争日益剧烈，为适应社会巨变，战国时期各国推行变法成为一股潮流。逐步建立君主专制的政治制度，奠定了大一统的政治基础。铁器的逐步推广使用极大地改变了人们的生产生活方式，导致生产关系变化，一定程度上促进了民族交融。各国变法中最具代表性的就是商鞅变法。

问题设计：(5)商鞅变法如何推动秦国的社会转型？

学生活动：运用表格梳理商鞅变法内容和作用(略)。

教师分析：生产力决定生产关系，生产关系变化要求上层建筑变革，推动社会转型，政治体制由等级分权制走向君主专制、中央集权和官僚制，奠定了大一统的政治基础。而华夏族与周边族群以政治认同为纽带日趋融合。

设计意图：历史学科教学内容的衔接带有重叠性和反复性。本课时内容的大部分史实学生在初中已经详细学习。表格填写可唤醒学生的知识回忆，使其建立新旧知识之间的联系，并依据所学分析商鞅变法的影响：逐步建立起君主专制的政治制度；推动秦国社会的转型，进而认识改革运动与大一统国家之间的逻辑联系。

【学习任务三】如何理解百家争鸣与华夏认同

探讨诸子学说，了解"百家争鸣"的局面及意义，认识"百家争鸣"是社会大变革在思想领域的体现。

材料十一　孔子之作《春秋》也，诸侯用夷礼则夷之，进于中国则中国之。

——韩愈《原道》

材料十二　吾闻用夏变夷者，未闻变于夷者也。陈良，楚产也，悦周公、仲尼之道，北学于中国。北方之学者，未能或之先也。彼所谓豪杰之士也。

——《孟子·滕文公上》

问题设计：(6)说说"夷夏之辨"的实质。

教师分析:夷夏之辨的实质就是一种文化认同,其突破了血缘和地域,推动周边民族的文明进步,促进了夷蛮融入华夏族,形成新的多元一体化民族格局。夷夏之辨促使不同质的文化进行充分交流和相互刺激,从而产生出大量辩论课题,碰撞出无数思想火花,诞生出各种学术流派。

材料十三 《春秋战国著名学者及其学说分布》和《春秋战国文化区与学术研究的分布》(图略)

——摘自哈尔滨市第三中学主编《以图证史:高中历史学习考试地图册》(中国地图出版社,中华地图学社)

问题设计:(7)诸子百家思想主张有何共同之处?多文化圈的交流碰撞产生了怎样的后果?

教师分析:从空间上看,诸子百家分布于不同的文化圈,文化圈各具特色。从这个角度来认识诸子争鸣,其实就是华夏文化圈内不同区域的文化差异带来的冲突。正因如此,战国时期的百家争鸣,一方面互相冲突,互相争辩,另方面又互相吸收,逐渐融合。以表格形式重温诸子百家思想,从荀子思想中能看到不同学派所代表的不同区域文化已逐渐融合,各家学派之间观点互鉴。

设计意图:社会经济变动、政治变动促使思想文化产生变动,形成"百家争鸣"的局面,体现社会存在决定社会意识的唯物史观原理。百家争鸣中涌现出了诸多治国理政思想,通过争鸣,相互批判、相互吸收,形成你中有我、我中有你的态势,产生文化认同观念,奠定了大一统的思想基础。

【学习迁移】从秦人融入华夏民族的历程认识华夏认同观念的形成

基于大概念的高中历史课堂设计最终目的是促进教师的教与学生的学,为验证学生能否在具体情境和抽象概念之间穿梭,最终生成大概念,我们设计了一个课后学习迁移任务。

表1 秦人融入华夏民族历程相关资料

从远古到西周时期	①在秦人的历史记忆中,其母系先祖女修、女华出自炎黄世系,秦人为炎黄的姻族。秦人长期活动在西周的西部边疆,因善于养马,西周赐予封邑,收为附庸。 ②直到西周末,秦人仍然是西部边陲的"游牧部落"
春秋时期	③秦襄公因护卫周平王东迁洛邑有功,被封为诸侯,秦人由此进入诸侯之列。此后,秦人一再东迁,势力扩大到关中地区,成为西北地区一个实力强大的诸侯国。 ④秦穆公在位时期,与毗邻的晋国发生过多次联姻。秦穆公娶晋国太子申生之姊,秦穆公之女怀嬴嫁给为质于秦的晋太子圉。后秦穆公又将包括怀嬴在内的数名秦国宗女嫁给流亡至秦国的晋公子重耳

续表

战国时期	⑤秦孝公即位后,中原诸夏视秦人为夷狄。"不与中国诸侯之会盟,夷翟(狄)遇之"。秦孝公深感耻辱,表示"诸侯卑秦,丑莫大焉"。秦孝公发布求贤令,宣称:"宾客群臣有能出奇计强秦者,吾且尊官,与之分土。"由此引发了中原诸夏人才西向入秦的高潮。 ⑥在春秋战国五百余年间,秦人持续迁都东进。孝公迁都至咸阳,完成了其活动中心由陇右到关中腹地的重大转移。 ⑦秦庄襄王时,吕不韦成为秦国的相国。在任相国期间,他招募大量宾客游士至门下,合众人之力,主持编撰《吕氏春秋》。《吕氏春秋》对各家学术流派兼容并蓄的态度,既起到了保存战国后期各家学派学术活动与学术观点的作用,也起到了对百家争鸣活动进行总结的客观效应。 ⑧战国晚期,由于秦国实力不断壮大,取代周室、吞灭群雄的战略意图越来越明显,六国人士对秦国充满仇恨和畏惧。但是,秦人身上的"戎狄"标签,在战国晚期已经淡化,甚至消失。秦国发动的兼并战争,在六国人士心目中不是异族入侵,而是强者对弱者的征服战争。秦与六国之间已经不存在夷夏之别,秦人已经完全融入并认同华夏民族

——摘编自彭丰文《从边缘到中心:秦人认同华夏民族的心理历程及其历史意义》

问题设计:(8)概述秦人融入华夏民族的历程。(9)结合此例谈谈你对华夏认同的认识。

设计意图:知识的获得和内化需要一定的情境,秦人的发展空间、政治活动、学术文化等都体现了向华夏文明靠拢的趋势。这一学习迁移任务可加深学生对华夏认同的理解,进而明白华夏的地域范围不断扩大,华夏民族文化圈进一步向四边疆域扩展,中原部族与周边部族不断融合,华夏族逐渐形成统一的整体。

四、基于大概念的教学评价反思

本课以学科大概念为基础,以课堂主题为核心,将不同的知识片段和逻辑连接起来,有历史因果逻辑的梳理,有学科素养的落实尤其是唯物史观、时空观念、史料实证、历史解释的落实,也有值得反思的地方。比如构建"华夏认同"大概念时,材料选取时对学情考虑欠佳,导致部分学生最后对与华夏认同的内涵认识依然较为模糊。如"五德终始说""大九州说"这些概念超出了高中学生的理解范畴。此外,教学过程中引导学生解读材料形成的一些历史认识过程中略显生硬。朱能老师建议先挖掘尊王攘夷的政治意义,再挖掘尊王攘夷在当时产生的文化意义,再看尊王攘夷从客观上所形成的对民族认同方面的作用和意义,通过这样的层层推进,像剥笋一样一直挖到它的内核,使学生水到渠成地理解华夏认同观念得到发展。

大概念教学是新形势下教师开展教学的一种有效思路和方法。构建具有历史学科特征的大概念教学,对于教师的备课和学生的学习具有重要的意义。教学实践中反映出来的不足反映了大概念教学对老师的专业素养的高要求,需要老师深入研究课程标准和教科书,阅读相关的学术研究成果,如此才能更好地实施历史教学,落实学生核心素养。

---

[1] 叶小兵.钻研新教材,用好新教材:统编高中历史必修教材使用的若干建议[J].历史教学(上半月刊),2020(8).

[2] 瞿林东.历史文化认同与中国统一多民族国家[M].石家庄:河北人民出版社,2013.

[3] 彭丰文.先秦两汉时期民族观念与国家认同研究[M].北京:中国社会科学出版社,2016.

[4] 王明珂.华夏边缘:历史记忆与族群认同[M].上海:上海人民出版社,2020.

(本文选自《中学历史教学参考》2023年第6期。作者单位:韦飞宁/广西民族师范学院附属中学;冯炜堂/广西宁明县宁明中学)

基于大概念的高中历史单元整体教学设计与实践
——以"从中华文明起源到秦汉统一多民族封建国家的建立与巩固"单元为例

○ 姚 静 姚福卫

自统编版高中历史教科书实施以来,广西各地市的教研团队在夏辉辉老师的带领下进行了基于大概念的大单元教学设计研究,基本形成了从单元教学设计到课时教学设计的整体模式,主要包括教学内容分析系统、学情分析系统、教学目标分析系统、教学过程分析系统和教学评价分析系统五大部分,单元教学设计与课时教学设计两者相互依存。

2023年3月26日,崇左教研团队有幸参与《中学历史教学参考》2023年"刊网微研"系列活动。此次活动主题为"中学历史教学中的大概念",韦飞宁老师以《中外历史纲要(上)》第一单元第2课"诸侯纷争与变法运动"为例展示了一节大概念教学的研讨课。与会专家高度认可韦老师运用大概念教学的尝试,同时也对本课大概念教学给予了学术指导和实践建议,让我们受益匪浅。本文以"从中华文明起源到秦汉统一多民族封建国家的建立与巩固"单元为例,从单元角度探讨基于大概念的高中历史单元整体教学设计与实践。

一、关联大概念,提炼单元教学主题

基于大概念的教学课程框架,可以帮助学生理解整个学习体系的逻辑结构。将大概念分解为细节或小概念,提炼单元主题,根据单元主题构建一个学习路线,在每个课时内深入探讨相关概念,确保大概念与单元主题关联。

(一)基于课程标准要求

对于这一单元,课程标准要求"通过了解石器时代中国境内有代表性的文化遗存,认识它们与中华文明起源以及私有制、阶级和国家产生的关系;通过甲骨文、青铜铭文及其他文献记载,了解私有制、阶级和早期国家的特征;通过了解春秋战国时期的经济发展和政治变动,理解战国时期变法运动的必然性;了解老子、孔子学说;通过孟子、荀子、庄子等了解'百家争鸣'的局面及其意义;通过了解秦朝的统一业绩和汉朝削藩、开疆拓土、尊崇儒术等举措,认识统一多民族封建国家的建立及巩固在中国历史上的意义;通过了解秦汉时期的社会矛盾和农民起义,认识秦朝崩溃和两汉衰亡的原因"。通过对课程标准的研读,从了解层面,单元教学主线可概括为"掌握从远古到秦汉时期,中华文明从起源到早期国家的形成并逐步发展到统一多民族封建国家的发展历程"。从理解和认识层面,单元教学立意可概括为"理解从远古到秦汉时期,中华文明从多元逐渐向核心凝聚,并最终初步形成一体格局的动因及意义"。课程标准中能够统摄教学主线的学科概念有"早期国家""百家争鸣""统一多民族封建国家"等,梳理清楚这些学科概念之间的逻辑关系是本单元教学实施的关键,在教学过程当中需要探究教学主线的背后动因,寻找这些学科概念的上位概念,深度理解单元教学立意。

(二)基于教科书分析

教科书单元导语"中华文明多元一体,源远流长,生生不息,展现了自身发展道路的独特魅力",蕴含了单元教学立意:中华文明多元一体,各民族交往交流交融,共同缔造了中华文明,推动建立了统一多民族国家。

单元内4个课时围绕教学主线,层层落实教学立意。第1课"中华文明的起源与早期国家",通过了解石器时代中国境内有代表性的文化遗存,认识中华文明起源的多源性和统一性;通过将分封制、宗法制融入整个时代概貌中,结合对内外服、甲骨文、青铜器、井田制等内容的学习,加深对早期国家特征的理解,并进一步认识其背后的历史文化认同动因;第2课"诸侯纷争与变法运动"从政治、经济、社会、文化方面对春秋战国大变革的历史变迁过程进行了整体叙述。诸侯纷争促进了民族交融和华夏认同;各国变法改革,奖励军功,承认土地私有,建立君主专制的政治制度,推动了社会转型,变法改革成为战国时期的一股潮流;百家争鸣,各派思想家针对当时的社会问题提出治国理政方案,争论中各学派观点互鉴,并趋于认同大一统思想。第3课"秦统一多民族国家的建立"讲述秦王朝确立了中国古代统一多民族封建国家的政治制度和政治疆域,顺应了历史发展趋势,是大一统政治认同和疆域认同的体现;第4课"西汉与东汉——统一多民族封建国家的巩固"讲述汉承秦制,以中央集权专制主义统治为特征的统一多民族国家得以巩固,这是政治继承和大一统意识的进一步发展。综上所述,"中华文明多元一体""华夏认同""统一多民族封建国家的建立和巩固"等核心概念的上位概念是历史文化认同。

(三)基于学术依据

关于中华文明起源与中华民族发展的学术研究,苏秉琦、严文明、费孝通、彭丰文、瞿林东和侯旭东等著名学者各有其研究成果。苏秉琦先生的"满天星斗"说和严文明教授的"重瓣花朵"论,对早期文明统一性和多样性做了客观且全面的表述,提出中原华夏族对周围各民族、各部族富有向心力和凝聚力[1]。费孝通先生认为中华民族和中华文明的多元一体格局源于中国新石器时代文化的多元交融与汇集,具有强化中华民族的内部凝聚力的现实意义[2]。瞿林东教授提出历史文化认同是中华民族之民族认同的历史基础和思想基础,也是历史上各个时期国家认同的思想基础。他指出"这里说的历史认同,主要指关于血缘、地理、治统的联系与认识;而文化认同,主要指关于心理、制度、道统的影响与传承"[3]。彭丰文博士提出国家认同包含对政权的政治认同、地理疆域认同和历史文化认同。"中国古人的国家认同体现出强烈的忠君忠于王朝的意识、大一统政治意识、正统意识和政治继承意识,其核心是要求并追求在时间和空间领域中实现政治权力的高度统一,即认同政治、疆域、历史的'大一统'"[4]。基于以上学者所述,先秦两汉时期,中华文明从多元逐渐向核心凝聚,并最终形成一体格局,其背后动因是历史文化认同。

基于课程标准要求、教科书分析和学术依据,在大概念"历史文化认同"统领下,本单元的教学主题设定为"从早期国家到大一统国家,历史文化认同促进统一多民族封建国家形成和发展"。

二、围绕单元主题,设计单元教学目标

基于主题的单元整体教学目标设计,目的是让学生在一个主题下深度学习,培养学生的关键能力,落实学科素养。

(一)学情分析

从教科书内容来看,学生在初中阶段已经学习过本单元相关基础史识,初步掌握了先秦到秦汉时期的重要历史知识。初中教科书呈现大量的"图说历史",注重历史常识的储备。基于此,高中教学则应加强时空观念和历史逻辑教学,在大概念视域下,建构历史知识框架,认识其背后蕴含的本质,注重学科关键能力的培养。高中教科书新增不少内容,如华夏族群和华夏认同的形成,侧重介绍商鞅变法的主要内容和影响、对百家争鸣的意义进行了拓展等。高中教学中须将这些新增知识背后蕴含的课程立意挖掘出来,使学生在学习好必备知识的基础上,达成史学思维培养目标和家国情怀的培育。

从课程标准的要求看,初高中课程标准对学生学科素养的培养层次要求不同。初中课程标准要求学生初步学会在唯物史观的指导下看待历史,学会在具体的时空条件下考察历史,初步学会依靠可信的史料了解和认识历史,初步学会有理有据地表达自己对历史的看法等。高中课程标准则要求学生对统一多民族封建国家建立的意义进行理解,在更为宽广的历史时空中探究理解大一统国家建立背后民族认同、历史文化认同和国家认同,认识是各民族共同创造了中华文明,培育中华民族共同体意识。

(二)教学目标

1. 单元核心目标

在唯物史观的指导下,构建从早期中华文明起源到统一多民族封建国家建立和巩固的发展历程,理解早期中华文明多元一体特征及渊源,理解统一多民族封建国家的建立

和巩固在中国历史上的意义;理解历史文化认同和国家认同是统一多民族封建国家建立和巩固的精神动力和理论支持,认识中国传统文化源远流长,博大精深,树立学生文化自信,激发民族自豪感,筑牢中华民族共同体意识。

2. 单元目标分解

(1)必备知识

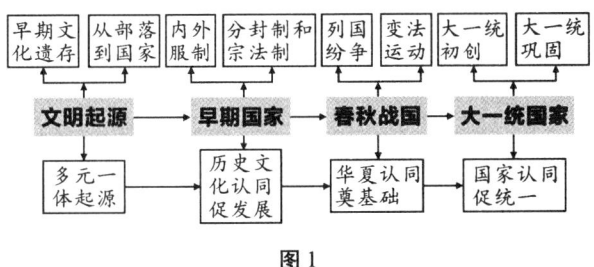

图1

(2)关键能力

获取历史信息能力:能够借助考古学、人类学及历史文献学的研究成果,论证相应的观点,引导学生从教科书提供的图像和文本史料中提取关键的信息,了解石器时代中国境内有代表性的文化遗存,认识中华文明起源的多元一体;通过甲骨文、传世文献、图表等材料分析夏商西周的政治制度,认识中国早期国家的基本特征,培养学生论从史出的学习方法,提升学生史料实证素养。

历史阐释能力:通过了解石器时代中国境内有代表性的文化遗存,理解中华文明起源的多元一体;通过探究诸侯纷争促进华夏观念发展、变法运动推动社会转型、百家争鸣认同大一统思想等,理解秦汉统一多民族国家形成发展的必然性及历史意义。

辩证思维能力:能够运用历史辩证唯物主义观点分析春秋战国时期的争霸和兼并战争,理解战争带来的极大破坏性,但在特定的历史条件下,客观上促进了民族交融和华夏文明的辐射,促进统一多民族国家的形成;能够运用历史辩证唯物主义观点评价"千古一帝"秦始皇,知道把历史人物放在特定的历史环境下进行分析评价,对于秦的暴政与秦末农民起义,要引导学生从因果关系的角度认识二者的内在联系,理解秦的暴政不仅导致社会矛盾激化,更对社会生产力造成破坏,进而认识"在阶级社会里,阶级斗争是社会发展的直接动力"的论断。

(3)核心价值

通过学习从早期中华文明起源到统一多民族封建国家建立和巩固的发展历程,理解中华文明多元一体的特征及渊源,理解中华民族多元一体格局及根源,理解统一多民族封建国家建立和巩固的动因是各民族之间的历史文化认同和国家认同,认识国家大一统是历史发展的趋势,增强国家自豪感和中华民族认同感与责任担当意识,筑牢中华民族共同体意识。

三、依据教学目标,设定教学任务

教学目标通过教学任务来达成,教学任务根据教学目标来设定。教学任务设定好,才能落实各级目标,指引教学活动,承载主体发展。基于此,单元教学任务设定如表1:

表1 "中华文明起源到秦汉统一多民族封建国家的建立与巩固"单元教学任务

课题	学习任务	关键问题
第1课 多元文明,一体发展——从中华文明起源到早期国家	【任务一】探寻早期文化遗存特点 【任务二】概括分析夏、商、西周的统治特点 【任务三】探究早期国家特征	1.如何理解早期文化遗存与中华文明的关系? 2.如何理解夏、商、西周的统治特点? 3.如何理解中华文明多元一体与早期国家特征关系
第2课 民族交融,华夏认同——诸侯纷争与变法运动	【任务一】怎样认识诸侯纷争与华夏认同 【任务二】如何理解变法运动与华夏认同 【任务三】如何理解百家争鸣与华夏认同	1.春秋战国时期,列国纷争,内外战争不断,为什么会出现"华夏认同"? 2.如此动荡的时期,为什么会成为后世统一多民族国家建立与发展的"轴心时代"
第3课 一统天下,国家认同——秦统一多民族封建国家的建立	【任务一】分析秦开创"大一统"统治的条件和措施 【任务二】分析秦的暴政与灭亡原因 【任务三】评价秦始皇	1.如何理解秦统一多民族封建国家的建立对后世的深远影响? 2.秦的灭亡对后世的警示和教训是什么? 3.如何运用唯物史观辩证评价秦始皇
第4课 汉承秦制,中国认同——西汉与东汉——统一多民族封建国家的巩固	【任务一】探政治认同视域下的汉承秦制 【任务二】析两汉时期国家认同的理论表达 【任务三】释两汉时期国家认同的现象	1.从汉初郡国并行到削藩,何以推动政治认同? 2.两汉时期国家认同的理论如何逐步构建起来? 3.两汉之际的动荡政局中,"汉"为何会成为一个具有凝聚力和号召力的称号

四、根据学业水平,进行教学评价

有效的评价对于大概念教学的发展和完善至关重要,要注重知识的深入理解、课程的延展性、学生认知层次的要求,让评价具有参考性。

(一)学业质量水平划分

水平1:能够从文化遗存及随葬品情况的史料中提取有效信息,从早期中华文明的交融角度,初步理解中华文明多元一体特征。(唯物史观、史料实证、历史解释);能够通过辨识历史材料、识别历史地图,概述春秋至两汉时期的重要史事和历史发展的基本进程;概述华夏认同的形成、秦统一多民族封建国家的初建以及两汉大一统国家的巩固等重大史事,认识统一多民族封建国家的建立和巩固在中国历史上的意义,增强民族认同感和自豪感(时空观念、历史解释、家国情怀)。

水平2:能够结合考古文物与传世文献理解华夷之间的民族交融,理解华夏认同促进统一多民族封建国家的形成(史料实证、历史解释);能够在诸多史料中发现线索和获取有效信息,理解春秋战国时期政治、经济、社会文化变动与华夏认同之间的关系,进一步理解统一多民族封建国家建立原因和延续的意义(历史解释、家国情怀)。

水平3:能够利用文物、后人及今人研究成果等不同类型的史料,对夏商周早期国家具有"重视血缘组织的特征"这一命题展开互证,以形成对该问题更可信、全面、丰富的解释(唯物史观、史料实证、历史解释);能够把握战国时期变法运动与政治、经济之间在时空上的联系,认识春秋战国时期是华夏认同大发展时期(时空观念、历史解释);能够从认同角度认识从统一多民族国家的发展。

水平4:探讨中西早期国家特征的异同时,能够恰当运用体现中国早期国家特征和西方学者对早期国家特征之论的若干史料,认识世界文明的多样性(唯物史观、历史解释);能够自觉地将春秋战国时期大变革的分析和两汉时期统一多民族国家的历史意义探究置于具体的时空框架之下,对重大史事进行历史反思,从中汲取经验,从而更全面、深刻地认识现实问题(唯物史观、时空观念、史料实证、历史解释);能够从中华文明发展角度理解多元一体的文化起源是多元一体中华民族格局形成的基础,感受中华民族自古以来的凝聚力和向心力,增强对中华文化的认同,形成正确的民族观、价值观;增强维护国家统一、民族团结的使命感和责任感,铸牢中华民族共同体意识(唯物史观、历史解释、家国情怀)。

(二)学生质量水平测试

阅读材料,完成下列要求。

材料一 何尊是西周早期周成王时的青铜器,内底铸铭文12行122字,提到周武王灭商后决定建都于天下的中心,"宅兹中国"。这是目前所见"中国"一词最早的实物见证。

——《中外历史纲要(上)》第6页

材料二 唐朝孔颖达在《春秋左传正义·定公十年》中说:"中国有礼仪之大,故称夏;有服章之美,谓之华。""华夏"连称,本义指衣冠华美又重礼仪。华夏作为文化、政治实体,在春秋战国时为周边民族所认同。各族同源共祖的观念得到发展。

——《中外历史纲要(上)》第10页

材料三 战国中后期,统一逐渐成为当时人们的共识。孟子提出了"定于一"的思想。成书于战国末年的《吕氏春秋》记载:"乱莫大于无天子,无天子则强者胜弱,众者暴寡,以兵相刬(chǎn),不得休息。"作者认为只有统一才能结束战乱。

——《中外历史纲要(上)》第14页

(1)根据材料一,指出"宅兹中国"的含义,结合所学知识说说你对"中国"的理解。

(2)根据材料二,指出华夏认同的内涵,结合所学知识请你列出华夏认同的一个具体表现。

(3)根据以上材料并结合所学知识,说说为什么"战国中后期,统一逐渐成为当时人们的共识"。

表2 学业质量水平测试评价说明

题号	答题思路	学业质量水平层次
(1)	能够从"中华文明多元一体"的角度回答先秦时期"中国"包含地理、民族、政治等三层含义:指周天子所在地京师或周天子所直辖的疆土;同时也指代华夏民族;还代表中原地区的诸多华夏政权	1-2 能够知道认识史事要考虑到历史地理的状况 1-3 能够从获得的史料中提取有关信息
(2)	能够将春秋战国时期的大变革置于华夏认同的视域下理解,指出中原地区诸夏政权的文化、政治被四夷认同是其核心含义。 能够用史实来证明相关论点,以诸侯争霸、改革变法等例子来说明	2-4 "能够选择、组织和运用相关材料并使用相关历史术语,对个别或系列史事提出自己的解释的能力"
(3)	能够将时空定位于整个先秦时期思考大一统治政治意识的发展,从不同角度分析战国后期人们形成的统一意识的原因	2-2 "能够认识事物发生的来龙去脉" 2-4 "能够在叙述历史时把握历史发展的各种联系"

五、基于教学反馈,进行反思整改

此次活动中专家肯定了大概念在这节研讨课中的充分运用,但也有值得反思的地方。

一是材料使用需要更严谨、更贴近主题和学情。如秦人融入华夏的历程中对祖先祭祀的变化是体现祖先认同非常好的材料,建议用来创设情境。再如讲到阴阳家的时候,材料中出现"五德终始说""大九州说"这些概念,超出了高中学生理解的范畴,教师难以说清,高中生也不易理解。

二是教学要做到深思熟虑，深入浅出，让学生产生浓厚的兴趣。如讲尊王攘夷时，启发还不是很通透，然后就得出了华夏认同观念得到发展的结论。专家建议要挖掘尊王攘夷的政治意义、探究尊王攘夷在当时产生的文化意义、理解尊王攘夷从客观上所形成的对民族认同方面的作用和意义，层层推进，让学生水到渠成地理解华夏认同观念得到发展。

三是学术研究支撑大概念的提炼和运用。教学实践让我们深刻认识到，大概念大单元教学对教师的专业素养提出了更高的要求，要求教师深入研究课程标准与教科书，深度阅读相关的学术研究专著，只有不断提升自身素养，才能实现基于深度学习的大单元大概念教学。

---

[1] 甘阳,侯旭东.新雅中国史八讲[M].北京:生活·读书·新知三联书店,2021:76-77.
[2] 费孝通.中华民族的多元一体格局[M].北京:中央民族大学出版社,1999.
[3] 瞿林东.历史文化认同与中国统一多民族国家[M].石家庄:河北人民出版社,2013.
[4] 彭丰文.先秦两汉时期民族观念与国家认同研究[M].北京:中国社会科学出版社,2016.

（本文选自《中学历史教学参考》2023年第6期。作者单位：姚静/广西崇左市教育科学研究所;姚福卫/广西崇左市高级中学）

内容与主题衔接的困境与探索
——评韦飞宁老师"诸侯纷争与变法运动"一课

○ 楼卫琴

"诸侯纷争与变法运动"是《中外历史纲要(上)》第一单元"从中华文明起源到秦汉统一多民族封建国家的建立与巩固"的第 2 课,涉及"列国纷争与华夏认同""经济发展与变法运动""孔子和老子"以及"百家争鸣"。结合这一单元前后四课来看,此课教学的难点在于如何让学生理解在这一段历史长河中统一多民族封建国家建立的条件日益成熟。本文以韦飞宁老师"诸侯纷争与变法运动"一课的教学创意为例,谈谈单课内容与单元主题衔接的困境与破解,她在这方面做了有益的探索。

一、在困境中寻求破解之道

即使教师对大单元、大概念教学等新理念并不熟悉,备课中仍需要解决如何将单课内容与统编教科书单元主题衔接的问题,这是课程标准的要求。在观摩韦飞宁老师执教的"诸侯纷争与变法运动"一课时发现,她在破解衔接困境中的两个大的创意:

首先是在结构上把所有教学内容与主题衔接,提出三个问题:(1)怎样认识诸侯纷争与华夏认同;(2)如何理解变法运动与华夏认同;(3)如何理解百家争鸣与华夏认同。

其次是选取相关内容中能够与主题关联的那部分,提供对应学术依据:(1)各诸侯国在霸权角逐中,华夏认同观念通过族群认同得到加强;(2)各诸侯国在变法中,不断强化君主专制政治制度,政治认同加强;(3)不同区域流派的文化差异通过各派观点的互鉴而变为文化认同。

为了与整个单元主题衔接,"诸侯纷争与变法运动"这一课的一级主题被凝练为"华夏认同",二级主题为族群认同、政治认同、文化认同。教学中需要将所有教学内容都与这两级主题关联。

对于第一单元第 1 课"中华文明的起源与早期国家",课标要求了解早期国家的特征,对于第 3 课、第 4 课,课标要求认识统一多民族封建国家的建立及巩固在中国历史上的意义。按教学逻辑,本课则应该关注夏商周早期国家的不完善是如何通过春秋战国的550年逐步改变的,韦老师试图从族群认同、政治认同、文化认同三个方面建构历史变动方向与单元主题的趋同性。

仔细琢磨韦老师设计的第一个创意,我们会发现一个系统的结构化知识体系跃然纸上。《普通高中历史课程标准(2017年版2020年修订)》指出:在内容选择上,要精选基本的、重要的史事。有了核心主题,取舍有依据,学习也就有了意义。这个意义就是国家在族群认同、政治认同、文化认同中逐渐走向统一。当然,在知识结构化的过程中也存在取舍风险,《中外历史纲要》内容多,执教者不得不围绕授课主题对内容进行重构,这就可能带来一种潜在风险,二级主题凝练的差异使一些比较重要的内容被边缘化。比如社会转型过程中最重要的制度创新与思想创新易被"认同"这个导向遮蔽。

再看韦老师设计的第二个创意,运用大量学术资料佐证结构化内容与主题的关系。这些学术文本都很有权威性,能让学生获得"可信的史料"并努力重现历史真实。比如引用《史记》《左传》《春秋公羊传》《孟子》《原道》等权威著作,还采信了费孝通、彭丰文、瞿林东等学者的观点佐证学术建构的合理性。

当然,内容与二级主题能否自然衔接,还需要通过问题探究来实现,单纯用学者著述来实现立论关联会显得有点生硬。比如讲变法运动时,为了突出"政治认同",韦老师对商鞅变法的讲授更多关注了政治视角而淡化了对早期国家不完善特点的变革趋势探究。如早期国家不完善的表现,包括血缘关系影响大,原始部族组织残留;内外服、分封制的治理形式比较松散,中央集权程度不高;地方管理中职官系统世禄世卿制固化等级;国家治理中用礼治而非法治。这些不完善在商鞅变法内容的学习中大部分都可以找到突破口。如果能够聚焦"变革"进行单元内知识的对比学习,更易让学生打开视野,也更加聚焦主题。

上述两个创意设计尝试突破内容与主题衔接中常出现的两个困境:一是为凸显单元主题可能会"肢解"原有知识体系的逻辑;二是为佐证内容取舍与主题的合理性,可能会带来情境创设中过强的预设,思维品质的培养有可能被弱化。

二、在情境创设中做好"加减法"

如何在凸显主题的同时关照到思维品质培养,内容和主题选定后则需要用历史情境承载培养目标。情境创设由素材和问题构成,使用素材需要做好"加减法"。以韦老师这一课为例,她多处使用了学术情境,这种情境是指历史学术研究中的问题,包括历史学家对某一历史问题有多种看法等。课程标准对"学术情境"强调了两个关键词:"问题"与"多种看法","问题"能形成链接,实现概念的逻辑关联;"多种看法"基于思维创新,素材拓展,引导课程内容的衔接。

学术情境中的"问题"能形成链接,实现更严谨的关联逻辑。韦飞宁老师正是通过内容与主题衔接的三个问题建构了本课的教学逻辑,通过做"减法"将主要内容置于二级主题相关的概念下,形成了较为系统的知识结构。在授课中回答了贯穿本课的两个问题:**春秋战国时期,列国纷争,内外战争不断,为什么会出现"华夏认同"？如此动荡的时期,为什么会成为后世统一多民族国家建立与发展的"轴心时代"？**

当然,为防止原本比较重要的内容在授课中被迫边缘化,执教者需要注意二级主题**分解的问题逻辑**。比如诸侯纷争衔接的是"族群认同"学术依据比较充分,而变法运动衔接"政治认同"、百家争鸣衔接"文化认同"的学术依据却不是那么精准,让学生不免产生一些疑虑。

教师不妨把二级主题拿出来进行问题探究,让学生在探究中理解春秋战国作为社会**转型时期**,在政治、经济、社会、文化各领域出现的大变动在变革与创新中凝练出了强劲的主流价值,封建制度与国家治理理念的创新在变法与争鸣中不断为各诸侯国所认同,夏商周早期国家的不完善,经历春秋战国的政治、社会及思想变动后将在秦汉走向完善。

学术情境中的"多种看法"可以提供问题解决的思辨空间,执教者可以尝试在授课中引入思维冲突的设计。比如韦飞宁老师在第二、三子目的学习中均做了"加法",增加了各国变法的内容、诸子思想的主张两大表格,通过比较法引导求同存异,指向主题。如果能引入历史学家对某一历史问题的多种看法制造思维冲突,会留下进一步探讨的空间,比如针对商鞅变法就有很大的探究空间,强化学生对"认同"内涵的拓展学习,加深第一单元内在的逻辑关联。

评课容易上课难,实际的课堂还需充分考虑学情。我观摩韦老师的课堂,第一感觉就是学生非常真实,生成性的问题多且都是教学常态。作为研讨课,我们不仅需要有团队精心打磨,还需要学术支持,但一线教师平常备课局限于学术阅读的视野,在教学内容处理中更多是坚持依据课程标准,用好和教科书配套的教师教学用书,把握单元的内在逻辑进行主题凝练和情境创设,这既符合新课程的教学理念,也有助于实现内容与主题的衔接。

(本文选自《中学历史教学参考》2023年第6期。作者单位:广东省中山市教育教学研究室)

"刊网微研"第 2 期

研讨主题：高一历史"教学衔接"

研讨团队：苏州乡村教育带头人培育站

吴江唐秦历史名师工作室

研讨课题：《中外历史纲要（上）》第二单元"三国两晋南北朝的民族交融与隋唐统一多民族封建国家的发展"第 5 课"三国两晋南北朝的政权更迭与民族交融"

衔接视域下的高中历史教学设计与实施

○ 王光宇

随着基础教育课程改革进入素养时代,"教学衔接"受到越来越多的关注。目前,对"教学衔接"的研究主要集中在不同学段的衔接上,如幼小衔接、初高中衔接、高中大学衔接等。其实,教学衔接远不止学段衔接,可探讨的衔接维度非常多。从学科维度来说,既包括同一学科不同学段之间的纵向衔接,也包括不同学科在同一学段的横向连接。还有一些其他维度,如与现实生活关联、教考融通、线上线下联动等。

"教学衔接"对培养学生核心素养、落实学科育人价值是有益的。现代课程理论之父泰勒认为:"任何单一的学习经验都不可能对学习者产生非常深远的影响。只有通过教育经验的积累才能在学习者身上产生深刻的变化。为了使教育经验产生累积效应,必须对它们加以组织,使它们起互相强化的作用。"根据泰勒的观点,有效地组织学习经验对增强学习效果至关重要。"教学衔接"无疑是组织学习经验的重要手段与方法,纵向衔接可以拓展学习内容的广度与深度,横向衔接可以让多种经验互相强化,提供更有意义、更加系统的认识。

统编教科书《中外历史纲要》内容多、跨度大,给一线历史教师带来很大挑战。从"教学衔接"的视角解读课程标准、理解教科书、开展教学,可为破解高一历史教学难的问题提供一种可行的办法。在本次"刊网微研"活动中,笔者执教《中外历史纲要(上)》第5课"三国两晋南北朝的政权更迭和民族交融"一课,基于"教学衔接"展开高一历史教学设计与实施的探讨,以求教于同仁。

一、设计思路

教学立意是课魂,起到价值引领的作用。教学衔接是手段与方法,不能偏离教学立意,否则将流于形式,毫无意义。立足学情,从教学衔接出发,解读不同学段的课程标准与教科书,可以更加精准地提炼出教学立意。

（一）课程标准分析

表1 "三国两晋南北朝的政权更迭与民族交融"初高中课程标准对比表

《义务教育历史课程标准(2022年版)》	《普通高中历史课程标准(2017年版2020年修订)》
通过了解三国两晋南北朝时期的政权更迭和北魏孝文帝改革、人口迁徙和区域开发，认识这一时期民族交往交流交融的历史特点及其对中华民族发展的意义	通过了解三国两晋南北朝政权更迭的历史脉络，认识三国两晋南北朝时期的民族交融和区域开发

初高中课程标准都要求"了解政权更迭"，但是高中增加了"历史脉络"；初中课程标准将"北魏孝文帝改革""人口迁徙"明确列了出来，对"区域开发"的学习要求是"了解"，高中则要求"认识"；初高中课程标准都要求"认识民族交融"，初中具体提出要认识"民族交往交流交融的历史特点及其对中华民族发展的意义"，高中则未提及。初高中课程标准中的上述变化透露出了哪些信息？在高一教学中应当如何处理？笔者认为高中课程标准侧重从宏观角度审视三国两晋南北朝的整体发展态势，着重探讨民族交融和区域开发在推动整体发展态势中的历史作用。与初中学习要求相比，高中学习的广度与深度明显提高了。高一教学应将北魏孝文帝改革与人口迁徙纳入民族交融之中理解，厘清改革、迁徙与民族交融的关系，即北魏孝文帝改革既是十六国以来北方民族交融的结果与表现，也是加快北方民族交融的重要途径；人口迁徙带来了民族人口结构的变化，推动民族交融的进程，具体表现为：游牧民族南下，促进草原与中原的交融，为后来北方统一南方奠基；中原人民南下，促进江南开发，推动中原与江南的交融，为经济重心南移、隋唐统一与盛世的到来提供了物质条件。

（二）教科书分析

表2 "三国两晋南北朝的政权更迭与民族交融"初高中教科书对比表

初中教科书	高中教科书
第四单元 三国两晋南北朝时期：政权分立与民族交融	第5课 三国两晋南北朝的政权更迭与民族交融
三国鼎立	三国与西晋
西晋的短暂统一和北方各族的南迁	
东晋南朝时期江南地区的开发	东晋与南朝
北魏政治和北方民族大交融	十六国与北朝

本课在初中教科书中是一个单元的内容。高中课题与初中单元标题中有一个明显的变化：初中用"政权分立"，高中用"政权更迭"。笔者认为，"分立"侧重政权横向静态的分布，而"更迭"则侧重纵向动态的演进，可见，高中教科书更注重历史发展的脉络与趋

势,呼应了课程标准。从初中课题与高中子目对比来看,高中只列出政权名称,无具体史实;初中侧重"北魏",高中新增"十六国",并用"北朝",更加注重历史发展脉络的完整性。

《中外历史纲要(上)》 古代史目录	《中外历史纲要(上)》 第二单元目录
第一单元 从中华文明起源到秦汉统一多民族封建国家的建立与巩固 第二单元 三国两晋南北朝的民族交融与隋唐统一多民族封建国家的发展 第三单元 辽宋夏金多民族政权的并立与元朝的统一 第四单元 明清中国版图的奠定与面临的挑战	单元标题: 第二单元 三国两晋南北朝的民族交融与隋唐统一多民族封建国家的发展 第5课 三国两晋南北朝的政权更迭与民族交融 第6课 从隋唐盛世到五代十国 第7课 隋唐制度的变化和创新 第8课 三国至隋唐的文化

图 1

再看本课在教科书单元内容中的地位。从《中外历史纲要(上)》古代史目录(图1)中不难发现,"统一多民族封建国家"是一个高频词,第四单元"版图的奠定"也暗含此意。所以,古代史的学习应聚焦"统一多民族封建国家"主题。再看第二单元的课题,三国两晋南北朝的民族交融与隋唐统一多民族封建国家的发展有怎样的关系呢?在对这个问题思考的基础之上,可提炼本课的主旨:三国两晋南北朝承接秦汉,下启隋唐,为隋唐统一与盛世局面的出现奠基。最后看本课三个子目"三国与西晋""东晋与南朝""十六国与北朝",可析得本课要义:在政权更迭的历史脉络中理解民族交融的作用。综合以上分析,确定本课的教学立意:中华民族多元一体——民族交融推动统一多民族封建国家的发展。

(三)学术支撑

本课教学立意也得到了相关学术资源的有力支撑。《中外历史纲要》在编写过程中充分吸收了学术前沿的成果,如本课引用了《宋书》《魏书》《资治通鉴》部分原始资料,意在肯定江南开发的成就、北魏孝文帝改革的功绩。根据教学主旨的需要,教学中还可以援引以下学术资源,如费孝通《中华民族多元一体格局》、樊树志《国史十六讲》、阎步克《波峰与波谷:秦汉魏晋南北朝的政治文明》、钱穆《国史大纲》、钱国祥《北魏洛阳宫城的空间格局复原研究:北魏洛阳城遗址复原研究之三》、刘涛《北魏洛阳城的规划与改建》等。由此,确定本课的教学目标:

(1)了解三国两晋南北朝政权更迭,认识区域开发和民族交融,说明人口迁徙、区域开发、孝文帝改革与民族交融的关系。

(2)分析三国两晋南北朝民族交融的原因与表现,理解其特点与影响,认识民族交融对统一多民族封建国家发展的推动作用,增强对中华民族多元一体、各民族共同缔造中华文明的体悟。

二、教学过程

导入:教师呈现甲骨文"华夏"二字;学生辨认。

教师讲解:何为华夏? 根据《说文解字》解释:华,最早见于西周金文,"荣也",表示草木的花朵。夏,最早见于商朝甲骨文,"中国之人",这里的"中国"是指中原地区。唐朝孔颖达在《春秋左传正义》中说:"中国有礼仪之大故称夏;有服章之美谓之华。""华夏"连称,本义指衣冠华美又重礼仪。

通过前面的学习我们知道,商周时期,中华文明产生,早期国家形成;华夏作为文化、政治实体在春秋战国时期为周边少数民族所认同。在华夏认同的基础上,秦汉时期统一多民族封建国家建立并得到巩固。东汉末年,军阀割据,逐渐形成三足鼎立之势。中国自此进入长达近400年的动荡时期,统一多民族封建国家的发展将面临怎样的考验? 让我们一起走进今天的学习——三国两晋南北朝的政权更迭与民族交融。

【设计意图】对"华夏"二字的辨认与含义解读,可引导学生认识中国古代历史上第一次民族大交融的特点,即春秋战国时期中原地区形成以华夏族为核心的民族交往、交流与交融,这一特点影响了此后中华民族的形成,由此引出本课主题。在回顾前面所学的基础上,勾勒出商周至秦汉时期统一多民族封建国家萌生、建立、发展的历史脉络,引导学生思考三国两晋南北朝在统一多民族封建国家发展过程中的地位,由此引入本课学习。

第一环节:三国两晋南北朝的政权是如何更迭的

学生活动1:对比初高中教科书目录,指出两者在标题与内容上的不同之处。

教师讲解:标题上,初中教科书用"政权分立",高中教科书用"政权更迭"。"分立"侧重政权横向静态的分布,而"更迭"侧重纵向动态的演进,可见,高中教科书更注重历史发展的脉络。内容上,初中教科书侧重"北魏",高中新增"十六国",十六国是与东晋并存的割据政权,北魏只是北朝的一个政权,后分裂为东魏与西魏,被北齐、北周取代。所以,高中教科书更注重历史发展脉络的完整性。

【设计意图】对比初高中教科书目录,引导学生认识三国两晋南北朝政权更迭的历史脉络是本课学习的重点知识,为接下来的学习进阶做铺垫。

学生活动2:梳理三国两晋南北朝政权更迭的历史脉络,将图2中四个数字对应的政权写出来,并将隐去图名的四幅政权形势图进行正确排序(图略)。(1西晋,2北魏,3齐,4陈;图序:3-4-1-2)

学生活动3:观察历史脉络结构图和政权形势图,分析这一时期政治形势的主要特点和历史发展的总体趋势。(特点:国家分裂、政局动荡、社会混乱;趋势:从分裂走向统一)

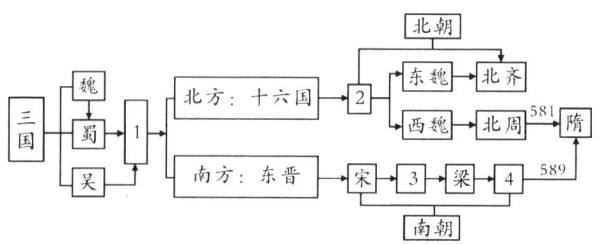

图 2

教师讲解:这一时期表面上看来是一个大分裂、大动荡时期,深入探究起来应该说是由分裂走向统一的时期,分裂中孕育统一的因素。那么,推动分裂走向统一的关键因素是什么?这一关键因素又如何推动国家从分裂走向统一呢?让我们进入第二环节的学习。

【设计意图】结合初中所学,引导学生在梳理政权更迭历史脉络、政权形势变化的基础上,透过这一时期分裂、动荡的表象,认识历史发展的总体趋势是分裂中孕育统一,引导学生思考民族交融与这一历史趋势之间的关系。

第二环节:如何认识三国两晋南北朝的民族交融

教师过渡:这个环节我们将探讨以下四个问题:三国两晋南北朝时期为什么会出现民族交融的高潮?有哪些表现?呈现什么特点?产生了什么影响?

(一)民族交融的原因

学生活动4:观察《西晋末年内迁少数民族分布与北方流民南迁示意图》(略),说一说西晋时期人口迁徙的两种类型。

教师讲解:自东汉以来,西部、北部边陲的一些少数民族不断向内地迁徙。到西晋时,内迁的少数民族主要有匈奴、羯、羌、氐和鲜卑,他们与中原汉族杂居在一起。西晋末年起,北方大量流民南迁。

【设计意图】围绕"民族交融"设计问题链,以教科书中《西晋末年内迁少数民族分布与北方流民南迁示意图》为突破口,在初中学习的基础上,进一步探讨这一时期民族交融的原因、表现以及影响,有利于学生理解人口迁徙与民族交融的关系,也为高二选择性必修3第三单元"人口迁徙、文化交融与认同"的学习做好衔接准备。

学生活动5:阅读材料,探讨西晋时期人口迁徙的原因。(降温、镇边、战乱)

材料1

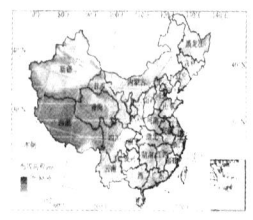　　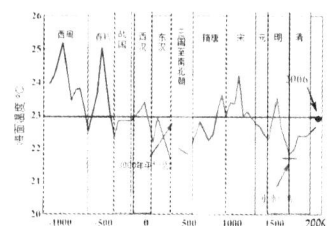

图3 农牧分界线图　　图4 根据竺可桢《中国近五千年来气候变迁的初步研究》绘制

材料2 晋初,辽东、西为鲜卑,句注之外、河东之间为匈奴,北地、上郡、陇西诸郡胡、鲜卑、氐、羌诸种,皆以"保塞"名杂居。

——钱穆《国史大纲》

图5 "晋归义羌侯"印文

材料3 戎狄强犷,历古为患……今虽服从,若百年之后有风尘之警,胡骑自平阳、上党不三日而至孟津……尽为狄庭矣。

——房玄龄等《晋书》

材料4 匈奴人刘曜攻破洛阳时,杀死贵族、官僚、庶民三万余人,洛阳变成一片瓦砾。

——袁行霈、严文明、张传玺、楼宇烈《中华文明史·第二卷》

教师讲解:请看图3,从东北到西南有一条斜线,这条线被称为"农牧分界线",斜线的西边是游牧地区,东边是农耕地区。根据气象学家竺可桢的研究(图4),东汉中后期至三国两晋南北朝时期,平均气温下降2—4度,气温下降导致牧草减产,牛羊马数量锐减,北方游牧民族面临生存危机,需要内迁,寻找生存空间。东汉至三国,统治者内部势力争斗不休,纷纷招揽周边少数民族来保护边塞或对付敌对势力。西晋王朝国力不足,对众多游牧民族采用分封的怀柔政策,"晋归义羌侯印"便是很好的印证(图5)。

北方游牧民族大量内迁,与中原汉族杂居在一起,彼此既有友好交往,也有矛盾冲突。当时有人对此表示担忧,如晋武帝的大臣郭钦曾上疏朝廷,提议警惕北方戎狄,但是这份奏折并没有引起晋武帝的关注。未及百年,晋武帝死后,西晋中央爆发了争夺实际控制权的斗争"八王之乱"。内迁的少数民族卷入其中,并且逐渐主导了局势。西晋最终为内迁匈奴贵族所灭,北方战乱引发官民恐慌,纷纷南逃。据地理学家谭其骧的研究,从4世纪初到5世纪中叶160年间,南迁人口不少于90万,约占全国人口六分之一,即北方每8人中就有一个南迁,南方每6人中就有一个来自北方。

【设计意图】运用"农牧分界线"、气候变迁、人口结构变化等地理学科知识创设问题情境,引导学生在跨学科学习中探讨西晋时期人口迁徙的原因,涵育综合素养。补充的文献史料与教科书中的实物史料形成互证,有利于培养学生史料实证的意识。

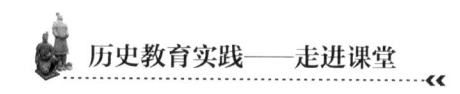

(二)民族交融的表现

教师过渡:人口迁徙导致地区人口结构发生变化,由此促进了民族间的交往、交流与交融。这一时期的民族交融在南方表现为中原与江南的交融,在北方表现为草原与中原的交融。

1. 中原与江南的交融:江南开发

学生活动6:阅读材料,概括东晋南朝江南得到开发的原因和取得的成就,并分析这些成就产生的历史影响。

材料5 至于元嘉末……兵车勿用,民不外劳,役宽务简,氓庶(人民)繁息,至余粮栖亩……地广野丰,民勤本业,一岁或稔(成熟),则数郡忘饥……会土带海傍湖,良畴(田)亦数十万顷,膏腴上地,亩直一金……荆城(荆州)跨南楚之富,扬部(扬州)有全吴之沃,鱼盐杞梓(木材)之利,充牣(满)八方,丝绵布帛之饶,覆衣天下。

——沈约《宋书》

教师讲解:东晋南朝时期江南经济有了显著发展。初中教科书引用《宋书》中一段史料,描述了当时江南经济发展的状况。高中教科书也引用了同样的史料,但内容更加丰富。通过研读材料我们可以发现,这一时期江南得到开发是综合因素的作用,主要原因是北民南迁带来了技术、工具、劳动力,还与南方的气候、政局形势、统治者的政策等有关。江南经济发展成就突出,农业、手工业和商业都有所发展,缩短了南北经济的差距,推动了经济重心的南移,为后来隋唐统一和盛世的出现奠定了物质基础。在江南开发的过程中,许多山区的少数民族也逐步与汉族融合。

【设计意图】运用初高中教科书中的同一段史料创设问题情境,对江南开发的原因、成就和影响展开深入探讨,旨在进一步提升学生对材料信息提炼、概括、解释的能力,理解江南开发与民族交融的关系,呼应高中课程标准"认识区域开发"的要求,实现初高中学习的螺旋式上升。

2. 草原与中原交融:北方改革

教师过渡:让我们将目光转向北方,东晋时期内迁的少数民族在北方纷纷建立了割据政权。最主要的有15个,加上西南的成汉,合称"十六国"。

材料6

十六国统治者族属表

匈奴			羯	鲜卑				
前赵	北凉	夏	后赵	前燕	后燕	南燕	南凉	西秦
氐	羌	賨(cóng)	汉				
前秦	后凉	后秦	成汉	前凉		北燕		西凉

续表

前燕	有熊氏(黄帝)之苗裔
前秦	有扈氏之苗裔
后秦	有虞氏(帝舜)之苗裔
夏	大禹之后

——摘编自房玄龄等《晋书》

材料7 自谓黄帝之后,初祖是受封北土的黄帝嫡孙,拓跋珪及继任的三位皇帝亲往或遣使至涿鹿黄帝庙祭祀。

——摘编自魏收《魏书》

魏之先出于黄帝,以土德王,故为拓跋氏。夫土者,黄中之色,万物之元也;宜改姓元氏。

——摘编自司马光《资治通鉴》

学生活动7:阅读"十六国统治者族属表",分析十六国政权的特点。结合材料,思考少数民族采用中原国号,认为自己与汉族同源共祖等现象说明了什么。

教师讲解:观察"十六国统治者族属表"我们发现,十六国政权多数由少数民族建立,这些少数民族多采用中原的国号,甚至一些少数民族政权的创立者宣称自己的祖先是上古时期华夏部落的首领。这些现象共同说明在北方民族的交往交流中,少数民族深受汉族先进文化吸引,向汉族学习,政治、文化、民族认同趋向不断加强。

【设计意图】运用高中教科书"十六国统治者族属表"、补充少数民族认为自己与汉族同源共祖的材料,引导学生认识十六国至北魏时期北方少数民族在政治、文化上对汉族的认同促进了民族认同,认同心理加速了少数民族改革的步伐。十六国时期民族交融还不充分,北魏孝文帝改革加大民族交融的力度。少数民族的改革既是民族交融的结果,又加速了民族交融的进程。

教师过渡:正是由于这种认同感加速了少数民族与中原民族交融的进程。孝文帝改革是这一时期民族交融的典型。为了加快改革步伐,孝文帝力排众议,494年迁都洛阳,重建已经衰败的洛阳城。北魏洛阳城是中古时期世界上最大的都城之一。千年之后,这座城址的发掘成为震惊中国考古界的重大发现。那么,这座古都究竟有哪些特别之处呢?

学生活动8:各小组代表汇报课前探究性学习成果。

课前探究性学习任务

第一小组:查找相关资料,指出北魏洛阳城的"特别之处"。

第二小组:运用相关材料说明"北魏洛阳城是民族交融的见证"。

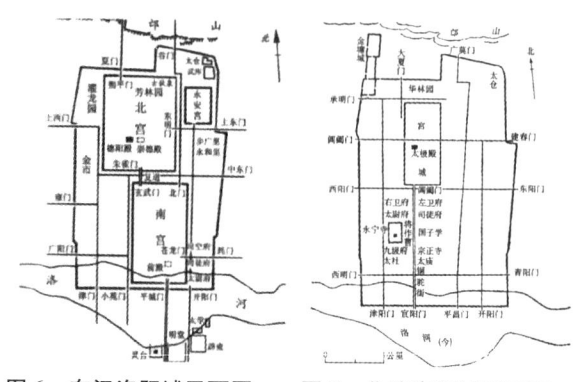
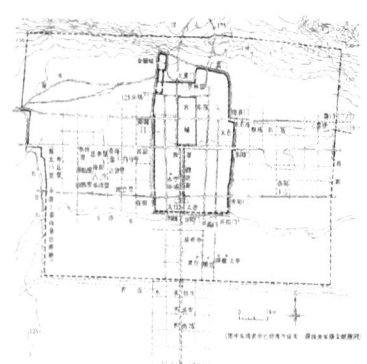

图6 东汉洛阳城平面图   图7 北魏洛阳城平面图   图8 北魏洛阳平面推想图

——以上图片摘自霍宏伟《请君只看洛阳城——考古学者钱国祥访谈录》

——图片摘自潘谷西《中国建筑史：第2讲中国古代城市建设》

第一小组代表：请看《东汉洛阳城平面图》与《北魏洛阳城复原平面图》。我们在研究中发现，东汉洛阳城有北宫和南宫，是多宫形制，而北魏是单一宫城。另外，北魏宫城中有太极殿，位于宫城的中间。太极殿是皇帝登帝位、理国政的地方，建中立极，代表皇权居中的治国思想。沿着南北一条线，重要国家机构依次林立两侧，说明此时已经有了"中轴线"思想。

请看《北魏洛阳平面推想图》，北魏洛阳城还有一个重要的特别之处，形成了宫城、内城、城郭三重城围，开后世都城宏大整齐之先河。外郭城内统一规划建造里坊（居住区）和市区，使郭城区域的功能进一步明确和丰富，坊市制是中国古代都城营建的重要创举。总之，北魏重建的洛阳城对后世都城的建设产生了重要影响，还辐射到了朝鲜、日本等东亚地区。

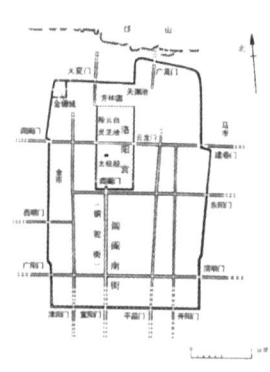
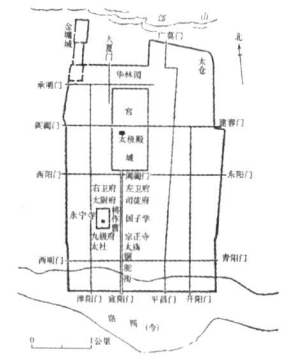

图9 曹魏西城平面图   图10 北魏洛阳城平面图

——以上图片摘自霍宏伟《请君只看洛阳城——考古学者钱国祥访谈录》

第二小组代表：请看《曹魏西晋洛阳城平面图》和《北魏洛阳城平面图》。我们在研究中发现，北魏洛阳城主要建筑的规模、位置和名称等与魏晋一致。比如，都是单一宫制，正殿都是太极殿，正门都是闾阖门，都有铜驼街等，由此可见北魏洛阳城的核心格局延续了中原正统王朝的都城模式和制度,在充分吸收中原都城形制的基础上进行了融合创新,主要体现在三重城围形制和坊市制,而这两点恰恰体现了游牧民族的特色。鲜卑人迁至洛阳,人口繁盛,商业发展,三重城围形制和坊市制适应了北魏政治、经济发展的需要。所以,我们说北魏洛阳城是多民族交融的重要见证,对多元一体国家的发展产生了重要影响。

教师总结:从北魏重建洛阳城的历史中,我们能够强烈地感受到汉文化对北魏产生了强大的吸引力和影响力,也感受到了游牧民族文化丰富了中华文化的内涵。孝文帝迁都洛阳之后,大力推行移风易俗的汉化改革,如改籍贯、穿汉服、讲汉语、改汉姓、定门第。这些措施不仅促进了北魏经济发展和社会繁荣,也大大加速了北方的民族交融。

【设计意图】基于高一学情,将高考试题改编成前置性探究性学习任务。各小组查找、辨析资料,通过"做历史"实践,由表及里,在探讨北魏洛阳城特点及其原因的基础上,认识孝文帝改革的历史影响,进而实现教考衔接。

(三)民族交融的特点

学生活动9:观察图片,阅读材料,概括三国两晋南北朝民族交融的特点。(方式多样、相互学习)

材料8

图11 魏晋甘肃酒泉墓壁画像砖——扬场图
拍摄于苏州吴江苏州湾博物馆展厅

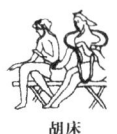  
胡床　椅子　方凳
图12 摹绘自敦煌莫高窟壁画
图片来自人教版教科书七年级上册

材料9 这一时期的民族融合,从方式上看,既有各族人民在友好交往中的相互影响,又有统治者的主动政策,还有在血与火的民族斗争中的附带同化。在内容上,汉族影响少数民族是主流,但少数民族在与汉族融合的同时,也带来了他们的优秀思想文化,给汉族文化输入了新鲜血液,为中华民族注入新的活力和生命。

——朱绍侯《中国古代史》

教师讲解:这是一块画像砖,老师在参观苏州湾博物馆特展时拍摄。研究魏晋时期的民族交融时,这块砖是一手史料、实物史料,其史料价值很高,说明游牧民族的生产方式受到了农耕文明的影响。再看这幅画,这些原是北方少数民族的坐具,魏晋南北朝时期引入内地,说明少数民族的生活方式也影响到了汉族。由此可见,不同民族之间是相互学习的,我们也可以从文献史料中得到印证。另外,这一时期的民族交融方式是多样的,以汉化为主。

【设计意图】将教师现实生活中的经历(博物馆参观画像砖)以及日常生活用品(床、椅子、方凳)转化成教学资源,与学生的生活经验相衔接,拉近历史与现实的距离,激发学生学习的兴趣,有助于学生理解这一时期民族交融的特点。另外,实物、图像与文献史料形成互证,进一步培养实证意识。

(四)民族交融的影响

教师过渡:不同民族之间的交往、交流与交融,为中华民族的发展注入新的活力和生命,一个因民族交融而生机勃勃的新生的中华民族正向我们走来。

学生活动10:结合费孝通的观点,思考"扩大"的含义。

材料10　经过南北朝的分裂局面,扩大了的中原地区重又在隋唐两代统一了起来。

——费孝通《中华民族多元一体格局》

教师总结:回到本课开始的问题,通过本课的学习,我们发现三国两晋南北朝时期统一多民族封建国家不仅经受住了严峻的考验,而且在民族交融的基础上得到了进一步发展,为后来国家重新统一和隋唐盛世局面的出现奠定了基础。回眸历史,我们深刻认识到中华灿烂的文明是由各民族共同缔造的,中华民族多元一体是祖先给我们留下的宝贵遗产,也是今天的中国发展的巨大优势。

【设计意图】以学术观点设问,引导学生运用本课所学分析"扩大"的含义,既对本课做了总结,又呼应开头,使学生进一步认识民族交融在承秦汉启隋唐过程中的作用,增强对中华民族多元一体、各民族共同缔造中华文明的认识与情感认同。

教师布置作业:学生根据自己的兴趣任选一项完成。

作业1

文化寻根:复姓演变见证民族血脉

你知道哪些复姓?你知道哪些复姓来自少数民族?请查阅相关史料,找一找这些复姓都去哪儿了。

要求:完成一份A3纸大小的历史小报,图文并茂,注明作者的班级、姓名信息

作业2

民族交融:从石窟艺术到民族认同

请你通过实地旅游考察或者网络"云"游的方式了解云冈石窟和龙门石窟雕像,找出两者的区别,并说明这些区别反映了孝文帝改革怎样的历史作用。

要求:以北魏石窟艺术与孝文帝改革为主题,撰写一篇小论文,不少于400字

【设计意图】紧扣主题,设计菜单式实践性作业,将课堂学习延伸至课外;以复姓演变与石窟艺术设计作业情境,以历史小报、小论文形式呈现作业成果,让学生在做中学、用中学、创中学,在跨学科学习实践中涵育综合素养。

三、教学反思

借助《中学历史教学参考》2023年"刊网微研"这一平台，本课有幸得到来自上海、江苏、广东、山东等地专家高屋建瓴的点评与指导，结合自身的实践体悟，笔者对"教学衔接"有了更加深刻的认识。

一是自然衔接，不是简单拼接。"教学衔接"是借助教学中某些特定的关联点把各种经验融合成一个有机整体以实现教学效应的最大化，绝不是简单的拼接，否则学生从中获得的经验将是支离破碎的，遇到新问题时不能有效迁移所学加以解决。这个关联点是什么呢？以本课为例，是初高中课程标准和教科书中相同的知识点，是初高中教科书中同一段史料，是不同学科视角下的民族迁徙的原因，是一道高考试题的变式运用，是与教学内容相关的生活经历。以点串联，自然衔接，以通达教育目的地。

二是落地生根，不是蜻蜓点水。"教学衔接"是形而下的策略方法，判断其是否有效，关键要看是否达成教学目标，育人价值是否落地生根。衔接的方式多种多样，是不是每节课都要面面俱到？在有限的教学时间内，求广求全，难免蜻蜓点水，浮于表面，难以深入本质。在本课教学中，使用了多种衔接方式，如初高中贯通、必修和选必整合、学科跨界、教考衔接、与现实生活关联，前置性学习、课堂学习、课后作业相结合，自主学习、合作学习、探究学习并举，实现了教学方式的灵活多变，激发了学生探究的热情，但是对衔接内容深层次挖掘还需要进一步加强。

三是润物无声，不是哗众取宠。育人是"教学衔接"的价值旨归。进行"教学衔接"的实践探索，不是打花拳、展秀脚，追求"哗众取宠"之效应，而是服务于学生健全人格之培养。紧扣教学立意，沿主轴穿行，这样的衔接才不会断链或越轨，进而达润物无声、育人无痕之效。本课中的每一处衔接都始终聚焦"中华民族多元一体"立意，围绕"民族交融"主题，沿主线而行，形散而神聚，以实现从知识、能力的衔接到素养的提升和情感的升华。

（本文选自《中学历史教学参考》2023年第7期。作者单位：江苏省苏州市吴江高级中学）

探索与突破：高一历史教学衔接的历程和视角

○ 唐 琴

基于江苏省前瞻性教改实验项目"时代性价值指向的高中历史教学"的实践推进，吴江唐琴工作室2019年开启了本项目在新教科书背景下的迭代研究，形成了"133"学习设计范式，即指向"1个价值立意"，基于"新旧课程标准、新老教科书、初高中教科书3项对比"，开展"课堂学习活动、课后作业活动和学期探究活动3项活动"，进而将价值立意建构落实在常态教学中。其中"初高中教科书比析"是我们近6年"衔接教研"历程中的一个阶段。这个历程大致经历了四个阶段，衔接的视角在拉长、在提升、在拓宽。

一、问题驱动：从初中到高中的活动

初高中"教学脱节""教师失联"的问题于2018年进入笔者的视野。在跨学段课堂教学研讨活动中我们发现，初高中教科书在内容上有着很大的"重叠"，实际教学中甚至出现"初中难度偏高、高一重复教学"的现象。在随后的调查访谈中我们看到，初高中的教学研究基本上仅限于各自学段，尤其是高中教师很少关注初中教学。

为引起更多教师的重视，2018年3月，笔者策划组织了"学生，教学的原点"问史论坛，唐琴工作室的吴伟钢和季建成两位老师以"二战后西欧与日本的发展"为核心内容开展了"纵向贯通的同题异构"。与会者不仅包括笔者工作室成员（全部是高中教师），同时也邀请了苏州市中学历史名师发展共同体和吴江区初中历史研究中心成员。初、高中教师从"如何基于学情进行教学设计和课堂实施""如何把握初高中学生不同层次的思维逻辑"等视角进行了广泛深入的研讨。活动后所形成的研讨成果刊出后受到了读者的关注，放大了初高中纵向贯通式教学衔接的影响。

初高中衔接是对"学习者为中心"的教学本质的回应和践行。但是，如何让这样的"回归"不止于一场活动，如何使教学衔接从活动走向常态进而扭转初高中学段"各人自扫门前雪"的状况，这些问题值得初高中历史教师长期思考、深入实践。

二、教科书比析:从活动到常态的研究

鉴于学段和学科的特征,各学科学段衔接的重心是不一样的。基于历史的时序性,初高中历史教科书内容的"重叠"很具学科特征。高一教学一定程度上存在两种倾向:一是"不把初中当回事",不在意初中教了什么、教得如何,高一教学全部新授,教师无须研究初中,考试效果也过得去;二是"太把初中当回事",认为反正初中教过了,高一教学中运用大量材料,并以学业水平高层级要求来推进教学。无论哪一种,都导致过度学习和精力内耗。

2019年,我们以研发学习设计为契机,组织初中教师对照初中教科书,对统编高中新教科书《中外历史纲要》的每一课、每一段、每一句的异同进行了地毯式对比,并将所有"重叠""拔高""脱节"的对比信息提供给高中教师,作为高一学习设计的重要依据。参与研究的吴江唐秦工作室和江苏省高中历史名师工作室成员聚焦"变"与"不变",对照课程标准要求,援引学术成果,解读揣摩理解,并转化到设计中:对于"重叠"的内容,设计如何利用已学、激活已学;对于"拔高"的内容,设计如何实现旧知与新学的意义建构;对于"脱节"的内容(包括不在中考范围的内容),设计如何接应、过渡、延伸……

站位于高中的初高中衔接的设计是否可靠?笔者组织了别具一格的"论证会",特邀初中教师作为论证者,分组听取《中外历史纲要》每节课的"初中基础分析及教学对策",从初中教师的角度来判断高中教师的设计是否"想当然",尽最大努力保障衔接的起点落在学情上,也希望这样的实践研究能推动教师牢固确立学生立场,让学段衔接自然而然地发生,成为教学设计不可或缺的基础性环节。

三、聚焦小微:从知识到素养的提升

核心素养要求教学进一步走向能力、品格和价值观的培育,那么具体在初高中衔接上如何从知识的对比上升到素养的进阶呢?为了探索走向素养的具体的、明确的、可操作的路径,笔者发起了指向学习进阶的初高中"微衔接"研究。参与研究的高中老师自行申请,自带一名初中教师结对,并自选一个微研究点。2021年春节"微衔接教研团队"组成,来自江苏省11个大市60多位初高中教师开启了近一年的"微衔接"案例研究。

微衔接研究点可以是教科书知识点,如"物种交流";可以是一则材料,如《七律·长征》;可以是教科书辅助系统,如"责任内阁制";可以是研究性学习选题,如"青花瓷"。"微衔接"虽然聚焦小微,却是从知识走向素养的大衔接。通过初高中教师一对一合作、交流、设计、修正,不经意暴露的偏差成为难得的"化错资源",老师们进一步认识到:能力要求上,初高中衔接不是初中跑前程、高中跑后程的接力赛;思维要求上,感性和理性不是初高中的分界线;历史认识上,不是初中主观片面、高中客观全面……初中教学更应该

立足当下学生学情,不必附会追求高中的"高大上";高中教学中,初中学生的学情不是文字摆设,应是教学设计、学习活动、学业评价的起点。

四、视域放宽:从一点到多维的扩展

初高中课程标准强调学段衔接、跨学科主题学习、课程结构,因而,"衔接"不是连接初高中两端的线性连接,而是从当下发散出去的多维衔接。如此,高一的教学衔接应该有以下特征:

首先,学生是"原点"。如果学生的当下是数轴的"原点",从纵向看,高一教学要从原点向两头延伸,既要"瞻前",关注学生初中所学,也要"顾后",关联选择性必修和高三复习,做到选必融通、教考衔接。一方面,《中外历史纲要》中的部分内容在高二选择性必修教科书中得到了铺展,一些地方由于在高一阶段就进入文科班教学模式,历史学科课时大增,这就为打通高一高二相关内容的教学提供了课时保障。另一方面,运用多形式史料开展教学已是常态,笔者认为,可以将适合的高二内容前置为材料背景。同时,由于高考试题的权威性,很多老师会在高一教学中用高考试题来评估学习效果、熟练考试方式、提高解题能力。但笔者认为,高考试题在新授课中直接应用不尽合理。考虑到高一学生的知识储备和学业水平层次,应将高考试题转化后再加以利用,可以改编试题降低难度,也可以利用题干创设各类教学情境,还可以借鉴新高考题型创编新的材料呈现和问题设问方式。

其次,素养是"焦点"。教学以学习者为中心,从知识出发到关键能力、必备品格和价值观念等素养层面的全面延展,同样的内容有不同的结构关系;同样的材料有不同解释层级;同样的试题有不同的评价标准……衔接教学使能力要求、品格培育和价值观涵养在不同的背景下走出了以素养为"焦点"、以知识为"准线"的"抛物线"轨迹,促进学生在"复杂、陌生而真实的情境"下发现问题、提出观点、解决问题、形成判断。

再次,学科是"基圆"。李月琴老师说,历史是综合的,历史学科的教学衔接是多方位的。历史教学衔接应以学科为"基圆",走出与基圆相切的"渐开线"轨迹,与生活相遇,与学科相遇,与经验相遇。由此,教师必须有坚定的学生立场,有博闻的学识眼界,有协同的合作对象。正是基于这样的认识,笔者所主持的学科团队,如江苏省(中学历史)领航名师培养工程、苏州市(中学历史)名师发展共同体,以及本次参与研讨的两个团队,均覆盖初高中两个学段的教师;同时,笔者所主持的江苏省教育科学规划课题,课题组除中学历史教师外,还有小学道德与法治、初中理化、高中语文、地理等学段学科的教师,进而为拓宽衔接提供跨学科支持。

本次活动执教的王光宇老师是我工作室的核心成员,由她执教的这节课融入了团队的思考与实践。笔者所领衔的苏州地区的学科团队又开展了多轮研讨,检视并逐步完善高一教学衔接的视角,包括回望初中的课程标准比析、问题进阶、史证变通、习题变式,前瞻高二高三的选必整合、教改贯通,还包括走出历史学科的学科跨界和教研联袂。教学衔接基于学生立场、关乎学科育人、利于减负提质,借助《中学历史教学参考》"刊网微研"平台,我们勇敢地将自己基于问题不断探索前行的实践行动和认识反思呈现给同行,抛砖引玉,期待得到全国各地同行的批评指正。

(本文选自《中学历史教学参考》2023年第7期。作者单位:江苏省苏州市吴江区教育科学研究室)

课标衔接:初高中历史衔接教学的出发点

○ 季 芳

因初高中历史教学内容的螺旋式设置,相当部分的内容具有重复性,因此,初高中历史的教学衔接是多年来持续不断的关注热点,衔接的角度多样,产生了一定的经验与成果,但是基于多种原因,初高中历史教学"断裂"现象仍然存在。且随着时代的发展,中学历史教学也不断发展,给初高中历史衔接教学带来了新挑战。课堂教学的两大依据——课程标准与教科书新版本先后出版。据《普通高中历史课程标准(2017年版2020年修订)》(下文简称"高中课程标准")编写的高中新教科书于2019年出版。与《义务教育历史课程标准(2022年版)》(下文简称"初中课程标准")相配套的初中历史新教科书于2024年暑期出版。

在此背景下,如何精准对接学生的习得,实现初高中的教学衔接?课程标准的对比分析无疑是初高中教学衔接的首要切入点。因为课程标准相较于教科书等其他教学依据文本,更全面地体现了时代性的课程内容、教学示例及育人方式等在初高中的不同要求。本文以王光宇老师的高一"三国两晋南北朝的政权更迭与民族交融"一课为例,以高一单课时教学的视角,采用逆向思维,从课堂教学设计的4个主要环节出发,尝试有针对性地对初高中课程标准进行对比分析,为初高中教学衔接提供方向和路径。

一、比析课程内容,提炼聚焦大概念的教学立意

教学立意是"课魂",是课堂教学各环节串联的线索,教学目的得以达成的依托,开展学习活动围绕的核心。依据初高中课程标准的对比分析,可以大概念为立意。大概念是课程内容所要围绕的核心和基石,处于教学内容的核心位置。

初高中教学内容中基础知识有很大部分的重合,学科大概念也是基本相同的。如初中课程标准指出,中国古代史与世界古代史板块的大概念分别是"统一多民族国家""多元文明";高中课程标准中虽未明确提出相同的大概念,但《普通高中历史课程标准解读

(2017年版2020年修订)》明确提出要"提炼每个较长时段历史发展的主要特点",中国古代史"注重统一多民族国家的形成与发展过程",世界古代史"注重反映世界范围内多元文明的发展特点以及它们之间的区域性交往"[1]75-76。可见,初高中课程标准对各板块大概念的表述是基本相同的。因此,可在对初高中课程标准具体内容要求、教学提示与学业要求的深入对比分析中提炼贯通衔接的大概念,以此作为高中历史教学的价值立意,并以此主题立意为引领,建构学习内容的框架,使课程内容结构化,从而使学生在具备初中基本方法与技能的基础上,进一步强化历史思维,提升人文追求与价值关怀。

对比分析关于"三国两晋南北朝的政权更迭与民族交融"一课的初高中课程标准内容要求,"民族交融"无疑是最能实现贯通衔接的价值立意。首先,初中课程标准不但将"民族交融"作为教学的内容要求,在"学业要求"中也明确指出中国古代史要"通过中国古代历史上各民族的交往交流交融,认识中华民族共同体的形成是中国历史发展的必然结果,树立正确的中华民族历史观",并在"课程实施"部分的"教学建议"中建议,可将"民族交往交流交融"作为学习三国两晋南北朝历史的大概念。可见,初中对"民族交融"大概念给予了相当重视,在此基础上,高中阶段对"民族交融"的深入探究可帮助学生进一步了解中华民族的发展历程,增强民族自信,涵育家国情怀。

其次,高中学习聚焦"民族交融"立意,有利于放宽历史的视界,突破魏晋南北朝政权分立时期民族交融的局限,将民族交融问题置于中国古代统一多民族国家形成与发展框架体系中,引导学生认识到"从三国到南北朝,实际上是在为盛世奠定基础","民族交融问题的主要内容出现在两晋南北朝,但应注意隋、唐盛世在很大程度上是两晋南北朝民族交融的成果,当时的皇室都有民族血统"[1]79,由此帮助学生进一步提升历史联系思维、系统思维与发展思维。

王光宇老师由"华夏认同"概念导入,带领学生进入自商周、秦汉后"统一多民族国家建立、巩固"的语境中,探究统一面临的考验,进入新课学习。第一环节快速梳理魏晋南北朝政权更迭历程后,引导学生认识推动分裂走向统一的关键因素是民族交融,由此过渡到第二环节。随后围绕民族交融进行4项学习任务的深入探究。最后创设学术情境,思考费孝通在《中华民族多元一体格局》中所写的南北朝时期"扩大"的内涵,引导学生认识到,此时期随着地理空间、民族种群与文化内涵的扩大,"一个因民族交融而生机勃勃的新生的中华民族正在走来","民族交融"立意得到了深化。高一学生在初中初步认识魏晋时期民族交融特点与意义的基础上,更广泛且深入地理解了华夏民族通过民族交融,不但经受住了战乱纷争、文化断裂的严峻考验,而且得到了进一步发展,为国家重新统一和隋唐盛世局面的出现奠定了基础,从而有效实现了初高中衔接。

二、比对课时要求，整合拓展深化的教学内容

比对初高中课程标准中关于课时教学内容的不同要求，是教学衔接中最直观的切入点，可避免教学内容上不必要的重复、脱节，是解决高中历史教学课时少与内容多之间矛盾的重要抓手。同时，能使高中相关知识得以进一步拓展和深化，使学生能够从更新、更多的角度学习历史和认识历史，拓展历史的视野。

初中课程标准对教学的内容要求是：通过了解三国两晋南北朝时期的政权更迭和北魏孝文帝改革、人口迁徙和区域开发，认识这一时期民族交往交流交融的历史特点及其对中华民族发展的意义；高中课程标准的要求是：通过了解三国两晋南北朝政权更迭的历史脉络，认识三国两晋南北朝至隋唐时期的民族交融、区域开发。可见，初高中均以政权更迭、区域开发、民族交融为本部分内容的核心大概念，内容上有高度重复。但初中更关注对政权更迭、孝文帝改革、人口迁徙、区域开发等具体史实的了解，以及由此展现的此阶段民族交往交流交融的历史特点与意义；高中的要求更宏观，突出了对民族交融、区域开发等新成就的理解。以此比对为依据，结合当前初高中教科书的内容表述，王光宇老师将高中教科书的内容做了重新整合。

一是将政权更迭的脉络进行梳理，在学生初中学习的基础上拉长历史的视野，将各短时段孤立的政权建立与被取代过程进行续接，探究三国两晋南北朝长时段的政治形势特征与历史发展趋势。二是将高中教科书四个子目中与民族交融相关的内容剥离出来形成专题，探究民族交融的原因、表现、特点与影响，并将初中课程标准中的人口迁徙置于民族交融的原因与表现部分中，将孝文帝改革置于民族交融在北方的表现——"草原与中原交融"中，将江南地区的开发置于民族交融在南方的表现——"中原与江南的交融"中，由此架构起孝文帝改革、人口迁徙、区域开发、民族交融等大概念间的逻辑联系，放宽了历史的视野。这种内容的整合帮助学生在初中素养基础上，拓展了认识历史的广度和深度，促进了学生对"民族交融"这一核心概念的深度学习。

三、比较素养层级，设置目标导向的学习任务

学习任务的设置是教学设计的主干。根据逆向教学思路，我们需要先审视课程标准的目标要求，明确课程实施的期望，思考什么是学生应该知道、理解、有能力做到的，进而设置主要学习任务，让学生在任务完成过程中达到教学目标[2]。

比较初高中课程标准的课程目标，既有统一性，又有进阶性。统一性体现在都以立德树人为根本任务，要求培养核心素养。进阶性体现在对五大学科核心素养的达成具体要求中。初中课程标准要求的程度是"初步学会"，高中课程标准的要求与初中相比，存在着明显的进阶性。

将课程目标具体化、可检测化的是学业质量。学业质量是以核心素养及其表现水平为主要维度,结合课程内容对学生学业成就表现的总体刻画。初中课程标准的学业质量描述为三大方面,即掌握历史发展过程中的重要史事、了解历史发展过程中的各种联系、认识历史发展的基本规律和大趋势,在对三方面的具体阐述中,将五大素养糅入其中,这体现了五大素养的整体性。高中课程标准则对五大核心素养分别进行了1—4层由低到高的水平质量描述,为阶段性、总结性的教学评价提供了依据,并为学习任务的设计提供了可操作的目标抓手。

无论是课程目标,还是学业质量,均聚焦于核心素养的达成。核心素养是课程目标的出发点和落脚点,是学业质量标准的主要维度。学习任务的设置、关键问题的解决应与历史学科核心素养的发展建立联系。高中历史教学中学习任务的设置应考虑初中生的素养基础,遵循高中生的心理特征和认知发展规律,对接高中历史课程的素养层级要求,由此帮助学生在完成学习任务的过程中得到全面发展与持续发展。

王光宇老师的这节课围绕"民族交融"立意,设置了4个核心学习任务:探究三国两晋南北朝民族交融高潮出现的原因、表现、特点与影响。这4个学习任务充分考虑了初中学业质量的基础,对接了高中学业质量水平的要求。以第1项学习任务为例,任务被分解为3个具有逻辑联系的小任务,即问题链。第1小问是通过地图,衔接初中所学西晋末年人口迁徙两种类型的史实,并据此史实开展逻辑并列的第2、3小问。

第2小问创设学术情境,依据气象学家竺可桢与历史学家钱穆的学术研究成果,分析西晋时期周边少数民族内迁的原因,一方面将"历史知识与其他相关学科如地理知识加以联系",了解因为气温下降,牧草减产,牛羊马数量锐减,所以内迁成为北方游牧民族解决生存危机的路径,由此"理解空间和环境因素对认识历史的重要性""物质生活资料的生产是社会生活的基础";另一方面通过对文献、图片等史料的辨析,以及提取有效信息,综合运用所学,得出"中原统治者招揽边疆各族镇守边疆的政策也是此时少数民族内迁的重要因素"这一认知,由此对接高中对唯物史观、时空观念、史料实证与历史解释等素养水平的要求。

第3小问依据文献、图像史料创设情境,呈现魏晋时期北方少数民族内迁、八王之乱、宋以前北方人口南渡等初中已知史实,要求探究北方人民南迁的原因。高一学生需要在"初步学会"运用唯物史观与历史解释等素养基础上,达成高中学业质量水平2、3的目标。学生综合运用以上材料,架构各史事之间的联系,并进行解释:北方游牧民族大量内迁,与中原汉族杂居,虽友好交往,但也有矛盾冲突;西晋八王之乱引发十几年内部战乱;十六国时期,各国彼此攻战,北方经济被严重破坏。在阶级矛盾、民族矛盾引发战乱冲击、经济衰败的背景下,为求生存,北方人口纷纷逃至南方,由此推进了江南地区的开发。学生进一步学会"从生产力与生产关系、经济基础与上层建筑的辩证关系来理解历史上的发展变化",并深入理解北方人民群众在中国古代经济重心南移历史进程中的重要作用。

四、比照教学评价，设计综合创新的实践作业

课后作业任务的完成情况是评价学生学习表现与效果的重要依据,评价结果的及时反馈可以有针对性地帮助学生扬长避短,实现可持续发展、全面发展。因此,作业的设计需关注课程标准中关于教学评价的建议。

初中课程标准对教学评价的建议中提出,评价要重点关注5项评价,其中作业评价的任务形式除常规的纸笔练习形式以外,还有制作历史模型、撰写历史调查报告或历史小论文等实践活动形式。作业评价要紧扣课堂学习的内容和目标,在注重理解和应用的基础上,加强综合性、探究性和创新性,体现层次性。在各板块的教学提示中,也提出了丰富的实践活动建议。

高中课程标准建议多维度进行评价,将课堂学习评价与实践活动评价有机结合,关注学生在复杂情境下开展相关实践活动的能力。与初中课程标准相同,高中课程标准在各板块的教学提示中也列举了诸多实践活动建议。建议的活动形式有史料研习、人物探访、小组调查问卷及社会调查等研究性学习等,活动成果展示形式有主题报告会、图片展览、研判历史问题、编制图表、历史论文、专题板报、多媒体展示汇报等。

可见,初高中课程标准均关注课堂外的综合实践活动在教学评价中的重要作用,这是评价方式改革的重要方向,是教、学、评有机结合的重要路径。

而对于教学评价中的实践活动建议,初高中课程标准都关注了跨学科主题学习。初中课程标准将跨学科主题学习作为课程的第七大板块单列,建议专门规划出10%的课时进行跨学科主题学习,对学习的综合性、实践性、多样性、探究性与可操作性做了详细阐述,提供了10项活动参考示例。高中课程标准在多处强调了历史与各学科的综合,比如在选择性必修模块2的教学提示中,建议历史教学基于教学内容多学科综合性的特点,需加强与其他学科教师的合作,从而指导学生综合运用已学的各科知识认识历史;历史解释素养水平2的描述中提到,"能够在叙述历史时把握历史发展的各种联系","将历史知识与其他相关学科如地理、语文、艺术等知识加以联系"等。

王光宇老师布置了两份实践探究作业,一是"文化寻根:复姓演变见证民族血脉"。你知道哪些复姓？你知道哪些复姓来自少数民族？请查阅相关史料,找一找这些复姓都去哪儿了。据查阅结果,制作一份A3纸大小的历史小报,要求图文结合。二是"民族交融:从石窟艺术到民族认同"。请你通过实地旅游考察或者网络"云"游的方式了解云冈石窟和龙门石窟雕像,找出两者的区别,并说明这些区别反映了孝文帝改革怎样的历史作用。将成果制作成演示文稿,在班内展示。

两份作业供学生选择完成,便于学生结合自己的爱好、特长,扩展视野,提升探究的积极性与主动性。作业参考课程标准中实践活动示例,聚焦于"民族交融",巩固拓展课堂教学内容,符合高中学业质量水平2的要求。如在作业2的跨学科主题探究过程中,学生通过实地考察、查阅史料与网络"云"游等途径,掌握获取史料的基本方法,并尝试运用所获史料,地理、艺术等各科知识与研究方法,结合所学孝文帝迁都与汉化政策的知识进行迁移、联系、综合,从历史的角度阐释两地雕像的区别。云冈石窟雕像主要成形于北魏前期,硬朗粗犷的风格体现了少数民族特色,而龙门石窟雕像主要成形于北魏中后期,柔美有余的风格彰显了中原文化的特色,从侧面反映了孝文帝迁都洛阳后汉化的影响。由云冈到龙门石窟艺术的变化体现了民族交融的趋势。学生在探究中可形成联系意识,既在领域上横通又在时段上纵通,提高运用唯物史观理解历史、解释历史的能力。老师通过对作业过程中学生心理感受与收获的观察与考查,可有益补充传统纸笔测试的评价方式,进一步优化教学。

　　初高中历史课程标准在课程性质、基本理念、课程核心素养内涵等方面表述高度相似,在五大核心素养的目标要求、课程内容、学业质量、实施建议等方面具有明显的贯通性、连续性与进阶性,为初高中衔接教学提供了理论依据与可操作的抓手。课程标准的对比分析不但是高中教学设计的出发点,也是初中教学设计应思考的重要因素,更是实现初高中历史教学衔接,建立全方位贯通的有机育人体系的应然要求。缩小直至消弭初高中教学间"断裂"现象是育人路径与方式改革的目标之一,当前形势下还需要教育工作者不断的实践探索与理论经验总结。

[1] 徐蓝,朱汉国.普通高中历史课程标准(2017年版2020年修订)解读[M].北京:高等教育出版社,2020.
[2] 邵朝友.大观念导向的单元教学设计模式与技术[M].上海:华东师范大学出版社,2022:16-17.

　　(本文选自《中学历史教学参考》2023年第7期。作者单位:江苏省苏州市吴江区教育局教研室)

问题衔接：高一学生思维进阶的通道

○ 刘 俊

《普通高中历史课程标准(2017年版2020年修订)》(以下简称"高中课程标准")在"课程性质"中明确指出："学生通过高中历史课程的学习,进一步拓宽历史视野,发展历史思维,提高历史学科核心素养。"可见,帮助学生实现历史思维进阶是初高中历史教学衔接的重要任务。而思维的发展是从疑问开始的。张汉林教授在《理解提问的三个维度》一文中依据授业之问与求知之问的理论,将课堂教学中的提问分为八类(见图1)。这些类型的问题在王光宇老师"三国两晋南北朝的政权更迭与民族交融"的课例中多有体现。王老师基于高一学情,采用问题衔接的方式帮助学生构筑思维进阶的通道,这一做法使笔者深有感触。

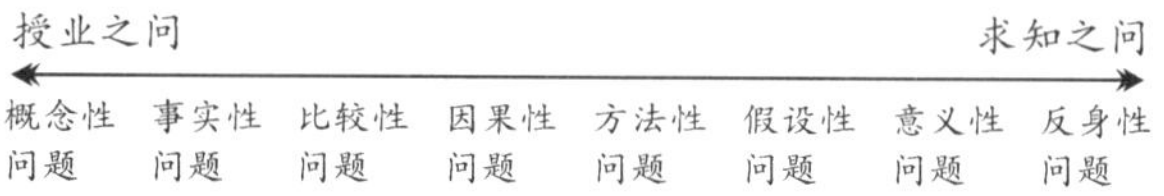

授业之问　　　　　　　　　　求知之问

概念性　事实性　比较性　因果性　方法性　假设性　意义性　反身性
问题　　问题　　问题　　问题　　问题　　问题　　问题　　问题

图1

一、概念性问题：重视案例化

历史概念是对历史现象本质特点的反映,对思维的发展有着反向塑造的作用。《义务教育历史课程标准(2022年版)》(以下简称"初中课程标准")在"采用多种多样的历史教学方式方法"中建议教师指导学生"解析历史概念",高中课程标准也建议教师在教学设计中,仔细分析每个学习专题的"核心概念"。然而,教师设置概念性问题时往往过于空泛,如直接询问某某概念指的是什么,解释概念性问题时也存在脱离史事空谈概念的现象。就本课而言,初中课程标准建议将"民族交往交流交融"作为三国两晋南北朝学习单元的大概念,高中课程标准也将认识三国两晋南北朝的民族交融作为内容要求之一。可见,"民族交融"是本课的重要概念。在对这一概念的解读上,王老师采用了案例化的教学方式。

首先，王老师以"十六国统治者族属表"作为典型案例设置问题：请观察"十六国统治者族属表"，从政权的族属与国号中你发现了什么？经过观察，学生发现少数民族政权大多采用中原国号，形成了对教科书正文"它们都采用了中原模式的国号、年号，学习汉族的典章制度"这一结论的初步理解。基于此，王老师继续追问：少数民族采用中原国号，认为自己与汉族同源共祖说明了什么？该问意在引导学生理解现象背后的实质，即少数民族对汉族政权的认同。其次，针对北魏孝文帝改革"大力推动民族交融"这一史事，王老师将北魏洛阳城用作典型案例创设学生活动，指导学生探讨北魏洛阳城的"特别之处"，并说明"北魏洛阳城是民族交融的见证"。

通过两个活动案例，王老师将"民族交融"这一抽象的概念落实到具体的史事之中，使学生能够深入地认识到在不同民族交往交流的过程中，少数民族对中原地区的政治认同、文化认同和民族认同不断增强，民族共同性不断增长，进而对"民族交融"的概念形成多角度、立体化的认识。可见，以案例化的方式解决概念性问题，有助于将历史概念丰富的内涵转化成具体可见的历史信息，帮助学生透过历史现象认识史事的本质特征，是提升学生历史理解能力的重要途径。

二、比较性问题：重视聚焦性

比较研究法是历史学习的重要方法，初高中历史课程标准均多次提到"比较"这一方法。《中外历史纲要》以中外重大历史事件、人物、现象的叙述与串联，展现出人类社会从低级到高级、从分散到整体的纵横动态发展进程。设置小切口、聚焦性的比较性问题，有助于帮助学生理解不同时空条件下历史的延续、变迁与发展。比较性问题的设置一般分为以下三类。

一是教科书的比较。对初高中教科书的对比有助于帮助学生迅速定位高中学习的起点。王老师在授课中引导学生对比初高中教科书目录，聚焦课文标题与子目标题，思考初高中学习内容的异同。这一问题引导学生关注初高中学习的侧重点，知道高中阶段更重视历史纵向动态的演进和发展脉络的完整性。

二是史事的比较。对史事的类比或对比有助于学生把握史事的特征和本质。解读"民族交融"的内涵时，王老师引导学生聚焦于不同时期洛阳城设计理念的比较。通过对比《东汉洛阳城平面图》与《北魏洛阳城平面图》，发现北魏洛阳城宫城单一、建立中极、三重城围、里坊分区等四大特点；通过对比《曹魏西晋洛阳城平面图》与《北魏洛阳城平面图》，说明北魏洛阳城在设计理念上体现出对中原都城的继承和发展，借鉴与吸收。

三是史料的比较。对史料的比较有助于帮助学生掌握历史研究的一般方法。在初中教科书七年级上册第18课的课后活动中，设问对比《史记》与《宋书》对江南地区描述

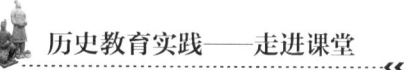

的不同,意在引导学生发现汉代和南朝宋江南地区不同的经济状况;高中阶段还可继续追问"两则史料的描述为何会出现这样的不同",以引导学生在对史料的比较中历史地看待江南的开发。可见,比较性问题有着独特的教学价值,设置时需聚焦某些角度,以培养学生思维的深度,使其对史事的本质形成深刻认识。

三、方法性问题:注重渗透性

在历史学习中,学生不仅要学会历史知识、历史思维,更要学会历史研究的一般方法,如史料实证。基于学生实证思维的差异,初中课程标准要求学生初步学会依靠可信史料了解和认识历史,而高中课程标准则要求学生会对所获取的史料进行去伪存真的辨析。高中阶段在选修课程中专门设置《史料研读》模块,但选修模块属于拓展、提高类课程,一般不会单独讲授。教师需在日常教学中有意识地设置方法性问题,渗透史料研读方法。

七年级上册教科书第19课的课后活动栏目选用一组图像史料——敦煌莫高窟壁画摹绘画,指导学生根据图画说出民族交往、交流和交融对汉族发展的影响。王老师在授课中补充一则实物史料——魏晋甘肃酒泉墓壁画像砖《扬场图》,设置方法性问题:请从史料来源的角度判断画像砖和摹绘画有何不同。此外,讲述西晋时期周边少数民族内迁原因时,王老师同时引用文献史料(《国史大纲》)与实物史料("晋归义羌侯"印)两则不同类型的史料,构成对内迁原因的相互印证。

通过方法性问题的设置,引导学生关注史料的来源与可信度,并对不同类型史料的实证信度予以判断,以帮助学生树立选择可信史料重现历史真实的态度,掌握运用不同类型史料进行相互印证的方法,从而增强学生的史源意识,提高其选择和运用证据的思维能力。

四、意义性问题:增加过程性

初中课程标准内容要求用语多为"知道",而高中课程标准则往往要求学生能形成对史事的"认识"。因此,意义性问题是高中历史教学问题设置的重要类型。对于意义性问题的解决,教师应注重历史解释的过程性。初高中课程标准均指出要指导学生形成对"统一多民族国家"发展历程的整体认识,故本课需构建"民族交融"与"统一多民族国家"之间的联系。为此,王老师设问:魏晋南北朝时期的民族交融如何推动国家从分裂走向统一? 这一问题明确地指向民族交融的历史意义,属于典型的意义性问题。

在问题解决的过程中,王老师采用了"从过程性解释到意义性建构"的做法:在对每一历史阶段的重大事件进行评价时,都设置指向"民族交融"的问题。如西晋时期的人口迁徙会产生什么历史影响? (少数民族内迁促进草原地区与中原地区的民族交融)东晋时期江南地区的开发有何影响？（江南开发加速中原地区与江南地区的民族交融）十六国国号采用中原政权的名称有何影响？（反映少数民族慕汉心理，促进民族交融）孝文帝改革有何历史影响？（顺应了民族交往交流交融的趋势，为隋唐统一奠定基础）

通过贯穿教学环节的过程性解释，学生对"民族交融促进统一多民族国家发展，为隋唐统一与盛世的出现奠基"这一意义性知识有了更为深入的理解。可见，增加解释的过程性有助于帮助学生对意义性知识既知其然，又知其所以然，提升其历史解释的能力。

教学衔接，本质目的是实现学生思维的进阶。立足受教育者身心发展的规律，以问题设置的梯度性呈现对不同学段学生思维要求的差异，以问题解决的层次性引领学生的思维进阶。让思维进阶有路可通，让深度学习真正发生——这是王光宇老师的课例带给我最大的启示，也是初高中衔接教学的题中之义。

（本文选自《中学历史教学参考》2023年第7期。作者单位：江苏省苏州市昆山市柏庐高级中学）

史证衔接：初高中学术情境创设的变通

○ 章慧慧

"史料实证"是达成历史学科核心素养目标的必要手段，初高中历史课程标准对其有不同的要求，体现了教学衔接的必要性。《义务教育历史课程标准（2022年版）》要求学生"初步学会依靠可信史料了解和认识历史，初步学会有理有据地表达自己对历史的看法"。《普通高中历史课程标准（2017年版2020年修订）》指出：高一阶段的学生主要掌握学业质量水平4级中前两个水平的内容，必要时涉及水平3的能力；要求学生在"初步学会"的基础上，"能够尝试运用史料作为证据论证自己的观点……能够选择、组织和运用相关材料并使用相关历史术语对个别或系列史事提出自己的解释……能够利用不同类型史料，对所探究的问题进行互证，形成对该问题更全面丰富的解释"，更多提到了分析、论证的要求。可见，初中历史侧重以基础性知识构建学生的知识体系，通过具体的史实引导学生形成对历史的具象认识，初步培育获取信息、解释史料、反思历史的能力。高中历史的逻辑性和延伸性更强，侧重从理论层面培养学生的核心素养；在史料实证素养提升上对学生有更进一步的要求，要求学生能够对不同类型史料进行深度阅读，表现出由浅入深、循序渐进的特点。由于对史料实证素养层级的要求不同，初高中历史教学所选用的史料层次性也有所不同。在以史料为基础的学术情境创设上，高一历史如何衔接初中，结合王光宇老师"三国两晋南北朝的政权更迭与民族交融"一课，笔者尝试从"史证变通"的角度做出以下思考。

一、关注相似性，构建衔接基础

统编版初高中历史教科书皆采取了"古今中外"的编排形式，这也让初高中历史教学在"内容设置"和"史料选用"上具有较强的统一性。教科书皆设置了大量关于实物、文献和图像史料的内容，试图引导学生在具体的学术情境中直面历史本身，强化学生的历史解释能力。初高中历史教学衔接中要避免知识和史料的简单重复，同时合理运用好初中的基础,特别关注教学活动中学术情境创设的相似性,从而更有效把握"旧知"和"新学"的内在联系,构建衔接基础。

实物史料是历史的有力见证,能够形象直观、较为真实地反映历史。因此,初高中历史教学都十分强调要运用实物史料创设学术情境,以此丰富教学内容,拓宽学生的学习视野。王光宇老师在教学过程中运用遗址、砖画、印章等出土文物,能够将"与课程标准所规定的知识要点直接相关"[1]的考古成果设计转化为学术情境,服务于学生史料实证能力的提升。

初中历史教学不能简单局限于"是什么"的知识学习,也涉及"为什么"和"怎么样"的中高阶内容,同样重视"论从史出"的学习方法。其深度和广度或许不如高中,但同样培养学生理解可信史料,运用史料进行历史解释的能力。以"民族交融"这一概念为例,初高中都强调通过史料分析探究该时期民族交融的历史意义,培养学生的历史思维能力。

二、聚焦差异性,变通学术情境

初高中史料研读的统一性中不可避免地蕴含着分层和衔接的重要问题,学术情境的创设也存在着差异性。那么,在高一历史教学实际中,教师应如何在情境中让史料基于主题,让学生与史料正面对话呢?

1. 相同事件如何选用不同史料

由于历史学科的特殊性,以及新教科书通史的编排形式,初高中涉及众多相同的历史事件。但对于同一历史事件,在史料类型的选择上二者也呈现出不同的侧重。总体而言,初中阶段更重图,辅以通俗易懂的"相关史事"栏目增加学生对历史的初步认识。高中阶段重文献阅读,重视基本史料的运用,突出学生与史料的对话,深入理解相关历史联系。张汉林教授认为,基本史料应是原始材料,它更多保留了当时的思维方式、价值观念等历史信息,有助于学生重返历史现场[1]。因此,基于高一阶段学生知识水平和思维能力的提升,高中历史学术情境的创设应立足课程标准,选择适合的且更具价值的原始史料辅助教学。

阐述"草原与中原北方改革"时,王老师引用了《魏书》和《资治通鉴》等原始文献,引导学生在深入研读的基础上认识到北方少数民族在政治、文化上对汉族的认同促进了民族认同,更加突出了对学生史料实证能力的培养。

2. 相同史料高中如何变通选用

由于史料的基础性和典型性,初高中常常会出现选用相同史料的情况。基于教学内容和问题解决层次的不同,高中课堂会有不同的呈现。以原始文献史料的选用为例,初高中都强调学生培养分析史料的能力,但不同学段的学生具有不同的认知特点。初中生对文献史料的解读、对历史现象的认识和分析尚处于基础阶段,高中则要在读懂的基础上,在"做"上下功夫获成效,选文难度会较高。

初高中教科书都使用《宋书》的一段记载创设学术情境。初中节选内容较短,侧重对江南地区"盛"的描述;通过与《史记》描述对比,形成对江南地区经济发展的具象认识。高中所节选内容一方面让学生在深度的史料研读中自觉生发对江南兴盛的认识;另一方面则增加了对江南开发原因的深层解读与分析,对学生史料解释的能力提出更高的要求,锻炼学生从初中形成的认知基础上进一步思考"为什么",形成自我对历史的认识与解释。

王老师深刻认识到"学生是教学的原点"[2],并未生硬地将初高中学生割裂开,而是在日常教学中认识到高一学生仍需在教师引导下进行史料研读。因此,利用文献史料创设学术情境时,教师不妨对易造成误解难懂的字词进行注释,减少学生阅读史料的障碍;加强培养高中学生运用史料对具体史事作出解释,作为证据论证自己的观点的能力。

三、寻求创新性,升华历史理解

随着科技的不断发展,原始史料的获取较以往更加便利。在高中阶段,教师可以将视野放宽,基于课程标准内容要求的基础上多关注最新学术前沿,选择符合课程内容设置的新史料创新学术情境的构建,拓展学生思考的视野,引领学生调动所学分析与探讨,升华对历史的理解。在本课教学中,笔者认为也可以简要呈现内蒙古自治区北魏祭祀建筑遗址的最新考古发现,采用图片形式呈现建筑结构,辅以"融合汉魏以来明室、辟雍、灵台等礼制建筑的特征"等解释,让学生对"民族交融"有更深入的认识。

博物馆资源也是高中学术情境创设的重要手段。特别是当地博物馆中的文物,更能契合学生现实生活,引起学生的共鸣。利用博物馆资源搭建学术情境,有利于拉近学生与历史的距离,增强学生研读史料、学习历史的能动性,与课程标准规定的知识点"尝试从历史的角度解释现实问题"相关联。王老师将当地博物馆壁画像砖《扬场图》与初中壁画中的生活用品进行衔接教学,让学生返回历史现场,提供解释历史的开阔视野。

学科综合,知识点交叉,打破学术情境创设的学科边界,更有利于提升学生对历史现象的认识、理解与分析。王老师分析"迁徙原因"时利用"农牧分界线"和竺可桢《中国近五千年来气候变迁图》等地理知识,更有利于引导学生在多学科情境中涵养史料实证和历史解释素养。

---

[1] 张汉林.基本史料:思考"史料教学"的新视角[J].课程·教材·教法,2016(8):78.
[2] 唐琴,王光宇.学生,教学的原点[J].中学历史教学参考(上半月·综合),2019(7):4.

(本文选自《中学历史教学参考》2023年第7期。作者单位:江苏省苏州市吴江汾湖高级中学)

习题衔接:初高中历史教学的变式视角

○ 王之剑

《中国高考报告(2023)》出版给一线教师很大的启示:无情境不成题;无思维不命题;无价值不入题。由此,我们可以通过情境重现、思维再造和价值接续的方式进行习题变式,进而实现初高中历史教学的衔接。笔者试以王光宇老师"三国两晋南北朝的政权更迭与民族交融"一课为例,从初中老师的视角和习题变式的切口谈谈初高中教学衔接的路径选择。

一、情境重现:"返景入深林,复照青苔上"

教学也好,学习也好,评价也罢,都离不开题。考试离不开命题;学习离不开解题;教学离不开例题。高明的教师往往手中无题,心中有题;往往有着敏锐的题感:心中有题,处处是题。即便只是教师看似随意的提问,其实都有题的影子,甚至有"无题不成卷,无题不成练,无题不成课"的说法,都说明题是教学评一体化的重要纽带。在本课中,王光宇老师从头至尾都没有出示完整的题,但时时处处都隐藏着题。比如在对《宋书》这段文字进行解读的时候,王老师连着追问了原因、成就和影响,这本身就是"题"。其实,同样的材料、类似的习题,初中教学也开展过,借用数学学科的一个术语,这就是"变式"。由此可见,通过习题变式开展历史教学,也是教学衔接路径选择中的应有选项。

习题也好,教学也罢,都离不开情境。"情境是学生认识的桥梁,是知识转化为素养的桥梁……沟通知识与思维的桥梁"[1]。在搜索引擎无所不能的信息时代,知识已经不是教师的"专利""特权",所有知识都只是教学的情境载体,而不是教学的终极目标。情境创设的手段千千万,但文字材料无疑是教学评中最常用的。"鱼盐杞梓之利,充仞八方;丝绵布帛之饶,覆衣天下",《宋书》中的这段文字真可谓经典,在初高中历史教科书中都有出现。《中国历史》七年级上册第18课"东晋南朝时期江南地区的开发"之"课后活动"中,本身就以习题的面貌呈现:对比一下,《史记》与《宋书》中对江南地区的描述有什么不同？这段材料也多次进入中考命题者的"法眼"，如2019年江苏连云港卷第21题、2020年山东东营卷第5题。

(2020·山东东营)5.《宋书》记载："江南之为国盛矣……地广野丰，民勤本业，一岁或稔，则数郡忘饥。"材料反映的现象是 （　　）

　　A. 江南气候条件优越

　　B. 江南地区得到开发

　　C. 江南生产技术先进

　　D. 江南劳动力资源丰富

王光宇老师通过变式，自然地把高一学生初中的学习经历变成了历史探究的背景，真可谓"返景入深林，复照青苔上"。熟悉的情境不仅自然实现了教学的衔接，也实现了情境的生活化。要知道，学习经历本身就是学生的生活，就是教育的资源，就是教学的"情"与"境"。

二、思维再造："苔花如米小，也学牡丹开"

"一个真正意义上的情境应该能激发学生乐于参与、关注和活动的'情'，并引导学生浸润于探索、思维和发现的'境'"[2]。但情境依然不是教学的终极目标，只是知识与思维的桥梁、思维与价值的串联线。随着基础教育课程改革的深入推进，教学评必须实现从知识灌输到思维养成的转变，已经成为广大历史教育工作者的共识。根据布卢姆的教育目标分类，记忆、理解和应用属于低阶思维，而分析、评价和创造属于高阶思维。很多高中老师想当然地以为，初中的习题没有什么思维含量，充其量只是低阶思维。但是我们看看近几年的中考试题就会发现，中考与高考衔接的痕迹越来越明显，加大了对学生思维品质与思维过程的考查力度。比如，2021年浙江台州卷第8题引用上述《宋书》中的材料，要求"分析江南地区农业发展的原因"；同年湖北恩施卷第28题引用同一材料，要求"说说魏晋南北朝时期江南地区得到开发的原因"。

唐琴老师指出，高中老师"或不把初中教学当回事……或太把初中教学当回事……'应然'层面上，初高中衔接理所当然；'实然'层面上，初高中衔接任重道远"[3]。我们综合台州卷和恩施卷的参考答案就会发现，王光宇老师给出的答案除了语言更精练，表达的意思是一样的。

台州卷：劳动力的不断增加；生产工具的改进（农耕技术的进步）；人民的辛勤劳动；自然条件优越；政府重视兴修水利。

恩施卷：江南地区自然条件优越；社会秩序比较安定；北方人民南迁带来大量劳动力和先进的生产技术；南北方人民的辛勤劳动。

王光宇：社会安定；北民南迁；气候湿润；土地肥沃；百姓勤劳；政策支持。

"苔花如米小,也学牡丹开"。事实上,高中老师所做的一切,很多是初中老师曾经做过的。王光宇老师用变式的情境、设问和参考答案实现了初高中历史教学的衔接。如果仅此而已,那么这种衔接无疑还只是"低空盘旋"。王老师紧接着又进一步变式,引导学生概括江南地区开发的成就,从而实现了教学衔接的思维进阶。其实,从高中的选文较之初中更长来看,初高中教科书明显是一体化设计的,衔接与进阶是"应然"的。

三、价值接续:"君自故乡来,应知故乡事"

如果说思维能力是一条银线的话,那么核心价值无疑就是一条金线,对应的正是历史学科五大核心素养中的家国情怀。无论如何变式、衔接,家与国始终是历史教育的出发点和落脚点。"'君从故乡来,应知故乡事',故此'历史'实质上就是关于故乡的回忆,故乡可小可大,可以是个体的家乡所在,也可以是人群的祖国所在"[4]。本课从"华夏"入题,又从"华夏"出题:地理空间扩大、民族种群扩大、文化内涵扩大。这本身就饱含了教者的"温情与敬意",也揭示了习题变式的初衷。历年的中考、高考试题无不行进在历史与现实之间,或隐或显地存在着这条金线。有的试题虽然隐藏了价值输送的意图,但依然体现了命题者的时代立意和社会关切。

再比如,2021 年湖北恩施卷第 28 题第(5)小问:综上所述,你认为推动经济发展的因素有哪些? 这就要求我们能从历史的千变万化中看见规律,从历史规律中形成经验,从历史经验中汲取智慧,跨越时空,从而指导我们当下的生产生活。参考答案中"科技的进步""恰当的经济政策",都是当下语境、今人口吻、现实考量。这与王老师引导学生思考江南地区开发的影响,可谓殊途同归。

(2021·湖北恩施)28.阅读材料,回答问题。

材料四 江南之为国盛矣……地广野丰,民勤本业,一岁或稔,则数郡忘饥……鱼盐杞梓之利,充仞八方;丝绵布帛之饶,覆衣天下。

——《宋书》

(5)综上所述,你认为推动经济发展的因素有哪些?

参考答案:先进生产工具的发明和使用;科技的进步;统治者的重视;恰当的经济政策;人口增长等。

王光宇:促进江南经济发展;缩短南北经济差距;推动经济重心南移;为统一和盛世奠基。

由此可见,不管我们愿不愿意,初高中衔接已经在真实地发生了。初高中衔接本身就应该是双向奔赴的,"瞻前""顾后"应该是学段教学题中应有之意,任何"各人自扫门前雪"的做法都是对学生的伤害。要知道学生是完整的人,是不分学段的,他们的人生是连续不间断、无缝衔接的!

综上所述,王老师在本课中把试题巧妙地融入教学全过程,看似无题实则有题,无题胜有题。通过情境重现、思维再造和价值接续进行习题变式,通过习题变式实现初高中历史教学的衔接,不失为一条理想的路径选择。

---

[1] 余文森.核心素养导向的课堂教学[M].上海:上海教育出版社,2017:193.

[2] 吴金炉.教学思辨:历史教学的有效平衡方略[M].杭州:浙江大学出版社,2014:131.

[3] 唐琴,季芳,葛家梅.问史·贯通:指向学习进阶的初高中微衔接[M].南京:江苏凤凰教育出版社,2022:3.

[4] 周靖,罗明.核心素养:中学历史学科育人机制研究[M].上海:复旦大学出版社,2018:序言二.

(本文选自《中学历史教学参考》2023年第7期。作者单位:江苏省苏州高新区文贤实验初级中学校,215000)

教考衔接：高考题在高一历史教学中的利用

○ 张　任

王光宇老师在"三国两晋南北朝的政权更迭与民族交融"一课中，将2022年高考广东卷第20题改编成探究性学习任务，引导学生从北魏洛阳城的重建中认识孝文帝改革的历史影响，促进学生深度学习。受其启发，笔者结合自身教学实践，以2021年高考福建卷第3题为例谈教考衔接，分析高考试题如何嵌入高一历史教学，利用教学与考试的有效衔接，提高课堂质量，培养学生核心素养。

一、教考衔接的必要性

新教材、新高考的背景下，高中历史教学强调教学评一体化。教育部教育考试院在《深化高考内容改革　加强教考衔接——2022年高考全国卷命题总体思路》中强调深化课程改革，需要"加强教考衔接，促进教学提质增效"[1]，充分发挥教育评价育人功能和积极导向作用，凸显教考衔接的重要性。

《中国高考评价体系》强调高考的核心功能是立德树人、服务选才与引导教学[2]。可见，高考作为一种高水平、高层次的评价机制，对于指导教学、彰显方向、素养考查的重要作用。因此，将高考试题运用于历史课堂教学，有助于学生了解高考命题特点和趋向，进而探寻解题思路和应考技巧，实现习得知识的迁移运用与素养的真正提升。

教学与考试两者是同向而行且相互影响的。高考作为一种评价方式，反映教学实践、改革的发展变化。教学在实践过程中，主动适应基于核心素养的评价方式转变，更加注重学生思维能力培养，两者又共同着眼于立德树人的根本目标。

因此，教师应重视教考衔接，并借鉴高考试题创设相关情境，合理利用其设问考查角度、答案组织思路等展开教学活动，使得学生在教师的引导下，在掌握必备知识的基础上，对史事作出合理解释，培养关键能力，养成学科核心素养。

二、教考衔接的实践与策略

加强教考衔接,将高考试题用于高一教学,不是直接运用,而是基于学情进行有层级的利用。高一学生经过初中的学习,储备了一定的历史知识,但是在史料实证、历史解释等能力方面仍处于"初步掌握"阶段。

高考作为等级性考试,要求学生"在对历史和现实问题进行探究的过程中,能够恰当地运用史料对所探究问题进行论述";"能够在正确的历史观和方法论的指导下,全面、客观地论述历史和现实问题"。而高一教学要求学生"能够在对史事与现实问题进行论述的过程中,尝试运用史料作为证据论证自己的观点"。由此可见,并不是所有高考试题都能直接用于高一教学。若将其直接运用,过度超越学生现有素养水平,反而达不到预期学习效果。因此,教师需要根据学情对高考试题进行适当改编,相应降低题目难度层级,使其符合高一教学基本要求,服务于高一历史教学。

笔者以2021年高考福建卷第3题为例,基于高一学情对试题进行改编,分析加强教考衔接的教学策略。原题如下:

(2021·福建卷·3)三国时期,孙吴立国江东59年,前后四帝共有18个年号,如黄龙、赤乌、神凤、天册、天玺、天纪等,而曹魏和蜀汉此类符瑞年号较少。据此可知,孙吴政权

    A. 推崇天人感应思想   B. 权力更迭导致年号更换频繁

    C. 借助年号宣扬正统   D. 大力削弱儒家思想主导地位

此题考查学生能否结合所学知识,运用史料对三国时期相关内容进行探究,对高一学生来说存在些许困难。首先,学生不理解符瑞年号的寓意,做题时会忽略"曹魏和蜀汉此类符瑞年号较少"的关键信息。其次,由于《中外历史纲要(上)》对董仲舒新儒学的相关内容未做详细阐述,学生不理解"天人感应"概念。再次,在新授课时,学生对于不同时期儒家思想地位的演变未有系统的理解。如果在教学中直接进行题目练习,错误率必然很高。此时,教师可以从以下三个角度对题目进行改编,以练促学、促教。

1. 增加注释降低认知难度

高一学生在知识储备和材料解读能力方面,远达不到高考评价的要求。一方面,学生抓取关键信息联系所学知识的能力不足。若学生不理解符瑞年号的寓意,则不能将其和孙吴政权与曹魏、蜀汉相比多用符瑞年号的关键信息联系,也就无法进行知识迁移,导致选择错误。另一方面,高考试题对于学生阅读理解能力要求较高,部分题目甚至考查文言文阅读理解能力。高一学生在此方面基础仍稍薄弱,若将对材料阅读能力要求较高的题目直接运用于课堂,会使学生对该类题目产生抵触心理,降低学生探究历史的积极性。因此,教师可以通过增加注释降低学生认知难度。对于难度较高的历史名词或文言

文,教师可以增加注释,对题目进行补充和说明,便于学生对材料的解读。比如:在天册、天玺、天纪等年号后增加注释(多为吉祥征兆,意在营造受命上天的氛围),使得学生准确理解关键信息和材料所表达主旨,进而结合所学分析,得出正确答案。需要注意的是,由于教师与学生认知存在差异性,教师增加注释时应从学生角度出发理解材料,使得注释真正为学生的解题所用。

2. 改编选项降低选择难度

对于高一学生而言,高考试题部分答案或选项综合性较高,题目所涉及的知识点也不仅限于一课时内容,需要学生从更宏观角度,综合多个知识点分析问题。若题目涉及的知识点,还未在高中阶段接触到,且初中所学并不能支撑其解题,学生便会对高考试题望而生畏,适得其反。因此,教师要基于学情,改造试题的答案选项,降低学生解答难度。笔者基于高一学情,将上述题目选项进行以下改编:

　　A. 表达渴望国家统一政治愿景　　B. 权力更迭导致年号更换频繁
　　C. 借助年号宣扬政权的合法性　　D. 适应了民族交融的发展趋势

A 选项改编契合三国时期国家分裂与人民渴望统一的时代特征。B 选项通过材料中"四帝共 18 个年号"可排除,故无须修改。C 选项通过改编更通俗易懂,有助于学生运用材料对相关史事作出解释。D 选项突出三国两晋南北朝时期另一个时代特征:民族交融。改编后的选项考查学生结合时代背景、通过史料分析,获得关键信息的能力,引导学生从更宽广的视角理解时代特征,有益于学生历史发散思维能力的培养。

试题改编可引导学生理解相关知识,提高做题正确率。需要注意的是,题目的改编需要体现评价层级的降低且符合学情,而不是难度不降反增,进而增加学生解题负担。

3. 改变呈现形式丰富课堂

高考试题的综合性使得其不仅是具有权威性与科学性的评价试题,也是可以充分运用于课堂讲授的教学资源。教师应充分利用高考试题,通过改变试题的组织呈现方式,将题目变成课堂材料,使其真正为高一教学服务。

如讲授三国鼎立局面时,教师可以将题目改编成材料进行设问,让学生结合所学知识分析这些年号有何寓意。若学生未能答出,教师提供思考角度,进行知识拓展。在学生了解这些年号意在营造受命上天的氛围后,教师进行追问,为何相比于曹魏、蜀汉,东吴政权会用如此多象征吉祥征兆的年号,从而引导学生结合材料分析相关知识,在丰富课堂内容的同时,有助于学生的理解与记忆。

综上所述,教师可以通过改编试题内容、呈现形式等方法,将高考试题有效嵌入高一历史教学,使其服务于高一教学,促进教学评一体化。同时也要知道,无论教师如何改编高考试题,加强教考衔接,最终指向的是学生的学。因此,教师应创设合理教学情境,引导学生主动进行问题探究,将知识转化为能力与素养,在解决问题中发展思维、培养能力、提升素养,进而通过教考有效衔接,落实立德树人的根本目标。

---

[1] 教育部教育考试院.深化高考内容改革 加强教考衔接:2022年高考全国卷命题总体思路[J].中国考试,2022(7).

[2] 教育部考试中心.中国高考评价体系[M].北京:人民教育出版社,2019:9.

(本文选自《中学历史教学参考》2023年第7期。作者单位:江苏省苏州市吴江盛泽中学)

"必""选"衔接:高一高二内容的教学互衬

○ 顾云萍

普通高中历史课程由必修、选择性必修、选修三类课程构成。学生在高一时要完成必修课程即《中外历史纲要》的学习。如果选择文科,还需要完成3本选择性必修教科书的学习。三类课程构成高中历史课程的整体,具有关联性、递进性和提高性[1]。教学实践中,必修和选择性必修(以下简称"选必")两类课程可以互相补充,必修为选必提供宏观历史背景,选必为必修提供深入探究的视角。所以,教师要注意教科书的衔接问题。那么,如何衔接高一、高二的历史教学?关键是"整合教科书",教师根据学情巧妙处理、灵活使用教科书,找到最佳切入点,对内容进行重新整合配置,突出历史发展的时序性和整体性,帮助学生在构建知识体系的过程中提升学科素养。

一、理解活化,让内容更有厚度

必修课程采用通史方式,注重勾勒历史发展的基本线索与规律,旨在让学生掌握人类历史发展大势。选择性必修课程采取专题史方式,体现古今贯通、中外混编的特色,侧重从多角度展现人类社会的历史。两类课程在内容上有很多重复、交叉或高度关联的内容。教师首先要找到两类课程重复或相关联的知识点,为衔接两类课程提供重要依据。

"重复"可以加强学生对知识的巩固,但"重复"要把握"度",这个"度"就是学生的掌握程度,即学情。相同或相关联的内容再次遇见时,要根据学情重新制定目标,重新确定教学策略,重新解读文本,进行有效整合,使学生在高一学习时加深理解,化解高二学习的难度。

必修课程《中外历史纲要(上)》第1课"中华文明的起源与早期国家"中讲到西周分封制时直接指出形成了"天子—诸侯—卿大夫—士"这一金字塔型的等级结构,表述简略、概括性强。分封制与宗法制是西周重要的政治制度,是重要的历史概念。二者互为表里,在漫长的中国政治制度的发展过程中扮演着重要角色。如果抛开分封制与宗法制,将很难真正理解后世的"家国一体""天下一家""宗族组织"等现象[2]。对重要历史概念的解释,可帮助学生把握历史演变过程中的重要节点,构建完整的知识体系,促进学生学科核心素养的发展。

在选择性必修1第1课"中国古代政治制度的形成与发展"中对分封制与宗法制有着更详细、具体的阐述。包括分封对象,诸侯的权利与义务,分封制与商朝内外服制、宗法制的关系等。教师可以利用选必教科书对《中外历史纲要(上)》的内容进行适当补充,弥补必修教科书简略空洞的不足,加强学生对重要历史概念的理解,促进学生把握历史事物的本质和发展规律。到高二进行选必教学时,对于重复的知识,可让学生通过表格、时间轴、思维导图等形式进行自主总结,对于《中外历史纲要(上)》没有的内容再重点深入教学。利用选必教科书帮助学生深刻理解必修重要知识内容,使学生在高一时就初步接触选必的内容,为高二学习奠定基础。

二、情境转化,让内容更有温度

历史学科具有过去性的特点,而"过去是永远不能作为一种逻辑推理出现的"[3]。

历史教学需要创设情境,把枯燥、乏味的书本知识放入生动形象的历史情境中,让学生直观地感受事物,对书本知识形成情感上、思想上的共鸣,促进对具体历史知识的理解,从而帮助学生扎实掌握历史知识,提升学科素养。情境的创设离不开史料,如何寻找教学所需的史料素材?教科书是师生共同拥有的资源,是课堂的载体和依据。教师可以将选必教科书作为必修教科书备课的首选课程资源,为必修知识创设历史情境,促进学生在情境中更好地认识抽象的历史概念,理解深刻的历史问题,发展历史思维,使必修知识内容更生动,更有温度。

必修教科书大体贯彻"简"的原则,删繁就简,重要人物和事件往往点到为止。例如《中外历史纲要(下)》第1课"文明的产生与发展"在展现不同文明的一些特点时,只是简单的文字表述,"楔形文字是世界上最古老的文字","象形文字几乎和楔形文字一样古老"。而在选必3第二单元第3课"古代西亚、非洲文化"中,除了在正文部分重点介绍了西亚和埃及的文字,还设置了丰富的史料,包含"用楔形文字书写的信件"的图片、"楔形文字的变化"图、"那尔迈调色板"及简要文字说明。在"历史纵横"栏目,介绍了莎草纸的制作过程。

教师在教学设计时,应灵活地使用教科书上的素材。如呈现"吃""大麦""鱼"的楔形文字写法,让学生猜一猜是什么字,引起学生的注意,激发学生学习兴趣和积极性;让学生观察这几个字不同时期的变化情况,帮助学生理解楔形文字的书写形式在总体发展趋势上逐渐走向抽象和简化。学生对泥板文字、莎草纸都很感兴趣,通过展示图片、语言描绘,使学生理解文字与自然地理的关系,把握事物之间的联系,体会古代人类的生活智慧,进而认识到只有直接阅读古人留下的文献,即所谓第一手史料,历史研究才更具可靠性、真实性。

三、认识升华，让知识更有深度

历史教学除了帮助学生构建知识体系，更重要的是引导学生以历史学家的眼光，用历史的思维、历史的视野认识社会和人生，关心国家命运，关注世界发展。历史教学要立足教科书，更要与现实生活相联系，提高学生发现、思考、解决现实世界问题的能力。这是历史课程的价值追求与功能。历史教师要站得高、看得远，在学生的认知过程中给予指导，使学生的思维呈现出辩证、逆向、发散等多维态势，使师生在思维碰撞和交互争鸣中，延展学习的宽度、丰盈学习的厚度[4]。

选择性必修教科书以专题的形式呈现了古今中外历史多方面的重要内容，引领学生从政治、经济、社会生活、科学技术、法律、文化、教育等不同视角对人类历史有更加透彻的认识，对于促进学生深度学习，培养学生高层次历史思维能力，提高学科素养有着重要意义。

关于如何认识战争，选择性必修3第五单元"战争与文化交锋"中提供了不同的角度。教师可以借鉴选必教科书的研究视角和前沿学术观点，升华对必修内容的认识：战争不仅会给人类带来深重的灾难，也会促使人口迁徙，客观上造成不同文化的碰撞与交锋，不同文化在相互碰撞中交流、交汇、传播，面临着文化重构与认同的问题。《中外历史纲要（上）》第5课"三国两晋南北朝的政权更迭与民族交融"的教学中，王光宇老师借鉴选必教科书的分析角度，引导学生从战争与文化的关系上认识政权分立的影响。教师运用丰富多样的材料，如少数民族的内迁、十六国族属表、少数民族政权采用的国号等分析不同民族交往、交流的情况，一步步引导学生深入理解民族纷争—民族迁徙—民族交流—民族交融—文化认同的过程。战争中孕育着统一的因素，三国两晋南北朝的政权分立最终走向了隋唐统一，中华民族重获新生，延续了多元一体的文明格局。

教学是一个持续不断影响学生的过程，尤其是对具有较强时空意识的历史学科来说，历史教学更应该是一个循序渐进、螺旋加深的过程。必修与选择性必修在课程设计之时就密不可分。教师要积极寻找必修和选必教科书可衔接的点，依据学生身心发展特点，统筹兼顾，整体设计教学，努力构建一个具有关联性、渐进性、层次性的高中历史教学体系。

---

[1] 徐蓝,朱汉国.普通高中历史课程标准(2017年版2020年修订)解读[M].北京:高等教育出版社,2020:71.

[2] 冯丽珍.高中历史教学中西周宗法制与分封制相关内容探析[J].历史教学问题,2018(2).

[3] 柯林伍德.历史的观念[M].何兆武,张文杰,陈新,译.北京:北京大学出版社,2010:110.

[4] 苏智良,於以传.怎样上好历史课：来自上海市特级教师的方案与经验[M].上海:上海教育出版社,2019:22.

（本文选自《中学历史教学参考》2023年第7期。作者单位：江苏省苏州市吴江汾湖高级中学）

学科衔接：导向素养的跨界初探

○ 金秋荣

要解决复杂的问题，往往需要运用多学科知识、原理和方法。因此，通过开展学科衔接，培育跨学科知识与思维的融合就显得尤为重要。王光宇老师"三国两晋南北朝的政权更迭与民族交融"的课例展示，正是基于学生核心素养培养而进行的学科衔接的跨界实践，令笔者颇有收获。

一、学科衔接势在必行

1. 基于国家政策的宏观指导

《国务院办公厅关于新时代推进普通高中育人方式改革的指导意见》明确要求：在课堂教学方面，要注重加强课题研究、项目设计、研究性学习等跨学科综合性教学；在作业训练方面，适当增加探究性、实践性、综合性作业，帮助学生潜移默化地利用其他学科知识构建新的知识体系；在考试测评方面，设计联系社会生活实际，增加综合性、开放性、应用性、探究性试题，以培养学生的认知能力、合作能力、创新能力，加强学科融合。

2. 基于课程标准的内容要求

《普通高中历史课程标准（2017年版2020修订）》（以下简称"高中课程标准"）强调历史课程要与思想政治、语文、艺术、地理等课程共同发挥整体作用，促进学生人文素养的发展，明确要求与相关课程共同促进学生素养的发展，凸显了学科衔接的重要性。

《义务教育历史课程标准（2022年版）》（以下简称"初中课程标准"）明确规定：在总课时中专门划出10%的课时，用于跨学科主题学习。用综合的思维统整学习内容，通过真实的情境、特定的问题、开放的结果让学生感受到积极参与的重要性。初中课程标准专门划出10%的课时确保跨学科主题学习，引导师生突破学科界限，应对特定问题，提升学生素养。

3. 基于高考命题的考查方向

高考命题注重考查关键能力、学科素养和思维品质,注重对所学知识的融会贯通和灵活运用。学生运用多学科知识和综合思维分析问题、解决问题,才能顺利应对考查中的综合性问题。如在2022年高考山东卷第16题中,材料一以《隋代分郡图》(图略)展示多维视角下的隋代政区改革,材料二摘自周振鹤《中国行政区划通史》的一段引文"研究行政区划至少与三个学科有基本关系,一是历史学,二是地理学,三是政治学",要求"结合隋代政区改革的史实分析说明材料二的观点"。解答此题时需要调动多学科知识,论证行政区划改革是多种因素综合作用的结果,需要从历史、政治、地理、经济重心转移等角度进行解释。很明显,命题者意在引导学生跨学科、多角度地看待问题,提升其综合分析问题和解决问题的能力。

二、学科衔接课例剖析

1. 多学科联合

"文史一家人""史地一家亲""政史不分家",这些俗语传递了一个道理:历史学科与其他学科密切相关、息息相通。因此历史学科进行多学科联合有天然优势。王光宇老师引用了多学科资料作为教学资源(见表1),体现出浓厚的学科联合意识。

表1 王光宇老师"三国两晋南北朝的政权更迭与民族交融"课例多学科资源统计表

学科	数量	内容
地理学科	地图、气候表11幅	魏晋南北朝政权形势地图 东汉、曹魏、北魏洛阳城平面图等
语文学科	文献史料13段	孔颖达《春秋左传正义》 费孝通《中华民族多元一体格局》等
艺术学科	文物照片等6帧	"晋归义羌侯"印章甘肃酒泉墓壁画像砖等
政治学科	文献史料10处	十六国至北魏时期少数民族在对汉族的认同 北魏洛阳城是民族交融的见证等

2. 跨学科整合

跨学科整合不是简单地将不同学科拼接,而是打破学科界限,寻找学科之间的内在联系,面对特定主题共同提供解决问题的角度和思路。如分析魏晋南北朝时期人口迁徙的原因时,课例引用人口迁徙图、气候变迁图表、农牧分界图等地理学科资源说明地理环境对人口迁徙的重要影响;引用中原招揽边疆各族镇守边塞等语文学科资源说明边疆政策对人口迁徙的重要影响;引用"晋归义羌侯"印章等艺术学科资源说明民族认同对人口迁徙的重要影响。由此引导学生进行跨学科整合,多角度、立体化地探究人口迁徙的原因。

3. 超学科融合

学者陆启威认为,学科融合是依据主体科目的性质和特点进行拓展合一、层次分明的学科相融[1]。而超学科融合,倾向于围绕真实问题或项目任务的解决,以学习者为中心来组织,不再执着于学科结构,通过充分的学科融合,激发学生学习兴趣,培养创新精神和综合能力。如课例开放性作业从云冈石窟、龙门石窟艺术的比较中看民族认同。学生从造像材质来看,云冈石窟属于砂岩,艺术表现豪放、大气;龙门石窟属于石灰岩,艺术表现细腻、生动。从造像风格来看,云冈石窟石刻艺术线条硬朗、简洁;龙门石窟圆润、流畅。从造像文化内涵来说,云冈石窟是少数民族文化的传承;龙门石窟是少数民族文化与中原文化交融的成果。学生在完成开放性作业时,需要调动历史、地理、艺术、物理、信息技术等学科的知识,从而在超学科融合中提升创新精神、综合能力和核心素养。

三、学科衔接行者无疆

1. 图画历史,锤炼艺术修养

笔者在教学实践中,结合重大历史事件以图画历史的方式举行微型纪念活动,如红军长征胜利 80 周年手抄报比赛,要求学生做到图文并茂、弘扬主旋律、传播正能量。学生在对文字素材、主题图画、版面效果进行设计中,其艺术素养得到锻炼、提升。师生共同评比作品,进一步启发学生进行多学科、多角度思考。

2. 讲写历史,提升表达能力

课堂演讲是笔者日常教学中注重学科衔接的常态方式。学期初师生商定演讲主题,制定演讲计划;学生自主选择主题,拟定演讲文稿,必须体现学科融合;教师审阅讲稿,小组试讲完善;学生课堂演讲,师生及时点评。在这一过程中,学生筛选素材、团队合作、表达能力都得到锻炼提升。结合高中研究性学习课程,笔者通过带领学生考察家乡古建筑、采访长者;查看地方志、通过历史、物理、信息技术等学科融合撰写出了成果报告,荣获全国科技创新大赛二等奖;将报告提交有关部门,为古建筑修缮提供参考,展现了学生的责任和担当。

3. 编演历史,加强思维深度

项目任务通常是具有一定挑战性的产品设计与制作,需要学生调动跨学科思维,综合运用多学科学习成就进行自主学习[2]。郑和下西洋是中国航海史上的壮举,促进了中外交往、交流。笔者通过设计"文明互动——郑和下西洋情景剧编制"作业,由学生围绕"三宝井的前世今生"和"生擒陈祖义"的历史事件,以编剧的方式重现历史场景。通过编演历史情景剧,提升学生信息整合、团队合作、情景再现的能力。

学科衔接,衔接的是思维,指向的是素养。在学科实践中,教师需要在保持历史学科本色的同时实现跨学科融合,培养学生创造性解决问题的能力,提升学生核心素养,以多学科的营养共同滋养学生的全面、可持续发展。

[1] 陆启威.学科融合不是简单的跨学科教育[J].教学与管理,2016(32):22.
[2] 崔鸿,朱家华,张秀红.基于项目的STEAM学习探析:核心素养的视角[J].华东师范大学学报(教育科学版),2017,35(4):54.

（本文选自《中学历史教学参考》2023年第7期。作者单位:江苏省木渎高级中学）

教研衔接：构建联合联袂的"大教研"

○ 杭辉军

随着基础教育课程改革的不断推进，跨学段衔接已成为课程标准的基本要求，跨学科学习成为发展学生核心素养的内在要求。"育人为本导向的课程实施和核心素养导向的课堂教学对教师和教研提出新的挑战，呼唤教研工作主动应变、科学应变进行系统化转型"[1]。如果教师和教研仅仅局限在自己学段或学科里，跨学段衔接和跨学科学习就如"空中楼阁"，无从谈起，缺乏制度保障。笔者以王光宇老师执教的"三国两晋南北朝的政权更迭与民族交融"一课为例，立足教研衔接，探究联合联袂"大教研"的思考和实践。

一、以学定教，面向学生立场

"以学定教，强调以学生的现实（学生的问题、兴趣、现有知识、生活经验、思维方式与能力等）及其制约的学习可能性作为教学决策的依据"[2]。"学生立场"强调"站在学生的认知基础、认知需要和学生的个性发展、终身发展的视角去思考教学资源的选择和组织、选择和实施教学方法，实施满足学生需要和发展的教学行动"[3]。

纵向来看，初高中学习内容、学习方法、学习心理相互脱节，无法体现初中教学对学生学习效益的增值，无从体现高中教学对学生学习效益的增质。"学习是学习者因经验而引起的行为、能力、心理倾向的比较持久的变化"[4]。学生从初中升入高中，学科必备知识、关键能力、核心素养是承前启后，螺旋式发展的。基于"学生立场"下的学情分析，是教学策略选择和教学活动设计的落脚点，是对"以学定教"教学理念的具体落实，也是初高中衔接的源起。如果教学只唯本学段展开，势必缺乏对学情的分析，将不利于学生的成长和成才。

横向来看，分科教学在一定程度上不利于建构完整的知识体系，无法应对真实复杂的生活情境。基础教育课程改革这一阶段最大的亮点是将课程目标定位于学生的"学科核心素养"。"素养"作为一种解决真实问题的能力，本身具有整体性、综合性、跨学科性[5]。素养化的课堂教学要求还原真实生活情境,培养学生大视角、全局性的思维品质。如果教学只唯本学科开展,所学知识结构单一,思维视角狭窄,无法构建全面的认识。在高中阶段,跨学科学习主要是融合式的,即以一个学科为主,借鉴学科视野,整合学科素养,打通学科边界,连接课程学习与社会生活,解决综合性情境问题,为学生的生命成长和个性发展提供适合的学科教育。

二、以教促学,指向教研衔接

教学研究服务于教师教学实践的改进,并进一步重构知识和创造知识。杜福尔认为,"教师专业学习共同体的目标不是指向'教'而是聚焦于'学',成员共同规划、交流和反思,为了学生的发展和教师自身的专业发展而团结工作"[6]。

"大教研"是指不同学段、不同学科、不同地区的教师共同参与的深度教学研讨活动。"大教研"的大观念、大视野、大场域、大任务、大系统视角,决定了其具有充分的融合性、亲历的实践性、真实的情境性、多维的交互性和组织的全纳性等特征[7]。不仅强调不同学段、学科教师的"关联",还强调学科间知识与素养的"联结",有利于强化课程协同育人。基础教育课程改革这一阶段强调整合性、开放性、综合性的课程理念,素养化的课程目标。"大教研"旨在加强学段之间教师的关联,促进学生知识学习和素养发展的衔接与进阶;立足真实世界的整体性,突出学生全面发展,强化教研衔接,尝试进行跨学段、跨学科的对话与探索,取长补短,构建知识、能力、素养之间的新联系,形成全面、多元的认知与理解,综合提高教研的效度、广度、深度。

跨学段衔接和跨学科学习很好地回应了学生立场,其实施的关键在于有效构建教师联合教研联袂的"大教研"机制。要联动初高中历史教研活动,构建初高中协同研修共同体,立足学科共性问题、交叉主题,交互研读课程标准和教科书;交互走向对方的课堂,共同研讨教学内容、教学方式方法的选择与安排;同课异构,反思评议,共同进行案例课题研究。要联合学科之间教研活动,生成跨学科教学新认知的协同教研共同体。教师要突破自身及学科原有的樊篱,突出不同学科知识、能力、素养的相互衔接与贯通,注重教学方法、经验的相互借鉴与吸收,以综合性教学任务为中心,构建多门学科概念、方法和思维的内在联系和逻辑。

三、教学相长,导向专业进阶

"教学相长"是我国古代教育的优良传统,是指教与学、师与生之间相互促进、共同提升。"大教研"开展跨学段衔接、跨学科的教研,指向学生立场和学生成长,也进一步促进教师专业素养的进阶。

王光宇老师在"三国两晋南北朝的政权更迭与民族交融"一课的学习设计中,基于学情开展初高中衔接教学,旨在促进学生思维进阶的同时提升其对中华民族多元一体的认识。体现跨学科整合,运用"农牧分界线"、气候变迁、人口结构变化等地理学科知识创设问题情境,引导学生在跨学科学习中探讨西晋时期人口迁徙的原因,涵育综合素养。在初高中历史衔接探索中,高中教师在从被动衔接变为主动对接,从教科书内容的单一衔接扩展为教学要素的多维衔接,从知识体系的有效衔接走向思维素养的梯度衔接。

"大教研"拓展了教研形式,拓宽了教研内涵。在新课程标准、新教科书、新高考的形势下,丹阳市高中历史领军班聘请江苏省特级教师、正高级教师、姑苏教育名家唐琴为导师,常态开展跨区域教研活动,开启基于教学立意的统编教科书梳理,开展立足专业发展突破的教研写讲座,开设基于高考试题运用的公开教学。我与丹阳市云阳中学的邓湘云老师共同聚焦于"经济重心南移",从初高中课程标准出发,基于课程标准对课程内容进行分析,关注了学生的已学、未学和将学,关照了亲历者的经历和经验,指向学生发展,开展同一内容在不同学段的学习设计。针对初高中历史教学衔接存在的"衔而不接"的问题,唐老师组织专家团队和教师搭建跨学段、跨区域"大教研"平台,真正实现初高中教师联手、教研协同、教学衔接。最终,由唐琴、季芳、葛家梅老师主编的《问史·贯通——指向学习进阶的初高中微衔接》于2022年由江苏凤凰教育出版社正式出版。该书的作者是来自江苏省9个大市46所学校的45位初高中教师,该书是跨学段、跨区域"大教研"取得的实践性成果。

"大教研"视域下的教研衔接践行新课程理念,引领学科教学质量,促进师生共同发展,体现了超前性和导向性的特点。"大教研"的提出,并不意味着否定传统教研,传统教研是基础,"大教研"是拓展,要不断探索两者之间的共存共生关系,以"大教研"进程中生成的教学新理念、新方法"反哺"传统教研,推动教研衔接从新样态走向新常态。

[1] 罗滨.北京海淀:以"大教研"专业支撑区域教育高质量发展[J].中小学管理,2022(8).

[2] 陈佑清.建构学习中心课堂:我国中小学课堂教学转型的取向探析[J].教育研究,2014(3).

[3] 胡先锦.学生立场:课堂重构的出发地和归宿点——我们需要什么样的化学课堂[J].化学教学,2019(12).

[4] 施良方.学习论[M].北京:人民教育出版社,1994:166.

[5] 罗生全,陈卓,张熙.基于增值评价的学生作业设计价值向度及优化策略[J].中国教育科学,2022(4).

[6] 全迅.以研促教的学习共同体:综合理科教研组学科建设初探[J].上海课程教学研究,2019(11).

[7] 孙朝仁."大教研":指向立德树人的区域科研整体改革实践进路[J].江苏教育,2022(34).

(本文选自《中学历史教学参考》2023年第7期。作者单位:江苏省丹阳市马相伯高级中学)

民族交往交流交融视域下的中国史教学
——基于"三国两晋南北朝的政权更迭与民族交融"一课的思考

○ 王春梅

2023年4月30日上午,我全程参与了《中学历史教学参考》2023"刊网微研"的4月活动。王光宇老师执教的"三国两晋南北朝的政权更迭与民族交融"一课让我颇受启发,李月琴老师和张文华老师等评课专家就如何讲清民族交融的点评引发我思考,唐琴老师及团队成员从八个角度探讨教学衔接让我热血沸腾。作为一名历史教师,如何进行历史教学衔接,如何讲清民族交往交流交融史,如何讲通统一多民族国家的历史,这些问题促发我不断思索,不断学习。于是我不揣浅薄,想就如何在民族交往交流交融的教学主线下讲好中国史谈点自己的看法。

一、民族交往交流交融的地位及层次性

王光宇老师以民族交融为主线把本课"三国与西晋""东晋与南朝"与"十六国与北朝"三个子目整合为"政权更迭"和"民族交融"两个环节。导入环节通过对甲骨文"华夏"二字的辨识和含义解读,引出本课主题。"华夏"二字巧妙勾连了春秋战国时期民族交融的主要内容"华夏认同"。"民族交融"这一环节的教学中,王老师设计了交融的原因、表现、特点和影响四个学习任务,将人口迁徙、江南开发、北方改革等内容融入其中。在民族交融的主线下,本课还有两个亮点:一是通过少数民族与汉族同源共祖的材料,学生认识到十六国至北魏时期北方少数民族在政治、文化上对汉族的认同促进了民族认同;二是通过课前小组探究性任务,学生认识到北魏洛阳城是民族交融的见证。李月琴老师和张文华老师对王光宇老师以民族交融为主线的教学表示高度肯定,认为其有助于深化学生对中华民族多元一体的认识。同时两位老师也指出民族交融实际上包括民族交往、民族交流和民族交融,是有层次性的,教学中可从这不同层次的区分入手引导学生形成立体化的认识。

2010年中共中央国务院召开的第五次西藏工作座谈会上首次采用"有利于民族交往

交流交融"的提法。2017年习近平总书记在《决胜全面建成小康社会 夺取新时代中国特色社会主义伟大胜利——在中国共产党第十九次全国代表大会上的报告》中指出:"铸牢中华民族共同体意识,加强各民族交往交流交融,促进各民族像石榴籽一样紧紧抱在一起,共同团结奋斗、共同繁荣发展。"2019年中共中央办公厅、国务院办公厅印发的《关于全面深入持久开展民族团结进步创建工作铸牢中华民族共同体意识的意见》明确指出:新时代民族团结进步创建工作以"中华民族一家亲,同心共筑中国梦"为目标,围绕共同团结奋斗、共同繁荣发展的主题,以"铸牢中华民族共同体意识"为根本方向,以"各民族交往交流交融"为根本途径。

民族交往交流交融作为民族工作的理念和根本途径虽然于21世纪提出,但事实上中华民族多元一体的格局是历史上各民族交往交流交融的历史进程中形成的。金炳镐等人认为,民族交往交流交融是形式、内容和本质的关系,即民族交往是民族关系的具体形式;民族交流是民族关系的具体内容;民族交融是社会主义初级阶段民族交往交流的本质要求[1]。张大卫认为,民族交往交流交融三者间是递进关系。其认为民族交往是民族之间初级阶段的来往,交往的频率低,波及面小,领域狭窄,交往内容比较单一,主要以物质产品以及服务的交换和合作为主。民族交流是较高阶段的交往,交往的频率高,交往波及面广,领域广泛,交往内容比较丰富,不仅仅指物质产品以及服务的交换与合作,也包括精神文化、思想艺术的交流与相互传播等。民族交融是指在交往交流的基础上,不同民族不断接近、了解、学习、认同,民族特征不断趋同,民族边界渐趋模糊,逐渐形成一个更大的相互包容的民族共同体的过程[2]。高永久和杨龙文基于马克思主义理论分析提出,"民族交往是以经济性互动为基础的民族全面交往,民族交流是以主体间性沟通为原则的民族双向交流,民族交融则是以共同性增进为导向的民族有序交融"[3]。也就是说民族交往是以经济交往为基础的包括政治、经济、文化和社会等全面的交往;民族交流是不同民族主体间的双向交流;民族交融是民族间差异性逐渐缩小,共同性不断增强的历史过程。这样的分层不仅符合马克思主义的交往理论,而且契合客观的历史与现实;不仅逻辑清晰,体现了内容领域、主体方向和功能目的的分层,而且融通民族关系的方方面面,凸显历史发展的连续性。

二、大格局和精细化融通视角的教学思考

《普通高中历史课程标准(2017年版2020年修订)》指出:"能够认识中华民族多元一体的历史发展趋势,形成对中华民族的认同感和正确的民族观。"无论是初中的《中国历史》,还是高中的《中外历史纲要(上)》都多次提到民族交往交流交融,且描述三国两晋南北朝的民族关系时都用了"民族交往交流交融"的表述。尤其选择性必修1第四单元"民族关系与国家关系"以专题形式呈现了中国古代的民族关系和当代中国的民族政

策,并在导言中指出:"在中国漫长的历史进程中……民族交往交流交融是主流。"可见,民族交往交流交融不仅是我国当前民族工作的根本途径,也是中国史教学的一条主线。

如上所述,民族交往交流交融是中国史的一条主线,并且要对民族交往、民族交流和民族交融进行分层教学。这样是否就能把民族交往交流交融史讲清楚呢?我认为不然。因为历史上各民族交往交流交融形成了中华民族多元一体的格局,共同推进着统一多民族国家的发展。正如人民教育出版社历史编辑室孙妍所说:"统编历史教材的中国历史内容蕴含三条主线——各民族交往交流交融史、中华民族共同体形成史、统一多民族国家发展史。这三条主线贯穿始终,彼此交汇,互相促进。"[4]所以,笔者认为,民族交往交流交融与中华民族多元一体格局体现了民族关系方面历史发展的连续性和递进性。而统一多民族国家是站在更高的角度即统一的视野下理解民族交融和统一的关系。因此,要讲清民族交往交流交融还需理顺其与统一多民族国家发展的关系,这是讲清民族交往交流交融史的大格局。

统编高中历史教科书中体现民族交往交流交融与统一多民族国家发展两条主线交汇的阶段线索为:

春秋战国时期,戎狄蛮夷与中原各国逐渐融和形成华夏族与华夏认同观念。

秦汉时期,中央政府通过政治、军事、经济、文化等手段推进与周边民族的交往交流交融,建立了统一多民族国家。

三国两晋南北朝时期,各民族大迁徙、大交融,为统一全国准备了条件。

隋唐时期,各民族在大一统条件下大交融、大发展。

宋辽夏金时期,政权并立,各民族的交往交流交融也并未中断。

元明清是统一多民族国家得到巩固和发展的时期,多元一体的民族格局渐趋稳定。

近代以来,中华民族开启了从自在到自觉发展的新阶段。

新中国成立后,中华民族大团结局面日益巩固。

以上阶段线索中,我们要关注三个民族名称的递进发展:一是春秋战国时的华夏族,二是汉朝时的汉族,三是近代提出的中华民族。这不仅体现了中华大地上民族的融合壮大,也可以体现民族认同的发展,能使学生更好地理解中华民族从古代自然自在的阶段发展到近代休戚与共的自觉新阶段的民族实体的历史内涵。

但是,历史教学只有大格局和通感是不够的,"历史教师在历史教学中既要具有宏大叙事之视野,又不失洞幽烛微之细腻"[5]。大格局与精细化的融通才能成就精彩的历史课。而这种融通不仅需要历史的细节、人类的故事,更要在细节和故事中进行逻辑推演和辨析。民族交往交流交融史的精细化体现在民族交往交流交融三者的分层以及具体的历史细节和人物故事,但这种精细化需要与中华民族多元一体格局的形成与统一多民族国家的发展进行融通。

三、教学建议

王光宇老师"三国两晋南北朝的政权更迭与民族交融"一课既关注到了大格局"中华民族多元一体——民族交融推动统一多民族国家的发展",如前所述的导入、教材整合、情境问题的设置等,又不失历史的细节,如"华夏"甲骨文二字、北魏洛阳城作为民族交融见证的探究性学习以及王老师拍摄于苏州吴江苏州湾博物馆展厅"魏晋甘肃酒泉墓壁画像砖——扬场图"等。从精益求精的角度看,我对王光宇老师执教的"三国两晋南北朝的政权更迭与民族交融"提出一点不成熟的改进建议,即要在细节上增加一点"人"的色彩,要在人物事件等历史细节和民族交往交流交融与统一多民族国家发展的大格局融通上用些功力。具体建议如下:

第一,大格局与精细化的融通。民族交往交流交融与统一多民族国家发展两条主线的交汇融通的大格局在逻辑上要理清。对于本课,教科书呈现的东晋门阀政治,王老师在课堂上并未提及,我认为东晋士族专权的内容一定程度上可以反映这个历史阶段南方的政治特点:士族当权、皇权低落。而此时的北方不仅"五胡"内迁民族交融更明显,更是由于强大的异族皇权等因素使"塞外野蛮精悍之血"注入了"中原文化颓废之躯"[6],从而在十六国北朝的历史发展中找到了历史的出口,实现了隋唐的统一。

而在精细化方面,可以选择个别典型历史人物,让历史课活起来。在民族交融方面,孝文帝是重要的历史人物。教师可以通过一些细节使孝文帝形象更加立体,也可以选择学生相对陌生的十六国等其他少数民族的典型人物,如匈奴族前赵建立者刘渊、氐族前秦统治者苻坚、羯族后赵建立者石勒等学习汉文化的历史故事融入教学中。比如,苻坚八岁时想请老师到家中学习汉文化,他的祖父苻洪惊叹道:我们氐族本是"戎狄异类,世知饮酒",没想到今日竟然有求学的人,于是欣然许之。而受到汉文化影响的苻坚也变得"性至孝,博学多才艺",与其父、祖形成了鲜明的对比[7]。再者,如果认为民族交融的内容较多,可以在历史人物上选择东晋门阀氏族"王与马,共天下"的琅邪王氏的历史故事来巧妙融入东晋门阀政治的内容。

第二,民族交往交流交融的分层与整合。如前所述,民族交往交流交融作为一个整体要关注其与统一多民族国家发展的交汇互融的关系。而在民族交往交流交融内部要适当进行三者的分层。民族交往是以经济交往为基础的包括政治、经济、文化和社会等全面的交往。民族交流是不同民族主体间的双向交流。而民族交融是民族间差异性逐渐缩小,共同性不断增强的历史过程。具体到本课,民族交往层面在经济上体现为农牧经济的互补、北民南迁江南经济的发展;政治上体现为北方在"五胡"内迁民族交融基础上的异族皇权的强大,孝文帝改革等内容;文化上体现为说汉话,改汉姓等内容;社会层面体现在穿汉服、胡汉通婚等内容。民族交流层面体现少数民族和汉族的双向交流。少数民族在政治和文化等方面学习汉族,汉族在生活习俗和艺术方面学习少数民族,例如王老师所用的胡床等内容。民族交融主要表现在民族迁徙、民族杂居通婚到经济、政治和文化上的交往交流使北方民族交往交流交融的历史趋势更加强劲,从而北方统一南方,不仅实现了隋唐的大一统,而且为隋唐盛世的出现打下了基础。

综上,统编高中历史教科书中的中国史教学一方面要把民族交往交流交融作为整体与统一多民族国家发展交汇融合,在这种大格局谋划中体现历史的底色;另一方面适当在民族交往交流交融内部进行分层,在精细化的历史细节中勾勒历史的线条。

---

[1] 金炳镐,肖锐,毕跃光.论民族交流交往交融[J].新疆师范大学学报(哲学社会科学版),2011(1).

[2] 张大卫.我国各民族的交往交流交融及其促进[J].西藏民族大学学报(哲学社会科学版),2016(11).

[3] 高永久,杨龙文.马克思主义交往理论视域下的民族交往交流交融:概念内涵与逻辑依循[J].广西民族大学学报(哲学社会科学版),2022(7).

[4] 孙妍.统编历史教材中民族交往交流交融内容教学指要[J].课程·教材·教法,2022(3).

[5] 李惠军.大格局与精细化:历史课的境界与学科素养的滋养[J].历史教学(上半月刊),2016(10).

[6] 陈寅恪.李唐氏族推测之后记[M]//金明馆丛稿二编.北京:生活·读书·新知三联书店,2001:344.

[7] 房玄龄.晋书[M].北京:中华书局,1974:2884-2888.

(本文选自《中学历史教学参考》2023年第7期。作者单位:上海市甘泉外国语中学)

"刊网微研"第3期

研讨主题：如何讲好文化史

研讨团队：北京成学江历史工作室

研讨课题：《中外历史纲要（上）》第三单元"辽宋夏金多民族政权的并立与元朝的统一"第12课"辽宋夏金元的文化"

我对文化史教学的粗浅感悟
——以"辽宋夏金元的文化"为例

○ 吴文涛

在2023年5月中学历史教学参考编辑部举办的"刊网微研"活动中,《中学历史教学参考》编委、北京市特级教师、正高级教师成学江老师主持了"如何上好文化史"的教学研讨,在活动中我执教的是《中外历史纲要(上)》(2019年8月第1版)第12课"辽宋夏金元的文化"。这是我第一次上文化史的研讨课。备课中我一度想更换授课内容,选择更加熟悉的政治或经济史。但成老师对我说:"相对于政治、经济史部分,文化史难度确实大,这也是很多老师困惑的地方,但是文化史对学生成长非常重要,我们这节课就是一节常态课,抛砖引玉,大家共同讨论文化史课应当如何上。而优秀的老师应该什么样的课都可以轻松驾驭,都能够让学生有所获得,当老师不能挑课。"

成老师的这番话是压力也是动力,也坚定了我上好这节课的决心。说实在话,在平时的教学中我对文化史的内容处理过于简单,经常用表格梳理基础知识(特别是文学艺术和科技),认为引导学生加深记忆即可。从教科书内容看,统编版教科书采用的是通史体例,每个时期按照政治、经济和文化的结构依次进行,在内容的编写上政治和经济所占比例较重。此外,文化史内容所涉领域宽广,对教师的知识储备要求更高。执教"刊网微研"这节课对我而言既是教学的锻炼,也是思想的改变。在备课、上课和研讨的过程中,我对文化史教学有了几点粗浅的感悟,现总结成文,供大家批评指正。

一、确定教学主题

教学主题是指某一节课的立意或者说是课魂,是一节课的核心线索,恰当的教学主题能将一节课零散的知识点串联起来,让学生对这节课有一个清晰完整的认识。"辽宋夏金元的文化"一课包括思想、文学艺术、科学技术、少数民族文字,领域宽,知识点多,涉及的历史人物就有15个。要在45分钟内讲完并让学生有所获得,对授课教师来说无论是教学内容的把握还是问题设计,以及教学资源的选择都是很大的挑战。

备课伊始,我就陷入了眉毛胡子一把抓的困境,什么都想讲,什么都想讲透,既要顾及"历史",还要顾及"语文、美术、书法",最终感觉是一盘散沙。在混乱中我思考了一个问题:这节课我到底想给予学生什么? 带着这个问题我重新研究课程标准和教科书内容。"辽宋夏金元的文化"一课是第三单元"辽宋夏金多民族政权的并立与元朝的统一"最后一课,前三课分别学习了这一时期的政治、军事、经济和社会。教科书编写者希望通过这四课的学习让学生能全面认识到宋元时期统一多民族国家的进一步发展。将"课、单元、中国古代史"结合起来看,一方面是文化与政治、经济、社会发展之间的关系。政治、经济和社会的变化影响一个时期文化的发展,同时文化也是这一时期政治、经济和社会变化的反映。另一方面,中华文化丰富多样,少数民族为中华文化的发展做出重要贡献。再结合课程标准要求,我将本节课的主题确定为:辽宋夏金元文化的新变化。通过对文化新变化内容的学习、原因的分析、特点的认识,学生认识到中华文明具有突出的创新性以及中华文化是由各民族人民共同创造的。以此为核心贯穿整节课,教学立意明确了,课程的线索和结构也就清晰了,备课也就有方向了。

二、精选教学资源

在网络信息发达的今天,教师选择教学资源渠道广,内容多,以至于课堂教学中材料泛滥,教师撒网式地寻找各种材料,而材料的真实性、科学性很难把握。面对海量的材料,学生能否有充分的时间阅读、思考也都是问题。事实证明,大量材料的呈现并没有提高课堂效率,反而增加了学生学习的负担。所以,如何精选教学资源是我备课中又一个思考点。

首先,全面挖掘教科书中的资源。教学是由教师、学生和教科书三大要素构成的动力系统,而在这一系统中,教科书是前两大要素——教师和学生顺利展开智力活动的重要媒介,是影响学生学习的非常重要的外在因素[1]。统编版教科书一大优势是教学资源丰富,从《单元导语》到正文,从《历史纵横》《学习聚焦》《学思之窗》《思考点》《史料阅读》以及《探究与拓展》包括"活动课"都是教师可以选择利用的优秀资源。

备课中如何突破教学难点"程朱理学",让我颇费了一番功夫。程朱理学是一种相对抽象的哲学理论体系,晦涩难懂,远离学生的生活。如何将其内容具体化并且让学生很好地理解呢? 我将程朱理学内容需要学生理解的部分提炼出三点:"天理""存天理、灭人欲"和"格物致知"。其中最难突破的是"天理",如何让学生理解"理"的概念呢? 为了解决这个问题我阅读了有关程朱理学的著作,看了大量的论文,收集了方方面面的材料,结果是"乱花迷人眼",最终让我"柳暗花明"的却是教科书第70页的《问题探究》,全文如下:

二程、朱熹对于他们思想的核心概念"理"(有时也称为"道")做过如下阐释:

问:天道如何? 曰:只是理。理便是天道也。且如说"皇天震怒",终不是有人在上震怒,只是理如此。

——程颢、程颐《河南程氏遗书》卷22上《伊川杂录》

物物皆有理。如火之所以热,水之所以寒,至于君臣、父子间皆有理。

——程颢、程颐《河南程氏遗书》卷19《杨遵道录》

父子、君臣,天下之定理,无所逃于天地之间。

——程颢、程颐《河南程氏遗书》卷5《二先生语五》

天下之物,则必各有所以然之故,与其所当然之则,所谓理也。

——朱熹《四书或问·大学或问》

一理之实,而万物分之以为体……如月在天,只一而已,及散在江湖,则随处而见,不可谓月已分也。

——《朱子语类》卷94《周子之书·通书》

宇宙之间,一理而已。天得之而为天,地得之而为地,而凡生于天地之间者,又各得之以为性。其张之为三纲,其纪之为五常,盖皆此理之流行,无所适而不在!

——《晦庵先生朱文公文集》卷70《读大纪》

阅读上述材料,结合课文内容,体会程朱理学宇宙观、人生观相结合的特点,并分析它在当时受到官方尊崇的原因。

根据想要达到的教学目标,我把原文中的问题改成以下两个:

(1)"理"存在于哪里?

(2)"理"具体指什么?

学生阅读材料,能从中找到"物物""天地""天下随处""宇宙""天道""三纲五常"等关键词,形成对"理"的认识。教师在学生回答的基础上梳理"理"的内容:理,从宇宙层面看是事物运动的规律,从社会层面看是儒家所倡导的伦理道德秩序,延伸到个人层面是个人修养和人性。这样的层层构建把人与社会、与宇宙(自然)联系起来,把应当要遵循的变成必然的,因为这是宇宙规律。正所谓"应当"(人世伦常)=必然(宇宙规律)[2]。教科书中的这段材料通俗易懂,也符合学生的认知,复杂问题简单化,抽象问题具体化,教师讲得轻松,学生学得有效,讲通了"理",后面的问题就会迎刃而解。

其次,适当对教科书内容进行补充。虽然教科书是教师教学的主要抓手,是学生学习的主要工具,但不代表我们眼里只有教科书,特别是教师,不能就教科书讲教科书。任何教科书的编写都很难做到面面俱到,教师在教学中还应对教科书内容进行有效挖掘,适当补充,这样学生的视野才能不断得到拓宽。而文化史教学材料的补充特别需要教师把握好度,我个人认为文学、艺术等材料的补充是围绕着历史展开的,很多时候文化史课堂变成语文课、美术课、书法课,问题就在这里。不能把美术课上的《清明上河图》,语文课上的"唐诗宋词"照搬到历史课上来。讲到文学艺术中的民族交融时,我选择了元杂剧《虎头牌》,通过对作者以及剧中出现的"帷帐""中秋赏月""元朝官职"等内容的介绍,以此为载体让学生感受当时各民族之间的交流,认识到各民族对中华文化发展的贡献。

再次,教学资源的运用应该是多样的。大家对教学资源的选择多是文字、图片,随着信息技术的发展又增加了视频影像资料等,现在很多教师开始将眼光放在校外,利用社会资源对教学进行补充,例如,爱国主义教育基地、历史遗迹、遗址、博物馆等,还会通过一些活动,如"七个一"工程,学校组织的研学等,读万卷书与行万里路相结合。学生的认知更加丰富,历史学的育人功能也得到了体现。学习"少数民族文字"内容时,课堂上教师给学生展示少数民族文字的图片,但学生对少数民族文字的了解还是有限的,为此课上又补充了位于河南安阳的"中国文字博物馆"的资料,学生利用假期外出旅游或者研学的机会可以更全面、深入地了解少数民族文字以及少数民族文化的发展。

三、精准设计问题

《普通高中历史课程标准(2017 年版 2020 年修订)》指出:"历史学科核心素养的发展,绝不是取决于对现成的历史结论的记忆,而是要在解决学习问题的过程中理解历史,在说明自己对学习问题的看法中解释历史……要以问题引领作为展开教学的切入点,结合教学内容的逻辑层次,设置需要在教学过程中解决的问题。"可见问题设计在教学中的重要性。

首先,教师要问得"准",要"深得人心"。这可以理解为要能激发学生的思考,打破学生自认为的"理所当然",正所谓"学起于思,思源于疑"。学习"儒学复兴的背景"内容时,我一开始的设问是:阅读教科书并思考儒学复兴的背景。这样的提问看上去很直接、精准,但学生的"面无表情"告诉我这是一次无效提问,如同一粒石子丢进大海,没有什么波澜。第二次试讲我调整了问法:你如何理解"复兴"一词呢? 可以用复和兴分别组词。在学生回答"再次兴盛"后,教师继续提问:我们学习"西汉的强盛"内容时,儒学已经确立独尊地位,已经成为封建社会的主流意识形态,为什么这一时期儒学还要复兴呢?

问题一抛出,学生有的眉头紧皱,有的面面相觑,他们心中的惑已经被激发出来。而学生对这个问题的回答不仅充分,甚至部分学生提出自己的认识。好的问题不仅能提高学生的学习效果,还能帮助学生养成勤于思考的习惯,更能反映教师对教学内容、课程标准和学情的深究程度。

其次,教师要问得"清",要有层次感。层次感应是教师设计一个主干问题,并以此为核心让问题发散出去,难度在符合学生认知的基础上呈上升趋势,同时问题要有思考的价值。具体到本课,我以"辽宋夏金元文化的新变化"为主干设计了三个问题统领教学:辽宋夏金元时期的文化有什么新变化? 导致这些新变化的原因有哪些? 对这些新变化有什么认识?

课堂导入中,教师出示材料:

11—13世纪,(中国的)政治生活、社会生活、经济生活与前代比较,没有任何一个领域不显示出根本变化。

——谢和耐《中国社会史》

提出问题:11—13世纪中国的政治、经济和社会生活有哪些新变化?学生调动第9、10、11课所学进行回答:政治上由政权并立到走向大一统,民族交融加强,统一多民族国家进一步发展。经济上经济重心南移完成,农业、手工业、商业的发展超过了前代,商品经济高度繁荣。社会上门第观念淡化,社会成员身份趋于平等,国家对社会的控制相对松弛。

本课结尾教师再次出示上述材料并提问:如果让你补充11—13世纪中国文化上的新变化,你会补充哪些内容呢?从中我们有哪些启示呢?学生可能会补充:理学产生,并走向哲学化、社会化;文学艺术不断发展创新;科学技术领先世界,影响深远。

这样首尾呼应的问题设计有知识的达成、能力的提升、情感的升华,不仅让学生对辽宋夏金元时期中国社会的新变化有了整体的了解,帮助学生搭建起这个时期的知识框架,同时紧扣本课教学主题,将文化与经济、文化的学习紧密联系,从而落实课程标准要求。

四、落实核心素养

历史学科核心素养包括唯物史观、时空观念、史料实证、历史解释、家国情怀五个方面。课程标准对这五大核心素养有以下表述:唯物史观是诸素养得以达成的理论保证;时空观念是诸素养中学科本质的体现;史料实证是诸素养得以达成的必要途径;历史解释是诸素养中对历史思维与表达能力的要求;家国情怀是诸素养中价值追求的目标。通过诸素养的培育,达到立德树人的要求。历史课堂对五大素养的落实各有侧重,本课侧重唯物史观、家国情怀、时空观念,三者中又以前两者为重。

唯物史观科学地解释了生产力与生产关系、经济基础与上层建筑在人类社会发展中的辩证关系,鲜明地提出了人民群众对历史发展的巨大作用。宋朝商品经济的繁荣远胜于唐朝,市坊界限、时间被打破,正如诗中描述:"近坊灯火如昼明,十里东风吹市声。"经济上的繁盛让市民阶层的需求更加丰富,这一系列的变化推动了这一时期文学体裁的发展。中国古代的科技,无论是科学理论的研究,还是技术的发明和应用,在宋朝都取得了巨大成就,所以经济的繁荣同样为宋朝科技的发展提供了强大的物质基础。通过对宋元时期文化新变化原因的分析,渗透唯物史观。

相比较政治和经济内容,文化史更多的是精神层面的内容,它对核心素养的渗透最直接的是家国情怀。《普通高中历史课程标准(2017年版)解读》对"家国情怀"的解释中提到要让学生能够具有对家乡、民族、国家的认同感，理解并认同社会主义核心价值观和中华优秀传统文化，具有对祖国和人民的深情大爱，能够把握中华民族多元一体的发展趋势形成等方面的要求[3]。

文化史课堂渗透家国情怀，要立足于"文化"对人的影响，方法上不能是硬生生地说教，要做到"润物细无声"。学习完程朱理学的基础知识后，教师提出问题：有人说"理学所强调的精神价值和道德理想，是中华民族精神的文化脊梁"，你如何理解"文化脊梁"的含义？[4]从知识层面看，这个问题是要分析理学的影响，从精神层面看则更多的是让学生感受到中华文化的连绵不断，中华民族在古代的强盛，在近代遭受战火依然屹立于世界之林并不断强大的原因，即有张载"为天地立心，为生民立命，为往圣继绝学，为万世开太平"，有范仲淹的"先天下之忧而忧，后天下之乐而乐"，有顾炎武的"天下兴亡，匹夫有责"，有林则徐的"苟利国家生死以，岂因福祸避趋之"等精神的支撑，儒家思想所强调的气节，注重道德，注重社会责任与担当，是当代的我们应当继续拥有的。

"辽宋夏金元的文化"一课的教学让我对文化史教学有了些粗浅的感悟，如同黑暗中行走的人恍惚间看到点亮光，但周边还是迷雾重重。回看这节课自我感觉历史味是有了，可就一堂文化史的课来说又缺少了文化的美，缺少了趣味性，缺少跨学科的活动。我想这些缺少源于教师自身能力的局限，正如前面所说的文化史教学的难在于对教师综合能力，如知识面、赏析能力等要求较高，但这将是我在今后的教学中不断要提升的，只有教师专业能力的不断提升，才能不受课堂内容的局限，真正做到游刃有余。

---

[1] 陈伟国.对中学历史教学的思考[M]//陈仲丹.著名特级教师教学思想录(中学历史卷).南京：江苏教育出版社，2012：97.

[2] 李泽厚.中国古代思想史论[M].北京：生活·读书·新知三联书店，2008：244.

[3] 徐蓝，朱汉国.普通高中历史课程标准(2017年版)解读[M].北京：高等教育出版社，2018：242.

[4] 问题改编自冯天瑜、何晓明、周积明《中华文化史(珍藏版)》(上海人民出版社2014年版)原文是：由张载、顾炎武、文天祥所传递出来的社会责任感、历史责任感以及道义责任感，闪烁着理想人格的灿烂光辉，浸润了宋明理学的精神价值与道德理想，成为中华民族精神文化"脊梁"。

【附记】感谢《中学历史教学参考》为我们一线教师搭建的学习和交流平台，让我们能看到更广阔的天地，感谢我所在的"成学江特级教师工作室"给予我这样一个向全国同行学习的机会，在备课中得到了工作室成学江老师、刘芳老师、臧家富老师以及中国人民大学附属中学李晓风老师的帮助，课堂展示得到了张帆教授等专家的指导，让我受益匪浅，在此一并表示感谢！

(本文选自《中学历史教学参考》2024年第7期。作者单位：北京景山学校远洋分校)

底蕴　理性　情怀
——"辽宋夏金元的文化"一课引发的几点思考

○ 臧家富　刘　芳

在《中学历史教学参考》2023年"刊网微研"活动中,《中学历史教学参考》编委、北京市特级教师、正高级教师成学江老师主持了"如何上好文化史"的教学研讨专场,北京市景山学校远洋分校吴文涛老师为活动呈现了一节研讨课——《中外历史纲要(上)》第12课"辽宋夏金元的文化"[1]。吴老师的这节课是文化史教学的探索案例,在教材整合、结构搭建、内容挖掘、素养培育等方面为我们提供了很多有益的借鉴,也引发了全国各地同仁关于中学历史教学中文化史教学的诸多思考。结合听课的心得及自身的教学实践,我们形成了关于文化史教学的几点浅见,于此略做抛砖之论,求教于诸位同仁。

一、深挖底蕴,凝练一课之魂

成学江老师在指导教师备课时一直强调,一节课一定要有"课魂"。"课魂"是一个形象的说法,也就是一节课的教学立意,是指从教学的核心问题中凝练出来的、具有统摄作用的概念或主题,是贯穿一节课的精神主线。文化史教学要通过深挖文化底蕴,凝练出一课之魂。吴文涛老师在进行本课教学设计时,依据课程标准的内容要求和教科书的教学提示,把这节课的教学重点放在了辽宋夏金元文化的"新变化"上——儒学的新体系、文学的新体裁、艺术的新形式、科技的新突破,并探寻这些新变化的表现、原因及影响。通过深入挖掘这些深藏于文化成果背后的内容,吴老师最终将教学立意聚焦到了"中华文明具有突出的创新性以及中华文化是各民族共同创造的"这一主题上,这也成为贯穿本课的课魂。

中华文明具有突出的特性,如连续性、创新性、统一性、包容性、和平性,"辽宋夏金元的文化"为我们理解中华文明的突出特性,尤其是理解"创新性"提供了很好的历史素材。本课教学重点,即"辽宋夏金元文化的新变化"体现的正是中华文明的创新性,可以说明"中华文明是以创新为支撑的历史进步过程",反映了中华民族"守正不守旧、尊古不复古"的进取精神。

以儒学的发展为例,自先秦时期孔子开创儒学,经孟子发扬光大,蔚为思想界一股巨流,至汉代官方尊崇儒术后,成为封建社会的主流意识形态,魏晋隋唐以来经历了佛教和道教冲击,到了宋代又以理学的新形态焕发了生机。宋代理学家复兴儒学的运动守住了儒学的根本但是又创新了思维的方式,回归到了儒家经典但是又赋予了时代的新意。正如学者总结的:宋朝的儒家学者"把儒学拓展提升到一个全新的阶段,使儒释道三家为基干的思想大汇流得以呈现"。"宋儒的特殊可贵在于,宁可跨越百代,也要直接与孔孟对话,他们让千年前的圣人活泼泼地站在他们的当下"。"为此他们建构了'理'的世界。先儒主要讲'礼',很少讲'理'。宋儒既讲'礼',又讲'理',主要讲'理'"[2]39。儒家经典提出了"苟日新,日日新,又日新"的创新精神,而儒学自身的发展历程就体现了这种精神。不仅如此,当唐人把诗做到了极致后,宋人便在词上进行了突破,而元人又以散曲创新了文学的体裁;当唐朝在楷书的法度上树立起典范以后,宋朝便着意追求一种更为自由的、抒情式的尚意书风,凡此种种,都是这一时期文化创新的表现。

中华民族的灿烂文化是各民族共同创造的。辽宋夏金元时期是中国历史上由多民族政权并立再度走向大一统的时期,也是中国历史上民族大交融和中华民族多元一体格局发展的重要时期,这一时期各民族在文化上的互鉴融通推动了中华文化的发展,这也是吴文涛老师这节课要突出的"课魂"之一。以文学为例,一方面这一时期契丹、女真、蒙古和汉族等各民族的作家创作了大量文学作品,丰富了中国古代文学的宝库,另一方面这些文学作品中也有反映这一时期各民族生活以及民族交融的内容。受篇幅所限,教科书中并没有提及少数民族文学方面的具体内容,鉴于此,吴文涛老师在教学中补充了一个材料,即元代女真族作家李直夫创作的杂剧《虎头牌》。

据研究者称,李直夫是元代作家,而他的《虎头牌》故事背景设在了金代中后期[3],吴老师介绍这部作品时引用了一句话:"从中看到了金代后期女真社会的一种世象。"细读这部作品,我们会发现这些"世象"包括很多方面,例如,吴老师在课上提到中秋节的相关习俗,以及很多生活日用品的使用都体现着民族的交融。此外,元代文学作品中常有名为"茶茶"的女性,其中不乏少数民族,而该剧开篇就介绍女主角是女真人"名茶茶者是也",有研究者认为这与饮茶习俗的影响有关[4]。再比如,剧中介绍"茶茶"自小便能骑马,而她的丈夫山寿马则带着几位家将打围射猎去了,还有一个细节,山寿马的两位叔叔在谈到他们的穷苦生活时说,"土炕上弯着片破席荐"[5]。"骑马""打猎""土炕"这些都是当时女真人生活方式的写照。元杂剧是这一时期中国古代文学的一大创造性突破,是中国古代戏剧发展史上的一个高峰,以李直夫为代表的少数民族作家为这个高峰的出现做出了贡献,而以《虎头牌》为代表的杂剧作品则展示了当时丰富的社会场景,体现了民族特色和不同民族文化的融合。

二、理性思考，讲出学科味道

文化史教学要讲好，需要对文化成果的丰富内涵有一定的理解，例如，程朱理学的思想体系、宋词元曲的意象情感、书法绘画的审美情趣、科学技术的功能价值等等，这些都是讲文化史时必然要涉及的，只是这些内容专业性很强，有些已经超出了中学历史课所承载的功能，而且事实上中学教育中还有语文、美术等其他学科承担着相关的任务。那么，文化史教学如何体现历史学科的特点，讲出学科的味道呢？这就必须关注文化所产生和所反映的历史时代。这个时代为什么会产生这样的文化成就？这些文化成就体现了怎样的时代特点？在当时有何社会影响，对后世有何历史影响？对这些问题的理性思考，是文化史教学讲出"历史味"的关键，吴文涛老师的课在这个方面做了很多探索和尝试。

"程朱理学"是本课的一个难点。为突破这一难点，吴文涛老师进行教学设计时费了不少心思。首先用三个问题对"程朱理学"的文化内涵做了适度阐释：什么是"理"？为什么要强调"理"？怎样找到"理"？对这三个问题的解释实际上是按照教科书的叙事逻辑对"程朱理学"从宇宙观、价值观和方法论的角度做了一个较为系统的说明，可以让学生大致了解程朱理学是一个怎样的思想体系。在对程朱理学的基本内涵进行了适度阐释后，吴老师又对"程朱理学"产生的历史背景及其思想特点进行了分析。"程朱理学"是宋代儒学复兴运动的成果，出现的直接背景是传统儒学的日益僵化，而且受到佛教和道教冲击，这一点教科书已经提及。此外，吴老师还强调了两点，即科举制的发展带来的儒学社会化，以及五代动荡对传统社会秩序的冲击，这两点为我们深入理解理学的形成提供了更宽广的视角。理学的形成是思想本身发展的结果，也是思想对那个时代诸多变化的一个回应。尽管"程朱理学"在后来很长的时间里成为束缚人的思想，但它是在宋代崇尚文治所带来的有限的思想解放下产生的，是在与新学、蜀学等学派的思想争鸣中发展的，而宋代科举制度的发展所造就的士人群体是这一思想产生和发展的强大社会基础。"救时行道"是宋朝出现的儒家新学派的共同特征，积极参加政治活动以改善时政是他们的共同目标[6]，程朱理学后来能被官方尊崇，一个重要原因也是其有利于稳定社会的功能。

讲到文学艺术时，吴老师也没有陷入文艺审美的泥潭中大谈文学艺术作品的内容和美学思想，而是从宏观的角度概括了这一时期文艺发展的几个突出的时代特点，比如新体裁的发展、世俗化的倾向等，并分析了这些特点的历史成因。体裁的创新是这一时期文学发展的突出特点，是文学适应时代变迁而发生的改变。以宋词和元曲的发展为例，教科书中指出了宋词发展一个重要背景："两宋城市生活丰富多彩，娱乐场所需要大量的歌词。"[7]在这样的背景下"词"在宋代发展起来，但是原本产自民间的词逐渐成为文人学士的专利品,体裁日见严格,音律愈益讲究,使填词成了一项专门学问"[8]13。词渐渐地与民间脱离,脱离了民众的需要,因此更灵活、更加适合市井需要的散曲成为元代的文学新体裁。杂剧这一艺术种类在元代的发展同样与城市经济繁荣提供的物质条件,以及勾栏瓦舍等娱乐场所提供的表演空间有很大关系。此外,还有人的因素,即作为受众的市民群体的扩大和作为创作者的文人群体的努力,就后者而言,宋代科举制度发展造就了大批士人,他们有的进入仕途,如高唱"大江东去"的苏轼;有的流入民间,就像"忍把浮名,换了浅斟低唱"的柳永,尽管走向不同,但都是宋词的重要创造者。而元代科举制录取人数不多,科举出身者在官员队伍中的比例也不高,大批上进无门的知识分子"为杂剧剧本的创作、加工提供了源源不断的作者队伍"[8]10-11,他们在"不能以诗赋策论取功名的年代,改弦易辙,转而为下层百姓写通俗作品"[7]337,由此推动了元杂剧的发展,也推动了文学的世俗化。

三、提升素养,厚植人文情怀

与政治史和经济史相比,文化史的一大特点是呈现了更多精神层面的内容,诸如思想观念、审美情趣等,其中蕴含着关注人的价值和尊严的人文精神、关心民生幸福和民族命运的家国情怀等,理解和体悟这些精神需要借助对历史人物、历史事件或者历史现象的了解和认识。文化史教学要通过对相关历史的学习,帮助学生理解并感受历史文化中蕴含的这些精神,借此厚植学生的人文情怀,这一点在吴文涛老师的课堂中也可以清晰地看到。

家国情怀是历史学科核心素养之一,属于情感态度和价值观层面,"辽宋夏金元的文化"一课中有很多反映家国情怀的内容,比如儒家思想、诗词文章等。吴文涛老师在总结理学的影响时,突出了理学中所蕴含的一些积极的精神价值和道德理想,并以教科书中提及的"横渠四句教"(为天地立心,为生民立命,为往圣继绝学,为万世开太平)为例进行了说明。如前所述,北宋学者复兴儒学时重视"救时行道",作为理学先驱的张载即是如此。据《宋史·张载传》记载,张载年轻时喜欢谈论军事,曾计划组织力量夺回北宋的失地,中进士以后到地方为官"以敦本善俗为先",每月吉日,设宴招待当地的老年人,亲自敬酒,借此了解民生疾苦,并"使人知养老事长之义"。他撰写的《西铭》还提出了"民吾同胞,物吾与也"的思想,主张泛爱众人和万物。"横渠四句教"可以说是张载上述思想的凝练和升华,也是他对儒家仁爱思想和修齐治平理想的继承,被认为是宋儒的文化纲领,对后世影响深远。抗战期间,马一浮曾找人将这四句话谱成曲,在开学典礼上唱诵,并且在给友人的信中说:"其意义光明俊伟,真先圣精神之所托","吾国固有特殊之文化,为世界任何民族所不及。今后生只习于现代浅薄之理论,无有向上精神,如何可望复兴?"[2]41不只是在民族危难时期,就是在和平繁荣年代,"横渠四句教"所体现的责任与担当都是我们要传承和践行的宝贵精神。

中国古代的哲学、文学、艺术以及科技还蕴含着关注现实与自然、关心人的价值与尊严的人文精神。吴文涛老师的这节课中也提供了一些相关的资料，如诗词、书法和绘画等，还特别讲解了张择端《清明上河图》中的几个细节，这些都对学生理解宋代的文化发展特点，感受宋代文化中的人文气息很有帮助。吴文涛老师在课上曾讲到宋朝文艺雅俗并进的特点，关于宋代世俗文化的发展，我们可以看到词和话本在市井生活中发展起来，而市井生活的具体样貌也在《清明上河图》等文艺作品中表现了出来。关于文人雅士的雅文化，我们或许可以借助苏轼和他的一些作品来帮助学生理解。苏轼生活的时代正是北宋文化大创造的时代，经历了庆历新政和王安石变法的时代，宋与辽夏进行过战争与和议的时代，他在这样一个时代下经历着跌宕起伏的人生，并将对时代和人生的感悟付诸文艺作品中。作为宋词大家，他的词中有"会挽雕弓如满月"的英雄气概，有"人间有味是清欢"的恬淡追求，有"一蓑烟雨任平生"的洒脱自然，也有"占得人间一味愚"的戏谑之语，还有"但得人饱我愁无"的忧民意识。婉约也好，豪放也好，不管什么风格，我们从中看到的是宋词已经成为士人情感表达和思想交流的工具。作为书法大家，他说"我书意造本无法，点画信手烦推求""天真烂漫是吾师"，不刻意追求点画的书写技巧，而是强调笔势的自然天成和情感的自然流露，"兴来一挥百纸尽，骏马倏忽踏九州"。教科书将宋代书风概括为"追求个性，不拘法度"，古人总结为"宋人尚意"，现代学者则理解为个人抒情主义，用"个性表现"代替美的标准[9]。苏轼便是这种书风的代表人物，而他谪居黄州时所写的《寒食帖》正是这种书风的代表作。

辽宋夏金元文化的科技部分，吴文涛老师以表格的形式梳理了这一时期的科技成就，并结合具体内容简明扼要地总结了这一时期科技的特点，诸如实用性强、领域较广、领先世界、影响深远等，由此引导学生理解这一时期的科技在中国古代乃至世界科技发展史上的重要地位。这些科技成就是一定政治经济环境下的产物，也与当时的文化氛围和思想观念息息相关，其中蕴含着体察自然、探求科学的人文精神，关于这一点，沈括和他的《梦溪笔谈》是一个很好的例子。沈括是那个时代中国"百科全书式"的人物，尤其是在自然科学方面的认知更是远超同时代的人，《宋史》中说他"博学善文，于天文、方志、律历、音乐、医药、卜算，无所不通，皆有所论著"。从学者对现存《梦溪笔谈》(以及《续笔谈》《补笔谈》)内容所做的分类整理中可以看到，自然科学的内容占了差不多三分之一(见表1)，而且涉及的领域非常广[10]。教学中可以略举几例加以说明，如活字印刷术是宋代印刷技术的一大创举，正是因为沈括的记录，我们才得以清楚地知道毕昇活字印术的操作流程和基本特点。再如，教科书中提到宋代人们用人工磁化的方法造出了指南针，广泛用于航海，而沈括不仅记载了人工磁化铁针的方法，还发现指南针"常微偏东，不全南也"，认识到了地磁偏角的存在。《梦溪笔谈》中还有大量天文历法的内容，沈括在书中强调修订历书要以实测数据为依据,而不能仅仅根据经验简单增损,他还改制了浑仪等天文仪器[11]。《梦溪笔谈》以其所记录的大量科技成果和科学现象而成为中国科学史上的里程碑,沈括也因此成为中国科技史上的卓越人物。尽管沈括和他的科学认识有其时代的局限性,但是他的博学多识、对科学的浓厚兴趣和探究精神,以及重视观察、调查和核验的求真务实精神,都着实令后人钦佩。

表1 《梦溪笔谈》分类表

自然科学		人文科学	
类别	条数	类别	条数
数学	4	经学	16
天文历法	22	文学	34
气象	12	艺术	25
地质	11	法律	10
地理	16	军事	16
物理	5	宗教、卜筮	28
化学	3	风俗	4
建筑	8	经济	21
水利	9	史学、考古	28
生物	32	语言文字学	19
农学	8	音乐	44
医药	43	与服	12
工程技术	16	典籍	17
		博戏	4
		杂闻、轶事	92

以上便是吴文涛老师"辽宋夏金元的文化"一课给我们在文化史教学方面的几点启发。简而言之,中学历史教学中的文化史教学有历史教学的共性,比如进行教学设计时要依据课程标准和教科书确定一课的教学立意,形成一课之魂,作为维系课程结构的主线,只不过文化史往往是从优秀文化的传承和创造、高尚精神的弘扬与培育等角度来确定教学立意。文化史教学也有其独特之处。文化讲求底蕴,对文化底蕴的挖掘需要对相关内容进行理性的分析,包括文化成果本身的内涵和价值,以及与之相关的时代背景和历史影响等。此外,文化史还承载了更多精神层面的内容,对学生正确价值观和积极人生观的形成,良好行为习惯和高尚道德情操的养成,有着重要的教育意义。古人讲,观乎人文以化成天下,文化史关注的是人类以思想、文学、艺术和科技等方面的人文创造化成天下的历史,文化史教学将通过对这些人文创造的讲述,让学生更加深刻地理解其化成

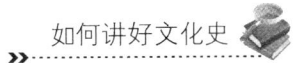

天下的文明演进历程,厚积文化底蕴,厚植人文情怀。

[1] 2023年8月出版的《中外历史纲要(上)》已经将原来教科书中的第11课和第12课合并为一课,即第11课"辽宋夏金元的经济、社会与文化".

[2] 刘梦溪.为生民立命:"横渠四句教"的文化理想[J].中国文化,2010(1).

[3] 李勤西.元代女真人杂剧《虎头牌》略论[J].西北民族大学学报(哲学社会科学版),1987(4).

[4] 王学铭.元曲中的"茶茶"与茶[J].农业考古,2011(5).

[5] 《中外历史纲要(上)》第10课的《史料阅读》中也曾提到女真人"环屋为土床,炽火其下,相与寝食起居其上,谓之炕,以取其暖"。至今北方农村地区还有土炕.

[6] 陈振.宋史[M].上海:上海人民出版社,2020:389-390.

[7] 《中国古代文学史》编写组.中国古代文学史:中册[M].2版.北京:高等教育出版社,2023.

[8] 马积高,黄钧.中国古代文学史:下[M].北京:人民文学出版社,2008.

[9] 熊秉明.中国书法理论体系[M].北京:人民美术出版社,2012:114.

[10] 胡道静.弥足珍贵的《梦溪笔谈》:写在沈括逝世900年[J].自然杂志,1996(1).

[11] 袁运开.沈括的自然科学成就与科学思想[J].自然杂志,1996(1).相关条目参见沈括.梦溪笔谈[M].施适,校点.上海:上海古籍出版社,2020:307条"毕昇活版",437条"指南针",148条"修历当重实测",150条"更造浑仪"等.

(本文选自《中学历史教学参考》2024年第7期。作者单位:臧家富/北京教育学院石景山分院;刘芳/北京市古城中学)

如何讲好文化史

○ 张　帆　成学江

一、文化史教学的地位

　　文化是一个国家、一个民族的灵魂，是国家和民族自立的精神支撑。习近平总书记指出，中国文化历来推崇"收百世之阙文，采千载之遗韵"。中华民族在五千多年的历史长河中，创造出了辉煌灿烂的文化，在世界文化史上独树一帜，对中国及世界历史的发展产生了深远的影响。

　　现代汉语中"文化"一词在概念上有多重理解。按照《现代汉语词典（第7版）》的解释，广义的文化是"人类在社会历史发展过程中所创造的物质财富和精神财富的总和"，狭义的理解特指精神层面的创造。鉴于此，我们对于"文化史"概念的界定也是多重的，广义理解是人类创造物质财富和精神财富的历史，而狭义理解主要是人类创造精神财富的历史，中学历史教学中的"文化史"内容是基于后者的。在教学中，我们习惯性将与政治制度及政权更替相关的历史称为政治史，将有关农工商贸等经济发展的历史称为经济史，而将思想观念、文学艺术、科学技术等相关内容称为文化史，本文就是从这样一个概念界定以及中国史的角度来谈谈文化史教学。

　　基于这样的概念界定我们可以看到，文化史是中学历史课程的三大组成部分之一[1]，它既是中学历史课程中的重点内容，也是历史教学的难点，在中学历史教学中有着独特的地位。如前所述，中学历史教学中文化史所涉及的内容主要包括思想观念、文学艺术（包括史学）和科学技术三部分。其中，思想观念主要述及中国古代主流思想即儒家思想的发展演变，兼及道家、法家等思想流派和佛教、道教等宗教派别，它们都深刻地影响着中国古代的国家治理、社会发展和文艺创作等诸多方面，是历史学习不可或缺的内容，还蕴含着家国天下的社会责任、仁义诚信的道德准则以及自立自强的人生智慧，对于学生良好道德观念和行为习惯的养成有着重要的意义。就文学艺术而言，中国人特有的文学艺术形式创造的文艺作品，则是中国人思想观念的体现，也是时代政治和经济发展状况的反映。注重意象神韵的书法绘画、抒情言志的诗词歌赋，都体现着中国文化的特质，了解了相关的历史，我们才能更加深刻地感受和体悟中国文学艺术的独特美学。就科学技术而言，科学技术的进步是人类发展的重要推动力，中国古代所取得的科技成就反映了中国先民的智慧，对中国，也对世界的发展和进步做出了重大贡献。了解了中国古代科学技术的历史，才能深刻地理解中国古代是如何创造灿烂文明的，才能理解中国古代的发明和发现是怎样影响世界的。上述几方面无论是在提升学生的文化修养，还是在涵养学生的思想品德等方面都发挥着重要作用。由此可见，文化史在中学历史教学中不仅有着特殊的地位，也彰显出独特的魅力。

二、文化史教学的困惑

文化史教学的地位固然重要，但是文化史教学的难度也是显而易见的。首先相较于政治史和经济史，文化史涉及的领域相对更广，思想（儒家、法家、道家、道教、佛教等），文学（诗词、小说等），艺术（书法、绘画、戏曲等），科技（医药、地理、农学、数学、天文等）等方面，横跨多种学科，内容繁杂，专业性强。例如，"辽宋夏金元的文化"一课涉及较难理解的理学、天文学，还涉及专业很强的书法和绘画艺术等，这些对教师的知识储备甚至是专业技能提出了很高的要求，也对学生的理解和学习提出了很大的挑战。再者，对于文化史的部分内容，教科书编写多是碎片化的知识，比较零散且"点到为止"，仅仅是用几句概括性的话进行简单描述，其具体内容没有足够的篇幅呈现，比如元杂剧只是提到了两位作家而没有涉及作品，宋元书画仅是概括了其特点，没有提及人物和作品。当然，教科书这样处理是有道理的，教科书是有选择性的，不可能面面俱到，文学艺术的具体内容更多留给了语文和美术等学科来解决。但一个现实的困境就是，内容比较专业，而教科书本身又没有给出足够多的描述，这就使类似知识的讲解和学习比较困难。

正是由于上述困境，文化史教学中教师也存在着诸多困惑，其中之一便是如何应对跨学科知识的挑战。文化史的教学要求教师要具备一定的跨学科素养，比如要有哲学思维、文学积淀、艺术修养、科技常识等，换句话说一定程度上要求教师多少得是一个"小通才"。这是一个颇高的要求，而对于相关知识积累相对较少的学科教师来说，除了临时抱佛脚、现学现卖之外，好像别无他途。然而，教师的精力是有限的，我们在短时间内可以读几则《梦溪笔谈》，但要完整地阅读且理解却很难，即便可以读完《梦溪笔谈》，那《农书》又怎么办？《授时历》真的能弄明白吗？这些都是我们不得不面对的现实问题。此外，即便教师具备相应的知识储备和专业技能，也不得不面对如下的问题：教科书"点到为止"的内容应讲到哪个程度为止？很显然，有限的课时要求我们必须"适可而止"，而当我们就某一文学作品或者艺术作品进行全面细致的讲解时，还将面临一个问题：是不是有把它上成了一堂文学或艺术鉴赏课之嫌？如何体现历史学科的特点，上出一堂有历史味的历史课？在常规教学中，对于政治史、经济和社会史来说可能都不是问题，但针对内容庞杂的文化史而言，这些可能都是不得不面对的问题。为此，我们就不得不思考文化史教学的一些基本路径了。

三、文化史教学的路径

文化史是中学历史课程的内容之一，文化史的教学设计与实施首先要以课程标准中的课程理念、课程目标和课程内容为基本依据。《普通高中历史课程标准（2017年版2020年修订）》指出："历史课程最基本和最重要的教育理念，是全面贯彻党的教育方针，切实落实立德树人的根本任务，坚持育人为本，德育为先，使历史教育成为形成和发展社会主义核心价值观的重要途径。"课程标准还强调，了解并认同中华优秀传统文化是历史课程的重要目标和基本内容，而文化史教学在实现历史课程这些基本理念和目标方面大有可为。就本课而言，儒学中的责任担当，宋词中的家国情怀，元曲中的人文精神，书画中的美学意蕴，以及科学上的世界影响都是达成历史教育理念和目标的好素材。此外，课程标准关于本课内容的相关表述是"认识这一时期在文化上的新变化""认识北方少数民族政权在统一多民族封建国家发展中的重要作用"，也就是说在本课的教学中有两点我们必须关注：一是新变化"新"在哪里，二是民族融合在文化上的体现。在充分理解和把握课程标准相关要求的基础上，对教科书进行合理整合并编写教学设计，这是包括文化史教学在内的中学历史教学的一个基本路径。

关于文化史要讲出历史味的问题，最重要的就是把握历史的一个基本特点，即历史的时代性，是什么样的时代孕育了这样的文化，这样的文化又是怎样反映那个时代的，时代与文化的互动应是我们在文化史教学中着力发掘的。如果在文化史教学中，能看到文化创造与时代需要的互动，文化发展与时代变迁的关系，是不是就算有"历史味"了？以文学为例，"辽宋夏金元的文化"一课讲到宋词，那么词在宋代的兴盛与宋朝社会政治经济的发展有何关系呢？反过来，宋词中有没有反映宋朝社会政治经济状况的历史信息呢？这些都是我们在讲宋词时可以深入挖掘的"历史味"。2018年高考全国卷Ⅰ曾经有一道很有创意的题目，给出的材料是英国作家笛福1719年出版的小说《鲁滨逊漂流记》的故事梗概，设计的题目是："结合世界近代史的所学知识，从上述梗概中提取一个情节，指出它所反映的近代早期重大历史现象，并概述和评价该历史现象。"这道高考题的设计给我们文化史教学提供了一个很好的思路：文艺作品反映时代风貌，时代风貌影响文艺创作，寻找两者的关联，通过学习历史理解文艺作品，借助文艺作品促进历史学习。

文化史教学最大的挑战可能还是跨学科素养的要求。对于教师而言，要提升跨学科素养，平时的日积月累和课前的临阵磨枪都是必不可少的，正如常言道"有一桶水才能自如地倒出一杯水",不过教学又不是简单地从一桶水里倒出一杯水,而是要提取出最精华和富有营养的那一杯。此外,解决跨学科知识的问题不应该只考虑教师层面,还要从学生的角度考虑,充分发挥学生在学习中的主体性和参与性。文化史内容很多是学生日常学习和生活中可以接触到和了解到的,甚至有深刻体会的,当老师缺乏相关的知识储备或者技能时,也许学生会有,比如语文课上老师用语言可能无法把《琵琶行》中"轻拢慢捻抹复挑"的技巧和神韵表达清楚,但是一位学生的现场演奏就能让学生顿时明了。同样,历史课上有书画爱好的学生是不是也可以讲解一下书画艺术,文学素养高的学生是不是也可以介绍一下文学作品。即使学生没有相关的素养,是否也可以进行合作探究,或者向其他学科的老师和专业人员求教,这应该也是教师在文化史教学中解决跨学科素养不足的一个路径吧。

几句碎语略谈了文化史教学中的几个问题,均是管窥之见,敬请各位同行批评指正。翦伯赞在谈论历史研究时曾经说:"经济是历史的骨骼,政治是历史的血肉,文化艺术是历史的灵魂。"[2]文化史教学担负着发掘历史"灵魂"的重任,而对中国历史而言这个"灵魂"就深藏在中华优秀传统文化中。2021年1月,教育部制定的《中华优秀传统文化进中小学课程教材指南》指出:开展中小学中华优秀传统文化教育,对于永续中华民族的根与魂,坚守中华民族的共同理想信念,筑牢民族文化自信、价值自信的根基,维护国家文化安全,增强国家文化软实力,培养青少年做堂堂正正的中国人,具有重要意义。基于此,文化史教学将在传承中华优秀传统文化,在立德树人、培根铸魂的教育工作中发挥巨大作用。

---

[1]《普通高中历史课程标准(实验)》设置的必修课程即是政治史、经济和社会史、思想文化和科学技术史三大模块。《普通高中历史课程标准(2017年版2020年修订)》则在选择性必修课程的设置上大致分成了政治、经济和思想文化三大模块.

[2] 翦伯赞.对处理若干历史问题的初步意见[J].人民教育,1961(9).

(本文选自《中学历史教学参考》2024年第7期。作者单位:张帆/北京大学历史系;成学江/北京市八一学校)

"刊网微研"第 4 期

研讨主题：跨学科主题学习

研讨团队：深圳市陈箐名师工作室　深圳市赵剑峰专家工作室

研讨课题：《中外历史纲要（上）》第四单元"明清中国版图的奠定与面临的挑战"

走读鹏城　研史寻迹
——跨学科主题学习"千户所城中的明清古迹寻访与历史记忆"

○ 李　静

跨学科主题学习是高中新课程新教材实施以及《义务教育历史课程标准（2022年版）》实施背景下的新增重要内容，也是课程改革方案和新课程标准落地的重要支点。如何理解跨学科主题学习与现行新教科书、国家课程之间的关系，如何凝练确定跨学科主题学习的目标及实施路径，如何对跨学科主题学习中教师的教与学生的学做出评价等都需要我们进行不断的实践、研究和探索。笔者有幸作为执教教师参与《中学历史教学参考》编辑部精心策划，正高级教师、"万人计划"名师吴磊老师组织，深圳市多位名师参与的"刊网微研"6月活动，我们以跨学科主题学习为抓手，研讨和展示的课题是高中历史必修《中外历史纲要（上）》第四单元"明清中国版图的奠定与面临的挑战"。笔者将以这堂跨学科主题学习展示课为例，呈现跨学科主题学习课的思考、设计与实践，以求教于同行。

一、初心：跨界融合，以人为本

20世纪70年代就有很多学者从不同视角对"跨学科"这个概念进行了界定。无论何种界定，跨学科的"跨界"属性是明显的，"跨界"是着眼于跨学科思维培育和整体性人格培养，强调以人为本，关注学生的学习和体验，以解决真实问题为抓手，以跨学科观念和方法为手段，在综合探究中实现立德树人的育人目标。

《普通高中历史课程标准（2017年版2020年修订）》中提出：教师教学要"反映先进的教育思想和理念……关注学生个性化、多样化的学习和发展需求，促进人才培养模式的转变，着力发展学生的核心素养……遵循教育教学规律和学生身心发展规律，贴近学生的思想、学习、生活实际，充分反映学生的成长需要，促进每个学生主动地、生动活泼地发展"。课程标准对本单元的要求是："通过了解明清时期统一全国和经略边疆的相关举措，知道南海诸岛、台湾及其包括钓鱼岛在内的附属岛屿是中国版图一部分，认识这一时期统一多民族国家版图奠定的重要意义;了解明清时期社会经济、思想文化的重要变化;通过了解明清时期封建专制的发展、世界的变化对中国的影响,认识中国社会面临的危机。"笔者以新课标和新教科书为依据,结合鹏城深圳的优秀地域历史文化资源,对本单元教科书内容进行重构与整合,从单元整体带领学生进行跨学科主题学习,整个单元的主题为"繁盛与危机——鹏城风物志中的明清史",通过四课开展本单元的教学:第一课"地名密码中的明清政治制度与国家治理";第二课"古墟兴衰中的明清边疆经略与对外关系";第三课"宗祠楹联中的明清经济发展与思想文化";第四课"千户所城中的明清往事回忆与历史印记"。第四课是在学习完本单元内容后的一节活动课,核心是创设情境,引导学生在运用知识的过程中掌握知识,在中国乃至全球性的大历史与区域性的小历史间寻找关联,锻炼学生综合学习和思考的能力,形成素养。

二、探索:走读鹏城,寻访追忆

结合课程标准及学习内容,本课的学习目标是:通过开展实地考察,借助史料研究与阅读,学生了解明清时期鹏城的历史发展,理解这一时期的阶段性特征。通过问题探究,学生学以致用,能够对同类事物进行比较、概括和综合,突破解决现实问题的能力,培养跨学科综合性思维。通过合作学习,学生创造,能够理解、认同地域历史与文化,进而对历史进行反思,认识历史与现实,个人与国家间的关系,培育家国情怀。本课的实施路径是:任务驱动,问题导向→情境设置,合作探究→素养渗透,物化成果。笔者在本节活动课中设计了以下三个环节:

[环节一]深圳名片:旅游策划下的鹏城明清古迹

笔者在课前设置了学习任务:外地青少年游学考察团要来深圳考察学习深圳明清史,假如你是旅行公司的策划,请带领你的团队展开调研,选择合适的旅行路线及地点,分别从深圳明清史的政治、军事、边疆治理、经济、教育、文化等方面进行调研,并对你的策划进行说明。课前任务的设置是让学生在特定的时空框架中,从政治、军事、经济、文化等方面认识明清时期深圳的历史。为完成这个任务,学生课前认真调研,从考察的时间、地点、路线、内容等各个方面进行思考,精心策划。有的学生对考察的每一天进行设计;有的学生做出了一本内容翔实、图文并茂的旅行策划书。让所有听课者感到惊叹的是黄雪轩同学的作品,他手绘了深圳明清史旅行地图,标注了研学旅行的路线和景点,并利用信息技术制作了旅行宣传视频,配以当下网络流行的语音、丰富有料的景点介绍、清晰的考察路线及乘坐的交通工具,甚至不忘在此提倡绿色出行,为深圳的建设与发展做出贡献。设置前置任务是为了引导学生从理解到应用,而从学生呈现的作品中我们看到了历史学科与旅游,历史学科与信息技术的融合,让学生能够将所学运用到现实生活。

学生在旅行策划中都提到了南头古城和大鹏古城,笔者在此借用了2021年高考全国甲卷第42题明代卫所题(此处省略原题),让学生在地图上标示明代卫所集中分布的区域,并说明集中分布的理由。笔者"借题发挥",让学生了解南头古城就是曾经的东莞守御千户所的所在地,以此通过南头古城的考察结果带领学生继续进行本课的探究与学习。教师给学生提供了其他材料,如考察过程中拍摄于南头古城博物馆的"南头古城历史沿革"示意图;来自学者专著的记述"朱元璋承袭元代的行省制,于至正二十九年(1369年)改广东道为广东行中书省,并将海北海南道改隶广东。为避免行中书省的权力过于集中,政府改行中书省为承宣布政使司,进一步完善了三司分权的制度。深圳地区所在的东莞县隶属于广州府"[1],以及关于新安建县的过程,让学生进行合作探究,通过材料分析新安建县的原因。以上部分笔者希望通过高考试题引导学生理解明朝社会发展的状况及对海疆的治理,通过实地考察资料、历史材料等学以致用,认识和理解明清时期深圳历史发展的状况,认同地域文化,培养历史解释素养,涵育家国情怀。

[环节二]故城探秘:千户所城里的鹏城历史寻访

第二部分呈现了师生南头古城考察的照片及材料,其中有新安县衙、南头"1820"数字博物馆、牌匾故事馆等,我们借助考察材料进行探究和学习。学生在新安县衙门口看到了雍正六年(1728年)颁布的上谕《谕闽、广正乡音》,参与考察的学生在石碑前驻足良久,一起对上谕进行翻译、解释、探讨,并联想到平时以此为材料的模拟试题。课堂上笔者再次"借题发挥",使用了2020年广东省二模历史试题,让学生根据材料并结合所学知识概括指出明太祖规范字音的目的,并分析《洪武正韵》的传播有何特点,并从背景、目的、范围、对象等方面对新安县衙前的《上谕》进行解读。关于新安县衙,我们从县衙建筑采取严格对称的四合院布置方法,按使用功能、用途和重要程度,有节奏地安排建筑物的体量和空间形式,并且将风水理论和建筑美学巧妙地结合利用,独具匠心的建筑布局和严格的官制规制以及寓意深刻的装饰陈设,引导学生认识明清时期的政治特征及社会治理的方式、特点,理解南头古城明清时期的治理是统治中国两千多年皇权社会的一个缩影。

考察牌匾故事馆后,笔者选用了南头古城清代"朱泗昌"萝卜种子店铺匾带领学生进行研习。牌匾上的内容为"诸尊光顾""自带潮州萝卜种发客""童叟无欺",让学生探究:"根据史料,你从中获得了哪些历史信息?你认为牌匾故事馆中的牌匾具有怎样的历史研究价值?"引导学生了解当时南头经济的发展,认识史料研究的价值,学以致用的同时以小见大,深刻认识明清经济发展的表现,渗透历史解释和史料实证素养的培养。

这一部分的最后,笔者补充了清代的"迁界令"及史料,引导学生分析其对社会经济和国家发展带来的影响,反思当时中国发展的局限,并从长远的角度思考未来国家的发展,紧扣单元主题"繁盛与危机",让学生从大历史的角度理解中国的发展,培育家国情怀。

[环节三]光影遐思：视镜雕刻中的鹏城时光印记

学习本单元的过程中，师生足迹遍布鹏城古迹及相关博物馆。这一环节让学生呈现明清时期深圳古迹的摄影作品，使其在真实的学习情境中认识明清时期深圳的历史。历史学科与摄影、美术等方面的融合，让学生在展示的过程中分享了摄影技巧，如何构图、如何修图、如何采光、不同的摄影设备在拍摄过程中的差异等。难能可贵的是，每位上台交流分享的学生都试图从照片背后的历史与文化解读自己的作品，感悟着中国历史的厚重与文化的魅力，也为深圳未来的发展、中国未来的发展提出了自己的思考。

之后，笔者整理了明清时期深圳与世界发展的对比时间轴，引导学生回顾明清时期历史发展的阶段特征，如图1[2]：

明清时期（1840年前）的深圳与世界

深圳					
明增设东莞守御千户所和大鹏守御千户所，隶属南海卫。朝廷严禁人民私自下海贸易	郑和第二次下西洋还，旋又第三次远航	殖民者乔治·阿尔瓦雷斯率领一支葡萄牙人探险队在今深圳市后海湾一带占据一块地盘安营扎寨	明朝全面推行"一条鞭法"	清政府准复界30里，重置新安县。朝廷禁传天主教	京师广宁门捕获私藏鸦片之人，朝廷令各城门严查，并令闽、粤督抚查禁鸦片，绝其来源
1394年	1409年	1514年	1581年	1669年	1810年
法国查理六世下令驱逐犹太人出境	意大利天主教会召开比萨会议，谋求解决教会大分裂问题	西班牙殖民者占领古巴和巴拿马	英国建立斯凡特公司，掌握地中海东岸贸易	次年英国与西班牙签订《马德里协定》，划分北美殖民地界限	拿破仑将荷兰并入法国，委派总督进行统治
					世界

图1

最后，笔者用一段南头古城博物馆中的一段话结束本课："一群人，一座城，不负韶华，砥砺前行。人，因城而聚；城，因人而兴。初心不忘，使命在肩；披荆斩棘，开拓创新。启城，开启千年古城蝶变之路；起程，勇立于鹏城新时代潮头。"笔者试图通过这样的设计让学生整体把握单元内容，认识地方发展与国家发展、国家发展与世界发展之间的关系，进一步认识个体在社会、国家、民族发展中应承担的责任，培育家国情怀。

三、反思：勠力前行，共育成长

笔者所在的深圳实验学校光明部是深圳市普高"双新"实施的历史学科示范基地，近年来在跨学科主题学习方面进行了诸多探索，本课的实践也带给我们诸多思考，"刊网微研"6月活动中，各位专家也提出了很多宝贵的建议，如唐琴老师认为课后作业的布置可以对学生的旅游策划进行二次设计，从更多的评价角度对学生的作品进行优化。张闳博士建议鼓励学生进一步实践并形成论文，为学生未来发展奠基。

英国哲学家怀特海说："教育的目的只有一个主题，那就是五彩缤纷的生活。但我们没有向学生展现生活这个独特的统一体,而是教他们代数、几何、科学、历史,却毫无结果……"[3]学科是单向的,我们的生活却是完整的,跨学科主题学习值得我们在课程变革时代为完整的生活而努力。我们有着优秀的团队,我们一起勤力前行,共育成长,超越学科,走向生活。

---

[1] 陈海滨.深圳古代史:下[M].深圳:深圳报业集团出版社,2015:238.

[2] 张一兵.深圳通史[M].深圳:海天出版社,2018:4-5.

[3] 怀特海.教育的目的[M].徐汝舟,译.北京:生活·读书·新知三联书店,2022:43-44.

(本文选自《中学历史教学参考》2023年第9期。作者单位:广东省深圳实验学校)

构建"四有"教研机制 支撑教师专业发展

○ 周晓楠

跨学科主题学习对教师要求较高,如何赋能教师,支撑其跨学科教学实践,是当今教研工作的重要课题。深圳高中历史学科坚持以人为中心,构建"四有"教研工作机制,促进教师专业发展,提升了区域学科教研质量。

一、横向"有"结构

素养视域下,既要关注学生素养发展,也要研究教师的素养。胜任力模型最早出现在管理学领域,后来应用场景不断拓展。教师的素养模型与胜任力模型并无本质差别,主要是将支撑职业发展的各项能力、潜质等分门别类,构建具有一定逻辑关系的系统结构。为扩大适用范围且便于操作,我们构建了新时代高中历史教师的素养模型,如图1所示。

首先,模型将"观念"置于中心地位,强调观念革新对诸要素的引领及加成作用。其次,外围有"资源""设计""组织""技术"四项要素。"资源"类似目录学,要求教师一方面要"上穷碧落下黄泉,动手动脚找东西",丰富教学资料来源,另一方面要结合自身生活旨趣,将个人特长转化为教学资源;"设计"即经过意识加工的整合与呈现,要求教师重视激发若干基本要素之间的化学反应;"组织"强调协调与沟通,要求教师研究学生如何"学习",通过创新任务、活动等,让学习真实发生;"技术"强调用好学习场景中的技术辅助,既关注数字化赋能学科教学的"新",又要加强对板书等看似"过时"技术的创新应用。再次,模型采用了类似"原子"的结构,强调不同要素之间应立体协作,共同解决怎么想、怎么教、怎么学、学什

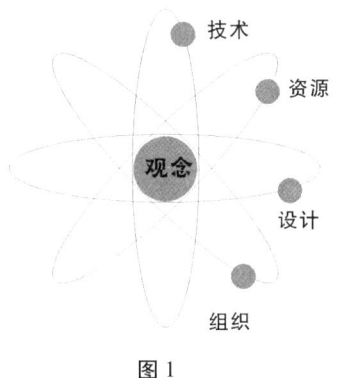

图1

么、在什么环境中教学等问题。

二、纵向"有"路径

关于专业发展路径,我们想从教师成长过程中遇到的任务种类及复杂程度入手,勾勒出教师解决复杂问题能力不断提升的过程。这种从简单任务入手,逐渐增加与其他任务的关联,最终在复杂任务中实现全面发展的方法,我们称之为"涌现式设计"。

比如,面向新入职教师,我们提倡充分用好教科书内容,深入挖掘教科书提供的素材,还参与了面向民族地区的《教师教学用书(专用版)》的编写。通过"历史教师的书房"活动,我们邀请市内外教师分享学术阅读对自身教学的支撑作用。通过"博物通识,遇见历史"活动,我们为教师展现博物馆资源在学科教学过程中的"转码"与深度应用。通过参与社会组织发起的"城市的肉体与骨骼"等城市走读活动,我们引导教师和学生从课堂走向社区与城市,发现并解读身边的历史。

李静老师的"千户所城中的明清古迹寻访与历史记忆"一课,就是沿着上述路径逐步生长出来的。通过类似路径,教师也和学生一样,在做中学、用中学、创中学,实现了个人的专业成长。

三、工作"有"抓手

我们重视用好两个抓手推进教研工作:

一是组织抓手,强调统筹协调,全面推进。我们以深圳市"双新"学科示范基地和示范校学科组为先导,以市区校三级教研为主体,以各级高中历史学科名师工作室、教科研专家工作室为攻坚支点,以青年教师专项训练营为后备力量,积极开展联片教研,盘活区域内各类教研资源。本期"刊网微研"活动就很好地展现了我们团队的协同共进。

二是项目抓手,强调问题引领,成果导向。2021年、2022年,深圳市两次面向全国进行教学展示活动,我们分别探索单元教学和基于教学评一体化的情境式教学,形成了课例、论文等成果。同时,我们注重打通研、赛、训三个环节,比如将命题骨干教师培训、高考模拟试题命题比赛以及市内各类考试命题工作结合起来,以成果导向的方式搭建教师成长平台。

四、心中"有"愿景

价值观念奠定了教育情怀的基础。深圳高中历史教研的形象标识直观传达了我们的愿景,如图2所示。

一是以人为中心,代表人的"i"位于标识的核心位置,强调践行以史育人、落实立德树人;二是关注人与时间、空间的关系,代表时间的"历史"和代表深圳的"深"紧紧围绕人,寓意感受人与历史连接;三是展现历史的复杂性,标识可以有多角度的解读——可以是六边形,也可以是立方体;通过流动感反映了时间,也通过结构性反映了空间;其间既有古代中国篆刻的元素,也依稀可见达利笔下融化的钟表……深"i"历史,也是深爱历史。

图2

以上略述深圳高中历史教研工作的旨趣。于我们而言,教研不仅指向学生,也指向教师。我们的目标是扩大热爱历史的群体,让师生都能保有好奇心和求知欲,在接触历史的过程中感受幸福,成为更好的自己。

【附记】本文系广东省中小学三科统编教材"铸魂工程"专项课题"'新课程·新教材·新评价'背景下深圳高中历史学科铸魂育人方式创新研究"(课题编号:GDJY-2021-A-b206)、深圳市教育科学规划课题重点资助课题"基于教学评一体化的高中历史单元教学实践研究"(课题编号:zdzz22012)的阶段性成果。

(本文选自《中学历史教学参考》2023年第9期。作者单位:广东省深圳市教育科学研究院)

基于地域文化的高中历史跨学科主题学习探究

○ 周晓濛

一、整合地域特色文化,确立跨学科学习主题

(一)主题设计

下沙村位于深圳市福田区的中心位置,距今已有800余年历史,伴随着改革开放后深圳的经济腾飞,形成了极具特色的城中村面貌。下沙村也是福田区最大的城中村,有下沙牌坊、黄思铭公世祠、陈杨侯庙、村建博物馆等一批深受游客欢迎的打卡地。

跨学科主题学习开展的过程中,我们将下沙村丰富的乡土资源与高中历史课程相结合,不断探索教学新模式。这种教学模式和教育部印发的《普通高中历史课程标准(2017年版2020年修订)》提出要"促进历史课程与其他课程之间的相互配合,综合发挥育人功能",并要求加强"校外课程资源的利用"与"校外的社会资源是校内课程资源的必要补充"的理念一致。

基于此,笔者设计"深圳印记,寻找正在消失的历史"作为跨学科学习的主题,探索新背景下跨学科主题学习的实施路径。

(二)活动目标

"深圳印记,寻找正在消失的历史"跨学科主题学习活动确定了三个主要目标:

1. 组织学生参观福田下沙村,重点游览下沙村博物馆、宗祠、侯王庙等景点,直观感受下沙村村貌,完成相关调查报告。我们突出能够引发学生情感共鸣的事件,让学生在真实的情境下自然而然地理解"时空观念""史料实证"等历史核心素养的内涵。

2. 利用互联网及图书馆等资源,了解深圳地区有记载的第一位进士——黄石公的生平经历,以及下沙村在改革开放的时代浪潮中把握机遇,不断发展的相关历史。要求学生以教科书为主要参考资料,自觉运用历史学的研究方法进行历史解释。穿越过去,连接未来,基于史实展开合理的历史想象,实现学科知识的迁移和内化。

3. 通过跨学科主题学习走出课堂,开展一系列创造性活动,学生在生活实践中掌握田野调查的基本方法,在学习探索中建立跨界融合的思维模式。学习体验的过程,也是不断深挖乡土资源,尤其是生活在这片土地上的"人"的历史,激发学生强烈的情感共鸣,提升家国情怀。

二、创设真实问题情境,推进跨学科主题学习

"深圳印记,寻找正在消失的历史"跨学科主题学习有三个阶段的任务设计,如表1所示:一是参观学习;二是任务实践;三是思考创造。活动设计从易到难,有明显的递进关系,体现"做中学""用中学""创中学"。

表1 跨学科主题学习活动表

实施阶段	任务名称	活动目标	活动内容
第一阶段:参观·学习	任务一:云游下沙,追溯深圳	通过参观下沙村,引发学生的兴趣	学生参观下沙村,包括下沙村博物馆、宗祠、侯王庙、下沙文化广场、农民房等,形成调查报告
第二阶段:任务·实践	任务二:主题探索,小组合作	设置主题任务,进行小组合作,选择中心发言人。系统整合高中历史课程内容,基于史实展开合理想象	两个主题活动:①进士攻略:进士之难,难于登天。图文展示深圳第一位进士黄石公的科考之路。 ②梦想之都:穿越回20世纪80年代的深圳,你想买房,还是买股票,还是办企业
第三阶段:思考·创造	任务三:创新活动,感受历史	设置创新性活动,引导学生在真实的情境下利用和挖掘各种乡土资源,展开一系列开放性的主题活动	三个创新性活动: ①深圳遗迹遗址寻踪——城中村宗祠的调查 ②深圳风土人情寻踪——软陶制作特色美食 ③"小"历史"大"深圳——编修三代人的家谱

通过"深圳印记,寻找正在消失的历史"跨学科主题学习的探索,学生对下沙村所蕴含的历史信息有了更深刻的理解,对深圳这座城市的历史产生了更多的思考:

首先,深圳是一个年轻的移民城市,在这里生活学习的我们对这座城市却知之甚少。当我们带着学生来到下沙村的村民文化广场,环顾四周,有始建于明朝的宗祠、随着改革开放的浪潮兴建的农民房,还有近年来飞速发展拔地而起的摩天大楼,学生比任何时候都深刻感受到核心素养中"时空观念"的含义。

其次,下沙村的祖先几经辗转,最终定居于此,学生来自全国各地,对于家族的迁移很能共情,我们给学生布置"小"历史"大"深圳——编修三代人的家谱的任务。学生在制作家谱的过程中,寻找家族变迁的资料,深入挖掘家族历史,也更加理解历史学的本质

和意义。

再次,下沙村的村民会在重要节庆日团聚祠堂,一起吃"大盆菜",我们让学生用软陶材料制作生蚝盛宴,传承本土的民俗文化。以下沙村的宗祠为切入点,带领学生深入调研深圳城中村的祠堂文化,深入各社区,遍访上百座祠堂,记录其位置、建筑布局、陈设,留下了大量宝贵的资料。了解这座城市的过往,也让生活在这座城市的我们产生一种浓烈的归属感。

三、开展开放多元评价,渗透历史核心素养

关注学生自主完成任务的过程,强调学生理解、分析及应用知识的能力,通过问题的解决和任务的完成,主动构建自己的知识体系。

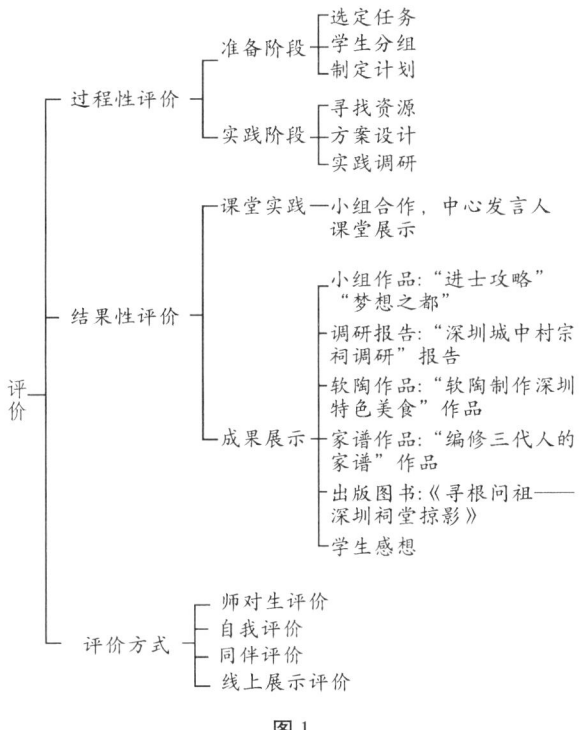

图1

杜威说过,能够使人从根本上产生情感的教育是有力量的教育,这正是我们历史教育的意义和价值追求。历史学习不仅追求一个结论,更是一种经历,是学生亲身体验、感知的过程。

我们希望,在学习过程中,学生能够自然而然地获得人文积淀、情怀、审美、理性思维以及勇于探究等能力,成为一个思想独立,心怀社会的全面发展的人。

(本文选自《中学历史教学参考》2023年第9期。作者单位:广东省深圳市红岭中学)

"史"承千载 "剧"创青春
——历史剧跨学科主题学习的实践与思考

○ 陈 箐

历史剧是根据题材内容划分的戏剧种类之一,指取材于历史事件和历史人物的剧目。中学历史剧按创演时空不同可分为课堂历史剧、课内外活动课等[1]。本文中"历史剧"指中学生将历史与戏剧结合,基于历史真实进行剧本创作和表演,以培育中学生历史学科核心素养为目标,以立德树人为宗旨的跨学科主题学习课程,具有历时较长、跨学科性、一定专业性、最终成果以演出为主要表现形式等特点。

在中学开展历史剧创演的教学案例不少,但是将它作为跨学科主题学习的目前还不多;同时,因历史剧专业性较强,历史教师进行跨学科专业指导力量不足,如剧本创作遵循什么规范和原则,排练如何分解更加高效,教学实施中如何处理历史的真实与虚拟、学习的开放与限界、学生自主与教师指导的关系等,也是需要思考的问题。

一、历史剧是跨学科主题学习的重要载体和有效途径

跨学科主题学习是围绕某一主题,以本学科课程的知识为主干内容,融合其他学科的知识与方法所开展的综合性学习方式。《义务教育课程方案(2022年版)》和各学科课程标准发布,要求"各门课程用不少于10%课时设计跨学科主题学习",跨学科主题教学成为重要关注点。《普通高中历史课程标准(2017年版2020年修订)》也指出:"在教学过程中,教师可与其他学科的教师开展合作,了解不同学科的重要历史人物和成就,指导学生综合运用已学的各科知识认识历史。"跨学科主题教学因其综合性、实践性、创新性,对学生理解学科本质、可持续学习能力、解决问题的综合能力、与人交往合作能力等方面有重要而深远的影响。

历史学具有综合性,涵盖人类生活中多领域、跨阶段的各个侧面,具有丰富的资源、素材,如影响深远的历史事件、丰富多彩的历史人物、跌宕起伏的历史故事,蕴含跨学科主题学习的天然优势。历史剧创演融合历史、文学、艺术、心理、技术(声、光、电、信息)等

多学科知识和技能,是跨学科主题学习的重要载体和有效途径。布鲁纳认为:"为了给学生呈现一个多角度的、多种情形下的人类图景,我们在教学设计过程中,应该认真地考虑如何使用戏剧这种表现性极强的形式来展现人类的生活状况。"[2]

二、历史剧跨学科主题学习的实施

笔者实施历史剧跨学科主题学习课程因"跨师资"得到了学校专业编导老师和深圳市一位专业导演的指导,师生学到了剧本创作、排练、演出、灯光音响效果等跨学科专业知识、技能,从而课程呈现出了具有一定程度专业水准的高质量学习成果。笔者任区教研员期间,还支持、指导区内教师开展历史剧创演活动。目前,学生创作并有正式舞台表演的剧目有《兵谏》《鉴湖女侠》《力士》等十多个剧目,积累了一定的历史剧跨学科主题学习经验。笔者认为,可从三个方面推进实施课程,保障课程质量。

1.**夯实教学规划推进课程实施有序进阶**。历史剧跨学科主题学习通常历时较长,专业性强,需有整体规划和指导,每一课时都有学习任务、达成目标等,以防放任自流,课程低效。教师可结合学校校历,按照历史剧创演四个阶段"历史研究和剧本编创—挑选演员、分配角色—排练—演出"协调好课程教学规划。排练阶段可分解为深读剧本、剧本围读、舞台调度、舞台合成、连排、彩排等多个环节,使课程有序进阶,学生获得感强。

2.**明晰评价要素导引学生跨专业发展**。当下各种历史题材影视剧流行于荧屏,有的老师因此认为学生善于模仿,教师不需参与指导学生跨学科专业知识。笔者认为无论是"史"还是"剧",在史料搜集与辨析、剧本编创、剧本围读、舞台调度等环节尤须加强指导。教师可在课程规划中明晰评价要素。如剧本编创环节,笔者设计了如下评价要素:(1)剧本格式规范,以对话为核心,场景3—5幕;(2)人物性格鲜明;(3)戏剧冲突激烈;(4)人物与时代互动关系符合历史真实;(5)剧情发展符合历史逻辑。以评价导引学生发展对跨学科知识的学习、理解、运用,促进学生的全面发展。

3.**整合跨学科师资指导提升成果质量**。历史教师可联合学校语文、艺术老师,或吸收艺术生资源,共同参与指导历史剧创演。笔者主动向学校艺术班教师请教剧本创作和排练知识,并邀请他们为学生进行剧本创作专题讲座和指导。同时通过艺术老师获取社会资源,得到专业导演的排练指导。正因有他们的参与,在排练实操方面分解任务,先让学生进行剧本围读,确定对角色理解、重场戏处理、排查历史戏剧逻辑中存在的问题、修正完善剧本,再排练舞台调度,确定演员和舞台环境的位置关系,然后合成、连排等。经此指导,学生上手快、效率高,每课皆有进展,最终舞台演出呈现出了较高的水准。

三、历史剧跨学科主题学习的效能

陶行知这样描述戏剧的功效:"对演剧者,戏剧是寓教于乐的好方法,是抒发情感的好媒介,是陶冶性情、调试性格的好方式,是与人相处、团结协作的好途径;对观剧者,戏剧是有益的消遣,是社会教化的良方,是感乎人心、培养情操的锻炼。"[3]

在历史剧跨学科主题学习实践中,学生的历史学科核心素养得到发展。在塑造历史人物和剧情发展过程中,学生需搜寻史料,阅读专著、论文,观看同类题材影视剧,其时空观念、史料实证、历史解释、家国情怀等素养得以发展。

在历史剧跨学科主题学习实践中,学生的跨学科综合素质得到全面发展。历史剧课程中,"学生感知觉、思维、情感、意志、价值观全面参与、全身心投入"[4],在深度学习中,学生的人文底蕴、科学精神、学会学习、健康生活、责任担当、实践创新等素养都得到一定发展。学生谢涌仪说:"也许高中不仅仅只有眼前堆积如山的作业,还有浓墨重彩的青春的痕迹。"学生彭瀚缘说:"一路走来,好像很多不可能的事都变成了可能。无论是排练时的欢声笑语,还是为剧情与人物的据理力争都凝练成了这门课程为青春留下的耀眼光彩。"在研究、创作、排练、演出历史剧的过程中,学生竞选导演、组建剧组、分工合作、查阅史料、钩沉故事、体验历史、讨论剧情、倾情出演、品评鉴赏,知、情、意、行相结合,得以全面发展。

在历史剧跨学科主题学习实践中,教师课程领导力等专业素养得到拓展。当历史与戏剧相遇,教师的观念得以更新,教学方式发生转变,课程开发和实施能力、课题研究能力得到发展,教师的跨专业知识拓展了,如剧本创作、舞台排练技能等。有的教师指导学生剧本创作在"青史杯"剧本创作大赛中获奖,有的学校组织了历史剧专场演出,有的老师开展相关研究获得区级课题立项。

历史剧跨学科主题学习既赋能师生成长,也在历史研究、剧本创作、排练演出等方面对师生提出了较高要求;教学实施中暴露出一些问题,面临"忙、盲、茫"的窘境[5]。笔者认为在历史剧跨学科主题学习中需处理好真实与虚拟、开放与限界、自主与指导等方面的关系。

真实与虚拟:校园历史剧内核是历史,剧是载体,要寻找并鉴别史料,寻找历史的真实;虽然由"史"变"剧"有一定虚拟性,但历史的真实是第一位的。

开放与限界:学习具有开放性,让学生能全面参与,但要坚守教育的要求和底线,以正确的国家观、民族观、历史观等引导学生,实现立德树人的教育性。

自主与指导:既充分发挥学生的主体作用,又需有课程整体规划和指导,做到有序进阶,保障质量。

总之,历史剧作为跨学科主题学习的重要载体和有效途径,赋能学生,也赋能教师。

处理好真实与虚拟、开放与限界、自主与指导等关系，保障该课程高质量高效率地推进实施，培育学生学科素养，达到立德树人的教育目标。

[1] 王辉.浅论历史剧表演在中学历史教学中的应用[D].北京：北京师范大学，2006.
[2] 布鲁纳.教学论[M].姚梅林，译.北京：中国轻工业出版社，2008：143.
[3] 陶行知.陶行知全集：第1卷[M].成都：四川教育出版社，2005：288.
[4] 郭华.深度学习及其意义[J].课程·教材·教法，2016(11).
[5] 詹泽慧，季瑜，赖雨彤.新课标导向下跨学科主题学习如何开展：基本思路与操作模型[J].现代远程教育研究，2023(1)：49.

【附记】本文为广东省教育科学规划2021年度中小学教师教育科研能力提升计划项目立项课题"基于学科大概念的历史课程'五化'教学策略研究与实践"（课题编号：2021YQJK558）的阶段性研究成果。

（本文选自《中学历史教学参考》2023年第9期。作者单位：广东省深圳市光明区教育科学研究院）

"学习进阶"理念下高中历史跨学科校本课程开发的探索实践

○ 双学锋

2014年国务院颁布的《关于深化考试招生制度改革的实施意见》明确提出"基础性、综合性、应用性、创新性"四个方面的能力要求,随后的高校招生分层改革也呈现出综合性与多样性趋势。面对高校与学生共同的需求,学校"跨学科"课程开发成为大势所趋。校本课程在学校课程体系中是一个体量小、效率高、进退自如的平台,以历史学科为中心,联合多学科力量开发跨学科校本课程在此需求下显得非常适切[1]。

"学习进阶"理论是指在学习过程中,通过不断提高认知水平和技能水平来实现学习目标的理论。它强调学习是一个不断进步的过程,强调学生的主体地位和个性化发展,可以帮助学生更好地掌握知识和技能,提高学习成效。团队以"学习进阶"理论为指导,结合高中学科的特点和需求,探索构建一套适合的高中历史跨学科校本课程体系,希望借此整合不同知识和学科,应对知识割裂、交叉等问题;尝试将多学科方法和思维有机结合,拓宽学生视野,培养学生解决综合问题的能力,从而提高学生综合素质。实施的基本思路如图1所示:

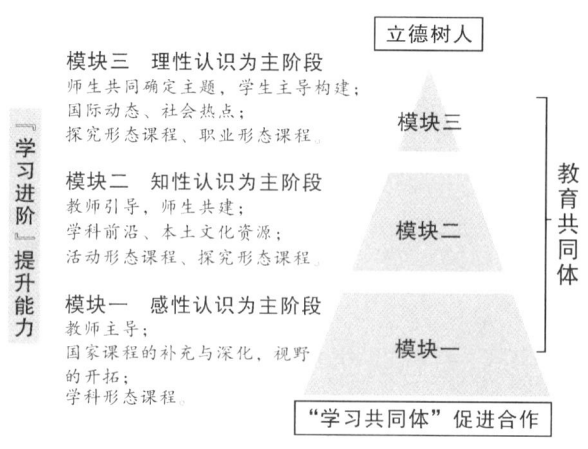

图1 历史跨学科校本课程

团队经过实践探索,初步构建了包含三大模块、具有进阶性质的高中历史跨学科校本课程体系。

模块一,以历史感性认识为主的课程。本阶段校本课程开发的指导思想是以教师为主导;课程内容以国家课程的补充与深化为主;能力提升重点在视野的开拓;课程形态以学科形态课程为主。

以现阶段开设的"历史文物鉴赏课程"中"红山文化玉器"一课为例,课程主旨是让学生触碰与感受文明。课堂包含理论课模块和实践课模块两个部分。理论课模块,历史教师会拓展红山文化相关知识,重点介绍玉器文化,如古人认为玉器有灵,是沟通天地的媒介;红山文化出土的玉器多为动物造型;红山文化的象征是"C形玉雕龙"。这一部分内容主要是国家课程的拓展。实践课模块是邀约社会收藏家或者私人博物馆,将红山文化玉器直接带到课堂。学生可以边触摸玉器边聆听收藏家从玉器品鉴视角介绍红山玉器的材质、造型、纹路、出土地点和年份、鉴定技巧和市场价值等。课程给学生打开了历史的另一扇窗。

模块二,以历史知性认识为主的课程。本阶段校本课程开发的指导思想是教师引导,师生共建;课程内容以学科前沿、本土文化资源开发为主;能力提升重点在资源的联系与整合;课程形态以活动形态课程、探究形态课程为主。

以现阶段开设的"历史纸艺课程"为例,每学期课程分为:工艺学习、历史主题选择与学习、历史主题的艺术呈现三个阶段,如"深圳八景"[2]的"衍纸艺术"[3]呈现,就是一个学期课程的主题,本课程设置的主旨是历史场景的艺术再现。

模块三,以历史理性认识为主的课程。本阶段校本课程开发的指导思想是师生共同确定主题,以学生为主导构建课程;课程内容以国际动态、社会热点等现实问题为主;能力提升重点在发现问题、总结历史规律、解决问题;课程形态以探究形态课程、职业形态课程为主。

以现阶段开设的"历史展演课程"中"创意运动会入场式"项目为例,项目主要包括讨论、设计、物化、展演四个环节。课程的主旨是让学生解读历史,发现规律,呈现历史实质。

讨论阶段,师生共同论证展演主题。如"2021年创意运动会入场式"项目,师生结合社会热点,确定展演主题为"党的精神",并共同梳理出党的精神谱系,包括八个篇章[4]一百零八种伟大精神。随后全校以班级为单位,经过班级内部讨论论证,在党的一百零八种伟大精神中选择一种作为班级展演的题目。

设计阶段,设计精神展演的形式。学生会先请历史、政治老师指导他们学习党的伟大精神的历史与内涵,确定班级展演的精神主题。如选择"星火燎原篇章"之"左联精神"的班级,最终确定的展演主题是"左联精神"中"传承中华文明,坚持文化自信"的内容。主题确定后,学生会邀请语文、体育老师指导他们设计展演口号、标语、横幅、队形等环节。

物化阶段,设计精神展演的场景氛围。学生会请出艺术科老师,对他们的服装、道具、化妆、表演等环节做出专业指导,并进行排练与彩排。

展演阶段,展演党的伟大精神。全校七十八个班级,党的伟大精神分八个篇章被再现与演绎,气势恢宏,让参与者感到深厚底蕴与蓬勃力量。学生在展演准备过程中,一直被党的伟大精神浸润与滋养,这正是一种历史的赓续与传承。

以上是团队的探索实践,主旨是希望开发出符合当前教育发展需求的高中历史跨学科校本课程体系,建立发展的知识产生与获取的平台,构建开放、融合的教育共同体,践行立德树人的教育理想,应对"双新"挑战。

当今世界经济全球化、社会信息化不断深化,国际合作和社会化大生产日益加强。在此背景下,一方面要求学科分类、社会分工越来越精细,另一方面多数行业与领域呈现高度的复杂性和综合性,需要整合各方力量。因此,培养全面综合的人才是当下时代发展的需要,这就对教育提出了新的挑战。如果说"双新"与高校招生分层改革是教育顶层建构的回应,我们的探索应该算作是一线教师对时代需求的回应,力量虽小,但也有意义。

---

[1] 陈温柔.跨学科学习:中学历史校本课程进深之路[J].文化创新比较研究,2017(34):16.

[2] 深圳八景有几种说法,这里取用的是:梧桐烟云、羊台叠翠、烟楼望晚、梅沙踏浪、罗湖桥情、赤湾远航、东门怀旧、界河结网八景.

[3] 衍纸艺术又叫卷纸装饰工艺,是以专用的工具将细长的纸条一圈圈卷起来,成为一个个小"零件",然后借由组合这些样式复杂、形状各有不同的"零件"来创作.

[4] 八个篇章为:开天辟地、星火燎原、众志成城、改天换日、奠基固本、春天故事、继往开来、伟大复兴.

(本文选自《中学历史教学参考》2023年第9期。作者单位:广东省深圳市福田区红岭中学)

跨学科主题学习与信息化桥梁链接的落位与思考

○ 范立红

教育信息化，即智慧教育，是指为促进改革与发展，在教育领域全面深入地应用现代信息技术的过程。交互、协作、开放、共享，以教育信息化来推动教育现代化成为其核心特点。在新一代教育云平台上全面应用和展现教育信息技术，将必然成为未来智慧教育和师生发展的基础。《义务教育历史课程标准（2022年版）》关于修订原则在"坚持目标导向"的表述中，强调将中华优秀传统文化等重大主题教育有机融入课程，"坚持创新导向"一目则明确指出："应强化课程的综合性、实践性，推动育人方式变革，着力发展学生核心素养……增强课程的适宜性。"这进一步为教育信息技术和跨学科主题学习及相互链接提供了明确指向和具体依托。笔者所探索的融合创新应用教学案例就是传承中华优秀传统文化主题下以历史学科知识为核心对跨学科教学样态的一次全新设计与尝试。通过教师引导学生了解宋朝的时代特征，借以分析出体现当代特征的服饰元素，并学会选用其中的个别元素设计一件现代改良版汉服。以此为例，希望既可以生动还原围绕真实问题的学习任务实施的过程，又能展现教育信息技术赋能跨学科主题学习课题研究的阶段性成果。

结合"宋代服饰元素分析与应用的尝试"一课的学习，在形式上，学生借助线上开放的辅助学习系统获取学习资料，线下课堂中师生利用终端设备完成交互学习，从而形成"课前充分预习—课堂深度学习—课后全面复习—课外实操练习"的联通学习模式；在内容上，老师引导学生从历史学科出发，发现真实的问题，并融合语文、美术、数学和信息智能技术等多学科知识与能力，立足于合作研究宋朝的历史阶段特征并设计一件"含有宋代元素的改良版汉服作品"。以下具体呈现教育信息技术和跨学科主题学习链接的学习新样态方面的实践性思考。

一、构建联通智慧学习模式

实施这项跨学科主题学习任务时深度依托教育信息技术,逐渐形成了四个环节的联通智慧学习模式,为学习任务分层、高效推进提供了有力支撑。

课前充分预习:课前教师备课和学生预习不拘泥于教科书和常规文本资料,借助互联网,学生可以使用教师在相关课堂学习平台发布的相关图文、视频资料包,完成个性化作业;通过数字图书馆、数字历史博物馆和历史专业资源的官网等平台大量查阅并整合校内外、线上和线下的文献等相关课程资源,从中了解宋代历史发展和服饰特征演化的历程,为传承中华优秀传统文化主题学习任务的课前预习环节提供了充分的保障。

课堂深度学习:近年来,深圳大学附属中学选择使用网络平台交互系统辅助教学,这有助于实现师生、生生互动的线下课堂学习。教师通过投屏的方式展示教学内容,每个研习小组的成果可以实时共享到班级大屏,小组之间也有互动的通道;此间,将线上的网络课堂联动到线下实时共享也成为可能,如线上的"历史知识对抗"小游戏延伸到线下课堂上来玩,既可回顾知识,又可使线上互动乐学的氛围得以延续。

课后全面复习:主要利用"轻智慧课堂"和"希沃易课堂"等智慧平台实现作业的可视性、即时化和数字化,并辅以腾讯会议、问卷星和QQ应用中的多项功能为提交解析作业和全面复习的补充工具。借助平台,设计练习、作业、单元复查、阶段考试、自主学习等多个业务场景,既可以通过数据统计和质量分析提升教师的批阅效率,又能推荐优秀学生的作答给全班同学,激励学生相互学习,还能通过可视化技术让学生对知识图谱一目了然,也使教师对学情有更全面的把握。

课外实操练习:经历前三个环节的学习和积累,研习小组进入对研究资料的后期整合成文和设计作品的实操制作阶段。学生将自己通过研习提取的传统服饰元素结合所学服装设计、3D建模、打印和信息化交互等技术手段,设计制作出融合宋代元素的现代改良版汉服,并形成研学报告、制成作品展演资料(文本、图片、视频和剧目等),开展以传统服饰为依托的中华传统文化解读与传承活动。

二、融合型智慧学习的落位

深圳大学附属中学历史学科团队使用智慧平台教学的历程走过了三个阶段:

图1

1. 校本实验阶段

2017年,伴随笔者所主持的深圳市"好课程"特色优化项目——"中国传统服饰与3D技术融合创作"立项,历史科组的教育信息化与学科教学及跨学科学习融合的实验开发出了新的方向,即在由高一年级和初二年级的部分学生共同组成的市级"好课程"班里进行信息化技术支持下的研究与实践。课程组师生分别以中国传统文化的现代传承为主题,进行新课程模式(STEAM项目)的开发与实施,其间师生教学相长,师生课题相继获得市级立项,开展研究并适时参赛,学生和教师在科技创新大赛中获得多个省、市级奖项,实现了从"跨界乐学"向"跨界竞技"的飞跃,充分体验到了"做中学""赛中学"的乐趣。

2. 单班试行阶段

这一阶段为期四年,涉及两届学生,参与者达百人以上,应用效果显著:同层次的平行班级学生之间的历史学习效果逐渐拉开差距,本年级的两个试行班与平行分班时历史纸笔测试的均分相差无几,到高考历史均分差距达到6分以上;试行班的学生应用网络资源的意识和熟练程度以及历史写作能力和运用多学科知识解决问题的能力均出现了不同程度的提升。

3. 年级推广阶段

在教育技术平台逐渐多元的情况下,历史组充分积累了实践经验后,逐渐鼓励和带动更多的历史教师和其他不同学科的青年教师加入深度信息化教学队伍中来,自2019级新生分班后至今,深圳大学附属中学所有的历史班(含艺术班)都已参与到应用希沃平台开展历史学科及跨学科主题任务的教与学活动中来。

三、信息技术赋能跨学科主题学习的思考

本文所示新课型依托国家课程,希望教师的角色首先是"工程师",能在把握课程标准要求的基础上以落实国家课程为己任,并不断寻找深研的契机;其次教师应成为"规划师",独具慧眼,帮助学生发现感兴趣的学业发展方向,推进其拓展探究;校本课程的升级,应不断借力优质平台和跨学科的力量。如文中课例在确定了传统文化的服饰探究主题后,将其系统化凝练成为"中国传统服饰与3D技术融合创作"的课程并获深圳市级立项"好课程"、相关研究课题"社会主义先行示范区建设背景下传统文化教育创新路径的探索"通过深圳市教育科学规划2020年度课题重点项目的立项批准,尤其在深圳市范立红名师工作室搭建以来,师生开阔视野的同时肩上更多了一份责任,这些都成为推进课程案例实施的重要驱动力。推进技教融合,打造智慧课堂:在开展本案例教学的重要环节中借助信息技术辅助学习的方式,使学生沉浸在精心设计、合作碰撞和深度思考的智慧课堂中,将信息技术赋能跨学科主题学习真正落到实处;引导社团研学,建设跨学科的

STEAM 团队:社团活动是学校实施国家课程的重要组成部分,能否将社团活动变成跨学科学习活动开展的平台亦非常关键,引导社团走研学道路,通过社团的辐射作用带动跨学科的 STEAM 学习任务设计与实施,促进中华传统文化研究路径的多元化和现代化。

以上各方面的思考尚不够成熟,实践方面有许多方面期待完善。笔者希望经过与同仁的交流获得更多指点与启示,期待能够促使课题的阶段性研究成果适应新课程新高考的需求,为学生提供更多元的学习活动体验和职业体验机会,成为中等教育阶段课程形态变革的一次有益尝试。

【附记】本文是深圳市教育科学规划 2020 年度课题重点项目"社会主义先行示范区建设背景下传统文化教育创新路径的探索——以深圳大学附中融合现代科技的历史教学实践为例"(立项批准号:Zdfz20083)的阶段性研究成果。

(本文选自《中学历史教学参考》2023 年第 10 期。作者单位:深圳大学附属中学)

素养本位新探索　跨界融合应未来
——中学历史跨学科主题学习的教学实践

○ 吴　磊

未来已来,世界对未来人才和教育的需求均发生深刻变化,社会发展越来越强调个性培养、人的发展。培养能够适应未来社会的公民,已成为现代教育工作者重要的研究课题。

随着互联网时代的到来,人类已进入一个以大跨界为标识的社会转型新时代。跨界生存、跨界共生已经成为当代人类的基本生存方式。怎样进一步推动学习方式变革,从学以致用走向"用"以促学、从传统学科教学走向跨界融合？如何让学生在做事中学会做事,成为适应未来社会的新型公民？教育应当为此发挥关键作用,一线教师更是责无旁贷。

我们的团队以历史学科为基础,延伸到语文、地理、物理、音乐、美术等多学科,着力于课程、教学、评价等方面的实践探索,注意凝练各学科大概念,在整合课程的过程中变学科分割为整体关照,创设真实任务情境,发展学生的"跨学科理解",把教学情境化、活动化、课程化,力求提升学生学习历史的主动性和积极性。2022年,该成果获得广东省教育教学成果奖一等奖。借助《中学历史教学参考》"刊网微研"搭建的平台,在此将点滴收获和感悟与大家交流,欢迎同仁批评指正。

一、"跨"之由:背景和缘由

学生面对的生活是整体的,但传统的学科教学却呈现出割裂和碎片化。一线教师习惯通过教科书来驱动教学,加上课程目标表述相对笼统,历史整体发展的时序性不强,且知识的容量大,教师更多侧重知识的传授,纠结于如何把课本的知识讲完、讲透,所以学生学习历史的内驱力不足,主动性不高。

面向未来的时空场景,如何提升学生的核心素养？怎样培养学生的关键能力？国务院办公厅颁布《关于新时代推进普通高中育人方式改革的指导意见》,提出要积极探索基于情境、问题导向的互动式、启发式、探究式、体验式等课堂教学,注重加强课题研究、项目设计、研究性学习等跨学科综合性教学……而《普通高中历史课程标准(2017年版

2020年修订)》更是提出,可以根据学生的学习情况,运用主题教学、问题教学、深度教学、结构—联系教学等教学模式……将教学内容进行有跨度、有深度的重新整合,也可以对必修、选择性必修的不同模块进行整合,设计出更具有探究意义的综合性学习主题。

提升学生的核心素养需要一种真正开放的、不受时空限制的新型学习方式。当下,我们需要在最常态的学科教学中,激发学习者更好地感知、探索、描绘属于自己的生命愿景和成长目标。过去"学以致用"是把"学"落脚在"用"上,学习的目的在于应用。而"用"以促学,就是要以"用"促进"学"的不断深入,特别强调明确任务后的学习,即"主题学习""行动学习""实践社区"等具体学习的基础。而跨学科主题学习遵循学生的认知规律,系统规划并整合不同学科的内容,融入时代发展的主题,通过情境来驱动教学,激发学生的灵感与热情,探索出创新性的问题解决方案,从不同维度感受历史的魅力,真正达到"学""用"并举、"学""用"并长。

跨学科主题学习是未来学习发展的新方向,正如北京师范大学郭华教授所言,以前学生的两只脚,一只脚在历史里,一只脚在未来,真正的教学要能够让学生深切体会到,是身在历史中,而不是历史的旁观者。跨学科主题学习是一个契机,可以让学生进入知识之中、历史之中,让学生生成使命感、承担责任感,走向未来,创造未来。

二、"跨"之径:内容和路径

首都师范大学叶小兵教授对历史课程跨学科主题学习活动有这样的阐释:围绕某一特定的研究主题,以历史学科所学的知识、技能和方法为依托,整合、联通其他学科,对真实问题进行以学生为主体的综合实践活动。通过学习,发展学生问题解决的综合素养,促进学生形成跨学科整合、跨学科理解、跨学科思维、跨学科实践,提高学生认识社会、融入社会、服务社会的观念、态度与能力。

跨学科主题学习大致可分为两类:基础型和应用型。基础型根据教科书内容与学生提前确定学习主题,通过跨学科主题学习的探索,拓展和深化学生的认知。如李静老师的"千户所城中的明清古迹寻访与历史记忆"一课;双学锋老师探索的"三大模块"跨学科校本课;陈箐老师开展的跨学科历史剧创作与展演;还有范立红老师将信息化与跨学科主题学习的链接等都属此类。应用型的跨学科主题学习,侧重于利用多学科所学解决现实的社会问题。近年来团队聚焦深圳招商局博物馆、深圳河、城中村祠堂等城市场景,引领"生于斯、长于斯"的深圳学子走出校园,走向社会,整合校内外资源,发现并认识身边的历史,开展特区亲情寻根文化。如周晓濛老师对下沙城中村历史的挖掘,立足史料实证,增强学生对特区的认同;张迁老师带领学生调研深圳河的变迁,通过实践调查、风情摄影、人物访谈等方式完成学习任务,综合各科知识,获得多元体验,并为大湾区建设献计献策。

我们从课程的角度设计并开展跨学科主题学习,采用教与学、动脑与动手、课上与课下、校内与校外"四个结合"的学习新模式,多年的实践探索,形成了"创设真实情境—设置探究问题—亲历学科实践—物化探究成果"的跨学科主题学习的实施路径。如图1所示:

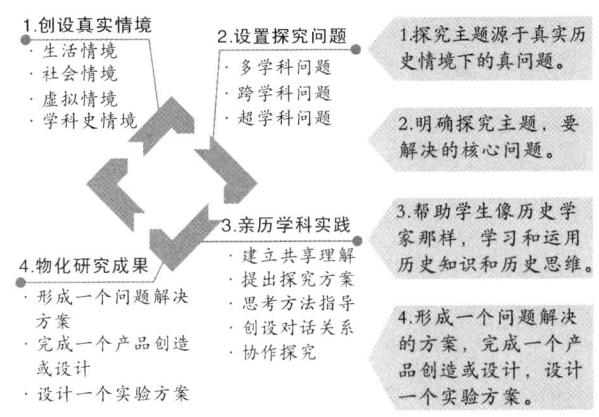

图1　跨学科主题学习的实施路径

我们从发展性评价出发,在实施跨学科主题学习时,注重落实三个"真实":其一,针对学习内容和问题,坚持做到"真实情境";其二,针对学习过程和教学实施,坚持做到"真实体验";其三,针对学习成果与评价,坚持做到"真实可见"。

跨学科主题学习一般从真实的情境和问题出发,引导学生充分调动学科知识,跨学科地融合人文情怀和科学探究精神,从而获取真实的、超学科的学习体验。以《中外历史纲要(上)》第1课"中华文明的起源与早期国家"为例。在新课程、新教材开始实施的背景下,很多老师都是第一次接触国家课程统编教科书的内容。"中华文明的起源与早期国家"作为高一学生第一节历史课,内容涵盖了初中历史5课的内容,课程标准要求通过了解石器时代中国境内有代表性的文化遗存,深化对中华民族多元一体发展趋势的认识。

针对新教科书内容偏繁偏难的现状,立足学生的素养本位,历史组老师策划和组织了以"华夏之初"为主题的跨学科学习。要求学生选择中国境内有代表性的文化遗存,如仰韶文化、大汶口文化、河姆渡文化、龙山文化、红山文化、良渚文化等,致敬中华文明最初的光芒,举行历史文创丝巾设计比赛。

学生从中华优秀传统文化中汲取养分,真正从课本中走出来,在"华夏之初"的主题下,通过了解中华文明遗存(知识记忆和运用)、溯源探秘考古成果(学科素养和历史思维)、小组讨论确定主题(合作沟通能力)、设计创意丝巾图样(审美与创新能力)。一念追溯,描绘出五千多年前华夏古城的浪漫;一瓦陶砾,半坡彩陶盆彰显先祖的智慧与艺术魅力……这些充满着想象力和创造力的作品,都呈现在学校公众号上(见图2),优秀设计还做成了校庆的神秘礼物。这样的跨学科主题学习,将国家课程校本化实施,融合并活化了所学知识,把核心素养落在实处,潜移默化中涵养了学生的家国情怀。

 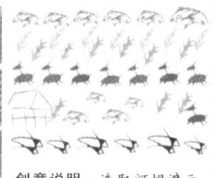 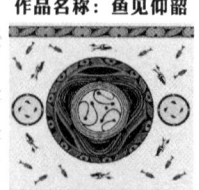

作品名称：华夏之初　　作品名称：生灵万物　　作品名称：鱼见仰韶

创意说明：这条丝巾融合了仰韶文化、大汶口文化以及红山文化等华夏民族初期文化的代表图像，参考出土的当时的文物上的图案、花纹，如人面鱼纹彩陶盆等，并加以设计。本丝巾整体用暖色调，给人温暖的感觉，以陶瓷的本色打底，在黄色的基底色上适当添加了灰色、红色、橙色点缀，且今年流行灰黄色，再加上富有设计感的拼接，既有亘古的气息，又不失为一件潮流搭配单品；在传播中华优秀传统文化的同时，结合新潮元素，使这条丝巾生机勃勃，如历史滚滚长河般随风飘动。

创意说明：选取河姆渡元素。以大地色泽相近的米黄色作为丝巾底色，象征着大地滋养万物。大地之上，是牲畜。陆上的猪、牛，水中的游鱼。除此之外，还有具标志性意义的水稻，以及独具特色的杆栏式建筑简画。画面整体体现河姆渡耕作、养殖生活的悠闲愉快，也饱含了对自然的感谢与尊敬，赞扬了古代的劳动人民。设计上将图案实线运用脱色淡化处理，使其线条轮廓更有历史感。在色彩填充上运用不规则亮片提高整体亮度。

创意说明："鱼"是仰韶文化的重要标志，人们生活在河边，依靠着捕鱼生活，因此鱼在仰韶文化中占有重要的地位。仰韶文化彩陶中大量鱼纹的存在具有极强的象征意义，鱼类具有繁殖能力强的特性，寓意丰收富余，因此古人在祭祀活动中为祈求繁衍兴旺，会举行"祭鱼"仪式，在大量考古发现和历史文献中均有体现。此作品以仰韶半坡的鱼面陶盆的内部花纹为主体，外部纹路为边框，鱼像作为点缀，体现出仰韶文化的鱼文化的特点；以陶色为背景，寓意仰韶的陶文化之兴盛。

图2 "华夏之初"历史创丝巾设计比赛

讲到孝文帝改革时，新教科书要求了解当代汉族姓氏与少数民族之间的关系，借用我校美术软陶课程，我与美术老师一起设计了"百家姓溯源"的创新主题活动。姓氏的历史在中国源远流长，周吴郑王、赵钱孙李，几乎都有一番特别的来历，都蕴含着一段生动有趣的故事。学生以"我"的姓氏为题查阅历史，绘制手绘草图，介绍姓氏渊源，撰写设计说明。最后将看似遥远的古文字、姓氏历史通过软陶艺术呈现出来。个性化的姓氏作品主题鲜明，创意新颖，设计巧妙，配色独特，把原本感性厚重的历史赋予立体的空间，蕴含着学生的无限创意和家国情怀。

似乎从高一入学，学生就面临着选物理还是选历史的困惑，所以我们在高一开展了一次物理和历史学科的跨学科主题学习——"重走伽利略探究自由落体之路"。结合人教版高一历史和物理必修的相关内容，历史老师带领学生了解伽利略的生平史，感受文艺复兴绝不限于文学艺术的复兴，也是一次前所未有的科学革命。人们受文艺复兴的精神影响，打破束缚已久的思想桎梏，伽利略便是在这种时代背景下成为伟大的物理学家和天文学家。

物理老师则带领着学生多次进行具有挑战性的实验。在此过程中，师生共同感受了伽利略在科学实验活动中遇到的计时方式粗陋、实验工具欠缺等困难。经过五次实验，不断改良计时方式和实验轨道材质，重走了伽利略探究自由落体科学实验的过程。这样的跨学科主题学习，强调学生应该具备的科学态度和责任素养，让学生切身体验到历史上的科学家不是超人，他们每取得的一点点成就，都需要付出艰辛的努力，没有一蹴而就的成功。

跨学科主题学习让我们转变思路，从关注教师教什么、怎么教，到培养学生怎么学，让学生在真实情境、真实体验中发现，历史不仅局限于教科书中一段段文字史料，也不是博物馆中一件件静默的文物,而是化作华夏文明的一张张精致绚丽的丝巾图案、一幅幅构思精妙的"百家姓"手工作品、一次次充满挑战的科学实验、一份份城中村祠堂的田野调查……学生于无形之中涵养了核心素养,无声之中将历史视野扩展至更广阔的时空。

三、"跨"之思:体会和建议

历史是一门综合性的学科,文学艺术,天文地理,与历史都有关联。分科教学做了很多年,教师都已习惯了强调各自学科的特点,要让跨学科统整的理念深入教师的脑海没那么容易。

跨学科主题学习讲求"做中学,用中学,创中学",强调师生在实践中发现问题,解决问题,让每个人都参与其中。长期的跨学科实践让我们收获快乐和成长的同时,也带来许多困惑和问题。如历史学科和其他学科之间的知识体系和方法论存在差异、跨学科学习的广度和深度问题、跨学科课程资源的缺乏等。

在新课程、新教材背景下,我们不能为了跨学科而进行跨学科。如何发挥历史学科的黏合度,实现跨学科融合,形成强大的育人合力?一线教师迫切需要在专家的指导下,普及跨学科统整的相关理念和理论。同时积极组织跨学科项目团队,各科教师共同梳理可进行跨学科统整的主题,在现有教科书的基础上进行整合重构,讨论学科内容和教学目标之间的交融点。最好通过设计一个项目或策划一个活动,将"五育并举"要求落实在课堂教学之中,渗透在校园生活各环节,延伸到学生发展各方面,有助于解决现实问题的"最后一公里",具有现实意义。

跨学科主题学习还可以让教师在每一次的"教—学—做—评"循环中,发挥长项"教"的同时,从其他老师、学生那里"学"到跨学科跨领域的知识,从而将教与学融合,师生之间相互学习、分享知识,真正实现"教中学""学中教",达到教学相长,师生共同成长的目的。

跨界教育的意义和任务,不止于教育,它已成为日常生活与社会文化的新常态。具有可持续发展的生命力。从当初的"历史+"到"学科+""跨学科学习""超学科学习"……我们从未停下探索的脚步。

主要参考文献:

[1] 许敬良,吴磊.中学生涯教育与未来职业的选择[M].长春:东北师范大学,2020.

[2] 李春来,周楠.通过挑战性实践活动的实施达成深度学习:以"重走伽利略探究自由落体运动之路"为例[J].中学物理教学参考,2021(31).

[3] 于晓慧,吴磊.高中历史软陶PBL课程[M].沈阳:辽宁大学出版社,2023:118.

[4] 张迁,吴磊.寻根问祖:深圳祠堂掠影[M].北京:中国文联出版社,2021.

[5] 李政涛.跨以成人:跨界教育的历史、现实与未来[M].教育研究,2023(5).

(本文选自《中学历史教学参考》2023年第9期。作者单位:广东省深圳市福田区红岭中学高中部)

"刊网微研"第 5 期

研讨主题：中学生历史思维品质的培养

研讨团队：山东省高中历史特级教师工作坊

研讨课题：《中外历史纲要（上）》第五单元"晚清时期的内忧外患与救亡图存"第 15 课"两次鸦片战争"

在寻求突破中发展学生的历史思维能力

○ 李德刚

《普通高中历史课程标准(2017年版2020年修订)》明确要求:"学生通过高中历史课程的学习,进一步拓宽历史视野,发展历史思维,提高历史学科核心素养。"由此,怎样培养和发展学生的历史思维能力,就成为历史教师必须要加以关注的现实问题。那么,教师该如何正确理解"历史思维"？又该如何在教学中有效提升学生的历史思维能力？笔者谨结合自己参与《中学历史教学参考》2023年"刊网微研"活动执教研讨课的体会,以统编版《中外历史纲要(上)》第16课"两次鸦片战争"的设计为例,谈谈对培养和提升学生历史思维能力的思考及实践举措。

一、是什么——价值导向

笔者执教的"两次鸦片战争"一课是一堂常规性、常态化的历史课,教学设计的出发点是旨在培养、提升学生的历史思维能力。

所谓"历史思维",就是将人类的过往、当下与未来贯通起来思考问题的根本方法和整体视角。笔者认为,历史思维最典型的特征是时空与变化,也就是强调在时空的流变之中观察各种事物和现象。所以,历史思维首先应当是一种长时段思维,即要求我们应当以博古通今的深邃视野来审视、思考和剖析历史与现实的种种问题。其次,历史思维是一种整体性思维,即强调历史事物并非是各自孤立、分散的碎片,而是它们之间都内隐着一定的互为因果的关联性,因此我们应以系统的、整体的视野来观察和分析各种历史事物和历史现象,而不能人为地割裂历史。再次,历史思维还是一种发展性思维,即历史从来都不是静止的、一成不变的,而是始终处于变动不居之中,变迁与发展是历史的固有特点。虽然历史在某些时候、某些方面也可能会出现短暂的倒退现象,总体趋势却是向前发展的。因此,这就要求我们应当以发展的眼光审视历史、探究历史,关注历史事物的来龙去脉,尤其是要善于通过历史来观照现实和放眼未来。

对于"历史思维能力"的界定,研究界有各种不同的说法。其中,笔者比较认同赵恒烈先生的观点,即历史思维能力是"人们用以再认和再现历史事实,解释和理解历史现象,把握历史发展进程,分析和评价历史客体的一种素养"[1]。另外,首都师范大学张汉林教授提出,历史思维能力体系的核心概念可以分为"时序思维能力、运用证据的能力、历史解释能力、建立意义的能力"[2]等四个维度。对此,笔者也深以为然。

那么,在常态化的高中历史课堂教学中,教师要培养和发展学生的历史思维能力,究竟应该注意把握哪些关键要义呢?笔者认为,答案可以在教育部考试中心制定的《中国高考评价体系》中寻找。《中国高考评价体系》对于思维能力的要求进行了言简意赅的阐述,明确指出思维具有广阔性、深刻性、独立性、批判性和逻辑性等特征。具体到历史学科的学习上则可以凝练为两个方面:一是要注意"多维",即多角度,多层级;二是要注意"创新",即独立思考,提出新解。要真正"领异标新育思维",笔者认为,这大致也可以看作历史教学培养学生历史思维能力的一种基本导向。

二、为什么——选题缘起

笔者执教"两次鸦片战争"一课主要是借助教科书中的几幅插图作为切入点来聚焦历史思维能力的培养,文字材料的使用则极少。之所以采取这样一种设计思路,主要是基于对当下高中历史课堂教学中普遍存在的"两个痛点"的反思。至于选择"两次鸦片战争"一课作为例证,则主要是力图对笔者自身以往的教学设计实现"突破"的考量。

痛点一:史料运用之痛

毫无疑问,当前的高中历史课堂教学中所谓"史料教学"是重要的形式之一,但过犹不及的是由此出现了两种"失度"的状况:其一,堆砌文字史料,贪多求全。一节课下来,教师通过讲义或者课件向学生呈现少则七八段,多则十几段甚至更多的史料。试问一节课上堆积如此之多的史料,学生能读得过来吗?即便读得过来又能否全部读懂呢?这显然是值得存疑的。其二,史料选取主观臆断,断章取义。出现这一状况的原因,除了有些教师自身史学素养不高,史料甄选能力较差之外,主要还在于教师选择史料时,大多都是基于"我"的需要出发,考虑的是能否为"我"所用,所以导致出现大量断章取义甚至曲解材料原意的现象。这并不是真正的"史料实证"的体现,只不过是教师主观臆断、自以为是的"史料说明"而已。试想:如果教师对史料的内涵或语义判断不准、选择不当,甚至随意割舍、断章取义,学生又怎能不被误导呢?

痛点二:教科书插图运用之痛

如何定位、对待教科书插图?众所周知,教科书插图是统编教科书的有机组成部分,是教学过程的关键构成部分,也是达成核心素养的重要桥梁之一。其实,《普通高中历史课程标准(2017年版2020年修订)》对教学中重视运用教科书插图也有明确要求:"知道绘画、雕刻、照片等图像是重要的史料,选择有代表性的图像史料进行研读。认识图像史料的价值。"但毋庸回避的是,在现实的高中历史课堂教学中,教科书插图却多被忽视、窄化、曲解,即教师很少注意充分运用教科书本身的插图资源,却喜欢舍本逐末,费尽心力地从教科书之外另寻一套。究其原因,在于许多教师对教科书插图的作用认识并不充分,对教科书编者选置这些插图的意图领会不深,故而觉得无足轻重,视同鸡肋。显然,这种认识是一种肤浅的偏见。事实上,于高中历史课而言,教科书插图可以帮助学生更加全面、直观地认识历史事物,增强时空观念,提高多角度全面审视、辨析问题的历史思维能力和研读史料的能力。

一个突破:第三次重构

2015 年,当时高中教科书还是"一标多本",笔者即曾对岳麓版必修 I《政治文明历程》中的第 12 课"鸦片战争"进行过教学设计。基于当时的教学指导理念——"三维目标",我从"三段论"的角度对本课进行了这样的梳理:"冰火两重天——战前观察寻背景""满纸辛酸泪——血雨腥风看过程""影响何其多——风雨飘摇看变化"。

2020 年,山东省已经使用统编新教科书后,笔者对统编版《中外历史纲要(上)》第 16 课"两次鸦片战争"又进行过一次教学设计。当时课程改革已进入核心素养时代,基于此,我最终从"中西撞击下的文明交汇"的角度对本课进行二次解读,整合形成了以下三目内容:"对峙——自大与强大""对抗——交手与失手""对话——反思与反差"。

2023 年 5 月底 6 月初,齐健教授安排笔者承担《中学历史教学参考》2023 年"刊网微研"系列活动之聚焦"中学生历史思维品质培养"主题的执教任务,并建议以"两次鸦片战争"为课题进行第三次设计,争取能有新突破。再次面对熟悉的这一课题,我一直思考究竟在教学设计上该如何突破自我,最终想到了这样一个根本性的思路,即回到原点,凸显思维。高中历史课的学习,实质就是一种历史思维活动,体现学生历史知识的拓展与历史思维能力的发展,这也正与此次"刊网微研"活动的研讨主题"中学生历史思维品质的培养"相契合。回顾自己 2015 年和 2020 年的两次教学设计,虽然也体现了知识与思维的相互依托、相互促进,但总感觉意犹未尽,直到此次基于教科书插图的设计思路酝酿生成。

由于两次鸦片战争的基础知识在初中阶段是作为重点内容分为两节课详细学习的,高一学生对过程性的知识内容已经非常熟悉,所以此次进行设计时,笔者便有意淡化了战争过程等基础知识的讲述,把教学重点放在围绕教科书插图等图片资源分析问题和进行思维拓展上。

三、怎么办——行为达成

本课教学设计的落脚点,即具体举措可以概括为三个方面:第一,逻辑性推理;第二,问题链探究;第三,批判性建构。

1. 逻辑性推理

教学立意的确立及教学过程的设计要体现逻辑性推理。历史逻辑推理能力是在历史理解能力基础上,对所阅读的历史陈述和历史资料进行合理的逻辑推理,得出与历史研究相近的结论。那么,教学立意的确立与设计,依托的又是什么呢?笔者认为,应该是课程标准与教科书。

课程标准是课程实施的直接依据。进入"后考纲"时代,课程标准的权威性、全面性进一步彰显。作为一线教师,必须要深刻认识对照课程标准设计和组织教学的重要意义。

《普通高中历史课程标准(2017年版2020年修订)》对《中外历史纲要(上)》第五单元"晚清时期的内忧外患与救亡图存"的内容要求是:"认识列强侵华对中国社会的影响,概述晚清时期中国人民反抗外来侵略的斗争事迹,理解其性质和意义;认识社会各阶级为挽救危局所作的努力及存在的局限性。"这一单元要求具体到本课可对应做如下解读:时间界定为两次鸦片战争(1840—1860年),内容涵盖了二十年间的列强侵华史、中国人的抗争史、探索史。

马克思在《鸦片贸易史(1858年)》一文中,对鸦片战争曾做了一个"奇异的对联式悲歌"的论断。而我们只要阅读课程标准和教科书就会发现,他的这一"奇异的对联"的论述与本课的教学主旨是大致趋同的。所谓"奇异的对联"主要体现在近代中西对立的态势上,即"近代中国与西方国家之间的矛盾,不仅主要表现为侵略与反侵略、掠夺与反掠夺的矛盾,而且也伴随有先进文明与落后文明的矛盾"[3]。

不仅如此,更为"奇异"的是一种历史的错位,亦即马克思所说的"陈腐世界奉行的是文明的道义原则,现代社会的代表奉行的却是野蛮的暴力原则"[4]。这实际上也就折射出当时中华民族的双重历史任务是救亡与进步,且两者缺一不可。具体来说,近代中国首先要"救亡","救亡"是反对外来侵略,解决民族和国家的图存问题;"进步"则主要是反对封建主义,解决落后的"陈腐世界"如何赶上世界先进潮流的问题。

基于以上理解,笔者在课堂导入环节便直接首先引入马克思的"奇异的对联式悲歌"论断,并顺势发问:马克思为什么会作出这样的论断?对此我们该如何理解、如何看待?这一提问就犹如在学生的脑海里投入一粒石子,很自然地激起他们大脑思维的层层波浪,自然地引发了对"为什么是奇异的对联式悲歌"的强烈探究欲。笔者采取这样的导入设计处理方式,实际上就是为了在课堂伊始即创设问题情境,以激起学生的探究欲,引导他们开启思维的闸门,带着问题展开探究。

接下来,笔者即主要以教科书插图《英国东印度公司设在印度的鸦片仓库》《中国水师与英国海军在穿鼻洋面上激战的画面》和《中英〈北京条约〉签字页》等为切入点,按先后顺序设计了"文明"与"野蛮"的错位、"道义"与"失败"的遗憾、"自识"与"大势"的离散、"开眼"与"固守"的无奈四个维度不同的主题环节展开教学,分别隐喻战争背景、过程、结果、影响四个阶段,依次推进。同时,这四个阶段也分别对应着清王朝"落后""失败""不救亡""不进步"的实际状况,笔者就此一步步启发、引导学生展开相应思考、讨论、探究,深入理解为何说两次鸦片战争是清王朝的"一曲悲歌"。

课堂小结部分,笔者让学生重温课堂导入环节所呈现的马克思的那段论述,引导学生结合两次鸦片战争的史实,针对"奇异的对联式悲歌"的论断,形成自己的理解、认识和评判,由此实现课堂的首尾呼应,回扣主线。

历史和逻辑在本质上是近似的,历史是逻辑的根基和形式,逻辑是历史的理论再现。而本课教学立意的确立以及教学过程的设计,都是基于基本逻辑的推理。笔者认为,如果没有逻辑,只有历史知识碎片的堆积,那不是历史学科的思维方式,不能真正把握历史的精髓。

2. 问题链探究

本课在教学过程中主要采取了以"问题链"推进探究的教学方式,关注的焦点是学生在哪里,以启发与引导为主要线索推进实施。

首先是问题设计力求引人入胜,启发助推师生有品质的对话。笔者一直在思考的是,课堂究竟该怎样改变才能让老师不再简单地"明知故问",让学生不再机械地"配合作答",而是能真正触发学生的好奇心,提升渴望获得新体验、新知识,并以积极、开放的心态去学习的自我驱动力。只有问题找得准、逻辑讲得透,才能吸引学生、抓住学生的思维。只有深入研究课程标准和教科书,精准把握学生要求和困惑,"问题链"中的"好问题"才会应运而生。所以,围绕《英国东印度公司设在印度的鸦片仓库》《中国水师与英国海军在穿鼻洋面上激战的画面》《中英〈北京条约〉签字页》等学生感兴趣的插图提出问题,既熟悉又有内涵,既独立又有逻辑。

在课堂这种特别的思维交流活动中,老师与学生之间对话质量的高低决定了课堂效果的差异,也深刻地影响着学生思维品质的水准。所以,笔者在讲授过程中特别注重启发式引导,从图片信息的提取开始,逐层深入,引导学生积极发言,在轻松愉悦的课堂氛围中和学生对谈,并及时评价点拨。我认为,这符合学生的认知特点,有助于不断拓展学生的思维。

其次是问题设计层层推进,引导学生循序渐进思考。笔者在本课的问题设计中,运用了"打破砂锅问到底"的问题设计形式,使"问题链"环环相扣,真正贯通。同时,三组问题依次彰显梯度,各有侧重。这样做的立足点在于引导学生抓住历史学科本质,抓住历史学科思维,抓住历史学科的育人价值。

比如,针对第一幅插图《英国东印度公司设在印度的鸦片仓库》的问题设计,是基于知识运用的层层剖析,即:从这幅图中能获取什么历史信息?"东印度公司"的命名背后体现了英国人怎样的观念?这种观念反映在中英外交关系上有何冲突?为什么有这些冲突?

针对第二幅插图《中国水师与英国海军在穿鼻洋面上激战的画面》的问题设计,是基于史学方法的运用,即:观察这幅"画面",你有什么发现?基于常识,你认为这"画面"是战场实景速写还是想象出来的画面?从历史研究的角度看,这幅图片的价值有哪些?你觉得使用图片作为史料应该注意什么?

针对第三幅插图《中英〈北京条约〉签字页》的问题设计,则是基于价值观念的感悟,即:根据图片并结合所学知识,你觉得条约中最不能接受的是哪条?清政府当时最不能接受的内容会是什么?对此你有何感受?

再次是问题设计彰显差异,引发认知冲突驱动思维拓展。笔者认为,学生的认知状态和层次是多样的、多元的,所以问题设计要有层次性、针对性,真正体现"因材施教",做到既符合学生当下的学科素养整体认知,又能提升不同学生的课堂参与度和学习成就感。比如,对于《中国水师与英国海军在穿鼻洋面上激战的画面》这幅插图,笔者设计的问题就是开放式的:观察这幅"画面",你有什么发现?显然,面对这样的开放性问题,学生的认知一定会是多元的和分层次的。另外,通过构建一些有所冲突的问题,形成具有差异性的问题链,推动学生形成较初中学段已知的历史概念和历史事件等知识更深层次的理解与认知。比如,针对《中英〈北京条约〉签字页》插图,笔者设计了这样的问题:根据图片并结合所学知识,你觉得条约中最不能接受的是哪条?清政府当时最不能接受的内容会是什么?设计这一问题旨在引导学生换位思考,培养他们辩证分析问题和解决问题的能力,力求使其做到既要"观点明确",又要"自圆其说"。

3. 批判性建构

体现思维含量的历史课堂成效究竟体现在哪里?笔者认为,这需要审视贯穿课堂始终的追问与反思,即尤其需要关注批判性思维的贯彻落实。美国学者罗伯特·恩尼斯将批判性思维定义为"面对相信什么或者做什么而作出合理决定的思维能力"[5]。我国历史教育学者赵亚夫先生则明确提出,批判性思维决定历史教学的质量。下面,笔者就结合赵亚夫先生的相关论述和自己的一些理解,阐述批判性思维在本课中的实践体现。

第一,"批判性思维是反思性的,有意义的历史教学也都具有反思性"[6]71-77。批判性思维往往以否定和怀疑的形式出现,以反思与建构为最终归宿。据此,笔者在本课的设计中,是这样一步步展开的:

其一,围绕教科书插图《英国东印度公司设在印度的鸦片仓库》,设置四个问题层层推进,步步深入,引导学生从全球视角纵深了解鸦片战争爆发的时代背景,得出这是一场工业文明和农业文明的对峙,从而潜移默化地培养学生的唯物史观、时空观念以及历史解释等学科核心素养及关键能力。

其二,围绕圆明园的被毁发出诘问,引导学生思考:"先进"与"文明"一定协同吗?"野蛮"和"落后"必然一致吗?

其三,围绕《中国水师与英国海军在穿鼻洋面上激战的画面》插图,笔者以"定海阵亡清军墓"故事切入,促使学生进一步思考:"侵略"一方为何最终"胜利"?"失败"结局能否掩盖"道义"?

其四,笔者根据《中英〈北京条约〉签字页》并结合条约内容解读,呈现时人所绘漫画《额尔金进北京图》,引导学生更深入地思考:天朝的"自识"如何顺应世界的"大势"?社会的"转型"如何避免历史的"悲剧"?

其五,投放林则徐、魏源和《海国图志》等一组图文材料,通过讲述林则徐、魏源以及《海国图志》被冷落的命运,穿插对比日本从《海国图志》这部书开始了对世界及日本前途的重新思考的史实,既引发了学生在情感上对清王朝昏庸不醒的扼腕叹息,又借此培养了学生横向比较问题和分析问题的历史思维能力。在此基础上,笔者再进一步追问:"认识世界"与"认识自我"为何同样艰难?"民族独立"与"国家强盛"如何才能实现?

以上五组问题,"反思"是设计主线,明显指向的都是对学生反思性思维的培养,这也是批判性思维的一种体现。笔者认为,这样步步深入的反思性追问式的问题设计,才会促使学生的思维能力真正得以提升,从而使得本课的教学具有实在的"意义"。

第二,"历史教学的魅力与价值首先不是因为它有故事,而建构历史故事有独到的认识论和方法论,其建构技能从专业的角度可以传授和学习。"[6]71-77。一节好的历史课是由生动形象的故事或细节串联起来的,讲好故事很关键。正是基于这一认识,笔者在本课中穿插融入了几个不容忽视的故事:

一是"圆明园被毁灭"的故事。这个故事旨在告诉学生,清王朝尽管承续历史文明,却终究避免不了一曲落后"悲歌"的上演。

二是"定海阵亡清军墓"的故事。这个故事是让学生懂得清朝爱国官兵面对侵略,坚守道义,结局却是一曲"失败"的"悲歌"。所以,它留给我们的遗憾,有对清政府应对不力的不满意,有对爱国民众英勇抗击侵略而依然失败的不甘心。

三是描述《额尔金进北京图》及其背后的故事。这个故事的用意是让学生直观感受到,漫画中的这幅场景无异于是对清王朝的一种赤裸裸的"羞辱"和"挑衅",清王朝曾坚决反对公使进京所付出的代价是沉重的。近代中国首先要救亡,救亡即反对侵略,但清政府却对此既看不清也看不懂,表现出的是一场不懂得救亡、不会救亡的"悲歌"。

四是通过讲述林则徐、魏源以及《海国图志》的命运故事,意在使学生进一步理解中国革命的另一个任务就是求"进步",即反对封建主义。当然,我们并不是奢望清政府自己反对自己,但总该思考如何赶上世界潮流的问题。遗憾的是,我们看到的是一场"不进步"的"悲歌"。

浙江师范大学王加丰先生曾特别强调:"教师应该具备把微观历史细节与宏观历史认识巧妙结合起来的教学方法,使学生拥有从宏观到微观或从微观到宏观的历史思维能力。"[7]。笔者认为,故事的介入恰恰就是最好的衔接方式。

第三,"批判性思维引导人们'树立深思熟虑的思考态度,尤其是理智的怀疑和反思态度',以及帮助人们'养成清晰性、相对性、一致性、正当性和预见性等好的思维品质',恰是历史教学理应体现的人文(含体悟精神)内涵"[6]71-77。笔者在结语环节借助谢晋导演在电影《鸦片战争》开篇的深邃洞见("只有当一个民族真正站起来的时候,才能正视和反思她曾经屈辱的历史"),以及黑格尔的相关观点("世界各民族只有一次创造世界历史的机会,世界历史开始于中国。太阳曾经从东方升起,然后就一去不复返地沉没了"),采用一连串的追问、诘问的方式,促使学生对两次鸦片战争何以最终走向失败的命运进行全面审思,并在此基础上将历史与现实结合,启发、引导学生对国家和民族实现现代化发展展开更深层的思考,进一步提升学生的家国情怀,冷静理性地回望审视历史,以期达到在被鸦片战争的悲歌"震撼"之后,能够形成和保持一种"震撼之后能长久的思考"的效果,真正开启学生的思维之门,使学生的历史思维品质——尤其是理性思维品质得以提升。

以上三者的集合,便是笔者结合个人对赵亚夫先生关于批判性思维论述的理解,而在教学设计中所做出的实践注解。

齐健教授曾提出,一堂好课的底线是学科本色。历史教学设计应注意体现"素课"(摈弃浓妆艳抹、穿靴戴帽),在看似朴实的设计中内隐厚实的史学功力和教育底蕴,蕴藉着思维的深刻性、穿透力,强调思辨性。一句话:要"返璞归真"。而这,也正是笔者一直以来在历史课堂教学实践过程中所遵循的基本原则,以及在提升学生历史思维能力方面所坚持的努力方向。当否,期待各位同仁批评指正。

---

[1] 赵恒烈.论历史思维和历史思维能力[J].历史教学,1994(10):26.

[2] 张汉林.历史思维能力研究[M].北京:北京师范大学出版社,2023:69-84.

[3] 李忠杰.中国共产党与中国的现代化建设[J].北京大学学报(哲学社会科学版),2001(4):8.

[4] 中共中央马克思恩格斯列宁斯大林著作编译局.马克思恩格斯选集:第一卷[M].北京:人民出版社,2012:804.

[5] RobertEnnis.CriticalThinking:AStreamlinedConception[J].TeachingPhilosophy,1991(1).亦有译为"为决定相信什么或做什么而进行的合理的、反省的思维"。

[6] 赵亚夫.批判性思维决定历史教学的质量[J].课程·教材·教法,2013(2).

[7] 王加丰.历史思维能力漫谈[J].中学历史教学参考(上半月·综合),2020(8):7.

(本文选自《中学历史教学参考》2023年第12期。作者单位:北京中学)

学生历史思维品质提升策略浅识

○ 程宝琴

《普通高中历史课程标准(2017年版2020年修订)》指出:学生通过高中历史课程的学习,进一步拓宽历史视野,发展历史思维,提高历史学科核心素养。然而,在实际教学中,教师尽管普遍对"学科核心素养"比较重视,对于"历史思维"的理解却并不到位。因而,高中历史常态课堂中普遍缺失对历史思维品质的着力关注。为此,笔者依托参与齐健教授组织的以"中学生历史思维品质培养"为主题的《中学历史教学参考》"刊网微研"活动前期团队磨课的体会,并结合教学实践案例,对基于高中历史常态课促进学生历史思维品质提升谈谈自己的理解。

一、对历史思维与历史思维品质等相关概念的理解

关于何为"历史思维",学术界诸多专家学者有着多种不同的观点表述。笔者更倾向于这样一种界定,即历史思维是具有历史学科特征的一种思维倾向,有尊重时序、侧重理解、具有批判性、以"自知"为目的等特点,是一种学科化的思维方式。历史思维能力是能够按照历史学科特征进行思维的能力,它建立在历史知识的基础上,能在具体的情境中恰当地运用相关历史知识去解决问题,能运用历史原理、历史思维技能去解决历史问题,并能对自己的思维活动进行监控与调整[1]。

另外,"品质"一词通常被我们用来指事物的质量。由此,所谓"历史思维品质"也就是指学生的历史思维能力水平。从教学实际出发,学生的历史思维品质至少体现在三个方面:一是能遵循历史唯物主义的基本原则正确理解历史知识,即理解历史本身;二是会运用历史原理、历史逻辑去思考和解决历史问题,即分清历史与现实;三是可以在反思与批判中理解历史的"意义",即明白历史对现实的价值。笔者认为,要提升学生的历史思维品质,就应该在以上几个方面多下功夫。

中学生任何素养和能力的培育、提升,都需要长期积累并不断内化。在经历初中的

历史学习和积累后,学生的历史思维能力正在或已经形成,高中阶段则亟须引导加强、提升。众所周知,历史教学中的常态课是落实学科教育教学任务的主阵地,所以它自然也应当是提升学生历史思维品质的主阵地。

二、课堂中常见的不利于提升学生历史思维品质的现象

笔者发现,许多老师的常态课往往以时间紧、内容多为理由,以重基础、求实效为借口,只重视学生对历史知识的记忆和理解,而忽视学生运用历史原理和学科思维解决问题的能力培养,尤其是无视学生思辨性、批判性思维的培育。具体表现为以下几个方面:

现象一:学生在课堂上仅作为历史(现象)的"旁观者",忙于完成梳理时序、记忆内容、理解基本史实等任务,个人与历史之间没有"共鸣",更无"共情"。

比如,下列是一些常见的教师布置的课堂学习任务:

"根据教科书内容完成下表填充史实整理"——根据表格进行基本史实的整理

"材料内容说明了什么"——材料中的关键内容用红色标出且与教科书内容一致

"下列哪一观点是正确的"——以教科书观点为标准,并不论证何为正确

"据此整理某类问题的答题模板"——使用"模板"对历史事件进行记忆和评价

我们很容易看出,这些任务指向的基本上都是记忆、理解和简单应用等能力,从思维层次上属于低阶思维,与综合、分析、评价这些高阶思维相比存有明显距离。虽然发展学生的高阶思维离不开以低阶思维为基础,但当课堂以完成这类答案作为唯一且固定的主要任务时,学生的学习过程和效果就可以由教师提前设定而难以出现课堂生成,学生自然不会有"原来是这样"的获得感,不会有主动思考"为什么"的机会,更不会有进一步探究"还怎么样"的意识。如是,即便学生记住了时间、地点和基本格式的套路,也谈不上对历史的真正理解,更谈不上历史思维品质的提升。

现象二:在另外一些看似"深刻"的历史课堂上,学生其实是作为教师讲授的"应和者",实际上对学科特点和本质缺乏必要的自我认知,只是被动地接受教师基于某个特定情境所得出的认识结论,甚至将这种"结论"被误认为是一种具有共性的观点,以至于出现历史认知偏差。

比如,"辽宋夏金元的经济与社会"一课"社会的变化"一目,有教师使用了这样三段材料说明"宋朝的社会阶层流动":

材料 1 大部分科举登第者出身乡户……几代为官的子弟甚少。

——朱瑞熙《宋代社会研究》

材料 2 贫富无定势,田宅无定主。有钱则买,无钱则卖。

——孟元老《东京梦华录》

材料3　奴婢的雇佣化,使奴婢实际上已非主人所能永久占有、任意处置的财产了,奴婢已有了服务期满脱离主人的可能。

——李天石《中国中古良贱身份制度研究》

笔者认为,以上这三则材料用于佐证"宋朝社会阶层具有流动性"是可行的,但据此得出"宋朝社会阶层可自由流动",甚至直接把这部分内容命名为"流动的宋朝"则是不太合理的。

另外,我们在一些历史课堂上经常看到诸如随意解构教材、用史料解释史料、以观念论证观点、盲目引入史学新观点等现象,似乎按照常规逻辑、使用教科书史料、不另辟蹊径的课就显得教师水平不高,不用对仗公正的"诗句"来命名各个"篇章"内容就显得缺少"高大上"的设计感,不冠以"大""跨"等字眼的课堂设计仿佛就是与素养时代的新理念相背离,等等。笔者认为,不讲究历史逻辑、不考虑学科特点的课堂操作,都是不尊重学科思维、忽略学科本质的体现。

三、常态课中提升学生历史思维品质的基本策略

1. 提供运用历史原理、历史思维看待历史问题的具体情境,让学生作为历史的"参与者"沉浸其中,从而真正理解历史

首先,历史学科特点决定了学习者无法真正做到"身临其境"和"感同身受",但教师可以在课堂中创设合适的情境,设置恰当的任务,指导学生运用历史基本原理解读历史事件,运用历史思维看待历史问题。

例如,此次"刊网微研"活动由李德刚老师执教的"对联式悲歌——两次鸦片战争"一课有这样一个环节:教师布置观察教科书插图《中英〈北京条约〉签字页》,并依据学案中呈现的条约内容,提出了三个层层递进的问题让学生思考。其答案及思维过程大致如下:

表1　《北京条约》相关问题答案及思维过程

问题	预设答案	思考过程	思维指向
1. 你觉得条约中最不能接受的是哪条	割地、赔款等丧失主权的内容	基于现实的理解及猜测	从现实看历史
2. 清政府当时最不能接受的内容会是什么	通商、公使进京等内容	基于历史的再现和分析	从历史看历史
3. 对此你有何感受	层次一:清政府的"落伍"和自大 层次二:正确认识时代局限	对现实认识与历史真实之间冲突的分析	运用历史思维调整思考探究的过程

在前两个问题的回答中,"你觉得会怎样"与"当时的事实是怎样"产生了强烈反差。这样的反差冲突,让学生在现实与历史之间建立了关联,也自然引发"为什么会有这样的差别"的思考。教师让学生谈"你对此有何感受"的过程,就是引导学生对历史与现实进行思考,分清并理解历史与现实的过程,也推动学生对自己的思维活动进行调整。在这样的学习过程中,学生不再是"冷静"的评判者,而是作为历史的"参与者"去体验、体会,对历史理解自然是真切的、深刻的。

其次,正如赵亚夫先生所指出的:历史教育"关乎人类文明及民族的演进认识"以及"国民社会态度的养成"[2]。因之,历史教育理应是公民的必修课程。为此,我们需要努力让学生以合适的身份来"参与"历史,以自然适切的角度"走近"历史,深入"体验"历史、"感知"历史。

例如,在学习统编版高中历史选择性必修2第10课"古代的村落、集镇和城市"时,笔者所在市的某校教师为学生设计了一个"介绍你的村落"活动,前置问卷调查结果汇总后,课堂上教师先进行了答卷关键词汇的分享(如图1),再进行个人体会分享:

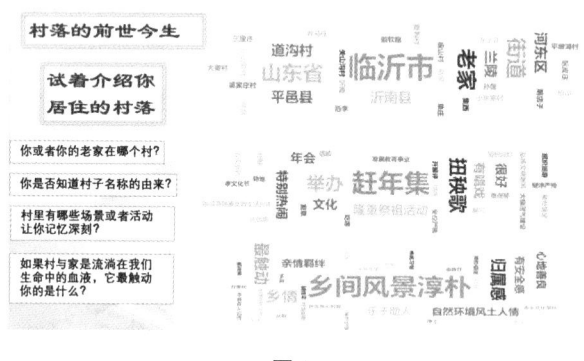

图1

当学生看到自己在问卷上填写的那些词汇呈现在大屏幕上时,亲切感扑面而来,再听到其他同伴分享自己关于老家、童年、祭祀、亲人的细节记忆时,他们频频点头,并纷纷要求发言。在这个过程中,学生很自然地理解了自然和历史因素对于村落的影响,认识到记忆深刻的那些事、那些乡情是聚族而居的村落生活的重要表现,也真正明白了村落是以农耕生产为基础的、稳定的、聚族而居的生产秩序,是教化齐同的社会和精神秩序,居民和睦的生活秩序。这种全体学生积极参与分享的共情过程,是学生以恰当的角度融入、体验历史的真实表现,也是理解历史的自然之道。

笔者认为,"让历史照进现实"是历史学习的根本目的,照进现实的首先应该是那些关乎世界大势、民族大义的理解。有必要强调的是,在历史学习过程中,往往细节和情感的"参与"会让学生有更多的获得感、体验感,由此生发出的情怀和感悟会让学生终生受用。所以,教师须对此有着清醒的认识,并在历史细节材料和情感的注入和引导方面着力。

2. 基于历史"学科本质"设计梯度渐进的思辨性问题，发展批判性思维，让学生做历史的"思考者"，努力达成历史教育的真正目的

历史课应当要注意从学科本质及学科教育的本质出发进行设计和实施。那么，历史学科的本质特征又体现在哪里呢？对此，笔者赞同这样一种观点：历史是一门基于证据、运用历史想象力和辨析力对过去进行深入探究，并作出臻于逻辑的解释的"解释性"学科。它是基于客观事实的主观理解，逻辑、辨析、思考、理性是基本的学科特质。历史教育是基于历史学知识和方法，以养成公民智识和健全人格为目标的人文教育，批判性是历史教育本身具有的基本特点[3]。

批判性思维能力是面对相信什么或者做什么而作出合理决定的思维能力，具有独立思考、理性辨析、包容异见、善于反思和勇于提出新见解等特质。这些特质与有意义的历史教学的反思性、建构历史故事有独到的认识论和方法论是一致的，它引导人们"树立深思熟虑的思考态度，尤其是理智的怀疑和反思态度"，帮助人们"养成清晰性、相对性、一致性、正当性和预见性等好的思维品质"[4]。其内涵与学习历史基本的"三分法"（即是什么、为什么、怎么了）是内在相通的。可以说，批判性思维是历史学科赋予历史教育的核心任务，是历史思维能力的关键内容。

问题引领是发展学生批判性思维的重要手段。我们的问题设计要有主线、有梯度、讲逻辑、重思辨，除了"是什么""为什么""怎么了"，还可以用"还有什么"来延展历史事物的关系，用"你如何认为"来引导学生对历史与现实的联系展开思考。具体来说：

首先，课堂以问题链为思维线，体现内容的逻辑递进，最终指向学科教学的核心价值。如，我们在引导学生学习统编版高中历史选择性必修1第13课"民族区域自治制度"时，围绕民族区域自治制度的历史背景、现实沿革，设计问题链如下：

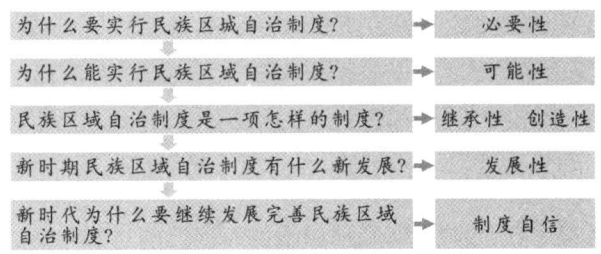

图 2

以上五个问题构成了基于学科思维的完整问题链，思考问题的过程能够形成对民族区域自治制度历史发展沿革、本质特征、现实意义的完整认识，并最终指向"立德树人"的核心价值。这比仅梳理背景、内容、意义的方式更能激发学生思考，也更能帮助学生从更完整的角度看待历史。

其次，以课堂主题（立意）为主线，将历史时间置于特定历史背景下，通过解决递进问

题的方式,给思维不断向上的支点。如,在学习统编版高中历史《中外历史纲要(上)》第19课"辛亥革命"时,我们以近代中国的救亡图存为主线,从"救亡"视角提出下列一组递进性的系列问题,引领课堂学习的过程:

当时的中国救亡途径有哪些?→改良道路是否可实现救亡?→当时革命条件是否齐备?→辛亥革命为什么会在1911年爆发?→辛亥革命取得哪些成果?→革命成果与救亡任务有何关系?→资产阶级革命能否实现救亡?→近代中国如何才能实现救亡?

教学过程是从辛亥革命的大背景谈起,通过环环相扣的问题,引导学生的思考不断递进,通过层层深入的辨析,让学生的思维逐步走向深刻。将辛亥革命爆发的必然性与偶然性,资产阶级革命的进步性与局限性,都置于大时代的洪流之中重新审视。在思考这一系列问题的过程中,学生对"谁才能救中国""怎样才能救中国"便会逐步形成清晰理性的认识和理解。

再次,课堂上"冲突""翻转"的问题不仅是教学技巧,这些"矛盾"更是反思和思辨的载体。李德刚老师执教的"对联式悲歌——两次鸦片战争"一课的整体设计,采用了四组具有强烈对比色彩的篇章主题、四次直击人心的追问,不断提示、提醒学生对马克思"奇异的对联式悲歌"这一论断的思考。

表2 "对联式悲歌——两次鸦片战争"一课篇章主题及问题设计

| "文明"与"野蛮"的错位 |
| 一问:"先进"与"文明"一定协同?"野蛮"和"落后"必然一致? |
| "道义"与"失败"的遗憾 |
| 二问:"侵略"一方为何最终"胜利"?"失败"结局能否掩盖"道义"? |
| "自识"与"大势"的离散 |
| 三问:天朝的"自识"如何顺应世界"大势"?社会的"转型"如何避免历史"悲剧"? |
| "开眼"与"固守"的无奈 |
| 追问:"认识世界"与"认识自我"为何同样艰难?"民族独立"与"国家强盛"如何才能实现? |

这是四组具有鲜明矛盾冲突色彩的问题设计,在这节课中,"启发—引导—追问—反思"的流程反复使用,不仅让课堂整体呈现出浓郁而深沉的思想美感,更是极大地激起了学生的探究欲,促使他们真正启动思维,从不同视角对马克思的论断展开思考、分析,在这个过程中他们不断调整自己的思维角度,相互进行思维碰撞、观点交锋,这显然有助于其批判性思维的培养与发展。不止如此,李老师最后还以"你对此又有哪些新认识与新思考"一问,作为学生的课后作业要求,从而推动学生的思维继续向着历史与现实的更深处发展延伸。

总之,历史的本质是"求真",功能是"致用"。教师的"教",是为了学生的"学"。其中,思维层面的"如何学到",比知识层面的"学到什么"更有价值。因为,知识是关于过去的,而思维方式则是面向未来的。学科知识终究会有淡忘的一天,而思维能力和思维品质的变化,却能陪伴学习者终身[1]。学习历史,是要懂得过去、现在和未来,能从历史发展的角度理解并认同正确的价值观念,能从更高的视角和更广阔的视野认识世界。这些触及人思想和灵魂的品质,不会自然生发出来,要靠充满学科魅力的每一节课浸润。基于此,笔者认为,教师只有坚持在每一节常态课后都能反思"学生学到了什么""如何学到的""还能(还应该)学到什么"等问题,并以此来不断改进自己的教学,才有可能促使学生的历史思维品质不断得以提升。

———————

[1] 张汉林.从历史思维到历史思维能力[J].中学历史教学参考(上半月·综合),2020(7).

[2] 赵亚夫.找准历史有效教学的原动力[N].中国教育报,2007-03-23(6).

[3] 赵亚夫.中学历史教育学[M].北京:北京师范大学出版社,2019:14.

[4] 赵亚夫.批判性思维决定历史教学的质量[J].课程·教材·教法,2013(2).

(本文选自《中学历史教学参考》2023年第12期。作者单位:山东省临沂市教育科学研究院)

尊重历史自身价值与意义的一节历史课
——评李德刚老师"两次鸦片战争"一课

○ 王少莲

笔者有幸参与《中学历史教学参考》2023年"刊网微研"7月活动,观摩了来自齐健教授团队李德刚老师的"两次鸦片战争"一课,聆听王加丰教授等前辈的精彩发言,亦得编辑部信任也参与点评。

李老师自身学养与教师素养自不必多言,涵养深、学养厚、素养好,我相信所有观课老师在观课过程中都有深切的感受。而就"两次鸦片战争"这节课而言,李德刚老师的这节课对历史自身价值与意义的尊重,对教科书资源的充分运用,对学生思维界限的打开,以历史关照现实、面向未来等方面,都给我留下了深刻印象。

一、充分运用教科书资源,构建课堂学习整体框架

教科书相关内容有8幅图片,本课四个主要教学环节的主图片是4幅,分别是《英国东印度公司设在印度的鸦片仓库》《中国水师与英国海军在穿鼻洋面上激战的画面》《中英〈北京条约〉的签字页》,以及《魏源》与《海国图志》。针对这4幅主图片,李老师设计了系列问题链,引导学生调动和运用所学知识进行深入解读,探究分析,提升认知。

围绕教科书图片资源展开的系列问题链,在设计维度上有共性亦有个性。共性之处在于都从图片信息的提取开始,逐层深入,不断拓展学生的思维点,提升学生的思维能力。从学业质量水平层次的角度来看,"获取史料信息"是学业质量水平层次1的要求,"恰当地运用史料对所探究的问题进行论述"则是学业质量水平层次4的要求,从水平1提升至水平4,既符合学生的认知要求,也提升着学生的思维品质。

更值得细说的是,李老师对教科书主图片系列问题链设计的个性处理。

第一组问题"根据所学知识,概括图片所反映的历史信息?'东印度公司'的命名体

现了英国怎样的观念？这种观念反映在中英外交关系上有何冲突？为什么有这些冲突"。这组问题设计是基于知识运用下的层层剖析，学生不仅要了解历史现象，更要理解现象背后的实质，学生不仅需要中西贯通的思维广度，还需要深刻分析的思维深度。

第二组问题"观察'画面'，你有什么发现？基于常识，你认为这'画面'是战场实景速写还是想象的画面？从历史研究的角度看，这幅图片的价值有哪些？你觉得使用图片作为史料应该注意什么"。这组问题设计则是基于史学方法的运用，画面是实景还是想象、图片研究的价值、图片史料使用的注意事项等，无不渗透着对学生史学基本素养尤其是史料实证素养的培养。

第三组问题"根据图片并结合所学知识，你觉得条约中最不能接受的是哪条？清政府当时最不能接受的内容会是什么？对此你有何感受"，这组问题设计主要是基于价值观念的感悟，你最不能接受的是哪条，清政府最不能接受的会是什么，对此你有何感受，学生站在历史的视角审视当时清朝政府的行为，从而更加深刻地领悟清王朝自诩"天朝"的自大与观念的陈腐。

从共性到个性，李老师对教科书资源的运用抓住学科特色、抓住学科素养、抓住学科思维，在系列问题链中构建了学生课堂学习的整体框架。

丰富性是统编教科书的特点之一。如何充分运用教科书资源，借助教科书资源设计符合学生认识层次的问题链，学生基于问题链展开研讨、探究，是我们在每一节课的教学设计与推进中都需要认真思考、高度关注的问题。李老师在这节课中对教科书资源的充分运用给我们提供了一个极好的分析样本。在这一样本中，我们不仅看到了基于学科特色、学科素养、学科思维的具体问题链，更是触摸到了这些具体问题链背后的深层思考，这一深层思考就是历史教学应该给予学生一种理性的开放性思维。正因如此，我们才能在理解教科书编写者意图的基础上，设计出符合历史自身价值与意义的系列问题，才能达成对教科书资源真正意义上的充分运用。

二、充分打开学生思维界限，提升学生历史思维能力

李老师这节课对学生思维界限的打开，我将其称之为一个"摹本"。这里的"摹"，是临摹、摹写的意思，李老师的这节课给我们提供了一个如何提升学生思维能力的临摹版本。

李老师从马克思"奇异的对联式悲歌"起始，以错位、遗憾、离散、无奈为关键词，引申出三组问题一组追问，每组问题都以对立冲突的形式直击学生的常识认知，使学生在冲突中打破常识认知的拘囿，打开思维的界限，让学生更为辨析、理性地思考历史现象，认

识历史价值。

第一组问题"'先进'与'文明'一定协同？'野蛮'和'落后'必然一致？"先进与文明、野蛮与落后，协同否？一致否？学生在思考中质疑，在质疑中理解，在理解中明白，这样的明白让学生更能审辩地看待历史现象，也更能深入地认识历史演进的复杂性。

第二组问题"'侵略'一方为何最终'胜利'？'失败'结局能否掩盖'道义'？"侵略一方凭借新兴的资本主义，疯狂扩张，让广大的亚非拉地区沦为其殖民地或半殖民地，以侵略者的姿态出现却获取了胜利。失败一方虽舍命视死，"苟利国家生死以，岂因祸福趋避之""定海阵亡清军墓"无上的悲壮，却只能在无奈的失败中陷入无尽的遗憾，学生从中体会到历史的残酷性。

第三组问题"天朝的'自识'如何顺应世界'大势'？社会的'转型'如何避免历史'悲剧'？"天朝自识与世界大势，社会转型与历史悲剧，只有站在历史的角度，审视历史的发展，才能从历史中获得现实的智慧。"'认识世界'与'认识自我'为何同样艰难？'民族独立'与'国家强盛'如何才能实现？"林则徐、魏源等人对世界的认识是荣光的却也是孤寂的，近代晚清政府一次次挨打却难以幡然，如此艰难，如何实现的诘问，让学生真正理解历史发展的曲折性。

复杂性、残酷性、曲折性，三组问题与一个追问，李老师从历史发展本身出发，带领学生触摸历史发展的深层规律，学生以理性、思辨的眼光打开认识历史的视界，历史的价值在学生的讨论、分析、探究中充分呈现。

三、充分挖掘历史自身价值，关照现实、引领未来

李老师从"奇异的对联式悲歌"导入，又以"奇异的对联式悲歌"作为收束。在这个过程中，李老师交给学生的一个学习任务是"结合两次鸦片战争的史实，阐释你对'奇异的对联式悲歌'这句话的理解。要求做到史论结合，用历史的语言进行表述"。学生在本课中所学的知识、所获得的理解、所提升的认识都将在完成这一学习任务的过程中得以呈现与表达。这样的呈现与表达真正做到对历史的思考，将挖掘历史自身价值的主动权从教师转向了学生。不仅如此，在这一转向中，李老师连续抛出三个问题进一步提升了历史自身的价值与意义，即"回望历史，再看两次鸦片战争，你的思考与感悟又是什么呢？驻足当下，中华民族伟大复兴的征程中，你的责任与担当又是什么呢？走向未来，面对着世界形势的复杂多变，你的期望与理想又是什么呢？"对"过去"的构建，引领着"现在"的成长，最终面向"未来"的发展。

德国著名历史学家约恩·吕森在其《历史思考的新途径》中曾这样说，如果我们和我

们的后代"在从过去向未来前进的道路上有着共同的方向，那么来自历史回忆的、能形成意义的未来的塑造会更加完美。这样，我们就能将一个照亮未知道路的火炬传递到他们手中"。我想这也正是李老师这节课的核心主旨所在，给学生留下无限思考的空间，余味绵长，这样的教学主旨，也可以称之为教学的留白。

在历史课堂教学中，尤其是像两次鸦片战争这样发人深省、触人深思的课，更需要在教学中留白，更需要从历史学科本身出发，充分尊重历史自身的价值与意义，这样，学生会更有可能从历史思考中返归现实关照、走向未来成长。我认为，历史教学不仅教给学生历史，更应带领学生在学习历史的过程中理解、思考、领悟。历史不仅是历史，历史是过去与现在永无休止的对话，历史更是照亮未来的火把。

（本文选自《中学历史教学参考》2023年第12期。作者单位：浙江省温州市教育教学研究院）

"时空观念"视域下学生历史思维品质的涵育

○ 李玉民　刘玉强

众所周知,思维方式是人类特有的思考问题的根本方法,包括审视问题的角度、思考问题的维度、解释问题的视野。历史思维是历史认知领域中最根本的问题,是认识、反思和总结历史的思维方法,是人们总结历史规律、理性分析现实、探寻未来发展的思想武器。历史思维从本质上讲,就是从过去预见未来的思维。

我们认为,历史学科核心素养与历史思维品质,是二者间的双向"奔赴"。素养培育和形成的过程,也应是历史思维品质涵养的过程。历史学科素养不应仅作为历史教学的目标和终点,它还应是学生学习历史的工具、方法和策略。同样,时空观念不仅仅是教学追求的结果,更应是理解历史、认识当下、预见未来的思维方法和"思想武器",更应是涵育学生历史思维品质的基本策略和路径。

既然历史思维之于历史学习最为根本,时空观念又是重要的历史思维方式,那么,我们就有必要将时空观念与思维品质有效链接,围绕以"时空观念"涵育历史思维品质做文章。《中学历史教学参考》2023年"刊网微研"活动,《中学历史教学参考》编委组织以"中学生历史思维品质培养"为主题的研讨活动我们有幸作为团队成员参与了活动,并着重就如何在"时空观念"视域下提升学生的历史思维品质做了如下思考,现整理出来请各位同仁批评指正。

一、利用"时间联系",发展时序性、反思性思维

马克思主义哲学指出:人类社会实践活动,其本质就是利用时间来争取更大的空间。其中,时间体现了人类争取空间的过程。

历史的时间具有长时段的特征。长时段思维,首先强调时序性。基于长时段的时序性思维,就是要我们在历史学习中培养学生历史时序性意识,从宏观上把握历史发展线索,准确理解历史发展进程,了解历史发展脉络;让学生逐步学会将具体的历史事物置于

历史长河中,把握历史发展的时序性和阶段性,认识历史存在的必然性,养成思接千载、视通万里的长时段时序性思维品质;引导学生从历史的时序性、延续性出发,用联系的观点、发展的观点,整体理解与透析、总结与反思历史,在长时段思考中把握趋势、明确方向、引领未来。

张汉林教授在《历史思维能力研究》一书中指出:时序思维、证据运用、历史理解和历史意义构成了历史思维能力体系[1]。围绕时序思维这个核心概念,我们可尝试根据学生的不同基础、认知水平建构三级时序思维问题框架(如表1)。

比如,让学生针对中国近代前期(1840—1949)的历史,第一步选择自己认为最重要的时间点,规范画出时间轴,标出重要历史事件的时间节点(如图1);第二步是在时间轴上正确填写、标明重大历史事件(如图2);第三步是根据所学知识,标注民族资本主义发展历程(如图3);第四步则让学生补全该阶段社会生活变迁与文化新现象(如图4)。

表1　围绕时序思维的问题框架[2]

项目	低	中	高
问题表述	什么问题是重要的? 过去发生了什么? 我们如何了解过去? 过去人们的生活与现在人们生活的异同点? 过去人们的想法和态度与现在人们的想法和态度的异同点? 什么原因导致了某个事件? 过去的事件对现在和将来有什么影响	什么问题是重要的? 过去都发生了什么? 我们如何获悉过去的信息? 过去的人们对于事件重要性的判断因何不同,其依据是什么? 如何评估多种历史证据的有用性和可靠度? 整理文史资料时,如何考察关键性的历史事件、文件、数据和人物? 现在和过去之间有何联系? 什么样的事件和转折点对历史是重要的,为什么	什么样的历史问题是重要的? 对关键性的事件和转折点的起因和结果,历史学家都做出了哪些不同的解释? 历史解释的论据是怎样得出的? 历史学家是如何利用各种材料和研究方法来支持自己理解和解释的?如何使用过去的知识来评估具体的行为过程可能带来的结果,并做出更明智的决定? 社会、文化、政治和经济体系的结构如何,在时空中它们如何相互影响

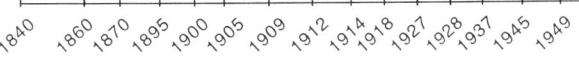

图1

图2

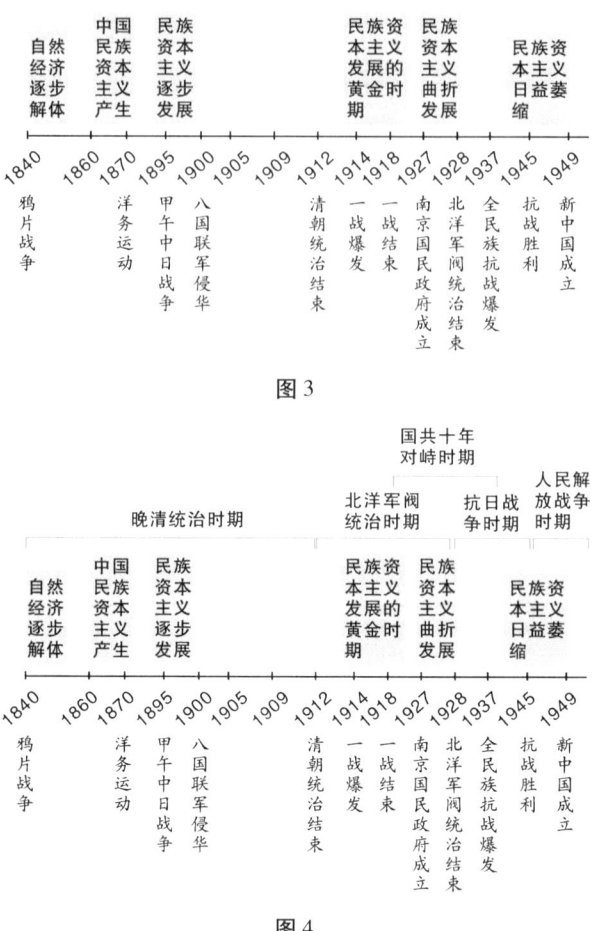

图3

图4

这样的分层设计和实施,目的在于引导学生思考:这件事发生在何时?其前后还发生了什么事?这几件事的先后顺序是什么?它们之间是什么关系?为什么把这件事作为开端(或结束)的标志?其理由是什么?有反对意见吗?反对意见有道理吗?现在与过去的区别在哪里?有什么样的联系?过去与现在既然有这么大的差异,它是如何发展到现在的[1],引导学生"从历时性的视角梳理历史演化的过程,在历史活动发生的先后顺序中探求历史活动的因果联系,从而认识历史发展的基本线索和基本规律"[3],让不同层次的学生,经历不同的学习过程,最终呈现不同的思维表达成果。

长时段思维,在本质上是反思性思维。学习历史,不只是让学生记忆历史,更重要的是引导学生,在梳理历史发展脉络中感悟历史,还应让学生养成反思历史,在透析历史发展过程中反思历史,总结经验,吸取教训,以史为鉴,建立基于长时段的反思性思维。比如,我们针对关键的时间节点进行设问和挖掘,在中国近代前期时间坐标上精选关键事件,引导学生深入分析和思考:

(1)鸦片战争爆发的时间是哪一年?为什么会爆发在这一年,而不是发生在1740

年、1860年或其他年？在这之前英国和中国发生了什么？

（2）鸦片战争后，中国发生了什么（对中国产生了什么影响）？

（3）"社会变迁与百年转折"丛书包括《1840年：被轰出中世纪》《1860年：巨痛与自强》《1895年：大梦初醒》《1901年：慈禧太后的革新令》《1912年：颠沛的共和》《1937年：大灾难与大牵手》《1949年：百年瞬间》共7册，请用思维导图的方式，画出大事年表。可选取哪些"证据"理解"书的名字"？如果任选两册由你来命名，你会取什么名字？说明你的理由。

这样设计的目的在于让学生在掌握历史时序问题的同时，通过对"时间"维度的深度思考，深化对"时间联系"和"阶段性特征"的理解、认识和反思。

二、突出空间联系，培养整体性、批判性思维

"人类的任何历史活动都要借助并依赖于一定的空间而存在"[3]，"对历史探究活动而言，无论是原因的、目的的还是过程的，在本质上都是对某一特定历史空间系统内历史活动关系或历史要素之间关系的梳理、解释和重新建构"[3]。《普通高中历史课程标准（2017年版2020年修订）》强调指出："时空观念是在特定的时间联系和空间联系中对事物进行观察、分析的意识和思维方式。任何历史事物都是在特定的、具体的时间和空间条件下发生的，只有在特定的时空框架当中，才有可能对史事有准确的理解。"因此，在历史教育中，应坚持整体思维，将问题放在历史长河中进行研究和分析，将历史、现实和未来进行贯通思考；应坚持批判性思维，通过创设问题情境、生活情境、学术情境等，引导学生以贯通古今的思维和智慧，打开视野和思路，深入挖掘历史事物的来龙去脉，在纷繁复杂的历史中寻找现实的根据。

历史学习过程需要引导学生对存在于这些"特定历史空间"的历史事件、历史人物等存在的合理性进行"实证"，对其发展的联系性进行"解释"，对其变化的深刻性进行哲学思考和"批判"，进而培育学生空间联系的整体性、联系性和批判性思维。

历史地图是学习历史的重要载体，是历史"空间联系"的直观呈现。宋代郑樵在《通志》中说："志之学者，左图右史，不可偏废。"因此，在历史探究过程中，应充分利用历史地图，挖掘其所蕴涵的"空间信息"，引导学生准确理解"空间联系"，形成"空间观念"。例如，学习"两次鸦片战争"一课时，可选取中英两国的形势图，让学生思考：

（1）1840年前，中国、英国发生了什么？

（2）鸦片战争为什么发生在中国和英国之间？

（3）这场战争给中英两国带来了什么？

这样的设问突出的是"独特空间因素与史事"的内在联系，旨在引导引领学生读懂"地理空间信息"与史事的必然联系。第（1）问在时序上引导学生知道之前、之中、之后发

生了什么,这是基础。第(2)问"为什么是发生在中国而不是他国",目的是引导学生理解和认识两个相距万里的国家如何发生了空间联系,对其客观"存在"的合理性进行"解释",对两者之间发生的"历史"进行哲学的批判性思考。事实上,英国之所以选择中国作为开拓世界市场的对象,是由中国独特的地理因素及其附含的"英国所要挑选的既是传统国家,又要是富裕的传统国家,同时还不是为其他强国如法美德等国控制的国家"[4]这样的历史性所决定的。

史事的发生不仅体现在与"地理空间"的密切关联,更多的是在制度空间、文化空间和社会空间等"特定空间"条件下发生的。因而,在历史探究活动中,不能仅仅局限于某个起始空间、地理空间范围内审视,而应将史事放在更加宏大的制度空间、社会空间中理解,从更宏阔、更丰富的空间视域中,观察、思考、理解和解释历史。比如,黄牧航教授曾设计了如下关于隋朝大运河的问题[5]:

(1)怎样理解隋朝开凿大运河拓宽了地理空间?

(2)如何看待大运河的开凿带来的经济发展空间的变化?

(3)除了带来的地理空间、经济发展空间的变化外,还有什么空间?说出你的理由。

此设计的目的在于引导学生深度思考大运河这一"特定地理空间"下的"特定历史事件",它的开凿在地理空间、经济发展空间、政治发展空间以及文化发展空间上产生的重大影响,让学生在推理、解释中认识到,大运河开凿不仅拓宽了隋朝的地理空间,加强了南北联系,带来了经济发展空间的变化,奠定了新的政治发展空间,形成了独特的运河文化,拓宽了文化发展空间等[5]。这样的关于"空间联系"的设问,有助于形成多角度、多层次、全方位理解历史的"空间观念",有助形成全面、整体的历史思维。

三、把握特定时空,培育发展性、预见性思维

所谓"时空观念",说到底是"变",是时空的改变,是历史的发展变化。因此,在历史探究活动中,我们应积极引导学生多角度、多层次、全方位思考和探究历史问题,在特定时空联系下主动探寻历史发展规律之"变"与"不变",在对历史变化、发展规律的探寻中,培育学生发展性、预见性的历史思维。

比如,我们进行"三国两晋南北朝到隋唐时期的'变'与'不变'"大单元学习设计时,认为本学习单元应从民族交融背景下国家由分裂走向统一并出现隋唐盛世的历史发展脉络,培养学生的国家认同、制度认同与民族认同。具体来说,这一时期由分裂走向统一政权在更迭,这是变的,但是统一的趋势是不变的,国家走向富强、盛世是不变的,这属于国家认同;制度是在创新的,创新背后体现了社会治理越来越理性,这属于制度认同;民族之间有战有和,交融的过程增强了民族认同感;文化在交流发展,发展中促进了文化认同。由此,我们设计了如下问题:

(1)制作以"三国两晋南北朝与隋唐社会对比"为主题的目录并阐释制定目录的依据,从中体会三国两晋南北朝到隋唐时期有哪些"变"?

(2)材料:

波峰与波谷——秦汉魏晋南北朝的政治文明

恢宏与古朴——秦汉魏晋南北朝的物质文明

经世与玄思——秦汉魏晋南北朝的精神文明

创新与再造——隋唐至明中叶的政治文明

辉煌与成熟——隋唐至明中叶的物质文明

鼎盛与革新——隋唐至明中叶的精神文明

——袁行霈等《中华文明史》丛书书名

要求:历史著作的书名往往可以勾勒出历史的发展面貌和基本线索。请在材料中任意选择一本著作,根据材料结合魏晋至隋唐史实对其书名进行阐述。

(3)结合所学知识,归纳并解释三国两晋南北朝到隋唐时期"不变"的是什么。你认为"变"与"不变"是历史的发展规律吗?试着分析"变"与"不变"二者之间的辩证关系。

环环相扣的情境、挑战性学习任务设计,变换不同角度,引导学生理解、认识到尽管政权在更迭,但是国家整体上走向统一;制度在创新,背后体现了统治者对国家的治理越来越理性;民族关系有战有和,战、和中民族认同观念在增强;文化在交流发展,文化认同观念在增强。"变"是手段,"不变"是归宿,"变"是为"不变"服务的,"不变"需要通过"变"来维护。

总之,围绕"时空观念"进行探究,通过对时空的定位和梳理、问题解决和引导,让学生"像史学家那样思考",在阅读和思考中寻求证据,在特定"时空"中行走、反思和感悟,在特定"时空"中寻找人类文明发展的密码,在特定的"时空"中认识"发展",预见"未来"。这应是历史教育的价值追求。

---

[1] 张汉林.历史思维能力研究[M].北京:北京师范大学出版社,2023:166.

[2] 赵亚夫,张汉林.国外历史课程标准评介[M].北京:北京师范大学出版社,2017:27.

[3] 高黎明.试论历史的空间性与历史学习[J].历史教学(上半月刊),2018(3).

[4] 张庆海.时空观念与中学历史教学[J].中学历史教学,2017(6):1.

[5] 黄牧航.时空观念的教学设计与学业评价[M].广州:广东高等教育出版社,2019:18.

【附记】本文为山东省教育科学"十四五"规划2021年度课题"深度学习背景下学科单元主题式学习的实践研究(2021YB101)"的阶段性成果。

(本文选自《中学历史教学参考》2023年第12期。作者单位:李玉民/山东省肥城市教育科学研究中心;刘玉强/山东省肥城市第三高级中学)

中学生历史思维品质的培养方略
——由"两次鸦片战争"引发的思考

○ 张少婷

　　为了有效落实新课标、新教材的育人目标,准确把握新高考的命题方向,并深入贯彻党和国家有关教育事业的大政方针,一线教师越来越重视对中学生历史思维能力的培养和提升。本文结合《中学历史教学参考》主办的"刊网微研"七月研讨活动,从李德刚老师主讲的"两次鸦片战争"课例出发,探求如何促进中学生历史思维品质的培养。其课堂教学以马克思"对联式悲歌"作为主题情境,以教科书插图为切入点,精心设计问题链,建构了历史逻辑思维与历史形象思维相互融通的桥梁。教师应当抓住常态课这个主阵地,注重启发学生进行历史反思、涵养家国情怀,在潜移默化中完成对学生历史思维能力提升的重任。

　　历史思维即思维的历史方法,是把人类过去、现在和未来贯通起来思考问题的根本方法和总的视野。历史思维能力是指以史为鉴、知古鉴今,善于运用历史眼光认识发展规律、把握前进方向、指导现实工作的能力[1]。叶小兵教授倡导教师关注培养学生的历史思维能力,他认为"在中学历史学科能力方面,历史思维能力处于核心地位,是历史学科能力培养与发展的关键"[2]。而历史思维品质则是历史思维能力的水平。随着《普通高中历史课程标准(2017年版2020年修订)》的推行,关注学生历史思维能力的提升已经成为广大教师的共识。那么,教师该如何培养学生的历史思维品质?李德刚老师以《中外历史纲要(上)》第五单元第16课"两次鸦片战争"的课例,向我们展示了提升历史思维品质,必须牢牢抓住常态课这个主阵地。笔者结合此次研讨,初步梳理出一些培养策略,敬祈方家指正。

一、创设主题情境,启动学生思维

　　高一学生已掌握两次鸦片战争的基本史实,但缺乏逻辑性推理能力,对历史问题难以进一步深入理解。针对这一学情,教师亟须依托课程标准和教科书,结合特定主题来重构教学内容,启发学生在历史情境下认识、理解和批判历史。《普通高中历史课程标准(2017年版2020年修订)》要求认识列强侵华对中国社会的影响;概述晚清时期中国人民反抗外来侵略的斗争事迹,理解其性质和意义;认识社会各阶级为挽救危局所做的努力及存在的局限性,涵盖了列强侵华史、近代中国人民抗争和探索史等内容。李德刚老师结合多年教学实践,注意到马克思的"对联式悲歌"论断和课程标准立意要求几乎一致:

一个人口几乎占人类1/3的大帝国,不顾时势,安于现状,人为地隔绝于世并因此竭力以天朝尽善尽美的幻想来欺骗自己。这样一个帝国,注定最后要在一场殊死的决斗中被打垮。在这场决斗中,陈腐世界的代表是基于道义,而最现代社会的代表却是为了获得贱买贵卖的特权。这真是一种任何诗人想也不敢想的一种奇异的对联式悲歌。

——马克思《鸦片贸易史》

陈腐世界的晚清中国基于道义而救亡图存,作为最现代社会的侵略者英国却为了获得贱买贵卖的特权,由此,李老师以这种奇异的"对联式悲歌"作为主题和线索,从学生的视角来设计教学,引领学生进行历史探究——为什么说两次鸦片战争是"奇异的对联式悲歌"。这样的课堂问题情境凸显了学生的主体地位,不仅迅速高效地启动了学生的思维,也展现出学生思维可能达到的高度、宽度和厚度。

浙江师范大学王加丰教授肯定了这种导入新课和教学立意的巧思妙想,并高度赞扬了李老师从"新"出发来整合、重构和深度挖掘教科书的设计能力和问题意识。东北师范大学王邵励教授认为,李老师提供了一堂有问题引领的历史课,用"对联式悲歌"主题引领课堂教学,展示出教师个人的深度思考和问题引领。他的课是一节对学生有意义、对老师有研究价值的好课,呈现了新的主题式教学的课堂样态。综合来看,李老师用马克思经典论断开篇,为这堂课打造了有意义的顶层设计,让人耳目一新。

二、聚焦教科书插图,引发深度思考

在高中历史学习中,很多学生会忽略教科书插图的重要性。曾有一线教师倡导深挖教科书插图,"历史教师要发挥自身引导作用,帮助学生认真研究插图,并从不同角度和方位进行观察,强调图文结合,以培育学生观察事物、分析事物的综合能力,提升学生历史成绩,为其日后更好学习历史知识奠定扎实基础"[3]。例如,李德刚老师注重充分利用课本插图,借此来提升学生历史思维能力。他认为,教师之所以需要用教科书插图作为核心史料展开教学,并对教科书结构进行重构,驱动力就在于长期的"史料教学之痛"——在当前中学历史教学中,教师囿于史料甄选能力和史料实证水平的限制,普遍存在或史料堆积,或贪多求全,或主观臆断,或断章取义的问题。故而,如何选取史料是关键,当前摆在我们手边的教科书插图就是最好的教学资源。为了避免教科书插图被忽视、被窄化、被曲解,教师应当充分认识教科书插图的作用,准确领会编者的意图,以及积极应对教科书资源的冲击。有鉴于此,李老师从教科书中的四幅插图入手,选用《英国东印度公司设在印度的鸦片仓库》《中国水师与英国海军在穿鼻洋面上激战的画面》《中英〈北京条约〉签字页》以及组合版的《林则徐与魏源》。李老师从利用插图这一微观角度辅助问题设计,在对一幅幅典型历史图片的分析、解读中,引领学生一步步掌握批判性思维,使其沉浸于对历史的反思中。

复旦大学附属中学李峻校长充分肯定了李老师对教科书图片的重视和使用,认为这给一线教师提供了一个很好的示范。温州市教育教学研究院王少莲老师谈到,李老师精选教科书插图并针对这四幅图片进行问题链设计,引导学生进行深度学习和思考,充分体现了对教科书资源的精心运用。从共性角度来说,四图都是依靠提取图片信息,符合学生的认知特点,体现了课标四层次水平的要求,有效提升了学生的历史思维能力。可见,插图是教科书内容形象最直接的体现,借助教科书插图能够提升学生的史料研读能力。在历史课堂教学中采用并善用插图,必将取得事半功倍的效果。

三、"问题链"探究,提升思维能力

王后雄指出,问题链是教师为实现特定教学目标,以学生已有知识或经验为基础,并针对学生学习的困惑,从而把教材知识转化为层次鲜明的系列教学问题,也是一组有中心、有序列、相对独立而又相互关联的问题[4]。关于怎样应用问题链来提升学生的思维能力,李德刚老师的课给我们提供了一个"摹本"。李老师引导学生通过四次观察历史图片(教科书插图),他以马克思"奇异的对联式悲歌"作为主线,用"错位""遗憾""离散""无奈"四个关键词,引申出四组对立式问题:

一问:"先进"与"文明"一定协同?"野蛮"和"落后"必然一致?

二问:"侵略"一方为何最终"胜利"?"失败"结局能否掩盖"道义"?

三问:天朝的"自识"如何顺应世界"大势"?社会的"转型"如何避免历史"悲剧"?

追问:"认识世界"与"认识自我"为何同样艰难?"民族独立"与"国家富强"如何才能实现?

这振聋发聩的"四问"组成了问题链,在"错位""遗憾""离散""无奈"的悲歌依次置入两次鸦片战争的背景、过程、结果和影响,引发学生的思辨。这些问题的设计是由浅入深、环环相扣的,富有逻辑性和系统性。该问题链明确指向教学目标,紧扣教学内容,为培养学生的历史核心素养做了铺垫,且这些问题难度适中,很大程度上激发了学生的兴趣和积极性,通过不断的追问使学生的思维产生一次新的飞跃。

温州市教育教学研究院王少莲老师对李老师的问题链教学做了细致剖析。她认为,从个性角度来看,第一组问题设计是基于知识运用的层层剖析,第二组是基于史学方法的运用,第三组则是基于价值观念感悟的设计。这些问题都抓住了历史学科的本质,抓住了历史思维,抓住了历史学科的育人价值。因此,教师要学会巧设"问题链",引导学生强化逻辑思维能力,进而培养学生深入思考问题和解决问题的能力。

四、建构历史反思,涵养家国情怀

《普通高中历史课程标准(2017年版2020年修订)》指出,家国情怀是学习和探究历史应该具有的社会责任和人文情怀,需要在具体情境中涵育而成。李老师在课堂设计中用心、用情,在教学过程中潜移默化地融入了价值观的培养。他凭借"文明"与"野蛮"的错位、"道义"与"失败"的遗憾、"自识"与"大势"的离散及"开眼"与"固守"等四组"对联式悲歌",有机地结合问题链展开教学,分别隐喻了战争的背景、过程、结果和影响这四个阶段,层层递进地启发学生探究,最终促成学生深入理解为何这场战争是清王朝的"一曲悲歌"。他以生动的历史细节打动学生的灵魂,让学生深受触动、产生共鸣。通过回顾列强侵华和中国人民救亡图存的奋斗历程,学生能够感受今天的幸福生活来之不易。尤其是在课堂小结部分,李老师带领学生再次重温新课导入时的"对联式悲歌"论断,向学生发出灵魂拷问:

回望历史,再看两次鸦片战争,你的思考和感悟又是什么?驻足当下,在中华民族伟大复兴的征程中,你的责任和担当又是什么?走向未来,面对世界形势的复杂多变,你的期望和理想又是什么?

最后"三问"引导学生结合两次鸦片战争史实阐释对此的感悟,真正形成自己的理解、认识和判断。这组问题通过启迪学生反思过去,让师生一起从历史回到现实,引领着学生现在的成长,最终面向学生未来的发展。这样的结尾巧妙地回扣了课堂的主线,使得教学过程首尾呼应,让本课的意境得到了进一步拓展和升华。

徐蓝教授指出:"家国情怀是历史学科育人价值的集中表现。"[5]对中学生的成长来说,学习历史,就是要具有人文关怀,要形成积极向上的人生观、世界观、价值观和历史观,并认识人类的前途是光明的。李老师引导学生建构对两次鸦片战争的深刻反思,有力地培育了家国情怀这一核心素养,"用历史的火把照亮青年学子的中华民族伟大复兴之路",这也是本堂课的课魂所在。

纸上得来终觉浅,绝知此事要躬行。如何提升历史思维能力,让学生能够在实践中做到以史为鉴、知古鉴今,善于运用历史的眼光分析问题、解决问题,对一线教师提出了更高要求。在这一精彩的课堂上,李德刚老师充分发挥了教科书插图资源的价值,合理创设了主题情境与课堂"问题链",引领学生不断反思,厚植家国情怀。他在培养学生对于历史的形象思维能力和逻辑思维能力等方面,给我们提供了很好的借鉴。综上所述,培养中学生的历史思维品质,路漫漫其修远兮。

---

[1] 赵凡.不断提高历史思维能力:在鉴古知今中更好走向未来[N].光明日报,2019-07-10(6).

[2] 叶小兵.论中学历史教学中的历史思维能力[J].首都师范大学学报(社会科学版),1998(1).

[3] 苟学珍."双减"背景下高中统编历史教科书的深度挖掘[J].中学历史教学参考(下旬·实践),2023(5).

[4] 王后雄."问题链"的类型及教学功能:以化学教学为例[J].教育科学研究,2010(5).

[5] 徐蓝.关于历史学科核心素养的几个问题[J].课程·教材·教法,2017(10).

(本文选自《中学历史教学参考》2023年第12期。作者单位:陕西省西安市国际港务区铁一中陆港中学)

问题设计:历史思维品质培养的关键

○ 倪　妍

随着基础教育课程改革的深化推进,如何在教学中涵养学生的历史思维,日益成为当下高中历史课堂教学需要关注的重要问题之一。笔者就自己作为研讨团队成员参与以"中学生历史思维品质培养"为主题的"刊网微研"活动中所做的一点思考,整理成此文,以就教于大家。

一、学会思考:历史思维品质培养的意义

所谓"历史思维",是指用历史的眼光审视历史与现实的一种思维品格和思维方式,"是以辩证唯物主义和历史唯物主义为指导的,用以认识过去、现在并预见未来的智力活动"。作为一种认识活动,历史思维是"可感而不可见的,是内隐的",而历史思维能力却是"既可感又可见的,是外显的"[1]。因此,历史教学中要涵养学生的历史思维,必须要落实在历史思维能力的培养上。

历史教育的特殊性在于它是一门跟"人"打交道的学问,教会学生横向看人——看社会,纵向看人——看历史。历史思维从来不是为了过去而思考,究过去的目的更多是为了思现在、向未来。从这个意义出发,历史思维能力是指学生在体验历史知识是如何生产出来的过程中,不仅能够学会灵活地运用历史事实、历史原理、历史思维技能等解决历史问题,更能对自己的思维活动进行监控和调整,淬炼思维的明晰性和批判性,最终学会做一个能够独立思考、为自己的主张进行合理论证的良善公民[2]。当今世界,拥有历史判断力、洞察未来的发展趋势、能够处理复杂问题的创新型人才是时代要求;但同时,科技高速发展、网络媒体的盛行,也造就了大量"身体基本不动、脑子基本不用、'张嘴为云、闭嘴为雨'"的电子人[3]。笔者认为,在这一现实矛盾面前,我们再探历史思维能力的培养问题便显得尤为重要。

思维始于问题,所以本文就着重从课堂教学问题设计的角度,探讨学生历史思维能

力的培养问题。

二、问题设计：历史思维品质培养的关键

所谓"问题"，就是人在做某件事、达到某种目标的过程中遇到一定的阻碍，暂时不知道通向目标的方法。培养学生的历史思维能力，说到底就是培养学生解决复杂问题、陌生问题的能力品质。思维的质量取决于问题的质量，爱因斯坦曾说："一个人如果掌握了他的学科的理论基础，学会了独立思考和工作，他必定会找到他自己的道路。"[4]下面，笔者就从两个方面阐述对问题设计的相关思考及实践尝试。

（一）基于学科性的问题设计

1. 重情境性

知识是在具体情境下产生的，历史学科知识所固有的"过去性"特点，尤显情境创设的重要。历史教育学者赵恒烈先生曾提出历史思维的"三时态"理论：一是共时态思维，指当时人们对发生的事件的看法；二是昔时态思维，指后来人（不包括现代人）对历史问题的看法；三是即时态思维，指现代人对历史的看法。笔者认为，这一理论认识对于一线中学历史教师的指导意义是不容忽视的。上下五千年的历史，远远超乎学生的生活体验，他们很容易以己度人，以今度古。譬如，对司马迁《史记·五帝本纪》中"轩辕乃修德振兵……教熊罴貔貅貙虎，以与炎帝战于阪泉之野"这段材料。今天多数学生是以即时态思维来解读的："黄帝打仗很厉害，能够指挥猛兽作战。"但学生很少知道，这与古代部落的图腾崇拜有关。所以，既然要培养学生解决实际问题的能力，我们就应当要让他们尽可能做到"思接千载，视通万里"，而特定历史情境下的问题更能使其触"境"生"情"，从历史感性认识走向探寻历史的真相。

情境创设虽然重要，我们却不能为情境而情境，要考虑情境创设的价值何在。譬如，创设情境的意图是什么，哪种资源创设的情境更有效，背后指向学生的思维能力有哪些，等等。教师创设情境的目标要明确，并能将其清晰地传递给学生。以"鸦片战争"为例。我们在教学时可以借助历史漫画《骄横的鸦片贩子与浑噩的吸食者》（如图1）创设问题情境，即让学生观察这幅漫画中的人物身份、动作、神情，说明漫画作者的意图，以及英国为什么要进行如此不道德的贸易等。这种发问，让学生从历史形象中判断、推理，把客观的历史与主观感觉的印象叠加起来，有利于培养学生用语言再现历史的形象思维能力和创造思维能力。现行统编版高中历史

图1 骄傲的鸦片贩子与浑噩的吸食者
——吴广伦《老漫画中的中国史》

教科书中穿插大量图像资料,如若好好运用,均可成为思维的触媒。

另外,我们也可像在此次"刊网微研"活动中李德刚老师执教的"两次鸦片战争"一课的导入设计那样,首先以引用马克思关于鸦片战争是"一种奇异的对联式悲歌"的经典论述来创设问题情境,抓住其中的关键词发问:我们该怎样看待和理解这一论断呢?这种先声夺人的基于特定角度和方向考察、分析历史问题的设问,有助于学生逻辑思维能力的发挥,推动学生思维由形象、直观到理性和辩证思考的进阶。

2. 重开放性

开放性首先意味着问题是可探究的,答案具有不唯一性,不是简单的"本本主义";其次是它给思维发散的空间,解决问题的思路或方法是多样的,学生可以获得新见。需要强调的是,开放性并非是漫无边际、天马行空,设问者总是基于一定的意图发问,其实是一种有预设、有限度的开放,否则就会陷入"公说公有理,婆说婆有理"的窠臼,从而丧失设问的意义。

设计开放性的历史问题是不容易的,毕竟历史是过去发生的客观真实,前因后果较为清晰,所以教师可以从刺激学生获取更大意义和更多信息的角度设计问题。美国学者格兰特·威金斯等人曾按照问题开放程度和意义高低,将问题分为基本问题、启发型问题、引导型问题、导向型问题四种类型[5]。其中,"基本问题"是指那些指向学科重要的、可迁移的概念,能够促进学生理解的问题,具有延展性、迁移性、挑战性和创造性的特点,所以更易激发思考、促进探究。

以"冷战"一课为例,我们可以提出这样的基本问题:不同社会制度和意识形态的国家一定会走向对抗吗?还可提出其他三种类型的问题,如:你赞同凯南的"长电报"和诺维科夫的"长报告"对彼此国家角色的定位吗?(启发型问题)冷战爆发的原因是什么?(引导型问题)冷战开始的标志是什么?(导向型问题)

这里我们可以看出,相较于其他三种类型的问题,首先提出的"不同社会制度和意识形态的国家一定会走向对抗吗?"这个基本问题更开放、更发人深省,随着时间推移也会反复出现,能让学生从更长时段、更广阔的视野探究冷战的发展史,对现实和未来有更敏锐的判断力和洞察力。同时它需要证据和证明,对学生分析推理演绎等高阶思维的要求更高,长期这样有目的的训练下,学生也能逐步学会像历史学家那样思考。

3. 重素养要求

现行高中历史课程标准研制专家曾提出:"发展学生的历史思维能力,就是要求学生在具有必备的历史知识的前提下,在历史学科核心素养的五个方面得到全面提升,最终形成历史思维能力。"[6]笔者认为,从素养目标出发是我们设计出"好"的历史问题的捷径。

以时序思维为例,时序思维强调学生能够在特定时空框架下认识历史,纵向上把握历史的延续变迁,横向上理解同一时期不同的历史现象。教师在讲完王安石变法后,可以设计这样的情境:

一千年来王安石在中国历史上的地位,好像一个谜,为人们所不理解。(1)从南宋至晚清绝大多数史家及思想家对王安石及其变法是否定的,认为王安石变乱祖宗法度、"祸国殃民",最终导致北宋亡国,也有人把诸项新法称作聚敛之术,剥民兴利。(2)20世纪20至40年代,为王安石及其变法彻底翻案,成为主流观点,主要代表人物梁启超,认为"今世欧洲诸国,其所设施,往往与荆公不谋同符""若乃于三代下求完人,惟公庶足以当之矣"。(3)新中国成立后20世纪50—60年代,研究者对王安石的"摧抑兼并,均济贫乏"给以充分的肯定和称赞,把是否坚持"摧抑兼并"看作是衡量变法进步与倒退的标准。(4)20世纪80年代的研究主要集中在两点:一是批评"摧抑兼并"实质上是政府对经济事务的强权干预,扩大了封建国家营利性经营规模,对民间工商业发展极为不利。二是指摘青苗法、免役法、市易法等措施,不仅没能"摧抑兼并",而且加重了"贫乏"的经济负担。

——摘编自李华瑞《九百年来社会变迁与王安石历史地位的沉浮》

问题:你如何理解王安石历史地位沉浮之谜?

历史事件和历史现象的背后隐藏着历史的性质、变化和发展的轨迹,运用比较、分析、综合等逻辑思维形式,有助于学生透过现象揭示历史本质。对王安石及其变法是非评议变迁的过程,足以作为研究中国历史上有争议的人物、事件评价是非得失的参考和借鉴。在探究的过程中,学生对"社会存在决定社会意识"这一理论的理解,自然也就水到渠成。所以,具体时空条件下凸显时序思维的设问,更易建构起学生对史事的理性认知,推动学生思维朝着更加全面、谨慎,更具反思性和批判性的方向成长。

(二)基于技术性的问题设计

随着基础教育课程改革的不断深化,虽然教师的问题意识不断增强,为学生学习所设计的问题质量有了很大提升,但仍存在一些不足之处,主要表现为简单问答无效化、知识立意浅层化、缺乏核心分散化、盲目拔高形式化、脱离教材主观化等,这都无法推动学生思维的发展跃升。因此,我们对问题设计的技术性也需要给予足够重视,如(1)问题设置的针对性——针对大多数学生的学科弱点或是指向学科重要内容;(2)问题设置的逻辑性——遵循学科教学内容的知识逻辑和学生的认知逻辑;(3)问题设置的层次性——核心问题引领,由低阶问题到高阶问题,体现思维能力的进阶;(4)问题设置的适切性——基于学生的最近发展区,符合学生的前理解,即学生"跳一跳"就能摘到果实,等等。

诸如此类的基于技术性问题设计的要求,适用于所有学科。需要说明的是,笔者在这里只是为了论述方便才将"学科性"和"技术性"分头梳理,教学实践中二者实际上是紧密结合在一起的,它们共同生成一个个高质量的历史问题设计。

提问是教师的基本教学技能。而一提起最会提问的教师,大家可能都会想到古希腊雅典的苏格拉底,他创立的"诘问法"教学,通过步步追问、诘问、反问,促使学习者的头脑不自觉地展开思维风暴,由此推动他们对问题的认识和理解逐步走向深层,并最终抛弃谬见,获得真知。而作为形式和目的都与之相同的"问题链"教学,也正是将思维的过程摆在教学的核心位置,通过教师步步推进的启发引导,促使学生养成善于独立思考问题的意识和习惯,最终得以成长为理性的思考者。

三、课堂聚焦:促进深度思维发生的问题链设计

所谓"问题链",是教师为了实现一定的教学目标,根据学生的已有知识或经验,针对学生学习过程中将要产生或可能产生的困惑,将教科书知识转换成为层次鲜明、具有系统性的一连串的教学问题;是一组有中心、有序列、相对独立而又相互关联的问题,它的每一问都使学生的思维产生一次飞跃[7]。"问题链"意在对学生的学习过程与思维状态形成很强的导向作用,其设计与构建应注意问题的选择与有效使用。此次"刊网微研"活动中,李德刚老师执教的"两次鸦片战争"一课的"问题链"设计就很有特色,体现出两大特点:

(一)精心挑选问题组链,有分有统

学生学习的结果与教师对教学内容的处理和组织,有很大的关系。但教师若想让自己的课堂教学及问题设计覆盖教科书所有内容,事无巨细,面面俱到,这对学生来说,其效果却恐怕是"万花丛中过,片叶不沾身",与教师的初衷适得其反了。而李老师在"两次鸦片战争"一课所设计的"问题链",就很好地避免了这一点,为我们树立了一个值得借鉴的范本。笔者认为,其最值得称道之处在于:一是把握"精准",直指教学主干知识、思维训练或情感体验的关键点;二是体现"结构",各个问题逻辑严密,有分有收,互相依存而构成的一个整体。

在本课的教学设计中,李老师以"对联式的悲歌"为课魂,将近代中国置于世界历史变迁的大背景下进行中外历史比较,并分别从鸦片战争爆发的背景、结果、不平等条约的签订以及战后清政府的反应等角度,连续发出以下四记重重的叩问:

一问:"先进"与"文明"一定协同?"野蛮"和"落后"必然一致?

二问:"侵略"一方为何最终"胜利"?"失败"结局能否掩盖"道义"?

三问:天朝的"自识"如何顺应世界"大势"?社会的"转型"如何避免历史"悲剧"?

追问:"认识世界"与"认识自我"为何同样艰难?"民族独立"与"国家强盛"如何才能实现?

针对清王朝"落后""失败""不救亡""不进步"的一幕幕昏睡不醒、令人悲哀的表现,李老师不断展开追问,引导学生深刻体悟为何说鸦片战争是清王朝的"一曲悲歌"?鸦片战争对于今天的我们到底意味着什么?

历史理解的真正对象不是事件表象,而是事件内隐的意义。笔者认为,李老师的这种极富思考深度和锐度的一连串发问,培养了学生对历史宏观视野的关照,教给了他们怎样冷静理性地回望审视历史,提升了学生的历史反思力与共情力,同时也自然而然地涵养了家国情怀。

(二)根据思维需求组链,把握维度

笔者认为,"问题链"的设计可大可小,可多可少,其根本目的是引导学生的思维,促进历史理解的发生。所以,教师在进行"问题链"设计时,还应注意这个"链"上的各个问题提问的维度。首都师范大学张汉林教授曾将历史课上教师提出的问题梳理归纳为八类,分别是概念性问题、事实性问题、比较性问题、因果性问题、方法性问题、假设性问题、意义性问题、反身性问题[8]。他认为,这八类问题指向了知识的全部类型(事实性知识、概念性知识、程序性知识、元认知知识),我们在设计"问题链"时应该注意将各类问题搭配使用,这样才能更好地刺激学生思维能力的全面发展。

譬如,李德刚老师在"两次鸦片战争"这堂课上推出的第一个"问题链"为:

——从《英国东印度公司设在印度的鸦片仓库》的图片中能获取什么历史信息?

——"东印度公司"的命名背后体现了英国人怎样的观念?

——这种观念反映在中英外交关系上有何冲突?为什么有这些冲突?

笔者认为,这组问题实质上就是一个事实性问题、比较性问题、因果性问题的组合链,意在引导学生从全球视角了解鸦片战争爆发的时代背景——工业文明和农业文明的对峙。

李老师在本堂课上推出的第二个"问题链"为:

——观察"中国水师与英国海军在穿鼻洋面上激战的画面",你有什么发现?

——基于常识,你认为这"画面"是战场实景速写还是想象出来的画面?

——从历史研究的角度看,这图片的价值有哪些?

——你觉得使用图片作为史料应该注意什么?

显然,这组问题更多指向的是方法性问题和意义性问题,目的是引导学生掌握具有历史学科特点的思维方式与学习方法,特别是史料辨析和运用的能力。正在这种不断改变考察问题视角的过程中,课堂提问的价值得到极大发挥,学生的历史思维也由此而变得更加丰富多维。

总之，教学的目的是把教科书内化为受教育者的心智能力，对教科书知识内容本身的了解并不是我们的最终目的，内化的过程才是我们所需要的。而设计科学巧妙、运用时机恰当的问题，则可以让学生从新的角度审视他们对知识的理解，推动他们思维方式的变革，从而有效提升自己的历史思维品质。

---

[1] 赵恒烈.历史思维能力研究[M].北京:人民教育出版社,1998:10-15.

[2] 张汉林.历史思维能力研究[M].北京:北京师范大学出版社,2023:23.

[3] 任鹏杰.历史·教育·人生:任鹏杰历史教育杂文[M].北京:光明日报出版社,2020:40.

[4] 爱因斯坦.爱因斯坦文集:第三卷[M].许良英,编译.北京:商务印书馆,1979:147.

[5] J.麦克泰格,G.威金斯.让教师学会提问:以基本问题打开学生的理解之门[M].俎媛媛,译.北京:中国轻工业出版社,2020:18-20.

[6] 徐蓝.普通高中课程标准(2017年版)教师指导·历史[M].上海:上海教育出版社,2020:76.

[7] 王后雄."问题链"的类型及教学功能[J].教育科学研究,2010(5).

[8] 张汉林.理解提问的三个维度[J].历史教学(上半月刊),2022(5).

（本文选自《中学历史教学参考》2023年第12期。作者单位：山东省烟台第一中学）

从历史思维到历史思维能力

○ 张汉林

"对于一门学科来说,没有什么比思维方式这个问题更为重要了"[1]。知识总是关于过去的,是对人类既往经验的总结;而思维方式却是面向未来的,要解决即将到来的不确定的问题。况且,学科知识的获得,终究会有淡忘的一天;而思维能力和思维品质的变化,却能陪伴学习者终身。历史思维能力之于历史教育来说,其意义同样如此。

在我国,"历史思维能力"这个概念主要是在历史教育学界使用,与之相关的另一个概念——"历史思维",则主要是在历史哲学界使用。历史思维能力是由历史思维发展而来,其内涵受制于历史思维的特征。没有历史思维,也就没有历史思维能力。故此,在探讨历史思维能力之前,必须深究历史思维的基本特征。目前,我国历史教育学者对历史思维能力的研究,往往忽略了这个重要的前提。本文力图从历史哲学的源头出发,探讨历史思维的特征。同时,希望能在历史教育学的视域中,甄别历史思维能力与历史思维的差异,准确定位历史思维能力,以便为历史教育学界深化历史思维能力研究提供垫脚之石。

一、历史研究对象的特殊性

历史思维的独特性取决于历史研究[2]对象的特殊性。与其他学科相比,历史研究(学习)对象发生在过去;与自然科学相比,历史研究(学习)的是人的言行;与社会科学相比,历史的研究对象是个别的、特殊的。

(一)发生在过去

作为一门人文科学,历史不同于其他学科的首要特点在于,它的研究对象发生在过去。古人的生活处境及其相应的思维方式和价值观念与今人大相径庭,这就给研究造成了困难。自然科学的研究对象大多可在实验中重现,或者在自然界中被直接观察;社会科学的研究对象也往往可在社会中被直接观察或调查。但是,在历史研究中,过去的事情无法被直接观察,也无法在实验中重现,更无法在现实中重演,只能依据过去留下的痕迹(史料),进行严格的考证、谨慎的推理,乃至合理的想象。

(二)有意识的人类活动

历史研究的是人类有目的的活动。自然科学研究的是自然界中的物,而历史研究的是人类社会中的人。人与物的根本区别在于,人是有主体自我意识的存在,"把自己的生命活动本身变成自己意志和自己意识的对象"[3];而物是没有主体自我意识的存在,只是纯粹客观的事实性存在。在自然科学研究中,人是主体,物质是客体,主体通过解释自然现象来获得控制自然的能力,主体和客体是二元对立的关系。而在历史研究中,人既是认识的主体(研究历史的人),又是被认识的客体(创造历史的人),主体和客体不是征服与被征服的关系,相反,这是一种理解与被理解的关系。现实中的人是历史性的存在,通过对历史上的人的理解,获得对人性的理解,进而丰富对自身的理解。

(三)个别之事件

与其他学科相比,历史研究对象的另一特点是一次性的、特殊的和个别的。自然科学和社会科学关注的是普遍的规律,它们也会研究个别之物,但这是服从于对普遍规律的认识的。正如李凯尔特(Rickert)所言:"自然科学只是从个别之物中发现那种可以把个别之物隶属于其下的普遍之物的情况下,才去注意个别之物。"[4]49 社会科学同样也是如此,它研究的是各类"现象",志在发现社会现象背后的规律。历史学虽然也以人类活动为研究对象,但它更重视的是特殊"事件"。历史学的任务是研究"一次性的、特殊的和个别的东西"[4]62。它有时也会关注普遍的东西,但正如歌德(Goethe)所言:"我们利用普遍的东西,但是我们不喜欢普遍的东西,我们只喜欢个别的东西。"[4]62 以现代化理论为例,它首先兴起于社会科学领域,后蔓延至历史学领域。社会科学家以各国现代化的历程为经验事实,通过对经验事实的研究,最终是要发现规律,建立起各种理论模型。历史学家则是以现代化理论为工具,加深对某个国家现代化历程中的经验事实的理解。二者的研究方法恰好相反。总之,由于研究对象的差异,自然科学、社会科学和人文科学的兴趣点是不一致的,自然科学"对所有自然现象进行预言和解释",社会科学"对人类行为和心理状态进行预言和解释",人文科学则"理解人类对各种事件的反应和人们强加于经验的各种意义,这些意义是作为文化、历史时代和个人经历的一种功能"[5]。

二、历史思维的基本特征

历史研究对象的特殊性决定了历史思维的基本特征。为什么要研究过去人的言行?认识过去是可能的吗?研究的材料从何而来?如何保证研究的客观性?研究人和物的方法有什么不同吗?为何及如何研究人类个别的、特殊的言行?研究今天人的言行与研究过去人的言行的方法有何区别?历史思维的特征就是在回答这些问题的过程中被界定的。

所谓历史思维,不仅指思维的对象是"历史",还指思维具备"历史"的特征。特征是通过比较才能得出的。选取合适的比较对象,是确定事物特征的必要前提。历史思维的他者是科学思维和社会科学思维。最初,历史思维是以科学思维为他者,通过对他者的认识,从而获得对自我的界定。这是19世纪以来德罗伊森(Droysen)、狄尔泰(Dilthey)、文德尔班(Windelband)、李凯尔特等人探讨问题的基本出发点。二战以后,历史学又受到社会科学的渗透,社会科学的方法大量进入历史学,这就引起了部分历史学家和历史哲学家的担忧与反弹,他们以社会科学思维为他者,对历史思维进行了重新界定。因此,所谓历史思维,是在与他者的参照中产生的。历史思维既不同于科学思维(以物理学思维为典范),又不同于社会科学思维(如社会学思维),它是历史学科独有的思维方式。

(一)在时序中思考

历史学的首要属性是时间,正如地理学的首要属性是空间一样。正如列维·施特劳斯(Levi-Strauss)所言:"没有日期,就没有历史学……历史学的所有原创性和特殊性就在于理解前后之间的联系。"[6] 值得注意的是,历史学的时间并非仅仅指向过去,实际上,它同时指向过去、现在和将来。

历史思维的对象发生在过去,这与其他学科相比是非常不一样的。过去的物质条件和精神环境与现在不同,古人的信仰、价值观和面临的问题与今人有异,故此,今人在思考过去事物的时候,必须要将思维敞开,将其放在当时的历史环境中进行思考,从当时人所处的情境及其所欲解决的问题出发,进行同情的理解与跨时代的对话,而不是以今人之心度古人之腹,弄出"关公战秦琼"的笑话。此外,由于历史是不断发展的,前个阶段的发展结果无可推卸地成为下个阶段人类创造历史的前提,因此,不能孤立地而应发展地分析历史问题,要将历史事物置于时间的序列中进行思考,以寻求历史事物之间的联系,确定该事物在历史脉络中的位置与意义。最后,思维对象的过去性决定了历史思维的间接性。今人在思考过去的时候,无法通过做实验的方式重现过去,也无法对过去展开直接的观察,只能凭借过去留下来的种种痕迹(史料),进行合理的推测与想象,建构出一幅关于过去的图景。

历史思维不仅要受过去的制约,还会受到当下的影响。主体在思维时,过去和现在是携手而来的,难分先后。虽然历史研究(学习)的是一次性的、特殊的和个别的东西,但并非是琐碎的、无意义的个别事物。这些个别事物之所以能进入历史研究(学习)者的视野,是因为研究(学习)者对其"感兴趣",或者认为其"有意义"或"很重要"。而历史思维的主体之所以对某种过去感兴趣,并非纯粹出自所谓的"思古之幽情","思古"多半是因为"抚今"。历史思维的主体生活在当下,他在思考过去的时候,不可避免地会将当下的情绪感受和价值倾向带到过去,并对思维的结果产生影响。历史学家的个性不同,其历史作品的风格会有较大差异。比如说,陈寅恪治史风格沉郁苍凉,与其早年身世和晚年处境是分不开的。而科学家在思考科学问题的过程中,也会受到个性的影响,但个性只会影响到其思考的过程(如快与慢),而不会使认识的结果打上个人的烙印。正因为如此,莱布尼茨和牛顿才会不约而同地发明了微积分。

历史思维的时间还指向未来。历史思维的主体之所以对某种过去感兴趣,不仅是当下对他有所触发,还因为他对未来有所期待。从这个角度来讲,他对过去的思考亦即对未来的筹划。正如汉娜·阿伦特所言:"竭尽全力返回起源的过去不是把我们往后拉,而是把我们往前推,而未来却使劲把我们往过去驱赶。"[7]故此,对过去的争夺,其实是在为未来谋篇布局。

(二)以理解为中心

自然科学和历史学研究对象的不同,决定了科学思维与历史思维的根本差异。自然现象的发生没有目的性,科学家在研究自然现象时无须考虑其意图;人类的行为均受意图的指使,历史学家在研究历史事件时,必须将其考虑在内。故此,"我们说明自然,我们理解精神生活"[8]278。理解就成为历史学科区别于其他学科的方法论。

作为方法论,理解主要是指移情体验。历史是由人的各种行为交织而成的,既然是人类自己的行为,人就可以理解。而人的行为是在特定意图的支配下产生的,对人的行为的理解就不能仅从纯粹的客观条件着手,而应从人的内部去理解,移情感受他的内心活动。亦即,"历史叙述不是查明做出行为的原因(cause),而是具体说明行为的理由(reason)"[9]。要查明他做事的理由,就不能不置身他的处境去思考。德罗伊森做出了一个形象的比喻:"理解的行为,正如上述是一定条件下的直觉,正好像一个心灵潜入到另外一个心灵一样;它也正好像交配受孕一样,具有无限的创造力。"[10]11 狄尔泰也认为,理解的具体方法是移情,"是通过移情对这种状态的重新发现"[11]19。当然,移情不等于要把自己变为历史人物,实际上,我们也永远无法将自己变为他人。恰恰相反,我们设身处地,是通过自我与他者(历史人物)的比较,发现他者的个性。正如迦达默尔(Gadamer)所言:"我们必须也把自身一起带到这个其他的处境中。只有这样,才实现了自身置入的意义。例如,如果我们把自己置身于某个他人的处境中,那么我们就会理解他,这也就是说,通过我们把自己置入他的处境中,他人的质性、亦即他人的不可消解的个性才被意识到。"[12]431

理解不仅具有方法论的意义,还具有本体论的意义。人作为一种社会动物,之所以能够在世界上生存,就是因为他能够理解世界上的各种符号,能够理解人类的各种行为,否则他就难以适应社会,无法生存下去。海德格尔(Heidegger)指出:"'我在故我思'——人能够理解和认识之前,就已被抛入了这个世界之中,即此在是一种不得不存在,按照它本来的存在方式,此在一向已经'在外',而这种存在又是通过理解得以展开的,换言之,理解是人的存在方式。"[13]人在存在中理解,人在理解中更好地存在。日常世界中的人,受其时代、地域、族群、家庭、职业、信仰等因素的限制,其生活范围是有局限的,这导致其个性发展受到限制。但是,历史世界是极为丰富和复杂的,形形色色的人与事,大部分是我们在现实世界中所无法遇到的。而且,真实的历史往往会比小说还要精彩,更富戏剧性。故此,对历史的理解给人"打开一个日常生活中所缺乏的种种可能性的崭新天地"[14]11,使他的个性得以完善,并为适应将来世界的变化做准备。对于历史教育来说,本体论意义的理解比方法论意义的理解更有意义,因为学生将来并不一定从事历史研究,但每个人都得通过更好地理解世界从而获得更好的生活。

在历史学中,理解和解释在本质上是一回事。解释的核心内容是分析因果关系。自然科学的研究方法是解释,科学家以解释自然现象为他们的志向,通过对事物之间普遍的、必然的联系的揭示,人类掌握了征服和利用自然的钥匙。这种意义的解释当然不属于历史学。然而,分析历史事物之间的因果关系同样是历史学的重要任务,只不过历史学的解释不是科学意义上的那种解释而已。准确来讲,历史研究中的解释应该叫"历史解释"。而所谓历史解释,一是指对历史的解释,二是指具有历史学科特征的解释。第一种含义是指历史学家的工作,而非方法;第二种含义是指具有历史学科特色的工作方法,而理解就是"同其他学科的比较中最应该被识别出来的历史学科的特性"[8]278。也就是说,历史学家是通过理解的方式对历史进行解释,能够被理解的行为,"既是合意向性的,又是合因果律的"[15]。正如伽达默尔所言,"一切理解都是解释""理解的进行方式就是解释"[12]547。但与此同时,"解释是理解的表现形式"[12]435,"解释是潜在地包含于理解过程中。解释只是使理解得到明显的证明"[12]560。

历史解释与科学解释虽然都要寻求因果关系,但二者存在着重要的区别,主要表现为以下四个方面。

其一,科学解释只需要说明因果关系,发现规律,不涉及意义问题。历史解释不仅要说明因果关系,还要进行意义阐释,正如德罗伊森所言:"解释是将呈现在眼前的事赋予意义。"[10]33

其二,历史解释的主要方法是理解,理解不仅是对历史人物个体心理的理解,更是对其所在的"道德群体"的观念的理解[10]36-51;科学解释的主要方法是实验、观察,然后用"覆盖率"去解释。所谓覆盖率,是卡尔·亨普尔(Carl Hempel)提出来的,是指"对一个现象的解释在于把现象纳入普遍经验规律之下"[14]322。

其三,在自然科学的解释中,因果关系是普遍的、必然的;只要具备了一定的初始条件,在普遍规律的作用下,被解释的事物就会发生。而历史研究的是个别的、特殊的事物,"历史就其个性来说是某种仅出现唯一的一次的东西"[14]57。因此,如果说历史事物之间有因果关系,其联系也是具体的。

其四,在自然科学中,解释和预见是同构的,能够解释就意味着能够预测。自然科学正是通过解释和预测的同构性,在认识世界的同时发挥着改造世界的作用。在历史学中,解释是为了促进更好的理解[16]。历史学虽然也会利用某些法则、规律、原理,"然而一般的东西对于历史来说仅仅是手段",是为了增进对个别的历史事物的理解[14]19。

(三) 具有批判性

历史思维具有批判性的气质,表现在:历史研究建立在史料的基础上,历史学家却从不轻信史料,而是抱着谨慎的态度对其进行详细的考证,在众多的史料中去伪存真、去粗取精;历史学家重视证据和推理,他们的信条是,"有几分证据,说几分话。有一分证据,只可说一分话。有七分证据,只可说七分话,不可说八分话,更不可说十分话"[17];历史学家推演历史当事人的行为意图,但就算找到了当事人的"夫子自道",历史学家也会满腹狐疑,万分小心;历史学家习惯换位思考,总是力图站在历史当事人的角度去思考问题,而不是以自我为中心,让古人来迁就自己;历史学家从不轻信一面之词,总是要在综合正面证据和反面证据、正面观点和反面观点之后才谨慎地做出结论,力图保持思维的公正性;历史学家要理解过去,却并不一定认同过去,而要对过去持有自己的评判。历史思维的批判性不仅表现为对他者的批判,还表现为对自我的批判;历史学家愿意承认自己的局限性,知道史料总是不足的,解释总是暂时的,而自己也如同古人一样,无法摆脱时代的烙印。

历史思维的批判性不仅是历史学家的治史利器,更是历史教育的重要目标。历史教育传授的是关于过去的知识,其目的是帮助学生迎接未来的变化。未来是变动不居的,无法准确预期。故此,现在的知识在将来很有可能会过时,唯有善于思考的大脑才能成为人们迎接未来的依仗。历史思维如同批判性思维,能让人获得解放,引导人们"树立深思熟虑的思考态度,尤其是理智的怀疑和反思态度"[18],帮助人们养成清晰的、反思的、逻辑的、公正的等可贵的思维品质。这些思考态度与思维品质,是学生应对未来加速变化的世界的必备利器。

(四) 以自知为目的

"思维是人与事物打交道的一种方式,是参与现实生活世界及其历史发展的一种方式,而不是超离于对象事物之外的冷眼旁观"[19]。如此,历史思维就是人与历史打交道的一种方式,是人参与历史的一种方式。除思维之外,人还可以通过行动与现实世界打交道;但与历史世界打交道,唯有思维这种方式。

人经由思维与历史打交道,不是"主体—客体"二元对峙,而是人参与到历史之中,去理解历史。按照伽达默尔的说法,"理解按其本性乃是一种效果历史事件"[12]424,是理解者与历史文本(被理解者)共同参与的、在理解中互相影响的行为。"真正的历史对象根本就不是对象,而是自己和他者的统一体,或一种关系,在这种关系中同时存在着历史的实在和历史理解的实在"[12]424。亦即,在理解这种行为中,有被理解者,亦有理解者,二者是一体的。理解是理解者的理解,是理解者对于自己与被理解者关系的理解。故此,"历史理解的真正对象不是事件,而是事件的'意义'"[12]465。历史理解并非要去获取关于历史的纯粹的客观的知识,而在于获得历史对于今人的意义的认识。也就是说,历史思维的落脚点在于对思维者的意义而非其他。

历史世界不同于作为纯粹事实存在的自然界,它是充满目的、意义和价值的人文领域。故此,历史思维不仅要对材料进行归纳与演绎,还要对古人的言行进行体验、想象和移情。唯此,思维者才能感受人性之丰富与复杂,反思人之所以为人的关键。他者即自我。历史就是这样的他者,古人就是这样的他者,借由他者,人类认识了自我。正如狄尔泰所言:"人只有通过历史才能认识自己。"[11]88-89

三、历史思维能力的教育意蕴

历史思维能力是在历史思维的基础上发展而来的,但是,作为历史教育学概念的历史思维能力,与作为历史哲学概念的历史思维还是存在较大的区别的。

历史思维更多是指一种特殊的思维方式。每门学科都是人类认识世界的独特通道,其独特性就体现在研究对象和思维方式的差异。哲学是对世界的思辨的理解,科学是对世界的理性的理解,历史是对世界的经验的理解,艺术是对世界的直觉的理解,因此相应地就有了哲学思维、科学思维、历史思维和艺术思维。因此,历史思维是指具有历史学科特征的一种思维倾向(或曰思维气质),相对于历史思维能力,它是"宏大叙事",而历史思维能力则具体得多。历史思维能力是思维主体在思维活动中的实际表现。比如说,在思考问题的时候,思维主体会意识到凡事都有历史根源,要理解现实,必须对其历史有所了解;会意识到任何一个命题都有特定的语境,"如果不深入它内在的思想含义,而仅仅停留在它的字面上,往往会变得荒谬不甚或不可理解"[20];会意识到仅靠逻辑推演出来的结论是不可靠的,必须要有相应的经验事实作为证据;等等。这些都属于历史思维能力的范畴。可以说,历史思维是经由历史思维能力而得以体现出来的。作为历史教育来讲,教师对历史思维的宏观思考必不可少,但必须从历史思维能力的培养一点一滴做起,否则历史思维就会成为空中楼阁。

历史思维是与历史事实相对应的概念。历史思维是基于历史事实的思维,无论是"以事实为中心的史学"还是"以史家为中心的史学"[21],历史事实都是作为历史思维的对象出现的,区别仅仅在于历史事实与历史学家之间的关系,前者认为主客体是对立的,后者则主张主客体是融合的。历史学家的基本追求,莫过于历史思维与历史事实的一致性,正如有的史学家所言:"看到过于流畅的论文,总不免心生疑虑,觉得历史不会这般整齐。史学论文必须表述与事实吻合,一气呵成往往追求逻辑顺畅,于错综复杂的事实难免有所取舍牺牲。"[22]历史思维能力则是与历史知识相对应的概念。历史思维能力建立在历史知识的基础上,是指能在具体的情境中恰当地运用相关历史知识去解决问题。现代学术研究认为,知识的含义已远超事实。国际上权威的修订版的布卢姆教育目标分类学将知识分为事实性知识(即术语,具体细节和要素的知识)、概念性知识(分类或类目的知识,原理和概念的知识,理论、模型和结构的知识)、程序性知识(技能和算法的知识,技术和方法的知识,决定何时运用适当程序的标准的知识等)和元认知知识(策略性知识,关于认知任务的知识,自我知识)[23]。按照这个标准,不仅历史事实属于知识,历史原理、历史思维技能、对历史问题的元认知等也都属于知识。英国历史教育界也认为,知识远非历史事实所能涵盖,历史学习不仅要掌握关于人名、事件和时间的事实性知识,还要掌握关于概念和技能的程序性知识[24]。历史知识性质的变化导致了历史思维能力随之发生变化,历史思维能力不仅指思维者能够灵活地运用历史事实,还能够运用历史原理、历史思维技能等去解决历史问题,并能对自己的思维活动进行监控与调整。比如说,学生知道"将自己放在历史人物所处的位置,从历史人物的个性、所处的局势及其所能接触的信息去推断他如此行事之意图",这仍然属于知识(即程序性知识,具体来讲,属于历史思维的一种技能);如果学生能够在历史学习中运用该技能理解某个具体的历史人物,这就属于历史思维能力。亦即,静态的历史思维仍然属于知识,动态的历史思维已经化身为能力。历史思维可以当作知识进行讲授(教师将其"告诉"学生),也可以作为能力去培养(学生在解读史料和解决问题的过程中自主习得)。因此,历史思维能力这个概念的提出,是在强调知识、技能和能力的密切联系,是在彰显知识、技能和能力的内在一致性,反对割裂知识、技能和能力的做法。

历史思维更多是指历史学家的思维,思维的理想状态。这种理想形态的思维是从历史学家的工作中提炼出来(这往往是历史学家认识历史思维的路径)或经过反思而得来的(这往往是历史哲学家认识历史思维的路径)。历史学家是历史知识的制造者,他们运用历史思维生产历史知识。在其研究领域,历史学家是历史知识最丰富的人。历史思维能力是指学生的历史思维能力,学生不是历史知识的制造者,而是历史知识的学习者。学生的历史思维能力,受制于其历史知识的水平,因此,对学生历史思维能力的要求并不能过于高深,而应以"应知必会"为标准,以有益于其人格的发展为诉求。培养历史思维能力并不是期待学生成为历史学家,去生产更多的历史知识;而是让学生在体验历史知识是如何生产出来的过程中,淬炼思维的明晰性与批判性。总之,与历史思维的理想性相比,历史思维能力受制于历史教育的宗旨和中学生的认知水平,因而更具现实性。

---

[1] 布鲁纳.教学论[M].姚梅林,郭安,译.北京:中国轻工业出版社,2008:136.
[2] 对学者来说是研究,对学生来说是学习。在英文中,研究和学习是同一个词(study)。

[3] 马克思,恩格斯.马克思恩格斯选集:第一卷[M].北京:人民出版社,1995:46-47.
[4] 亨利希·李凯尔特.李凯尔特的历史哲学[M].涂纪亮,译.北京:北京大学出版社,2007.
[5] 杰罗姆·凯根.三种文化:21世纪的自然科学、社会科学和人文科学[M].王加丰,宋严萍,译.上海:格致出版社,2014:3.
[6] 安托万·普罗斯特.历史学十二讲[M].王春华,译.北京:北京大学出版社,2012:88.
[7] 汉娜·阿伦特.过去与未来之间[M].王寅丽,张立立,译.南京:译林出版社,2011:8.
[8] 斯特凡·约尔丹.历史学科基本概念辞典[M].孟钟捷,译.北京:北京大学出版社,2012.
[9] 宋相宪.历史教育的本质[J].中学历史教学参考(上半月·综合),2017(12).
[10] 德罗伊森.历史知识理论[M].胡昌智,译.北京:北京大学出版社,2006.
[11] 威廉·狄尔泰.历史中的意义[M].艾彦,译.南京:译林出版社,2014.
[12] 汉斯-格奥尔格·伽达默尔.诠释学Ⅰ:真理与方法——哲学诠释学的基本特征[M].洪汉鼎,译.北京:商务印书馆,2013.
[13] 海德格尔.存在与时间[M].陈嘉映,王庆节,译.北京:生活·读书·新知三联书店,1987:77.
[14] 汤因比,狄尔泰,李凯尔特,等.历史的话语:现代西方历史哲学译文集[M].桂林:广西师范大学出版社,2002.
[15] 马克斯·韦伯.社会学的基本概念[M].胡景北,译.上海:上海人民出版社,2000:12.
[16] 周建漳.历史哲学[M].北京:北京大学出版社,2015:163.
[17] 耿云志,宋广波.胡适书信选[M].北京:外语教学与研究出版社,2012:337.
[18] 谷振诣,刘壮虎.批判性思维教程[M].北京:北京大学出版社,2006:2.
[19] 程彪,杨魁森.思的事情.历史思维方式初探[M].长春:吉林人民出版社,2014:27.
[20] 张耕华.历史哲学引论[M].上海:复旦大学出版社,2004:21.
[21] 这是张耕华教授的区分。前者是指"以历史事实为中心,完全从史实方面来理解历史认识活动",后者"强调史学研究中的主客体的无法分离,强调历史学家的主体因素对史学研究活动的渗透,强调历史学家在历史研究中的主导地位和决定作用"。详见张耕华.历史哲学引论[M].上海:复旦大学出版社,2004:23-25.
[22] 桑兵.桑兵自选集[M].广州:中山大学出版社,2017:12.
[23] L·W·安德森,等.学习、教学和评估的分类学:布卢姆教育目标分类学修订版[M].皮连生,主译.上海:华东师范大学出版社,2008:26.
[24] 郑流爱.关注历史知识、历史思维和历史理解:英国"新历史科"探析[J].全球教育展望,2007(3).

【附记】本文为国家社科基金2017年度一般项目"国外历史课程标准中的国家认同研究"(项目批准号:17BSS042)阶段性研究成果。

(本文选自《中学历史教学参考》2020年第7期。作者单位:首都师范大学教师教育学院)

历史思维能力漫谈

○ 王加丰

历史思维是一种重要的思维方式。在各种各样的文章和著作中,甚至在日常交谈的场合,都离不开历史思维。我们常常能听到或看到"历史告诉我们"之类的说法[1],历史教师也会经常谈及提高学生历史思维能力之类的话题,说明了历史思维的普遍性或对人们思考的重要性。其实,离开历史事件或历史的经验和教训,任何思考都无法顺利实行。提高学生的历史思维能力成为历史教师的重要追求,当是顺理成章之事。

但要仔细或全面地说明历史思维或历史思维能力是什么,却不太容易,因为这一概念包含的内容异常广泛,很难用简洁的语言给它下一个能为大家接受的定义。我们所看到的一些有关论述大多就其某一或某些方面的含义而展开,本文也不求全面,只想就此谈谈自己比较感兴趣的东西。

一、作为重要思维形式之一的历史思维

历史思维离不开具体历史内容,且不同时代不同的阶级、群体和个人或不同的意识形态都重视历史思维,都会对历史上的重要事件或人物进行思考并作出自己的评价,说明历史思维首先是一种思维方式,是古今中外的政治家或各行业的实干家都十分看重的思维方式之一。

某种程度上也可以说,历史思维是人类的一种"本能"。人类文明的进步是一代代人学习和借鉴前辈的实践经验进行创造性活动的结果,任何创新都不可能离开这种借鉴或指导。原始人或文明社会中那些没有机会接受学校教育的人的实践活动,也是这样进行的。小孩子从咿呀学语开始,就通过语言、观察及接受大人的教诲来积累自己的人生知识。学习(社会学习或课堂学习)本质上也是一种历史思维过程,即吸收并借鉴前人工作、生活的经验和教训。换言之,未进过学校的人也是根据自己所了解的前人的人生智慧和自己的人生体验来处理面临的问题的。结合历史上的类似现象和经验思考现实中

面对的问题,是任何一个社会中的人都必须不同程度地去做的。

当然,仅就历史思维的形式而言,一个社会中不同的人群也是有区别的。首先是思考历史的程度、深度或系统性不一样。比如,接受过学校教育的人的历史知识大都来自历史教科书或历史著作,比较系统和正规,而未接受过学校教育的人一般通过父辈的口头故事或戏剧、说书等渠道接受历史知识,相对而言他们的历史知识显得散乱和零碎。其次,历史工作者与非历史工作者的历史思维有较大区别。后者的历史思维能力,一般指借鉴历史上的类似事实来分析、把握现实问题的能力,而前者的历史思维除了这一点,还指把相关的史料结合起来"复原"历史事件并从中得出各种结论的能力。当然,这里的区别是相对的,不仅因为一些政治家对历史的把握远超许多历史工作者,还因为非历史工作者在思考现实问题时,也会尽可能全面地"复原"历史原貌,以便得到较完整的经验或教训,但一般而言,他们这种"复原"的能力比较弱,这样讲应该是可以的。由此,我想起了历史思维形式中的一个重要问题。

我们常常讲历史分为两种,一种是客观发生过的历史,另一种是人们写下来的历史书或所接受的历史知识,后者总会掺杂进撰写者的思想感情,因而历史著作不是绝对客观的历史叙述;即使史料也不是纯客观的,因为历史内容无限丰富,而记录什么及不记录什么就有个主观决定的问题,不同的时代记录者的兴趣会有所不同。其实,只承认这些还不够。比如,在"复原"历史或重建历史事件的过程时,由于史料的欠缺或繁杂得难以概括,我们会加上一些想象的或凭直觉判断的成分。尽管此类想象似乎是符合历史逻辑的,但毕竟是一种想象,它不仅会受到好恶或先入之见的影响,而且更重要的也许是:人们总是根据自己的人生体验和历史思维习惯来设想历史过程中的某些节点。或者说,任何历史记载都不会那么完整,不管是历史学家或非历史学家,在"复原"一件历史事实时,依据史料进行某种想象的过程无法避免,而这种想象对历史著作或历史思维的质量有重要影响,因为不同的人生体验,即使对同样的史料也会出现千差万别的理解。

19世纪上半叶,基佐准备写一部英国革命史,他认为他是刚刚从大革命走出来的人,所写的英国史不一定比英国人写得差,因为他不仅通读过英国人写的有关英国革命的重要著作,而且他还亲身经历过大革命,从而对这两场革命有自己的理解。在该书的前言中他指出:"英国革命的历史尚未令人完全满意地写出来",所以他要"尝试一下"[2]。结果,他写的《一六四〇年英国革命史》取得了成功,成为经典。用类似的亲身体验来理解某个历史过程是历史学家的专利,不仅不可避免,还是历史著作是否蕴含人生真谛的一个重要因素,因为人生经历越丰富,对生活的感受越深刻,对历史事件的理解也会越加深邃。

对历史的理解会影响对现实问题的理解,而对现实问题的理解也会影响对历史事件的理解,这是一件事的两个方面,但我们往往只强调前一个方面,应该引起重视。这两种

"影响"有时是自觉地进行的,有时是无意识地进行的。我们常说的西方中心论就是这样。在今天已经有许多西方学者理论上不再持有西方中心论,但在思考具体历史问题或撰写历史著作时,常常不知不觉地流露出这一点。我们看西方人的著作,常常在这个问题上感到难受。但西方也有人说,这种情况中国人也有。中国人是否充分意识到了这一点?我看未必,潜意识的表现可能比比皆是。他们指的主要是中国人曾经有过的华夷之辩的历史观,理论上这种历史观我们早已放弃了,但理论上的放弃并不等于这些东西已经在我们的头脑中无影无踪。罗兹曼等人就此说道:"关于中国的学术研究,其盛行的观点所带有的那种中华中心论的倾向,恐怕并不比中国人自己传统上所持有的那种唯我独尊的观点差到那儿去。"[3]这种看法中国学者是否同意,我不知道,但我认为多少是有一些的。

不同的人生经历,不同的文化传统或民族都会有自己的历史思维特点。这种差异有的是由于不同的民族立场或意识形态差异造成的,但并非全然如此。我们看外国人写的中国史或西方人看我们写的关于西方的历史,可能多少都会有些不太入流的感觉,能得到对方承认的很少。即使像《剑桥中国史》之类的著作,其引起中国学者重视,主要恐怕还是在于其所使用的史学理论或看问题的视角。李学勤先生在谈及《剑桥中国秦汉史》时说过:本书"除了思想史的部分以外,对人物的描写所用笔墨不多,很少对一个人物作多方面生动的叙述。在这里,看来我们都应该从古代的纪传体史籍吸取教益"[4]。这说明不同的编史传统也影响了历史内容的取舍,从而体现出不同的历史思维风格。

二、培养学生历史思维能力的几种途径

我想,提高学生的历史思维能力,可以从下述几个方面来考虑:

1. **历史思维是在一定的思维框架(架构或体系)内进行的**。不同的历史观有不同的历史思维框架,培养学生的历史思维能力,首先得帮他们构建一种正确的宏观历史思维框架,即掌握世界史或人类历史发展阶段的划分和划分标准。现代中国人最熟悉的,是五种社会形态依次过渡的学说,时间上从原始社会到未来的共产主义社会,空间上包括整个地球或有人类居住的地方。这里,时间是经,社会形态是纬,各种社会形态依次交替而进入现代社会,并正在向将来的阶段演进。宏观历史思维框架的作用主要体现为:

(1)可以把我们接触到的任何历史知识,都放在这种框架的某个时空交叉点(位置)上来思考。比如,讲到春秋战国我们就会想起那是从奴隶社会向封建社会过渡的时期(这里暂不管关于中国有无奴隶社会或西周封建说之类的争论),讲到唐宋,就会想起那是中国封建社会的全盛时期。或者讲到1453年君士坦丁堡的陷落,就会想起这时意大利开始进入早期文艺复兴,即一边是一个古老帝国的覆灭,另一边是一种新的社会形态正在酝酿。奥斯曼帝国的西扩似乎对西欧发展有某种抑制作用,但很可能是促进的因素

居多,因为该帝国控制东地中海虽然对西欧海外贸易有不利影响,但拜占庭帝国许多知识分子带着大量古籍来到意大利,有助于文艺复兴的全面展开,更重要的是,它还迫使西欧一些人士决心寻找通过大西洋到达东方的航路。

(2)有助于人们更清晰地认识自己所处时代的性质和使命。诚如卜宪群给历史思维下的定义所说的:"历史思维能力,就是以史为鉴、知古鉴今,善于运用历史眼光认识发展规律、把握前进方向、指导现实工作的能力。"[5]自古以来,优秀的政治家都拥有这样一种从历史发展规律来思考自己面临的现实问题的能力,否则就不是一个合格的政治家。当然,不同的时代或不同的阶级或人群,关于社会发展规律有不同的理解。比如,在中世纪西欧,历史就是上帝拯救世人过程的展开,最终通过末日审判,人类将重归天国,而我们所设想的未来是共产主义或人类大同。

自改革开放以来,我们的宏观历史思维发生了某些变化,亚细亚生产方式的讨论、现代化理论和文明史的兴起,使我们看到思考人类历史还有其他的框架,各种框架互相补充,有助于我们更好地理解人类的历史和现状。

这里需要注意的是,不同的宏观历史和微观历史都有自己的思维框架,较小的框架以较大的框架为自己的背景,关于人类社会发展的宏观历史框架理论上覆盖世界上所有人类及其全部历史,但在实际运用中往往并非如此,因为人们一般对自己或自己周边的历史比较熟悉,所以在许多人的头脑中,这种框架其实都以自己国家的历史为主。"文革"中有一句口头禅,叫作"站在家门口,眼望全世界",实际上那时所看到的世界很小,所理解的世界也与世界的现实相差甚大。只是在邓小平同志提出和平与发展的主题后,我们对世界的了解才真正走上比较科学的道路。

2. 把历史事件、历史人物放在特定环境中思考的能力。任何历史事件都是某种普遍性和特殊性相结合的产物。比如,中国历史上那么多大规模的农民起义,教科书在分析原因时都会讲到统治阶级的疯狂压榨,土地兼并、百姓流离失所和频繁的天灾(在农民抵御天灾的能力减弱时,天灾会显得特别频繁),就是这里所说的普遍性或共性;但任何一次农民起义的爆发,都离不开各种独特的历史条件。造成大泽乡起义的那种原因是后来的人很难想象的,太平天国运动采用拜上帝会的组织方式,也是其前人无法预见的。元末农民起义在某种程度上与深刻的民族矛盾分不开,历史上比较少见。可以说,如果不把具体的历史事件或历史人物放入其存在的特定时空中来观察,就不会有真正的历史思维,因为无法真正认识任何历史事件,即使你似乎从历史中得出了某些结论或经验和教训,一般也是假的或不可靠的。这就是我们常常强调要"历史地"看历史问题的原因。再如,要理解岳飞《满江红》中的"壮志饥餐胡虏肉,笑谈渴饮匈奴血"这样的诗句,最好能同时读读蔡琰的《悲愤诗》中关于那些侵入中原的匈奴人的描述:"斩截无孑遗,尸骸相撑拒。马边悬男头,马后载妇女。"如果离开了具体历史背景,离开当时游牧民族和农耕民族冲突的残酷性,岳飞就可能被看成是一个嗜血的动物。

3. 对历史上或历史与现实中的类似事件或类似人物进行比较、分析和概括的能力。比较是历史研究中常用的方法,也是认识历史或现实问题的重要方法,但要使比较具有价值或对现实工作具有指导作用,必须重视比较的科学性。这里不拟讨论比较研究的种种理论问题,而只想指出:必须全面分析所比较对象的各个方面,了解其相同点与不同点,并在此基础上形成自己的看法。刘家和先生指出:"比较研究的基本功能在于明同异,包括共时性的比较,即不同国家、民族、社会集团等等之间在同一历史时期中的同异,和历时性的比较,即一个国家、民族、社会集团等等在不同历史时期中的同异。同异是历史的比较研究赖以实现的前提。"[6]我们在概括出比较对象的异同时,还必须注意某些特点的时空范围。比如,我们常说的西欧封建社会"重商",主要是11世纪城市兴起和王权强大起来后才逐渐形成的。而长子继承制这样的实践,是中西封建社会的一个重要区别,但我们只能说它流行于西欧中世纪大部分地区,绝不是所有地区。知道这些,我们会更谨慎地对待通过比较得出的结论。

此外,思考类似的历史或现实问题时,要特别注意历史背景的差异。比如,当代才出现的核威慑是古代和近代所没有的,它到底在国际关系中起什么作用,需要认真研究,如果简单地用"修昔底德陷阱"之类的比附来评价当代的大国关系,很可能是误导。

一定要向学生讲明白,任何历史事件都是普遍性和特殊性的统一,世界上不存在两种完全一样的背景和事件,也不存在两个完全一样的历史人物。只有充分关注特殊性,才有可能比较准确地把握普遍性起作用的"限度"。或者说,只有把任何事件都放进特定的历史环境中来分析,通过比较相似的历史事件或某一历史事件与现实中类似事件的共性和独特性,才能较好地掌握历史经验的适用"度"。

4. 从历史细节或历史人物的经历看出历史潮流或历史发展趋势的能力,或从总的历史背景中大体上看出历史事件和历史人物可能有的行动轨迹或追求的能力。这实际上是一般而言的小中见大或大中见小的能力在历史思维上的表现。这里的"大""小"之间的联系虽然不能绝对化,但其存在不容否认。付文治的建议很好:"人物在课堂上即将离场之时,也是对人物和历史事实进行评价之时,教师要借以固化和提高学生历史思维水平。"[7]教师应该具备这种"把微观历史细节与宏观历史认识巧妙结合"起来的教学方法,使学生拥有从宏观到微观或从微观到宏观的历史思维能力。这种能力能使我们既看到历史演变过程的多样性,又看到历史发展的趋势或总特点,从而对历史有一种更具体的把握。

5. 从众多并非完全一致的史料中梳理出事件基本线索并作出基本评价的能力。由于中学历史教科书的叙事一般都是唯一性的,很难得到这种训练,但在思考历史或现实问题时,这种能力不可或缺。要解决这个问题,可采用下面两种训练方法。一种是提供关于同一事实的不同记载,这种情况在地方史中常会碰到,让学生来甄别和概括。另一种是让学生各自上网查找有关历史问题的资料,或参与地方史的调查,再把他们得到的相关材料摆出来,让大家梳理。这能使学生养成通过自己的调查研究得出历史结论的习惯,不再人云亦云,并逐步获得从各种似乎矛盾的史料中剔除不真实或非本质史料的能力。

三、培养历史思维能力或运用历史思维需要注意的几个问题

1. **重视历史观和认识历史的方法或视角对历史思维的影响**。历史思维的质量取决于对历史问题的认识是否到位,而历史认识是否正确则取决于历史观或历史视角(视野)是否正确或恰当。唯物史观是我们思考历史问题的指导思想,坚持经济基础的决定性作用及意识形态的反作用等基本原理,是我们获得正确的历史认识的保证。在唯物史观基本原则的指导下,我们还有许多次一级的历史观,如阶级斗争史观、现代化史观、文明史观或全球史观等。在革命时期,人们会更多地倾向于从阶级斗争的角度看问题,而在建设时期,会更多地从现代化或文明史观的角度看问题。

世界的发展变化会出现许多新问题,促使新史观或新视野、新问题的出现,如当前的全球史观、民族史观与帝国史观的交集。从不同的视角看历史问题,人们会得出不同的结论。比如,史学界长期存在神圣罗马帝国是诞生于公元800年还是962年的争论。从民族史观看,查理曼帝国与神圣罗马帝国似乎没有什么关系,人们更多的是强调后者对罗马帝国的模仿。但从帝国史的角度看,神圣罗马帝国是查理曼帝国的继续,从各个方面都能清晰地看到这种继承关系[8]。再如,明清时期中国南海上的贸易或走私极为活跃,大量白银流入中国,中国的丝绸、瓷器等则源源不断地运往国外。从中国的角度看,这似乎充分体现了"天朝"的无所不有、无所不能,但若从世界史(全球史)的角度看,主导这种输入和输出的力量来自西方,是中国出现危机的反映,只不过当时这一点尚未为国人所认识。历史思维必须充分考虑到这种种视野造成的历史认识的差异。

2. **力戒抽象的、机械的或生搬硬套的历史思维**。这里指的是把某种历史经验或教训独立出来,无视其发生的具体历史环境和历史条件的做法。"文化大革命"中的"语录仗"是这方面的一个典型。那时每个人手中都有一本小红书,书中的每条语录其实都是对历史上某个特定事件或经验的总结,使用得好,很有意义;但一些人虽然把语录背得烂熟,对其中各个真实的历史过程并不熟悉,使用语录的目的只是为了从气势上压倒对方,以至常常发生谁语录记得多,在辩论中就占上风的事。如果语录记得多,身份上又有某种权威,即必胜无疑。比如,"文化大革命"初期,"'中南海红色造反团'要在怀仁堂东边一个食堂批斗童小鹏(时为中共中央办公厅副主任),中共中央办公厅主任汪东兴担心影响毛主席休息,要造反团换到西边的食堂去批斗,但造反团不听。江东兴向周恩来反映

后,周恩来亲自来劝说,造反团的人就搬出毛泽东在《湖南农民运动考察报告》中的一段语录:'一切革命同志都要拥护这个变动,否则他站到反革命立场上去了'……周恩来立即拿出随身携带的《毛主席语录》,很熟练地翻到其中关于'纪律'的部分,念到:'在人民内部,不可以没有自由,也不可以没有纪律;不可以没有民主,也不可以没有集中。'造反派听了,面面相觑,无言以对,只好收兵。"[9]

上述例子虽为"文化大革命"时期独有,但类似的不顾具体历史条件而滥用历史经验的现象并不少见。章开沅先生曾专门为此提出"社会历史土壤学",要求我们在研究历史时,"必须深入考察和探讨孕育人物与事件的社会历史土壤,也即研究当时的具体社会环境"[10],以便对历史有更准确的把握。我们应该时时记住这一点。

3. 在课堂教学中展示的史料应有助于形成全面、完整的历史思维。关于史料实证,近年来中学历史教学界非常重视,相关刊物也发表了许多文章,史料对历史思维的形成有重要影响,意味着史料是否完整对学生形成正确的历史认识有重要影响,老师所展示的史料是否具有代表性就成为如何正确使用史料的关键。比如,讲到五四精神,教科书中一般只讲德先生和赛先生,但新的研究表明这是不完整的。杨念群指出:"'个人主义'是五四时期最重要的思潮之一,对于渴求个性解放和个人独立的五四青年具有巨大的影响力。"他进而解释道:"五四新文化运动形成了一个巨大而复杂的舆论场,各种思潮纷繁交织在一起,不断竞争着对知识界的主导权。当时议论最多的时髦名词无疑是'德先生'民主与'赛先生'科学,然而事后经人追忆,五四思想界以青年为生力军,欢迎'莫拉尔小姐'即'道德伦理革命'者同样大有人在,其热门程度实足与'民主''科学'构成鼎足而三之势,只不过后来对五四运动的解读有日趋窄化的倾向……'莫小姐'却被慢慢疏忽冷落而最终湮没无闻。"[11]可见,在教学中只展示德先生和赛先生的史料,对五四精神的理解是不完整的。当然,教科书对这场运动的教学有明确要求,而且课堂教学的时间非常有限,但我想教师在教学时如何处理这方面的问题,应该成为一门艺术。

---

[1] 随便举几个例子:"历史告诉我们,每个人的前途命运都与国家和民族的前途命运紧密相连"(段育文.中国为什么能[M].北京:北京工业大学出版社,2014:99);"40年的历史告诉我们,社会主义事业在中国辽阔的大地上,在亿万人民伟大的实践中,得到了充满生机和活力的蓬勃发展"(伍子杰.基本国情和基本路线[M].北京:中国青年出版社,1990:35);"历史告诉我们,股市是一个累积财富及保本增值的有效投资途径"(金枝.基金投资与基金管理实务大全[M].北京:中国城市出版社,1998:330);"历史告诉我们,铜资源是古代封建社会重要的经济命脉"(王纲怀.止水集[M].上海:上海古籍出版社,2016:223).

[2] F. 基佐. 一六四〇年英国革命史[M]. 伍光建,译. 北京:商务印书馆,1985:14.

[3] 罗兹曼. 中国的现代化[M]. 国家社会科学基金"比较现代化"课题组,译. 南京:江苏人民出版社,

1988:19.

[4] 崔瑞德,鲁惟一.剑桥中国秦汉史[M].杨品泉,张书生,陈高华,译.北京:中国社会科学出版社,1992:5.

[5] 赵凡,卜宪群,张太原,陈立新.不断提高历史思维能力:在鉴古知今中更好走向未来[N].光明日报,2019-07-10(06).

[6] 张越,何佳岭.史学·史学理论及史学史·比较史学:访刘家和教授[J].山东社会科学,2007(5):42.

[7] 付文治.人到底在哪里?——基于中学历史思维培养的思考[J].中学历史教学,2017(10):9.

[8] 李隆国.查理曼称帝与神圣罗马帝国的形塑[J].史学集刊,2018(3).

[9] 何蜀."语录仗"的疯狂年代[J].廉政瞭望,2012(2):73.

[10] 朱英.章开沅与辛亥革命和中国资产阶级研究[J].史学理论研究,2017(4):93.

[11] 杨念群.五四前后"个人主义"兴衰史:兼论其与"社会主义""团体主义"的关系[J].近代史研究,2019(2):4.关于"莫拉尔小姐"或"穆姑娘"(Miss Moral),参见鲁萍.《"德先生"和"赛先生"之外的关怀:从"穆姑娘"的提出看新文化运动时期道德革命的走向》(载《历史研究》2006年第1期).

(本文选自《中学历史教学参考》2020年第8期。作者单位:浙江师范大学人文学院)

培养历史思维能力是历史教育的重要任务
——读张汉林新著《历史思维能力研究》的启发

○ 刘淑燕　陈德运

历史学科在基础教育中不可或缺,首先是它能够培养学生的历史思维能力。无论是教会学生运用唯物史观提出和分析问题,还是养成家国情怀和全球视野,都不能架空历史思维能力。有怎样的历史思维能力就有怎样历史意识,有怎样的历史意识就有怎样的历史素养。所以,培养历史思维能力是中学历史教育的重要任务。

首都师范大学张汉林教授在其博士论文《中学生历史思维能力发展研究》基础上做了较大篇幅的修改,增加最新的研究探索,于 2023 年出版《历史思维能力研究》一书(简称"张著",后文所引部分出自该书者,不再一一作引文标注)[1]。张著从理论和方法论上呈现出对历史思维能力的认识,既阐释了历史思维能力及与之密切相关的概念的内涵与关系,又对国内外历史思维能力研究的基本脉络及主要成果做了梳理,还立足于我国历史教育实情建构历史思维能力体系,并探索了历史思维能力的培养方略。读完张著后,我们认为它具有重要的教育意义,故不揣浅陋,谈谈几点启发和认识。

一、定位有学科特色的历史思维能力属性

历史思维能力进入历史教学界,起于 20 世纪 80 年代对历史能力的关注。白月桥先生利用俄语优势,翻译了《历史教学中发展学生的思维能力》《历史学科培养能力与技巧的方式与方法》等著作,较早提出历史思维及其能力[2]。随着学界对历史思维能力的研究推进,一些成果直接移植心理学的思维能力,套上历史学科内容,使得历史思维能力缺乏学科特色,或者直接将心理学思维能力等同于历史思维能力。张著力图将历史思维能力定位在有历史学科特色的属性上,认为"历史思维是历史思维能力的理论渊源,历史思维能力是历史思维的教育化";"历史学科能力的本质属性是由历史思维能力规定的"。具体来说,历史思维是指"具有历史学科特征的一种思维倾向",而历史思维能力是指"学生把握和运用历史思维,成功地完成历史认识活动所必需的个性心理特征""集中体现在

学生能够有效地运用时间、证据、理解、意义等概念上"。历史思维是经由历史思维能力而得以体现出来的。因而,"对于历史教育而言,历史思维能力实际上是历史思维的教育化,使其富于教育意义和可操作性"。

为了进一步建构历史思维能力的特殊性、学科性,张著梳理了历史思维能力与历史学科能力的关系。他从能力的分类、功能及性质等角度,论证历史学科能力实际上包括认知能力与情感能力,再进一步依据认知能力中一般能力与特殊能力的区别,说明历史学科能力的特殊性在于其富有历史学科特色的思维力,进而指出历史学科能力主要由历史思维能力规定,而狭义的历史学科能力就是历史思维能力。

二、构建有中国特色的历史思维能力体系

张著力图基于国内外的历史思维能力研究主要成果,建构具有时代性的中国特色历史思维能力体系。从历时性视角,将国内研究划分为20世纪80年代、20世纪90年代以及21世纪以来三个阶段,重点介绍并审视了20世纪90年代国内历史思维能力研究的最高成就——赵恒烈先生的"五类历史思维能力目标体系",以及21世纪以来国内历史思维能力研究代表人物赵亚夫先生的研究成果——"四个基本原则和三个主要能力说"。

进入21世纪后,全球历史教育的最新历史课程标准无不围绕历史思维能力来落实历史核心素养。因此,从共时性视角,张著主要分析了英国、美国、加拿大和德国的历史思维能力研究的成果和特点,以获得核心素养背景下加强历史思维能力研究并取得突破性进展的重要启示。在知识观上,认为历史教学中最有价值的知识不止史实知识,还有史料知识、史法知识、史观知识、史德知识等,因而张著主张在第二层次概念(即历史认识论的概念)的基础上构建历史思维能力框架。在方法论上,主张对英、美国的实证研究历程进行分析、总结,促进我国历史思维能力研究转向实证研究,提高研究质量。在效能观上,要使研究成果惠及历史教学,主张应建立起高校研究者与中学教师的学术共同体,以确保研究成果的理论性与实用性。

张著通过历时性和共时性视角,着眼于历史教育的属性和实践,提出建构历史思维能力体系的基本原则,即立足于历史教育的核心价值、解决历史教学的实际问题、方便历史教师的教学操作。实际上这亦是其构建历史思维能力体系的基本方法,具体来说,即从历史教育的核心价值——使学生学会认识历史、学会思考,进而培养学生完善的人格和公民素质去考虑问题。张著抓住当前历史教育实践中历史思维能力培养的关键问题,"作为细化历史思维能力表现标准的抓手",以历史思维的核心概念为中心构建历史思维能力体系。基于此,张著提出以时间、证据、理解和意义四个核心概念作为历史思维能力体系的基础,在该体系下建构起时序思维的能力、运用证据的能力、历史理解的能力、建立意义的能力这四个维度的历史思维能力。

三、形成有教学基础的思维能力培养策略

对于基础教育历史课程,张著认为学生的历史思维能力由确定的历史时序、历史证据、历史理解、历史意义表现出历史意识或认识。所以,针对学生的历史知识必须承担价值观教育,历史与现实必然联系,历史因现实而生动,现实因历史而深刻。由此,历史思维能力尤为关注时空关系,并要求在理解变革过程和本质中形成理性认识。同时,历史思维能力借助丰富而具体的事实性知识理解过去、现在和未来的关系,进而夯实历史意识或认识的基础。

鉴于此,张著为历史教师培养学生历史思维能力提供了系统的方法论指导,并结合教学实例解析,方便教师准确理解。针对历史认识这一现代历史教育的关注点,张著围绕历史认识的目的、起点、方法与依据,以意义、问题、理解与史料为核心,寻求学生历史思维能力的培养策略。具体来说如下:

第一,建构有意义的历史教育。张著主张"聚焦历史之于学生的意义",帮助学生认识到历史学习的内在意义,拉近学生与历史的距离,弥合两者于时间、空间等各维度上的割裂。调动学生历史思维能力是学生构建历史认识的原动力,也是从源头上解决学习兴趣低下的关键。发现和理解历史事实之于今天及今人的意义,是学生历史认识的目的。因而,历史教学的目的就在于帮助学生"理解史实之于自我的意义",从而使之具备"理解身边事物的意义的能力"。

史实的意义因后世时代背景和认识主体而异,教师应注重"启迪学生思考意义是如何生成的、如何对待多样且多变的意义";"前理解"是学生与历史进行对话的前提条件,教师应关注和丰富学生"独特的'前理解'";历史教育并非"迫使所有人都接受一个公认的意义",教师应发挥其专业性,开发历史意义,帮助每位学生发现和形成对历史意义的全面理解;要避免历史教学抹杀学生主体性、阻碍现代社会发展,教师应尊重学生对历史意义的独特理解。此外,教师还应注意培养学生时时审视、反思既有意义的意识与能力,警惕某些狭隘的既有意义对人的行为的支配。

第二,发展以理解为中心的历史教育。张著通过盲人摸象的寓言故事类比历史学家与过去的关系,阐释历史、历史学与历史教育之间的关系,指明历史教育不在于使学生掌握历史事实,而在于使学生理解历史,在对过去的理解中深化对自我的认识,并剖析了学生理解历史究竟需要"理解什么以及如何理解"。理解历史的精髓在于理解历史上的人的活动,历史是由"追求目的的人的活动"构成,因而,有效的历史教学应着眼于人的活动的目的性及社会性的双重属性,"服务于学生对人的行为的理解"。而至于如何理解,张著认为有"作为历史研究方法的理解"和"作为态度倾向的理解"两种路径。其中,"作为态度倾向的理解"在历史教育中更为重要,强调学生对历史的"同情之理解",因而,历史

教学应还原历史情境,引导学生在情境中与历史人物进行平等对话,而非单方面的褒贬审判。

第三,以问题撬动学生历史思维能力的发展。张著依据基于历史思维四个核心概念的问题框架,结合教学的具体内容,提出问题以提升学生的历史思维能力。认为"只有面对问题,才需要思维,以便去弄明白它",因而高质量历史问题的提出是有效培养历史思维能力的起点,没有问题思考的历史教育无益于甚至严重阻碍学生的智力发展。然而,无论是学生还是一线教师,多未能厘清应提出什么样的历史问题以及如何提出,更遑论提出高质量的历史问题。基于此,张著剖析了高质量历史问题的基本特征,指出历史问题应是指向思维的,并围绕着四个历史核心概念为教师与学生设计了一套问题框架,力图扫除学生历史思维能力发展的一大阻碍。

第四,以史料为中心的三层次对话教学模式。张著主张在历史学习活动中引导学生与历史、他人和自我的对话,将学生历史思维能力培养蕴含其中,并最终指向历史教育的核心价值——培养学生完善的人格和公民素养。在与历史的对话中,学生要解读史料的内涵、解释史实的因果关系,以及对历史进行意义诠释,其关键在于理解史料,涉及时序思维、运用证据及历史理解的能力。历史教师应为学生提供若干史料,引导学生对史料进行多角度的解读,并帮助学生克服与历史对话的障碍,实现与历史有意义的对话。在与他人的对话中,学生将接触到他人对历史的不同意义诠释,并试图理解其背后的视野、角度和立场,其关键在于换位思考,涉及历史理解的能力。教师应注重组织学生进行合作学习,为学生创造与教师或同伴对话的机会。或进行角色扮演,引导学生剖析不同观点背后的视野、角度和立场,追求对多元观点的体验与理解。在与自我的对话中,前两个层次的对话都成为其途径,学生通过与历史和他人的对话"反观自我",深化对自我的理解,完善"偏狭"的自我,这是历史教育的核心价值体现,其关键在于习得经验的个人意义化。历史教师应为学生提供实现意义化的机会,如布置与学生自身密切相关的活动。

一般而言,学生在历史学习中构建历史认识,首先需要基于史料提出问题,进而从多角度理解史料的丰富内涵,以达成对历史的理解并建立起史实之于自我的意义。而张著采用了一种与该过程相反的顺序展开对学生历史思维能力培养方略的论述,却仍然充满逻辑性、环环相扣。首先在历史认识的目的上建立意义,避免历史教育沦为历史学的"低幼版",一味追求历史事实是什么;其次在历史认识的方法上理解历史,明确历史理解的对象及具体方法;再次在历史认识的起点上提出问题,致力于解决如何有效提问这一横挡在学生历史思维能力发展大门前的障碍;最后强调史料是历史认识的依据,阐释基于史料的教与学,并提出基于史料的三层次对话教学模式,巧妙地将三个对话融为一体,使之自成体系,富有可操作性。

四、超越以往的历史思维能力研究桎梏

关于历史思维能力的养成方式在实践中确已达成基本共识。作为教育场合的历史学科不能简单地移植别人的成果和粗陋地复制他人的经验,张著在这方面有强烈的学术自觉创新意识。

张著把历史思维和历史思维能力区分,并不是简单地分为内隐与外显、不可见与可见。任何人发表历史见解都在使用历史思维能力,即人们通过各种方式表现其历史思维能力,或许不够专业乃至错了,但难以否定其见解不包含历史思维能力。至于什么是好的、有用的历史思维能力,正是学校历史教育要做的事。再如,不能强调历史思维能力的特殊性就抹杀其普遍性,或把它的地位拔高到凌驾于其他思维能力的地步。张著阐述了历史思维能力与批判性思维能力的关系,认为历史思维能力的批判性是其显著特征,两者具有同一性和差异性且彼此成就。在历史教育中培养学生的历史思维能力,帮助学生养成自主的、公正的、逻辑的、反省的等可贵的思维品质,是培养学生批判性思维能力的重要途径之一,构成学生涵养发展核心素养的一部分。

按张著建构的历史思维能力属性,它不属于心理学、政治学及伦理学范畴,虽然它涉及广泛的知识领域,但只有基于史学时它才显示出独特的教育价值。因此,从知识类型的角度看历史思维能力较为妥当。如何掌握和运用历史知识依赖于历史思维能力。其中,如何认知、思考和理解过去的过程、习惯和方法,都是一种需要学习的知识类型。最基础部分是习得、研究和评判历史事实的知识和技能,因此,张著在如何分析史料、辨析历史争论、理解史学家的历史解释、学习史学家运用证据的方法、知道历史偏见形成的原因、获得质疑并判断历史问题的技巧等方面均有突破。

五、探索历史思维能力对价值观的真实作用

学生通过历史认识世界并思考人生,远比生活中积累的经验要客观、深远。个人的经历与视域总是限于一隅之内,不学习历史则难以认识更广阔的天地,发现人生的更多可能性。如若仅依有限的个人经验来认识事物,更有沦为"井底之蛙"的风险。事实上,建立在专业中学历史教育指导基础上的国家记忆或集体记忆,也高于个体记忆或认知。同时,个人记忆或认知也需要在集体记忆中寻得其位置,否则个人将难以与众多事物建立起联系并产生意义,而诚如张著所言,对意义的执着追问正是人类区别于一般动物的重要特质。

进入历史教育的知识都包含价值观认知,当然在习得历史事实时也必然触及多种价值观或观点的冲突,应用唯物史观提升历史思维水平恰恰是历史教育最实在的价值观教育。学生在唯物史观的原理与方法论指导下认识历史,能够习得历史地、辩证地认识事

物的要领与能力,如此,当其面对现实社会中的关于某事物的论战交锋时,便能够理性地独立思考,不至于陷入人云亦云的境地。

总之,这些都会透过各种历史视角反映在世界观上。与其他学科相比,因有历史思维作用,学生的世界观会在两个方面与众不同:一是基于人类过往经验的持续性思考,能够以发展的观点不断从历史宝库中汲取经验与教训;二是对自我中心意识的反思性省察,以时时警惕沦为狭隘且冷漠的个人主义者。

---

[1] 张汉林.历史思维能力研究[M].北京:北京师范大学出版社,2023.

[2] 陈德运,马玲玉.历史教育的研究历程及杂感:访课程专家白月桥先生[J].中学历史教学参考(上半月·综合),2013(7).

【附记】本文系四川省社会科学重点研究基地区域文化研究中心2023年度课题"近代以来中小学历史教学活动史的文献整理与研究"(QYYJC2303)的研究成果。

(本文选自《中学历史教学参考》2023年第12期。作者单位:四川师范大学历史文化与旅游学院)

"刊网微研"第 6 期

研讨主题：单元教学

研讨团队：北京市第二中学历史组

研讨课题：《中外历史纲要（上）》第六单元"辛亥革命与中华民国的建立"第 18 课"辛亥革命"

"以理解为中心"的单元教学设计
——以"辛亥革命"为例

○ 隋子辉

理想的高中课堂是以学习者理解为中心的探究式课堂。随着课程标准的颁布实施、统编版教科书的使用,课程改革进入核心素养时代。单元教学是以高中理想课堂培养学习者学科思维、培育核心素养、落实立德树人的有益探索。目前,对单元教学并没有一个统一的、确定的定义或概念,但一般认为:单元教学是指为实施学科教学而以单元为整体进行系统化、科学化、结构化的教学设计。这里的"单元"是广义上的单元,是自成系统的独立单位,是教师依据学生理解学习内容的需要,从整体上统筹规划须建构的核心知识、关键能力和素养水平,从而凸显教学过程的整体性、递进性和关联性的教学方式。

就高中历史课堂而言,单元教学是将学生置于历史教育的主体地位,引导学生理解探究历史,健全其独立人格,完善其理性的历史学科核心素养的尝试。那么,教师进行单元教学希望学生理解什么?如何帮助学生形成理解?如何开发学生理解的意义?这些问题的厘清有一定的理论和实践意义。本文以《中外历史纲要(上)》第19课"辛亥革命"为例进行思考和分析。

一、单元要"通",拓宽历史视野

如何理解"辛亥革命"一课的教学内容,需要考虑到三个基础:课程标准与教科书、史学研究以及学生情况。"辛亥革命"一课的课标要求是:了解孙中山三民主义的基本内容,理解辛亥革命与"中华民国"建立对中国结束帝制、建立民国的意义及局限性。从教科书内容分布看,"辛亥革命"一课在《中外历史纲要(上)》中开启的第六单元"辛亥革命与中华民国的建立",上承第五单元"晚清时期的内忧外患与救亡图存",下启第七单元"中国共产党成立与新民主主义革命兴起",在《中外历史纲要(下)》中辛亥革命是第六单元"世界殖民体系与亚非拉民族独立运动"中"亚洲的觉醒"的重要内容。

从史学研究的角度看,辛亥革命因对中国近现代历史乃至亚洲与世界历史的发展演

变产生了重要影响,一直受到海内外学者的广泛关注,辛亥革命史的研究也一直是近代史研究的"显学",研究成果丰硕。如章开沅、林增平著《辛亥革命史》、金冲及《辛亥革命的前前后后》、雷颐《帝国的覆没》、秦晖《走出帝制》、杨天石《从帝制走向共和》、罗志田《革命的形成:清季十年的转折》、马勇《晚清二十年》、唐德刚《袁氏当国》、政协文史资料研究委员会编《辛亥革命回忆录》等。可见,辛亥革命的研究内容不断深化,关注晚清新政、预备立宪与革命的复杂因果,关注中国走出帝制到建立共和的政治转型等问题;史料不断挖掘,档案史料、口述史料、报纸杂志等多元史料被运用于实证研究;视域不断扩大,关注辛亥革命前十年、二十年乃至百年中国社会的全面变革。

章开沅教授从方法论的角度提出:"辛亥革命的背景、起因、进程、后果、影响,需要进行长时段的纵横考察,才能谈得上对其本身以及历史遗产的真正盘点。"[1]辛亥革命史研究应该"在综合的和专题的研究中努力上下延伸和横向会通"[2]。放宽历史视野,上下延伸要从更长期的、多向度的时间理解辛亥革命,向上可以延伸到古代政治制度史、1840年中国近代史开端,向下可以延伸到1949年中华人民共和国成立之后。横向会通则要从更广阔的、多维度的空间理解辛亥革命,一方面从整体把握中国社会政治、经济、文化等各个部分之间的有机联系;另一方面将中国历史置于世界历史潮流中理解,辛亥革命在战争中诞生有世界时代背景,共和国建立顺应了世界的潮流,走在了亚洲觉醒的前列。

从学生认知的角度看,高一学生对辛亥革命中的重要人物、重大史事已有感性了解,理解辛亥革命所缺乏的是对于历史进程中原因与结果、变化与延续的理性思考,对于历史发展脉络和历史发展趋势的整体把握。所以,根据学生认知的难点确定教学的重难点,即从长时段纵横考察,理解资产阶级民主革命的兴起和中国近代政治制度的转型。鉴于高中学生已经具备了一定的史料分析能力和逻辑思维能力,适宜开展有深度的探究活动,进行单元教学的设计既具有可行性又具有必要性。

据笔者的理解单元教学的设计实施,强调的是对历史"通"的把握,太史公做《史记》强调"通古今之变,成一家之言",即是对历史有"求"通的理解。而新教科书通史+专题完全有别于此前旧教科书的专题式。"作为通史的《中外历史纲要》顾名思义,其处理方式应是要而不繁、重通不重专"[3]。所以,"辛亥革命"一课开展单元教学,可以将教科书四个单元整合成一个新的单元"近代中国各阶级为救亡图存所做的探索",追求的是对近代历史"通"的理解。

在整合之后的单元中理解"辛亥革命"一课的内容,可以借鉴第二代年鉴学派领军人物布罗代尔立足整体史提出的"长时段理论"。他指出:"研究传统历史中的重大'事件'限定在短时段之内……研究周期性运动,甚至中周期(中时段)可涵盖10年、25年乃至50年,(关注)对'局势'的描述……研究更持久的历史、长时段的历史(关注)结构……"[4]从短时段看,武昌起义不到半年推翻清政府,建立"中华民国"是突发事件,是资产阶级革命派为救亡图存所做的探索;从中时段看,辛亥革命体现了近代中国社会的矛盾危机以及各阶层探索的局势变化,顺应了世界历史潮流;从长时段看,这场革命体现了中国社会的结构性变化,对后续历史进程尤其是中国共产党领导的新民主主义革命有深远的影响。所以,理解辛亥革命需要三个时段的叠加,将这一历史事件置于局势中理解,并注重社会结构的变化。需要从一个完整的学习单元出发通盘式考察,找到历史中承前启后的关键环节、关键问题,理解历史的连续性、复杂性,传达给学生当时中国近代国家发展的整体面貌。

总之,"辛亥革命"作为单元教学中的一课,以课程标准与教科书、史学研究、学生情况为基础,确定教学立意为:辛亥革命推翻清政府是在鸦片战争以来帝国主义与中华民族、封建主义与人民大众矛盾异常尖锐的历史环境完成的,理解革命者救亡图存的责任担当;辛亥革命所建立的资产阶级民主共和制,是当时应运而生的国家制度,理解中国民主政治转型的艰难;辛亥革命只是一个开端,它拉开了中国完全意义上的民族民主革命序幕,理解中国共产党赓续革命的意义。追求的是以广阔的历史视野、时空观念来帮助学生形成对于近代史"通"的理解。

二、概念要"实",培养学科思维

单元教学在实施过程中,要遵循《普通高中历史课程标准(2017年版2020年修订)》提出的"重视以学科大概念为核心,使课程内容结构化,以主题为引领,使课程内容情境化"。赵亚夫教授对于适于历史教学的概念做出以下概括:"首先,概念是思维的结果和行为的工具,认知和解释事物必须通过概念;其次,概念是对类别(以分类为前提)现象的归纳性陈述,概念或源于事实,但不是对事实的特定陈述;再次,概念是用语言表达事物特质的抽象形式,同时也需要相应的行为加以印证。"[5]单元教学中提取历史学科核心大概念,进行概念教学要"实"。

概念是学习者理解历史的基础,提取学科概念的目的是培养学生历史思维。从整合后的单元"近代中国各阶级为救亡图存所做的探索"出发,确定单元的学科核心大概念为"民族危机""救亡图存""探索"。具体到"辛亥革命"一课提取的学科核心大概念为"革命"和"共和"。从单元长时段的视角看,革命是民族危机之下,民族资产阶级救亡图存手段探索的深化,共和是革命的目标、结果,共和与各种形式的专制的斗争是贯穿于20世纪上半叶的矛盾。教学围绕两个学科核心大概念展开主题探究,作为训练学生思维的工具设置了两个探究问题:探究一:为什么20世纪初的中国会走向革命?探究二:共和国带来了什么?它又面临哪些挑战?每一问题式任务下分别再设置若干细化的子问题设计,在教学情境中不断深入探究,形成对课程内容的结构化整合,利于学生从认知、推理和反思三个维度理解和解释概念,进而形成历史思维进阶的脚手架。

对于第一个学科核心大概念"革命",给学生提供1840—1911年中国近代史大事年表,由学生对重大史事以"中国社会蕴藏的危机"为视角进行归类,进而分析为什么20世纪初的救亡之路是革命,而不再是改良,让学生对现象进行分类并做出归纳性陈述,以使其习得课时中的小概念,如民族危机、封建统治危机、农民阶级、地主阶级、民族资产阶级、君主立宪、民主共和等,学生归纳得出概念,外显的是思维过程,内在的是学科理解和认知。对于第二个学科大概念"共和",则是渗透于整节课的叙事分析之中,从孙中山三民主义共和理想的提出,到革命过程中革命派为建立共和而努力,再到制定《中华民国临时约法》、民初共和与专制的多次斗争,落实课时中的主权在民、自由平等、权力制衡、民主共和、责任内阁等小概念,教学行为的层级递进,多次进行印证学科核心大概念。

可见,民族危机、救亡图存、探索、革命、共和这些学科核心大概念的提取是比较"实"的。我们在实际教学中很容易虚化概念,过分追求大概念,而不是把握概念的功能发挥。比如笔者最初的教学设计是:

环节一:"历史是这样创造的:最终的结果总是从许多单个的意志的相互冲突中产生出来的……有无数互相交错的力量,有无数个力的平行四边形,由此就产生出一个合力,即历史结果。"[6]从恩格斯的"历史合力"论分析辛亥革命的历史背景,探究历史合力如何推动中国走向革命。环节二:"(20世纪中国)经历过三次历史性巨大变化:一次是辛亥革命,结束了几千年的君主专制制度……"[7]从金冲及的"历史性巨变"的定位,分析辛亥革命从帝制走向共和的过程,探究如何认识辛亥革命是历史性巨变。环节三:"盘点辛亥要看'三个百年'。'三个百年'即100年历史背景,100年的历史本身,还要进行未来100年的展望。"[8]从章开沅的"三个百年"的视角盘点,探究辛亥革命的意义与局限性。

这一版的教学设计与最终所呈现的教学设计虽然思考的角度、关注的问题基本相同,但是概念提取上的差异是非常大的,"历史合力""历史巨变""三个百年"等大概念来自史学,新概念的引入更多是为了公开课展示、结构推陈出新。当以中学历史教育学的常识、学生的理解为中心审视时,复杂概念层出不穷,学生目不暇接,既加大了教学难度,也加大了学生理解的难度。

所以,进行概念教学的概念要"实"而不虚,不一味地追求史学的大概念,上完这节课之后学生理解的应该是"革命"和"共和"两个概念,是革命者之责任担当,共和制之艰难曲折。

三、叙事要"诚",落实立德树人

围绕概念教学的历史课堂叙事作为一种诠释的方式是理解历史的途径,"现代历史教学所主张的叙事,其本质是建构故事……在叙事中历史故事(被记述的事情)虽然不可或缺,但是追问谁在叙事、为何叙事以及如何叙事等问题,则显得更为重要(认知被记述的事情)……作为教育途径和目的,叙事不仅是讲过去的故事,而且强调认知的意义"[9]。高中历史课堂叙事要"诚"。

历史本身是多维的,叙事追求主体、角度的多样性,越长时段、越多元的叙事就越接近历史真实。"辛亥革命"一课的内容涉及20世纪初错综复杂的矛盾、多种政治势力的斗争,历史叙事分为"走向革命""建立共和""巩固共和"三个部分,叙事主体包括列强、清政府、革命派、立宪派、军阀等多种力量,一节课当然无法承载所有叙事,但可以在整合后的单元之内追求多维且完整的叙事。

本节课试图讲好"革命"和"共和"多元主体的故事,塑造历史群像,理解历史意义,落实立德树人的基本任务。导入部分以秋瑾与李钟岳的故事进入课题,通过对话拉近历史与学生的距离,追问"谁在叙事",由历史人物切入历史事件,由历史事件再扩展到对20世纪初中国社会所发生变化的思考,打通历史隧道,与直接用恩格斯的"历史合力论"、金冲及的"历史巨变论"或章开沅的"三个百年说"导入相比,比较平和、自然,让学生进得去、有触动,更易于形成学生的历史理解。走向革命的叙事,即关注了革命者的前赴后继的努力,也关注了清政府自救的努力,对历史有同情之了解,展示历史必然性背后深刻的历史复杂性。辛亥革命过程中的叙事注重多种力量的对比、动机、博弈及结果。"中华民国"建立之后的叙事关注孙中山、宋教仁等为新的"中华民国"确立制度、制定法律、走宪政之路进行的努力。

历史叙事要注重认知意义的挖掘,辛亥革命叙事的认知意义在于渗透现代观念。比如笔者讲到林觉民最初的叙事是:"林觉民写给陈意映的绝笔信《与妻书》是用血和泪写就的情书,革命者以天下人为念,为万民谋永福,不惜牺牲自己的精神今天读起来仍荡气回肠,足以传诵千古。"这一叙事对于高中学生来说就比较平,认知意义挖掘较浅。最终改为"要看到那个时代秋瑾、林觉民、宋教仁等革命者大多有留学经历,就算没有留学很多人也在新式学堂接受过教育,他们大多年轻富足、家庭幸福,了解世界潮流和发展趋势,但是他们选择抛弃家庭、不畏牺牲性命投身革命,一方面可以看到清政府腐败压制到了何种程度,另一方面也可以看到仁人志士为了追求理想政治、救国救民的责任担当"。这一叙事方式从革命者的求学、求索经历展开叙事,能够与学生的生活经验重逢,辅以对现实问题的敏锐观察,所指之处是让学生能够思考自由平等、民主共和等话题。

从立德树人来看,中国近代史的教学承担着一种使命,即培养学生的社会责任感,对其进行公民教育、人格教育。"辛亥革命"一课的叙事教师始终把国家、国民、民主、共和、法律等概念的理解放在核心地位,力图借助真诚的叙事使学生感觉到它们的存在,感悟到蕴藏于叙事背后的家国情怀,进而生成知识的意义与建构生命的价值。

四、解释要"慎",培育核心素养

进入核心素养时代,历史解释是发展学生核心素养的最大难点,历史解释素养的难度在于学生的理解,在课堂教学中引导学生从史实出发,先拥有知识,理解了之后才能进行解释。解释是以史实为依据,以问题分析为导向的,解释要"慎"。

"辛亥革命"一课设置的两个探究问题,依托史料的选择,引导学生探究历史,把求真作用于史料分析,有一分史料说一分话,在实证的基础上把解释的机会交给学习者,并不要求在一节课内全部解决,其答案应是开放的,以浸润培育学生的历史学科核心素养。课上的史料呈现主要有两方面的考虑:一方面尽量选择新教科书提供的史料,尽量选择直接史料,注重挖掘史料的内涵及意义。张汉林教授指出:"作为课程的开发者,历史教师不是要抛开教科书,另行开发大量的史实或史料,而是要深入理解教科书中的基本史实的隐性意义。开发教育意义,而不是开发教学材料。"[10]比如,孙中山阐发"三民主义"取自教科书的"学思之窗"、陈独秀论述共和制所遇到的挑战取自教科书第20课的"史料阅读"。而探究"共和国带来了什么"这一问题时,选择的图像史料、《中华民国临时约法》法条等文献史料基本上都是直接史料,让学生依据直接史料,深入分析史料内涵得出历史解释。另一方面,将当代历史学家的著作作为学习辛亥革命的间接史料,尽量引用其提供历史视角、思考视野的内容。通常学生对历史学家的专业著作并不了解,如果引入过多的新概念,进行过多历史解释,课堂上的流畅度就会被打乱,特别是其中一些事实性陈述作为整体叙事没有问题,但是教学中选出来可能出现与教科书表述不一致、不严谨等问题,所以,教学时关注其对于历史问题思考、解释的视角,如讲到革命与改良的较量时,引用马勇的革命和改良赛跑说:"真正推动清政府进行大规模政治变革的动力,其实就来自孙中山和他的革命党人。革命与改良确实在那十年间进行激烈赛跑。"[11]分析辛亥革命结果时引用陈旭麓的论断:"辛亥革命以暴力推倒了帝制,代之以民国,为2132年的历史打了一个用铁和血铸成的句号。"[12]探究国家所面临的挑战时引用唐德刚的视角:"项城不做虚君,邃初志在首相。"[13]所引用的是认同度高的,对于学生理解历史的关键节点、起承转合等有帮助的结论性的材料,而不是事实性的材料。

从公民教育角度说,不灌输专家学者的历史解释,而是让学生认识到探究问题时可以自己依据史料评判历史,进而形成审慎的解释。对于学生而言,基于单元内在的逻辑,本节课如果能在运用史料的基础上理解、解释革命对结束帝制、建立新国家、新制度、新法律的政治转型的意义,理解反帝反封建的民族民主革命是历史接力,也就具备了理解、解释后续历史以及身边事物意义的能力。关于共和国所带来的经济、思想、社会生活等领域具体而又深刻的变化,面临的复杂而又尖锐的挑战,这些问题的解决要赓续革命,在单元的下一课继续进行探究。

总之,单元教学是对于理想的高中历史课堂的追求,教学设计的单位从课时到单元的变化,使教学有了更宽广的视野,有了更大的弹性,使常态课堂更具历史味,更具人文性。从单元教学视角出发所设计实施的"辛亥革命"一课,基于基本史实,基于公民常识,追求学生对历史"通"的理解,追求概念"实"、叙事"诚"、解释"慎",力图通过深刻的对话式教学打开学生思维空间,使学生的理解能够真实、自然地发生,进而培养历史思维、培育核心素养、落实立德树人。

——————

[1] 章开沅.走出中国近代史[M].北京:北京出版社,2020:58.

[2] 章开沅.辛亥革命史研究如何深入[J].近代史研究,1984(5):116.

[3] 侯桂红.高中历史新课标新教材使用中的主要问题及应对建议[J].历史教学问题,2022(6):150.

[4] 费尔南·布罗代尔.论历史[M].刘北成,周立红,译.北京:北京大学出版社,2008:29-34.

[5] 赵亚夫.高中历史教学中的概念、解释与叙事:上[J].中学历史教学参考(上半月·综合),2022(8):4.

[6] 马克思,恩格斯.马克思恩格斯选集:第四卷[M].北京:人民出版社,1995:697.

[7] 金冲及.二十世纪中国史纲:第一卷[M].北京:社会科学文献出版社,2009:2.

[8] 章开沅.盘点辛亥要看"三个百年"[J].学习月刊,2011(21):48.

[9] 赵亚夫.高中历史教学中的概念、解释与叙事:下[J].中学历史教学参考(上半月·综合),2022(9):4.

[10] 张汉林.论有意义的中学历史教育[J].课程·教材·教法,2020(10):90.

[11] 马勇.晚清二十年[M].北京:人民文学出版社,2011:340.

[12] 陈旭麓.近代中国社会的新陈代谢[M].上海:上海社会科学院出版社,2006:334.

[13] 唐德刚.袁氏当国[M].桂林:广西师范大学出版社,2015:35.

(本文选自《中学历史教学参考》2023年第12期。作者单位:北京市第二中学)

基于叙事的历史单元教学思考

○ 马 婷

叙事是理解历史的强有力的文化工具[1]597。恰当的历史叙事有助于学生更好地理解历史教学中的关键问题。教师如何构建出恰当的历史叙事,需要在结合学生认知的基础上从叙事的内容、结构、意义等多方面进行考量。本文以《中外历史纲要(上)》第19课"辛亥革命"为例,探讨叙事在历史单元教学中如何发挥作用。

一、以多元视角丰富叙事内容

历史本身是多维的。作为一种诠释的方式,历史叙事的角度越全面,越能帮助学生认识历史问题,所以基于叙事的历史教学强调为学生提供多元材料。但历史教学中又存在一个常见问题,"补充材料"一则、二则……排下来,粗浅展示且应接不暇,看似在培养学生的历史思考,其实都在服务教师的历史解释。选取叙事内容时要规避上述问题:一方面,充分考虑了史料的多元性,不仅所选取的史料类型多样,而且在处理问题时为学生提供的内容视角也要多样;另一方面,虽然内容多元,但主题线索明确,避免资料过多,学生应接不暇的问题。

"构成故事环境的各种事实从来不是'以它们自身'出现,而总是根据某种眼光、某个观察点呈现在我们面前的"[2]。视角决定了叙事者讲述故事的角度乃至基本态度。选择多元视角有利于摆脱传统单一视角的叙事,更接近历史发展是由不同群体的思想和行为共同推进的,有利于学生从不同的立场理解历史。

叙事视角可以分为内视角与外视角。内视角是故事内人物的眼光。外视角是故事观察者的眼光。以"为什么20世纪初的中国会走向革命"这一问题为例,为了使学生理解当时中国社会对革命的反应,内、外视角均有所呈现,力图帮助学生建立起一个整体的历史图景:一方面,从当时人的视角出发,提供《民报》的发刊词,引导学生思考"孙中山认为中国社会最急需解决的问题是什么";提供清末新政的相关内容,引导学生看到在革命党人活动的同时清政府也意识到危机的存在。另一方面,从后人视角出发,提供历史学家马勇对这一时期"革命"和"改良"的相关认识,二者相互照应,既点出了历史中的人身处历史迷局的不同体会,又补充了研究者对历史的后见之明,有助于学生形成相对全面的历史理解。

此外,叙事的多元视角还体现在对不同身份的历史角色的选择上。在本课设计中,革命党、立宪派、清王朝、北洋军等各种力量均有所涉及,学生在这种不同态度、立场、意图的叙事中跳出对历史的简单认知,从而在此过程中认识到历史的复杂性。同时,将历史人物置于当时的环境,从他们的视角和立场分析辛亥革命为何发生,引导学生在看待历史人物时,不是纯粹脸谱化的评价,而是能够多几分理解和同情。

二、以时段理论优化叙事结构

历史"不是被亲历的,而是被讲述的"[3]。也就是说,历史的发生发展过程本身并没有开头、中间和结尾的区分,而是人们在叙述历史的过程中会人为地进行限定。不同的开头和结尾决定了故事能够承载多少内容,也决定了我们站在哪个节点上思考历史意义。所以要关注叙事结构,就在于叙事结构有助于凸显叙事整体的意义。否则,仅是在时间序列上排列诸历史事件,而不关注其结构,就掩盖了叙事的意义。因此,从历史叙事的角度说,教学设计中要审慎地选择叙事结构。

布罗代尔"时段理论"是一种方法论,主要想解决如何认识历史发展的逻辑和规律。短时段关注传统历史学领域中的一些突发性的事件。中时段则关注节奏较慢、周期局势变化。长时段关注极其缓慢、时间跨度很大的结构变化。辛亥革命作为一件对中国社会影响极其深刻的历史事件,在对其进行叙事中与布罗代尔"长时段理论"相结合,可以有助于学生更全面、深刻地理解辛亥革命。

单元教学中的"辛亥革命"一课,在设计上暗含布罗代尔的时段理论,从长时段入手优化叙事结构,从而使辛亥革命的变革意义更容易理解。从单元整体出发,本课在设计上并未把传统历史教学中的武昌起义作为辛亥革命的起点,而是把辛亥革命放在更长时段的历史背景中,探讨20世纪之初中国社会"改良"与"革命"之间的博弈,而在处理辛亥革命带来的历史影响这一重点问题时,借助一系列问题线索引导学生从短、中、长三个不同时段认识辛亥革命。

在一次次探究中,学生逐渐意识到从短时段看,辛亥革命体现资产阶级革命派为救亡图存所做的探索;从中时段看,辛亥革命体现了近代中国社会的矛盾危机以及各阶层探索的局势变化;从长时段看,这场革命反映了中国社会转型的结构性变化。

由上可知,将辛亥革命与"长时段理论"结合,将这一历史事件置于事态中理解,并注重社会结构的变化,既可以很好地处理本节课涉及的辛亥革命历史意义的相关内容,又

能承接后面北洋政府时期的相关内容,从一个完整的学习单元出发,追求的是学生形成对中国近代历史"通"的理解,体现"为理解而教"的理念。

叙事并不是对一系列随机事件的排序,而更像是一种找出哪个事件导致了其他事件发生,以及影响这些关系的因素的尝试[1]614。因此,历史教学中的叙事并不是拿来就讲的。它是在搜集资料的基础上,经过加工处理,选择恰当的开头、中间和结尾,使故事的形式服务于目的。时段理论有助于我们将历史事件置于不同的叙事框架中,认识事件的多重意义。

三、以问题链条深化叙事意义

实际上,并不存在没有意图的叙事。虽然沃尔什曾对叙事进行区分,划出朴素叙事和意蕴叙事的界限,但朴素叙事却在史学实践中很难找到,以至于亨佩尔直接将其排斥在历史学的大门之外。显然,叙事是有意义的叙事。叙事的意义传达需要经由学生的理解,才能真正作用于学生的个体成长。坚持了这一点,也就把握了叙事的方向。前文提到的内容选择、结构安排,都以此为基准,共同指向学生的理解。本课设计几个重要的问题链条,让学生在回答问题的过程中,与教师共同完成叙事,在这一过程中叙事的意义也逐渐凸显。

在走向革命的叙事中,从秋瑾与李钟岳监狱中的对话开始,提出一系列的问题:秋瑾因何青史留名?从她的经历中,思考她走上革命道路的主要原因。李钟岳对秋瑾持什么态度?李钟岳的身份是山阴县令,却同情秋瑾,说明了什么问题?而这一系列的问题链条,不仅有效拉近学生与历史人物的距离,使学生快速进入课堂,而且可以使学生清楚感知到20世纪初的中国社会正发生着重大的历史转变,在探索救亡图存的道路上,越来越多的人投身革命、越来越多的人同情革命,革命逐渐取代改良成为20世纪中国政治舞台的主旋律。

在辛亥革命过程的叙事中,关注孙中山为实现革命理想、建立新的国家而做的努力。通过问题引领叙事的教学呈现方式,设计贯通单元的核心问题,以问题为骨架,以叙事为血肉,意在帮助学生理解历史事件,发现叙事的意义表达。具体来说,引导学生思考"孙中山认为中国社会最急需解决的问题什么"。孙中山认为君主专制政体是"中国恶劣政治之根本,是中国长期落后和被侵略的根源",中国社会最急需解决的就是推翻清政府的专制统治,由此叙述民族主义。紧接着引导学生思考"孙中山认为要如何解决",在思考中学生会逐渐意识到只是推翻清政府,不能从根本上铲除专制主义,最为关键的是革命之后建立什么样的制度,由此叙述民权主义。创立中华民国之后,则要解决国家发展问题,进行社会革命,关注民生,由此叙述民生主义。这一系列的探究是在教师引导下学生自主完成的,学生在回答问题的过程中,不仅可以理解孙中山提出三民主义的原因,也可

/191/

以认识到"三民主义"中蕴涵着极强的民族忧患意识和民主革命意识,具有彻底的反君主制、反专制的性质,完全是朝着新的、近代国家方向规划的蓝图。

在"中华民国"建立之后的叙事中,以探究问题"共和国带来了什么?它又面临哪些挑战"贯穿始终,关注了孙中山、宋教仁为新的共和国确立制度、制定法律、走宪政之路进行的努力。带领学生共同思考一个新的国家,新的国体,政治、经济、文化等领域新的国家认同、民族认同如何形成,同时为后续内容埋下伏笔,"中华民国"建立所带来的经济、思想具体而又深刻的变化,面临的复杂而又尖锐的挑战,在第20课要继续进行探究。这些问题的解决要赓续革命,即进行新民主主义革命,对于辛亥革命进行继承与超越在第六单元继续进行探究。

总之,从"辛亥革命"一课来看,历史叙事是以学生拥有知识为起点,以学生理解历史并能够进行恰当的历史解释为终点。谈理解必然涉及解释,理解和解释是叙事的一体两面。因此,历史叙事不是为了叙述历史事件本身,而是借助历史事件影响学生,即所谓"用以教人之实例",使其更好地理解历史,进而理解现实世界。

---

[1] R·基思·索耶.剑桥学习科学手册:下册[M].2版.徐晓东,译.北京:教育科学出版社,2021.

[2] 张寅德.叙事学研究[M].北京:中国社会科学出版社,1989:65.

[3] 韩震,董立河.历史学研究的语言学转向:西方后现代历史哲学研究[M].北京:北京师范大学出版社,2007:207.

(本文选自《中学历史教学参考》2023年第12期。作者单位:北京市第二中学)

单元教学中的问题设计

○ 周双双

历史是历史学家通过对自己提出的问题进行解答一步步构建起来的,问题一向是历史研究的主导因素[1]。科学设问的意义不仅体现在史学研究方面,对于中学历史教学来说同样重要,中学生的历史思维能力培养建立在问题之上[2]。中学历史教学所应做的,是以具体的历史事件、历史人物为案例,训练学生思考问题、解决问题的能力,培养学生在解答问题时要有观点,提出观点之前要有论据,论据必须足够支撑观点,论据需要可靠全面,观点和观点之间有逻辑性。因此,好的问题设计应该让学生能够实现这一思维训练的过程,历史课中设计出好的问题具有重要意义。本文以《中外历史纲要(上)》第19课"辛亥革命"的单元教学设计为例,选取其中富有代表性的问题设计进行探讨。

一、串联设问单元旨向

问题设计的起点应是一课的核心大概念,对于"辛亥革命"一课来说所提取的学科核心大概念是"革命"与"共和"。围绕这两个关键词,本课在整体上设置了两个问题式任务:一是"为什么20世纪初的中国会走向革命",二是"共和国带来了什么?它又面临哪些挑战",每一问题式任务下分别再设置若干细化的子问题设计。本课涉及的知识点围绕着主题任务而展开,自然将课标要求的教学内容涵盖进来。正如章开沅先生所言,辛亥革命有它的"前因",也有它的"后果"[3]。要想回答第一个问题,就要了解近代以来中国面临种种内忧外患,经历过哪些救亡图存的尝试,结果如何,又为什么在此时走上了革命的道路,就离不开第五单元的内容。如果要回答第二个问题,就要知道20世纪初特定的历史条件下,革命会向什么方向发展,革命党人能解决什么问题,什么问题又会被遗留下来,必须与第20课及后续第七单元的内容联系起来。辛亥革命只是一个开端,中国要完全实现国家独立、民族复兴仍然任重道远。因此,这两个问题巧妙地将第五、六、七这三个单元的内容串联起来,实现了单元的整合,也实现了对辛亥革命"上下延伸,横向会

通"的理解。

二、情境设问激发共情

在一堂课中设计一个吸引人的问题,能够极大地激发学生的求知欲和学习热情。以鲜活、生动的历史情境引领设问就具有这样的优点。因此,本课的导入部分创设了秋瑾在赴义现场与负责行刑的官员李钟岳的对话这一情境:"(浙江山阴县令李钟岳)告曰:'尔之冤屈,我深知之,鄙人位卑言轻,愧无力成全,然死汝非我意,幸谅之也。'言时,泪随声堕,旁立吏役,亦相顾恻然。"[4]

在这一真实的历史情境之下,教师提问:从这个故事中,你们能感受到李钟岳对秋瑾持什么态度?提示学生注意李钟岳的身份,这一点说明什么?学生对于富有感情色彩的信息回忆普遍较快[5],这一历史情境的创设使学生可以自然而然地代入其中,产生共情,理解历史人物的个体心理,从而理解其所在的群体的观念。

针对这段材料的问题设计进一步追问:在旁边的刽子手眼中,秋瑾又是一个什么人?李钟岳等人同情革命的原因有哪些?他们所理解的革命就是孙中山所说的革命吗?这样的问题既体现了历史的复杂性,也对学生的思维提出了更高阶的要求。

三、拆解设问层层递进

为引导学生回答"辛亥革命发生的过程有什么特点"这个问题,教师呈现了多则材料,包括革命党人在湖北军政府合影的历史照片、《辛亥革命形势图》、"独立后各省都督身份表""江苏巡抚程德全革命必须有所破坏""清政府和列强对革命的反应时间轴",并设计了数个问题如"革命从空间分布上有什么特点""从时间分布上有什么特点""概括独立后各省都督身份的特点"等。这些问题循序渐进、环环相扣,学生可以水到渠成地得出辛亥革命发展迅速,成果巨大,革命代价很小也并不彻底的特点。这样将问题设计建立在学生现有的知识储备基础之上,如果直接抛出"辛亥革命发生的过程有什么特点"这个问题,虽然直奔教学目标,但学生对这个问题的思考很可能是不全面的,也很难意识到辛亥革命的特点与革命后续遗留问题间的关系。

处理《中华民国临时约法》这一知识点时,本课设计了一组层层递进的问题链——《中华民国临时约法》各条款分别体现了哪些原则?有何进步意义?《中华民国临时约法》能够发挥出它的作用吗?对材料进行了充分挖掘。第一个问题指向明确,学生可以通过对材料的分析和有效信息的提取得出答案。第二个问题对于"进步意义"的分析,则需要从单元长时段的历史视角,向上延伸对比之前的政治制度思考回答。至于第三个问题,学生暂时只能回答出自己的推断。此时,教师呈现民初二次革命、袁世凯复辟帝制、护国运动、张勋复辟帝制、护法运动等一系列围绕《中华民国临时约法》展开的政治斗争,向下延伸,进而从单元整体促进学生对第三个问题的理解认识。这三个层层递进的问题,既遵循了历史时序,又沿着学生的认知规律展开,学生的思维随之拾级而上。

四、开放设问训练思维

开放性问题是指比较概括、广泛、范围较大的问题,它没有特定的标准答案,给解答者以充分自由发挥的空间。

"为什么20世纪初中国会走向革命"是一个复杂而宏大的问题,教师给学生提供了一个入手点,展示1840—1911年中国大事年表,以中国社会蕴藏的危机为视角,对史事进行归类,思考其与由改良走向革命之间的关系。问题是开放的,但不是无边际的,教师给学生提供了思考的角度,这样就能使问题的解答尽可能全面,也避免学生打不开思路。这个问题的好处在于它实现了对学生历史思维的训练,学生在回答问题时,首先要选取角度,也就形成了一个论点(如中国社会面临的民族危机如何推动20世纪初的中国由改良走向了革命);其次要选择事件,也就找到了论据(如鸦片战争与《南京条约》、第二次鸦片战争与《北京条约》、甲午战争与《马关条约》、八国联军侵华与《辛丑条约》),这些论据指向民族危机的逐步加深,越来越多的人走上革命道路,在论点与论据建立起了逻辑。

"革命的目标达成了吗"也是一个具有开放性的问题。学生自主思考,积极提出自己的想法,如"最关键的部分达成了""达成了一部分,推翻了清朝的统治,结束了两千多年的君主专制制度,但是争取民族独立的任务还没有达成""没有完全达成,因为新建立的民国内部存在着错综复杂的政治势力,旧官僚还占有很大权力"等。最后的总结中,教师提示对这个问题的思考还需放眼20世纪初的世界历史,辛亥革命顺应了历史潮流,辛亥革命后建立的"中华民国"是亚洲的第一个共和国,中国走在了亚洲觉醒的前列,对于其历史价值必须充分肯定。

在对这两个问题的解答过程中,学生进行了有观点、有论据、有论证的思考,也就达成了设计开放性问题的本意。

总之,好的问题设计在贯通单元教学、拓宽历史视野、培养学科思维、涵养家国情怀等方面能够起到的重要作用。在单元教学中,为了实现提问的有效性,教师在备课时对每一个问题的设计都必须严加斟酌,在考虑学生的认知情况和抓住学生兴趣点的基础上配合史料,设计出有情境、有层次、指向明确,又能开拓思维的好问题。

---

[1] 柯林伍德.历史的观念[M].何兆武,张文杰,译.北京:商务印书馆,1998:378.

[2] 张汉林.提问之道:历史思维养成路径的探讨[J].教育学报,2018(3).

[3] 章开沅.百年锐于千载:辛亥革命百年反思[J].政策,2011(11).

[4] 沈栖.向秋瑾行刑的李钟岳[J].世纪,2003(6):55.

[5] 李凯.基于核心素养的历史课堂设问策略构建[J].天津师范大学学报(基础教育版),2019(1).

(本文选自《中学历史教学参考》2023年第12期。作者单位:北京市第二中学)

基于立意的历史单元教学理解

○ 王 磊

如何设计、看待一节课？教师在备课时必须首先思考清楚，通过我们的课堂最终要传递给学生的高中历史课堂的立意是什么，在这个核心之下，一切课堂的材料、活动都应围绕其展开。如刘勰在《文心雕龙》中所言："驭文之首术，谋篇之大端……是以附辞会义，务总纲领，驱万涂于同归，贞百虑于一致。"[1]

具体到历史教学中，我们需要明确历史学的本质是什么，这个问题似乎太大、太宏观。笔者非常推崇钱钟书先生曾经阐释过的一句西方格言："历史乃哲学用以教人之实例耳。"[2]也就是说，历史学是用历史实例教后人思考和批判。历史是人的活动的结果，我们后来的人看历史的时候，实际上是在看历史上的那些人，往往是一些"大人物""有所作为者"——在一定的环境下、面对历史问题的思考和抉择。而教师就是要引领学生，从这种大视野中理解历史、理解历史上的那些人和事。

现在教育者对于单元教学、大概念教学的研究，其本质与这种宏观视角和架构是一致的。从单元教学的角度思考"辛亥革命"一课的立意，就是让学生从历史的大视野中理解这场革命的发生，理解孙中山、秋瑾、林觉民、宋教仁等人的思考和抉择，理解辛亥革命建立的民主共和制的进步与面临的严峻挑战。

设计课堂教学环节时，引导学生回答的第一个问题是辛亥革命为什么会发生，即探究一：为什么20世纪初的中国会走向革命？探讨究竟是哪些方面的因素、力量的影响下革命的声势日涨，逐步取代了改良而成为时代的中心。第二个问题则是革命会以一种什么面貌出现。在当时的历史条件、各种政治力量的对比和博弈以及孙中山等为代表的革命党人所具备的条件下，革命将向什么方向发展？他们能解决哪些问题？而会遗留哪些问题？这就是探究二拆分成了两个话题：共和国带来了什么？它又面临哪些挑战？事实上，在各种因素的影响下，辛亥革命最终用一种"高效而低成本"的方式告一段落，即南北和谈、清帝退位。那么势必只能解决当时最重要的问题——君主制度从形式上被颠覆，

建立共和政体,而必然会留下大量的问题需要"补课"。学生如果能理解到这些,也就能对历史的演进复杂性有了初步的体会,能够初步建立起多角度思考问题的意识。

设计一节课时如何选择材料、运用材料,不仅影响学生对历史问题的认识,也影响学生看待、思考问题时的方法,即如何才能全面、客观地看待问题。"辛亥革命"的课题不缺乏史料,难点在于我们将哪些材料、如何整合运用到一节四十分钟的课堂中。史料选择要"多样",不仅是形式多样,更是内涵多样,革命党、立宪派、清王朝、北洋军等各种力量你方唱罢我登场,不仅呈现出丰富的叙事结构,而且让学生在这种不同态度、立场、意图的叙事中认识辛亥革命进程的同时能够线索清晰,在看待历史的时候知道当时的人要做什么、发生了什么,更重要的是体会到辛亥革命、政治转型、社会巨变最终的走向是在各种力量的综合影响下推进的,进一步让学生认识到历史演进的复杂性。有了这种认识,"至少不会感到现在我们是站在已往历史最高之顶点……不会对本国已往历史抱一种偏激的虚无主义"[3]。看待历史人物时,能够多几分理解和同情;看待历史发展时,能多几分客观和冷静。

---

[1] 周振甫.文心雕龙今译[M].北京:中华书局,2015:378.

[2] 钱钟书.谈艺录[M].北京:中华书局,1987:363.

[3] 钱穆.国史大纲[M].北京:商务印书馆,1994:1.

(本文选自《中学历史教学参考》2023年第12期。作者单位:北京市第二中学)

"刊网微研"第 7 期

研讨主题：情境设计与情感体验

研讨团队：青岛西海岸新区高中历史李付堂名师工作室

研讨课题：《中外历史纲要（上）》第七单元"中国共产党成立与新民主主义革命兴起"第 21 课"南京国民政府的统治和中国共产党开辟革命新道路"

情境设计与情感体验
——以"南京国民政府的统治和中国共产党开辟革命新道路"为例

○ 丁　健

情感培育和价值引领是历史教育的方向和旨归,决定着我们的教育"培养什么样的人"和"为谁培养人"。情境则是情感培育能否实现的前提和重要路径,决定着情感培育目标能否实现。反观历史教学实践,反思自己的日常教学:强于历史思维,历史情感严重不足;强于问题和题目训练,而情境设计严重不足。因而不能实现历史学科教育的情理交融,不能实现情感培育的情境交融。

对于《中外历史纲要(上)》"南京国民政府的统治和中国共产党开辟革命新道路"一课,《普通高中历史课程标准(2017年版2020年修订)》的内容要求是:认识中国共产党成立对中国革命的深远影响,认识中国共产党开辟革命新道路的意义;认识红军长征的意义。载体在于"史实",落脚点在于"意义",即一种价值引领。满满的家国情怀素养,绝佳的情感培育和价值引领的教育资源。于是,本课教学设计突出了"情境设计与情感体验"的思路,从"以情感激发情感""以情境体验情感""以探究升华情感"三个环节,通过1927—1936年中国共产党的发展历程,让学生走进这一段历史,感受和体验中国共产党人的革命精神、革命热情、革命激情;通过对中国共产党开辟革命新道路与长征历程的学习,感悟中国共产党为民族、国家利益艰苦奋斗的精神,升华家国情怀。

一、以情感激发情感

情感培育,首先要有情感。学生的情感来自教师的情感,来自历史的情感。要激发学生的情感,教师首先要有真情实感,对这段历史中的人物和事件要有真切的感受与认知。所以,课堂设计首先要基于教师对教学内容的情感而深度发掘可能传递给学生的情感,以作为教育资源。

培育情感,关键在于激发。上这节课的时候,正值国庆期间。所以课堂伊始,我就以国庆以及9月30日的"烈士纪念日"为切入点,通过现实切入历史。我播放了关于陈延年的个人简介及英勇事迹。之所以选择陈延年,是因为情感。学生对陈延年比较熟悉,有感情基础。真实的陈延年和影视作品中的陈延年相得益彰,增强了感染力,便于激发学生的情感。

"大革命失败后的抗争"一目,出示表格,营造氛围,目的在于情境体验、情感体验,让学生体会到国民大革命失败后中国共产党面临生死存亡的至暗时刻,体验在白色恐怖的笼罩之下,中国共产党人如陈延年、史砚芬等所表现出的坚定的信念和义无反顾的斗争精神。为了引发学生心灵和情感共鸣,我特别注重了细节与生活。革命志士慷慨赴死,但是他们也有家人,也有亲情的牵挂,于是,我选择播放史砚芬就义前写给弟弟妹妹的绝笔信,让学生身临其境,设计共情点,增强代入感。而后通过徐特立、贺龙选择在党处于困境时入党,让学生感受他们的崇高理想,体会到他们不是为了自己的前程,而是为了国家、民族和社会做出的抉择。

"至暗时刻—彷徨动摇—毅然赴死—逆境入党"这一思维逻辑,旨在形成强烈的对比,彰显革命志士的伟大和信仰的力量;而史砚芬的家书就是打开学生感情的闸门,可以拉近历史和现实的距离,让历史走进学生的心里。

二、以情境体验情感

内化情感,需要优化情境的设计。只有精准的、必要的、巧妙的情境设计,才能达到内化情感体验,让学生的历史理解有所依,有所依才能有所悟。

本课教学的设计理念是以情境作为教学和学生学习活动的前提和主要途径,在特定的历史情境中引导学生进行情感体验和问题探究。整体上设计一个大的历史情境"困境中中国共产党的抗争与探索",具体设计了三个相互关联且逐步递进的分情境:大革命失败后的抗争、武装起义受挫后的探索、反"围剿"失利后的成长,期待学生在情感体验中激发情感,在情境中培育情感,在探究中升华情感。

"大革命失败后的抗争"部分,我力图使用一手的、真实的史料来营造情境:史砚芬等烈士的家书,徐特立、贺龙等人的入党申请书以及这一时期中国共产党人数变化数据等。特别是烈士家书的使用,将烈士高大形象还原为普普通通的人,就如同我们的家人,感同身受。

"井冈山道路"的开辟既充满革命的智慧(探索适合中国国情的民主革命道路),同时有富含革命的情感(精神与信念)。为了这两个教育目标的实现,我设计了"武装起义受挫后的探索"学习情境:困境(革命低潮,白色恐怖)中的起义以及困境(起义失败)中的探索。这"困境"使学生感受革命的艰难,体验革命者的坚韧,认识革命精神的可贵。

长征对于这节课来说无疑是重要的一个情感体验设计点。但是现在学生的生活离长征很远,需要通过设置多种情境,让学生走进长征,意识到长征不只是一次远行。教科书中就有很好的素材,如长征路线图、毛泽东诗词。我最初选择的方式是对照长征路线图讲述典型的事件,如血战湘江、遵义会议等。讲述过程中,我力图用饱满的感情和有感染力的语言创设情境,发现达不到应有的效果。于是,我播放了文献纪录片《诗人毛泽东》片段,通过激扬的音乐、富有感情的朗诵、生动的画面等营造浓厚的革命乐观主义氛围。在此基础上追问"毛泽东笔下的长征看不出艰苦,但长征真的不艰苦吗",由此进一步加深学生对革命乐观主义精神的体验。

三、以探究升华情感

理性需要情感引导,更需要理性支撑,情理交融才能真正实现历史教育立德树人的目标。要培育人,培育"积极进取的""健全人格的""正确世界观、人生观和价值观"的人,仅仅有情感是不够的,还需要理性,需要思辨。这就需要情境背景下的探究,在探究中学会分析和思考。

油画虽然是文艺作品,但是也包含着丰富的历史素材。教科书中《南昌起义》油画(图略)中的背景是起义总指挥部——江西大旅社,于是,我又找了一幅《秋收起义》(图略)的油画,并且设问:通过两幅油画,你能发现两次起义的不同吗? 我的预设是找到最起码两个不同:一是油画背景的不同,一个在城市,一个在农村;二是打的旗帜不同,一个依旧是国民革命军的旗帜,一个已经有了自己的旗帜。从课堂的生成来看,学生观察很细致,有学生还总结出两幅油画中士兵的穿着不同。从中可以看出,学生的问题意识和观察能力还是比较不错的。当然,有学生对于南昌起义的旗帜不甚明确,教师及时给予点拨。对比两幅油画,目的在于引出秋收起义后中国共产党人开辟了革命新道路,开始从城市转向农村。

对此,我设计了三个追问引导学生深入思考中国革命新道路的必然性和过程性:通过追问"为什么是农村",让学生深刻体察当时中国的具体国情;通过追问"为什么是井冈山",让学生具体分析井冈山的独特地理位置,进而增进对革命根据地分布的理解;通过追问"这条道路应该怎样走",让学生明白这条路是如何从模糊到清晰,从设想到现实的过程,进而增强对中国共产党的历史认同感。三个设问环环相扣,旨在让学生在情感体验的基础上,通过情境设计引发其更深层次的理性思考。

在开辟新道路的最后,我设计了一个环节,让学生阅读材料、自主总结这条革命新道路是如何出现的。依据如下材料梳理新道路提出的整个过程,明确新道路是探索出来的,是理论结合实践总结出来的,是斗争出来的,是集体智慧的结晶。

《寻乌调查》是毛泽东一生中写的篇幅最长的一篇调查报告。1929年1月,他率领红四军主力下井冈山,向赣南闽西进军,开始了创建中央苏区的艰苦斗争。经过一年多时间的奋斗,不仅巩固和扩大了红色区域,发展壮大了革命力量,红四军本身也得到很大的发展。

但在这一时期,不论是上级领导机关还是红四军党内,都出现了漠视调查研究,不愿了解实际情况,而把共产国际决议和苏联革命经验教条化的严重现象,并因之造成不应有的损失。这使毛泽东深感忧虑。

1930年3月,利用国民党新军阀忙于中原大战的时机,红四军先后取得攻占大余、南雄、信丰、安远、会昌、寻乌等县城的胜利。但红军占领县城后,因分不清城市商业与地主财产的区别,一度将城市的商业店铺查封、没收,造成城市居民生活的不便,甚至引起了一部分城市平民的不满。这一现象引起了毛泽东的高度重视。

5月4日,他率红四军二纵队来到寻乌县城,在中共寻乌县委书记古柏的陪同下,徒步对县城进行了详细的考察,并一连召开了十多天的调查会。这次调查,是毛泽东以往所没有过的规模最大的一次社会调查。

作为本课小结,通过板书三个困境中的探索,在情感体验的基础上让学生思考:通过本课学习,从中能总结出中国共产党人的哪些革命智慧。从学生发言来看,他们各抒己见,确实有很多感悟,如敢于纠错、自我反思、一切从实际出发、实事求是、团结的力量等,更重要的是学生把这些革命智慧触类旁通地联系到日常学习生活中,欣喜于他们把精神和感悟入心落地的表现。

课后作业的布置是开放式的二选一的作业,分别侧重于情感与理性:其一,请选择1927—1937年十年间最感动你的革命志士,给他(她)写一封信;其二,以1927—1937年中国共产党的历史为素材写一篇小短文(自拟主题,观点明确,史论结合,至少用3个具体史实)。

从作业反馈情况来看,我们能感受到学生内心的感动,也能够看到他们对国家、民族命运,对自己人生之路有了深入思考,基本达到了课前的"体验、探究、升华"的教学目标。

本节课基于家国情怀的涵育,立足"情境设计与情感体验"做了一些尝试和探索。课后,张汉林、戴加平、束鹏芳、王必闩、陈海峰等专家对这节课进行了点评指导,使我对本课有了更深刻的认识:

1.这节课的主线放在"中国共产党的成长"上,但是本节课的课题为"南京国民政府的统治和中国共产党开辟革命新道路",备课伊始对于这两部分的关系及如何处理第一部分比较模糊。经过专家的点评,我认识到两者之间存在着必然联系,是有内在逻辑的,这是今后教学需要再完善的地方。

2.本课主题是"中国革命新道路的开辟和中国革命新局面的打开"。对于新道路"新"在何处,新局面"新"在哪里,学生应该有一个非常深刻的认识,即高度认同中国革命新道路,深刻理解历经长征以后,中国共产党打开了中国革命新局面。本课教学对这一点没有很好地挖掘和体现。

3.关于史料问题、课堂素材问题,有老师提出在新材料方面有些不足。需要说明的是,本课是高一新授课,在素材方面我们的理念是首先用好、用足教科书中的内容。课堂中使用的《南昌起义》油画、古田会议材料、长征精神材料等都是教科书中的材料。此外,我们也选择了史砚芬家书、徐特立入党申请书等史料,是基于课堂学习活动必需的材料。

(本文选自《中学历史教学参考》2024年第2期。作者单位:山东省青岛市西海岸新区第一高级中学)

家国情怀的"高考表达"

○ 郝爱学

随着课程改革的深入推进与《普通高中历史课程标准(2017年版2020年修订)》的颁布,促使我们逐渐认识到做题不仅仅是为了应试,更是提高学生素养的重要途径。从命题者到做题人,从命题到选题、评题、讲题,每一步都渗透着教育工作者对核心素养的理解和探索。在众多素养中,"家国情怀"素养的试题教学引起了笔者的关注。

"家国情怀"根植于民族血脉,是中华优秀传统文化的核心理念之一。《大学》中说:"古之欲明明德于天下者,先治其国;欲治其国者,先齐其家;欲齐其家者,先修其身。"《孟子》有言:"天下之本在国,国之本在家,家之本在身。"这两段经典论述将国家、家庭和个人紧密地结合在一起,形成了由个人而家庭,由家庭而社会,由社会而国家,由国家而天下的社会价值逻辑,同时衍生了包含"家国一体""家国同构"理念的"家国情怀"。

一、课程标准中"家国情怀"的内涵

《普通高中历史课程标准(2017年版2020年修订)》中对"家国情怀"的定义是:"学习和探究历史应具有的人文追求,体现了对国家富强、人民幸福的情感,以及对国家的高度认同感、归属感、责任感和使命感。"其内涵被阐释为"学习和探究历史应具有价值关怀,要充满人文情怀并关注现实问题,以服务于国家强盛、民族自强和人类社会的进步为使命"。可见,历史学科的"家国情怀"素养更加注重培养学生对国家、民族的认同感和归属感、责任感和使命感。笔者认为,其内涵和外延的扩展可以从个人、家庭、社会、国家、民族、人类社会六个维度进行理解:

从个人层面看,自觉养成"珍爱生命的优良品质","确立积极进取的人生态度,塑造健全的人格,树立正确的世界观、人生观、价值观"和历史观。从家庭层面看,注重家庭、家教、家训、家风,重视亲情,强调家庭和睦;构建符合时代要求的家庭伦理观念。从社会层面看,具有对家乡的认同感;认识社会治理的重要性,追求公平正义,注重人与自然和谐发展。从国家层面看,能够客观地认识不同阶段中国的国情,树立爱国意识,形成认同祖国、维护国家领土完整、拥护祖国统一的正确国家观;"认同社会主义核心价值观",树立"道路自信、理论自信、制度自信和文化自信"。从民族层面看,尊重各民族之间的差异,承认各民族为中华民族共同体做出的贡献,"了解并认同中华优秀传统文化","认识中华文明的历史价值和现实意义","认识中华民族多元一体的历史发展趋势,形成对中华民族的认同感,具有民族自信心和自豪感",形成正确的民族观。从人类社会层面看,"了解世界历史发展的多样性,理解和尊重世界各国、各民族的文化传统,形成广阔的国际视野",树立构建"人类命运共同体"的世界意识。

当然,不同的时空条件下,同一维度"家国情怀"的内涵既紧密联系,又有所区别。同一时空条件下,不同维度"家国情怀"的内涵既各自独立,又相互交织。

二、"家国情怀"的"高考表达"

在《中国高考评价体系》"立德树人、服务选才、引导教学"[1]的指引下,"家国情怀"素养成为近几年历史试题考查的重要内容之一。课程标准在"学业水平考试与命题建议"中提出了"以历史课程标准为依据""以考查历史学科核心素养的具备程度为目的""以新情境下的问题解决为重心"三大学业水平考试命题的主要原则与建议。就考查"家国情怀"素养的高考命题而言,都要依据"历史课程标准",创设"新情境",从六个维度进行设计。

维度一:个人。2020年高考山东卷第17题考查"行走的少年",实际上考查民族危机和个人责任担当。梁启超在《少年中国说》中说,"今日之责任,不在他人,而全在我少年",此题通过詹天佑、邹容、周恩来少年留学,学成归来后救亡图存、报效祖国的事例,引发学生的思考与共鸣——中国当代青年要向前辈学习,将个人与时代相结合,勇担社会重任,为中华民族伟大复兴贡献力量,从而激发学生的爱国主义情怀。

维度二:家庭。2022年高考山东卷第17题考查李超的"新生",实际考查个人、家庭、时代之间的关系。李超的家庭不支持她求学,因而她生活困难,患肺炎后也无钱治疗,以致最终病亡。李超死后,其家庭又置之不理,甚至指责她"至死不悔,死有余辜"。李超因其家庭和时代而造成悲剧命运。正如胡适在为李超作传时写到的一样:"她的一生遭遇可以用作无量数中国女子的写照,可以做中国家庭制度的研究资料,可以用作研究中国女子问题的起点,可以算作中国女权史上的一个重要牺牲者。"可见家庭作为文明社会的基本细胞,对个人成长、社会发展产生重要影响。家庭伦理观念不能固守传统,要适应时代的变化,推动个人成长、家庭和谐、社会发展。

维度三:社会。2023年高考山东卷第16题考查"程元通控告棚民案",以中国第一历史档案馆《嘉庆朝安徽浙江棚民史料》记载的程元通控告棚民案来创设社会情境,考查清朝的社会治理。通过分析"该案主要是由哪些矛盾引发的""案件的处理体现了当时社会治理的哪些特点"引发学生对社会治理的思考,加深对清朝社会治理智慧的理解,认识人与自然和谐发展和社会治理的重要性,培养社会责任。

维度四:国家。2023年高考全国甲卷第42题以武汉长江大桥为例,要求学生自主阐释一则新中国的"国家记忆",实际考查新中国史、社会主义发展史。新中国成立初期,国内外形势非常严峻,以武汉长江大桥为代表的"一五"计划承担着改变中国"一穷二白"面貌的使命。武汉长江大桥从1955年开始动工兴建,中国人民用火一样的建设热情,运用自己的聪明才智,采用新技术,借助苏联专家的援助,到1957年10月15日提前两年通车运营。该题有利于深化学生对中国式现代化的正确认识,激发学生热爱祖国、为祖国富强贡献力量的高尚情感和价值取向。

维度五:民族。2023年高考历史新课标卷第43题呈现了中华文明"多元一体"的特征,引导学生从熟悉的地域入手,思考该地域与中华文明内涵丰富发展之间的互动关系,增强学生的民族认同感,启发学生由爱家、爱乡到爱国,争做中华文明的拥护者、传承者。

维度六:人类社会。2023年高考北京卷第15题考查1960年联合国大会通过的第1522号决议,实际上考查人类命运共同体的构建。随着经济全球化的日益加深,世界各国联系更加密切,发达国家与发展中国家差距不断扩大,联合国倡议发达国家对发展中国家的援助与投资应达到发达国家国民收入的1%,这无疑会给发展中国家带来机遇,有利于全球社会经济的良性、健康发展。学生由此体会到当今世界是紧密联系的整体,人类命运休戚相关。作为新时代的公民,要深切关注世界前途命运,携手应对全球挑战,树立构建"人类命运共同体"的世界意识和国际视野。

三、试题教学中的"家国情怀"培育

新高考背景下,结合试题开展教学也是教育,也是培育"家国情怀"素养的重要途径。在试题教学中,依托不同时空的情境,引导学生深入思考,培养其人文精神、理性思维和探究意识,树立正确的国家观、民族观,形成正确的世界观、人生观和价值观,达到历史学科"立德树人"的根本教育目的。试题教学中要培育学生"家国情怀",无论选题、评题还是讲题,都需要转变传统观念,以"家国情怀"为导向。

(一)指向"家国情怀"的选题

新高考改革以来,高考命题理念经历了从"知识立意""能力立意"到"价值引领、素养导向、能力为重、知识为基"的转变。教育部《关于做好2019年普通高校招生工作的通知》指出:"高考命题要充分体现德智体美劳全面发展要求,以立德树人为鲜明导向,减少单纯死记硬背的知识性考查,推动学生关键能力和核心素养在教学和考试中的落地落实,助力高中育人方式改革。"

高考命题理念已经改变,教师在选题时应该怎样做,现以"轮船招商局"考查点为例,分别展现三道试题进行说明。

题1:(2007年高考北京卷·16)下列体现洋务派"求富"主张的实践活动是

A. 创办江南制造总局　　　　　　B. 开办轮船招商局
C. 成立天津机器制造局　　　　　D. 设立农工商总局

题2:(2008年高考全国卷Ⅰ·14)洋务运动时期,有一类企业是"由官总其大纲,察其利病,而听该商董等自立条议,悦服众商"。采用这种经营管理方式的企业是

A. 江南制造总局　　　　　　　　B. 轮船招商局
C. 发昌机器厂　　　　　　　　　D. 耶松船厂

题3:(2023年高考海南卷·6)轮船招商局采用"官督商办"的经营管理模式。创办初期,李鸿章通过允许其承运官物、免税、贷款和缓息等多种途径,使它在与外国轮运公司的竞争中未曾处于劣势。从1874年到1892年,年年盈利。由此可知,该局

A. 得益官方扶助,实力匹敌洋商　　B. 过于依赖官方,不利自身成长
C. 专意谋取贴补,影响竞争公平　　D. 享有垄断特权,助推同业发展

从试题情境来看,题1题干简短,没有任何情境,直问直答,属于"知识立意",单纯考查学生识记能力,靠"死记硬背"就能选出正确选项;题2用洋务民用企业的特点创设情境,情境较为单一,属于"能力立意",学生需要理解洋务派创办的军事工业和民用工业的特点,和题1相比,深入到能力层面,并需要结合情境进行判断,但不需要分析"为什么"和"怎么样";而题3以轮船招商局的经营和发展创设复杂学习情境,考查知识的综合性、应用性和创新性,属于"素养立意"。课程标准明确指出,"学生能否应对和解决陌生的、复杂的、开放性的真实问题情境,是检验其核心素养水平的重要方面",要"多维度地创设试题情境,考查学生在新情境下如何解决问题"。

从试题设问来看,题1和题2都是"是什么",难以引发学生深度思考;而题3"由此可知,该局",基于情境创设,设问具有开放性,更能激发学生深度思考。素养命题一般会用"这说明""这反映""这些变化反映了""由此可知"等,这种设问本身就要求学生获取和解读历史信息,通过分析和探究才能得出答案,学生在思考的过程中升华了"家国情怀"素养。

从试题选项来看,题1和题2的选项都是单一名词,且主要涉及洋务企业等简单史实;而题3的选项涉及以轮船招商局为代表的洋务民用企业发展的原因、特点和影响,知识的覆盖面更广、更深,且每个选项都与情境有密切关联,错误选项具有很强的迷惑性。

综合上述分析,可见题1侧重知识立意,题2侧重能力立意,题3侧重素养立意。鉴于高考命题理念的改变,笔者建议教师选题也要随着学生知识的扩展和能力的提升,实现从知识选题、能力选题到素养选题的转变。需要特别强调的是,能力立意试题并非没

有素养,素养立意试题并非没有能力,"能力从来都和素养有关,能力反映素养,素养造就能力。就思维考查而言,二者之间存在很大的一致性,但是离开素养视野的能力描述就显得单薄而苍白,同样,没有能力支撑的素养,也会显得抽象而空洞"[2]。

(二)指向"家国情怀"的试题讲评

当今历史课堂中,重知识轻素养、重技巧轻思维、重分数轻育人的现象依旧屡见不鲜,由此造成了教与学的"高耗低效"。无法在讲题中回答"培养什么人""怎样培养人""为谁培养人"这一教育根本问题,也就无法实现通过试题"立德树人"的根本目的。因此,教师要跳出就题讲题的窠臼,从命题者立场,洞悉高考"为什么考""考什么"和"怎样考"等基本问题,由知识讲题、能力讲题提升到素养讲题、价值讲题,才能实现由培养知识追求的人、能力追求的人到培养素养追求的人、情怀追求的人转变。以2023年高考山东卷第18题为例。此题以改革开放初期深圳的一份人才招聘启事构建社会情境和学习情境,考查改革开放初期的时代背景、进程及影响。

1. 传统分析

传统讲题一般有三个步骤:第一步,审设问。抓住"结合材料""深圳·窗口""历史短文"等关键词。第二步,析材料。学生阅读材料,提取信息,概括成文。第三步,按照历史短文的格式组织答案。这种讲题方式侧重知识和能力层面。

2. 素养背景下的深度分析

素养导向和价值引领的讲题,需要基于试题情境,探源学术背景,剖析命题立意,从而使学生清晰认知高考的考查内容、目的和方式,加深历史理解,实现素养育人。

1978年12月,党的十一届三中全会开启了改革开放和社会主义现代化建设新时期。1980年5月,中共中央决定在深圳、珠海、汕头、厦门设立经济特区,从此深圳成为中国改革开放的"试验田"和"窗口"。1981年的深圳,正处于推进改革开放的转型时期,需要大量人才,在这种时代背景下,产生了试题中这份人才招聘启事。

教师展示两则学术背景,一是涂俏在其所著的《袁庚传:改革现场(1978—1984)》中记述了这段历史:"1981年8月16日—17日,蛇口工业区首次在武汉长江航运局的海员俱乐部张榜招考干部。"但是,由于"消息面狭窄,导致准予招收的合格考生较少"。9月17日—18日连续两天,蛇口工业区开全国之先河,在《广州日报》刊登启事,面向全国招聘管理人才。"招聘消息见报后报名者甚众,仅广州一个点报考人数逾600名,有资格参加应试者为230人"[3]。二是文远竹在《中国报业》发表的《新中国第一家报业集团诞生记》中有如下叙述:"1981年,经广州市委批准,广州日报社与市财政脱钩,在全国党报率先不吃'皇粮',实现了'自筹自支、自负盈亏'的新财务制度。此举意味着《广州日报》正式走上了市场化的生存道路,开始按市场规律来组织报纸产品的生产与销售。主动断了'皇粮'之后,'找米下锅'的压力不断变成开拓市场的动力,广告额持续攀升。"[4]

在此基础上,提出两个问题:为什么要发布人才招聘启事?为什么在《广州日报》发布招聘启事?让学生感受历史的细节,激活学生思维,进而引导学生深度思考深圳是什么的窗口。"人才招聘"反映出深圳是人事改革的窗口,"蛇口工业区"的创建反映出深圳是经济体制改革的窗口,发展外向型经济反映出深圳是对外开放的窗口,不断地创新反映出深圳是思想解放的窗口、创新的窗口,从而加深对"窗口"含义的理解。

在探源学术背景基础上更好地剖析命题立意:以人才招聘启事创设社会情境,考查改革开放。透过招聘启事看深圳、看中国,启事内容不仅反映了深圳需要的人才类型,也折射出改革开放初期的时代特征,深圳作为中国改革开放的窗口,其对人才的需求是中国改革开放进程的缩影。正如钟坚在《深圳经济特区改革开放的历史进程与经验启示》一文中指出:"深圳经济特区的历史,就是一部改革开放的历史。"[5]引导学生关注"四史"学习,认识到总结深圳改革开放的实践和经验具有重要的现实意义,深圳等经济特区的建立,为全国改革开放和现代化建设积累了宝贵经验,为探索中国特色社会主义道路做出了重要贡献,培养学生的家国情怀。

综上所述,"家国情怀"作为历史教育的旨归,是试题教学的价值追求。素养时代的试题教学要转变观念,立足全面育人的高度,深入、立体地理解高考试题,多个环节、多元视角培育学生的"家国情怀"素养。这不仅是课程改革的应有之义,更是应对新高考的必然选择。

---

[1] 教育部考试中心.中国高考评价体系[M].北京:人民教育出版社,2019:9.

[2] 徐奉先,刘芃.基于核心素养的学业质量评价[J].历史教学(上半月刊),2018(4):4.

[3] 涂俏.袁庚传:改革现场(1978—1984)[M].深圳:海天出版社,2016:204.

[4] 文远竹.新中国第一家报业集团诞生记[J].中国报业,2018(1):56.

[5] 钟坚.深圳经济特区改革开放的历史进程与经验启示[J].深圳大学学报(人文社会科学版),2008(4):17.

(本文选自《中学历史教学参考》2024年第2期。作者单位:山东省青岛西海岸新区教育和体育科学研究院)

立德树人　"史意"校园

○ 陈国峰　冯　磊

　　课程改革的深入推进把基础教育带入素养时代,其根本目标在于贯彻党的教育方针,落实立德树人的育人目标。为此,各学科研究凝练了本学科的核心素养,明确了通过各学科学习应达成的正确价值观、必备品格和关键能力。这是各学科教学的纲领,同时也必然给学校整体教育提出了明确的、更高的要求。高中阶段对于学生素养的培育,课堂是主阵地,但学校是大环境(当然还有更大的社会环境),学科阵地和学校大环境的互动才能够真正形成素养培育的合力,构建素养培育的氛围,尤其是素养中最上位的"正确价值、必备品格",既是学科教育教学目标,也是学校整体水平的体现。

　　"家国情怀"素养是各科教育教学共同的目标,历史学科毫无疑问是主阵地。历史学科具有独特的、深厚的"家国情怀"教育的文化资源。而且,"家国情怀"是历史学科教育教学价值的本质体现。由此,"家国情怀"目标既关乎历史学科教学发展,同时也关乎学校整体发展。作为中学历史教育工作者,一方面要坚守历史课堂主阵地,另一方面也要努力拓展历史学科在整体学校教育中的空间和价值。笔者所在的胶南一中,是少有的依托历史学科创建的特色高中,下面将学校就"家国情怀"教育的相关做法加以梳理,以求教于方家。

一、发掘和落实历史学科课堂教学的价值引领目标

　　在真正领会基础教育课程改革精神基础上,我们牢牢确立以立德树人为根本、价值引领为方向的教育教学理念。作为高中教师,我们深知考试的重要,深知成绩的分量,但"家国情怀"是历史学科核心素养的归宿、灵魂,更是学科素养整体达成的根本和强大动力。基于此,在历史学科课堂教学方面,我们从以下几个角度发掘和落实价值引领目标。

1. 升级"学科宣言"

　　学科宣言是一个学科的灵魂,统率着学科的发展方向。好的学科宣言,应该是学科

价值、育人目标和教师发展的融合体。确定一个什么样的学科宣言,反映着我们对学科价值的认识和追求。很长一段时间,历史学科组以"以史为鉴,面向未来"作为学科纲领,但"以史为鉴"的提法难以引发学生共鸣,他们很难有机会置身于需要"以史为鉴"的情境中。经过对学科建设规划的反复研讨,基于对"家国情怀"素养的深刻领悟,我们决定升级学科宣言为"学史明智,以史育人"。"学史明智",就是引导学生通过研究具体的历史问题,汲取历史智慧,以便更好地面对现实、把握未来。"以史育人",是进一步向老师们明确学科功能,要对学生进行人格教育与公民教育,为学生的全面发展服务。

2. 优化教学计划

格兰特·威金斯的逆向设计理论认为,只有当我们的目标明确时,我们的行为才是有效的。所以各级各类的年度教学计划必须要有明确的"家国情怀"素养目标,再考虑如何具体推进。以2023年度工作计划为例,为推动"家国情怀"素养扎根落地,学校明确规定,学校、学科组和个人三个层面的年度工作计划,必须要有明确的素养目标环节。其中,学校层面的素养目标是这样呈现的:

在新学年,学校将在办学实践中审慎思考"培养什么人"这个教育的首要问题,从国家、社会、个人三个层面引导学生将"立德"转化为自觉追求,切实把社会主义核心价值观融入学校教育全过程,提升学生综合素质,着力发展核心素养,使学生具有理想信念和社会责任感,具有科学文化素养和终身学习能力,具有自主发展能力和沟通合作能力,着力推进放眼未来的以家国情怀为底蕴的系统育人实践。

3. 明确课时价值目标

家国情怀素养是情感、态度和价值观更加概括的表述,在实施的方法上要比知识和能力的传授更为复杂,所以教师备课过程中一定要拟定明确的课时价值目标。该目标既要突出家国情怀素养,同时也要符合学生认知水平。例如讲到"海禁政策"时,基于对课程标准的把握和家国情怀目标的挖掘,可以这样来表述课时目标:

通过对海禁政策的认识和理解,了解明清时期社会发展,认识世界变化对中国的影响,理解中国面临的危机,进一步从明清政府关于边疆的政策角度思考其体现的国家意识、社会治理意识,探索国家观与民族观的建构。

4. 细化课堂活动设计

课堂活动是完成课程内容的重要方式,由"情境创设"协同"任务驱动"组成。"情境"是课程标准中的重要概念,有效教学离不开情境的创设,家国情怀的教学也不例外,甚至可以说,任何成功的价值观教育都是在典型的、真实的情境中进行的。但是,要设计出跨越时空、引发思想感情共鸣的情境不是容易的事情。要精选丰富、鲜活的历史素材,根据不同的授课内容,选择不同的方法来呈现,但总的原则是少一点灌输,多一点体验。以"南京国民政府的统治和中国共产党开辟革命的新道路"一课为例,有老师在课堂上设计了角色扮演活动:

> 这是一幕发生在井冈山红色圩场内的人物对话场景。
>
> 主题:创立工农武装割据道路
>
> (生活在根据地的老李与来自国统区的老张相遇)
>
> 老李:"老张,前段时间怎么不见你来卖盐了?"
>
> 老张:"政府在路上设立关卡,杀害了不少商人和群众,多亏红军打掉了哨卡,我们才能放心来卖东西。你们那边政府也会强抢你们的货吗?"
>
> 老李:"不会。红军实行'三大纪律,六项注意',绝不拿群众一针一线,赢得了我们的信任和支持。"
>
> 老张:"听说你们老百姓也可以当官?也有文化了?"
>
> 老李:"苏维埃政府是人民的政权,通过选举就可以为人民办事,而且红军还会教我们认字,孩子也可以免费上学,提高了我们的文化水平。"
>
> 老张:"听起来不错,可是你们吃不饱饭啊!"
>
> 老李:"我们的政府实行土地革命,'打土豪,分田地',我分到了一亩地,在政治上翻了身,生活水平提高。红军就是我们的亲人,我把儿子送到了红军,相信共产党,信仰马克思主义没错的。"

教师在授课过程中,并没有将对话的内容一次性呈现,而是在抛出"老张"的问题后,不断让学生结合情境揣摩"老李"会怎样回答。类似的课堂活动设计,增强了学生真实的历史情感体验,对培育学生的家国情怀起到了事半功倍的效果。

二、拓展历史学科"家国情怀"教育的领域和方式

"家国情怀"教育是新时代育人的起点。我们重视历史学科"家国情怀"教育目标的落实,同时也应看到历史学科在学校整体立德树人教育中得天独厚的优势,着力从校园环境布置、课程活动设计、乡土资源发掘等角度,拓展历史学科"家国情怀"教育的领域和方式,让"家国情怀"教育由历史课堂而拓展到整个学校教育。

1. 打造"史意"校园

从育人角度看,耳濡目染的熏陶、沉浸在其中的成长环境,在情感态度和价值观方面的培育更有效。于是,我们围绕"家国情怀"发掘历史教育资源,让校园处处都有历史。

红色大道:大道位于学生上放学必经的主干道,全长500余米,道路两旁分列12块展板,展出的是中国共产党领导中国人民在革命、建设、改革各个时期形成的伟大革命精神,如"军民团结、艰苦奋斗"的井冈山精神,"不畏险阻、不怕牺牲"的长征精神,还有红船精神、抗战精神、抗洪精神等。

爱国主义长廊:长廊正中是孔子塑像,四周墙壁上有序雕刻的是体现中华传统爱国主义的八位历史人物(屈原、范仲淹、岳飞、辛弃疾、文天祥、戚继光、郑成功、林则徐)。这些历史人物是中华民族独特的精神标识,他们身上展现出历久不衰的精神力量。

人类古文明园:园区按照世界地图方位,分别设置了古代非洲文明园区、古代西亚文明园区、古代东亚文明园区、古代欧洲文明园区、古代印度文明园区、古代美洲文明园区6大区域。每个文明园区设置该地区文明象征性的标志,如埃及金字塔、西亚的《汉谟拉比法典》等,并对每一文明成就和地位做简要的介绍。

2. 开发"史意"课程

"家国情怀"作为价值观教育,不仅是认知教育,也是行为教育。家国情怀素养的内容源自社会实践,其最终目标是为了更好地服务社会实践。所以应该注重通过"实践体验"来培育家国情怀,通过实践体验带领学生走近历史,体验历史,培养爱家之心、爱校之情、爱国之志。

"我写我家":家史是文化传承的重要手段,可以更好地让我们了解自己的根源,产生归属感。让学生来记录家史,可以让他们更好地理解自己的长辈,理解自己的身份和根源,培养自身的价值观念和道德观念,强化身份认同。同时书写家史也需要遵循一定的学术规范,有利于提升学生的学科素养。学校每年都会要求学生以口述历史的形式来记录家史,形成了特定的历史校本课程。

历史剧展演:要求学生借助对教科书文本的解读,选取重要历史节点作为素材,自我创编生动活泼的课堂历史剧。借助情境模拟、角色转换,在妙趣横生的氛围中调动学生的学习兴趣,加深学生对史实的深度理解,同时也锤炼学生的语言文字表达能力。学校会在每学期安排固定的时间组织历史剧创作大赛,对"立意高远、史实深刻、情节有趣"的优秀作品进行集中展演。

"与历史人物的对话"主题课程(本学期开始开设):每次活动确定一位历史人物,第一期我们选择了儒学大家董仲舒。主持教师站在历史人物的立场,学生围绕历史人物的思想、实践以及当时的时代背景提问。我们期望在师生对话中深度走进历史人物的精神世界,走进历史人物的时代,实现主体与客体、历史与现实的交融。

3. 开展"史意"乡土研学

家国情怀培育的核心是认同教育,家国情怀素养首先表现为对家乡、民族、国家的认同感。乡土资源属于学生校外的生活世界,是自身设身处地的生活环境,从中可以涵养家国情怀。结合特有的乡土资源,学校形成了突出历史学科教育资源的乡土研学品牌,开拓了"家国情怀"教育的新方式。

穿越齐长城:齐长城西起黄河之滨,东至黄海之畔,始建于春秋时期,完成于战国时期,迄今已有2600多年的历史。在青岛西海岸新区,齐长城逶迤连绵,横亘全境并最终在这里入海。每年暑假,学校都会组织部分师生穿越齐长城遗迹,听山风掠耳,慕泱泱齐风,感受其雄浑沉厚的精神底蕴和文化积淀。

探寻琅琊古韵:位于青岛西海岸新区的琅琊台自然风光壮丽磅礴,历史文化悠久灿烂,齐鲁文化、吴越文化、古海港文化的长期融合与千年来不断积累沉淀的历史渊源,形

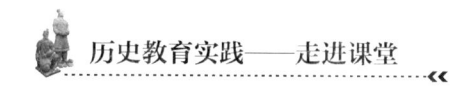

成了独特又迷人的琅琊文化。依托有利的地方资源,学校开发出"琅琊史话"校本课程,成立学生社团"琅琊文化研究社",定期组织琅琊研学之旅,强化学生对家乡文化的认同,涵养家国情怀。

远足杨家山里:追寻英雄的足迹。远足活动是很多学校都开展的非常有意义的集体户外活动,我们想在强调团队、强调勇气的基础上赋予它历史教育"家国情怀"的内涵。距离学校15公里左右的杨家山里,是抗战时期敌后武工队的一个秘密活动基地。这段路曾经是抗日英雄用双腿丈量的路程,充满着家国情怀。每年4月中旬,学校组织高二年级师生开展"家国情怀"之旅,徒步15公里,奔赴杨家山里,追寻先辈的足迹。

历史学科是家国情怀素养培育的主阵地。中学历史教育工作者有责任、有义务通过自己的努力让家国情怀在学生心底牢牢扎根。坚持以培育学生健全向上的人格、形成崇尚家国和民族的信念为宗旨,坚守历史课堂主阵地,持续优化历史学科教学,同时努力拓展历史学科在学校整体教育中的空间和价值,是真正推进学生家国情怀素养教育的必由之路。

(本文选自《中学历史教学参考》2024年第2期。作者单位:山东省青岛市西海岸新区胶南第一高级中学)

高中历史"家国情怀"培育实践反思

○ 徐晓明

家国情怀作为历史学科核心素养之一,是历史价值观教育的根本归宿,体现出对历史课程所承载的培育和涵养正确的历史价值观的高度重视和深切期望[1],是高中历史教学的重点也是难点。目前看,情感培育与家国情怀的问题大家已经足够重视,甚至可以说理解也足够深入,但从实践看,虽然青少年情感价值观教育、家国情怀教育问题并非历史学科一科的问题,但通过对学生现状的观察与反思我们可以看到,家国情怀素养培育现状远远达不到时代和社会发展要求,仍亟须我们重视并大力提升。以下是笔者基于自身教学或者日常听评课中的反思对历史学科家国情怀素养培育进行的深入思考,请教于同行。

一、直面课堂:家国情怀的实现与否

中学历史教育的主阵地是课堂,历史学科家国情怀培育落实如何关键看课堂。

1. 有无明确的家国情怀目标

明确目标才会有针对性的教学和学习活动设计。听过很多老师讲"第一次世界大战与战后国际秩序"一课,有无价值引领的目标,或者有什么样的价值引领目标,导致的课堂教学呈现是完全不同的。目标中有"通过分析第一次世界大战的背景和原因认识资本主义殖民侵略和争夺的本质",相应的教学活动就可以组织学生分析探讨资本主义政治经济发展导致了战争爆发;目标中有"通过史实认识战争的残酷性,以此珍惜和平",相应的教学活动就会聚焦于战争的细节和情境,聚焦于战争中的人乃至于人的生活和家庭。而这些恰恰是历史课堂能够深入人的心灵,能够打动人的地方。不然,"第一次世界大战"就只能停留在知识教学和抽象的理性分析层面上。日常教学中的设计或者没有明确的家国情怀和价值引领的目标,或者有也只是大而空的无法实践的目标,或者有目标而无相应的学习活动的现象。

2. 有无培养家国情怀的典型素材

在历史学科思维能力培养中,结构和体系非常重要。在家国情怀和价值观培育中,情境和细节更为重要。首先,教科书中精选的图片等要用、要用好。《中外历史纲要(下)》"第一次世界大战与战后国际秩序"一课,教科书"历史纵横"中"一战中的华工"文字材料和《一战中的华工在英国军官带领下去前线挖战壕》图片就可以让一战中的华工和第一次世界大战中的中国由宏大的历史问题变成情境化的、情感化的历史情境和历史情感。而《一战墓地》的图片,如果我们能够将战死的900万人具象为900万个家庭,900万个儿子,900万个母亲,就能够发掘历史的情感,触动学生的心灵。而只有如此,才能触及家国情怀和价值引领的境界。其次,依托家国情怀目标精选材料,并尽可能选取一手材料。《中外历史纲要(上)》之"南京国民政府统治和中国共产党开辟革命新道路"一课选取革命者的书信、日记等,更能营造真切的历史情境,将学生带入当时历史情境,感同身受,共情理解,去感受、去体验,家国情怀才能油然而生。典型素材可以促进学生的情感体验和审美情趣。历史中的许多事件和人物都具有感人的故事和深刻的情感内涵。让学生接触这些典型素材,可以激发他们的情感共鸣和审美情趣,加深他们对历史的理解和体验。

3. 有无家国情怀培养的活动设计和实施

家国情怀目标能够达成,设计和实施基于家国情怀目标的学习活动至关重要。丁健老师围绕情境设计与情感体验做了深入探索。体验和共情是情感培养和价值渗透的直接有效途径。如何实现学生的真情体验和真切的共情?情境!教师要有意识且目标明确地用史料,或者用自己的讲述,营造情境,如大革命失败白色恐怖下革命者英勇奋斗的情境;武装起义失败后中国共产党人奋斗且探索的情境;反"围剿"失败革命形势悬于一线的危机情境,让学生进入历史,其情感和思维与历史同步,与革命者同呼吸共命运。情感产生于情感,情感产生于情境。深厚的情感和价值观需要冷静的理性思考。中国共产党人对革命道路的探索也充满理性。革命道路由城市转入农村,遵义会议使革命形势转危为安,是革命精神的成果也是理性探索的结果。教师组织材料,设计问题,引导学生思考、探究,情理交融,是家国情怀目标实现的必然路径。

二、叩问内心:作为历史教师的担当

家国情怀的培育主体是学生,但是培育的主导是教师。历史教师在高中历史课堂家国情怀素养培养方面扮演着重要角色。教师不仅需要具备家国情怀素养,还需要具备较高的专业素养。

1. 反思一:作为历史教师的家国情怀

在高中历史教学中,培养学生的家国情怀,历史教师责无旁贷。教师应该是学生的榜样,或者说教师就是家国情怀培育的资源。历史教师需要具有充沛情感才能更好地打动学生。民族存亡之际,钱穆先生怀揣对祖国历史文化的温情与敬意,于1938—1939年任教西南联合大学期间,白天给学生上课,晚上笔耕不辍书写《国史大纲》,凝聚民族精神,激发国人的民族自豪感,赋予民族前行的力量。中学历史教师如何从自身出发践行"家国情怀"的重任,唯有发掘历史教师内心深处的"家国情怀",发掘历史教学内容中的"家国情怀",将这份情怀转化为教学活动,转化为学生的"家国情怀"。

2. 反思二:作为历史教师的历史学素养

赵亚夫教授说:"历史有效教学的原动力不在教育学和心理学,而在历史学。以往凡是把历史讲得不熟不透的教师,都是因为学科功底不好的缘故。"同理,教师想要培养学生的家国情怀素养,必须具备扎实的学科功底,也就是要具备科学分析研究历史的能力,具备发掘和总结历史知识和历史规律的能力。"南京国民政府统治和中国共产党开辟革命新道路"一课具有浓浓的家国情怀教育价值,但其"家国情怀"素养教育目标能否实现,教师的历史专业素养是基础,对相关历史发展内在逻辑和知识体系把握是家国情怀大厦建立的前提。比如本课关键问题之一是"中国共产党探索民主革命新道路",这里的"新道路"是什么?"新道路"强调与南京国民政府统治——一党专制统治截然相反的道路。南京国民政府实行专制统治,意味着国民党叛变了革命,因为国共第一次合作的革命目标是要在中国建立真正的民主共和国。国民党叛变革命后,作为孙中山先生革命事业的继承者和发展者的中国共产党要怎么办?只有继续革命,开辟新的革命道路,这就是中国革命道路的内在逻辑和历史走向。教师结合具体史实详细分析、阐述、总结中国共产党革命道路的探索,最终达到培育学生的家国情怀的目标:中国共产党是为了实现广大人民和整个民族的利益而奋斗。

3. 反思三:作为历史教师的教育素养

家国情怀培育需要教师基于教育规律和学生认知能力,精选素材、提炼价值、体验感悟、内化于心的培育逻辑层层深入,实现学生愉悦接受、真心认同。这就需要教师具备较强的技能,从而更好地把教师的史学素养转化成学生的家国情怀素养。

首先,能否基于学习内容提炼教育价值。以统编版《中外历史纲要(上)》前四个单元为例,讲述"不同民族在历史上的交往、交流、交融的史实,论述了中国统一多民族国家的形成与发展,以及所形成的多元一体的格局""引导学生形成对中华民族的认同感,树立正确的国家观和民族观,增强民族自信心和自豪感"[2]。叙述的逻辑就是通过讲解统一多民族国家的形成和巩固,培养中华民族的认同感,根据教科书内容提炼出中国古代各民族之间的交往、交流、交融就是教学立意。在这样的教学立意下,最终使学生认识到:中华文明是各民族共同创造的,统一是历史的主流,符合各民族的共同利益;维护和实现国家统一对实现国家繁荣富强和中华民族伟大复兴具有重大推动作用。教师通过提炼教育价值,可以明确家国情怀培育的目标和方向,更好地培育学生的家国情怀和责任担当。

其次,能否基于目标精选素材并发掘其情感培育价值。在家国情怀和价值观培育中,情境和细节更为重要。日常教学中教师通过展示、寻找、选取、使用典型材料,营造真切的历史情境,将学生带入当时历史情境,感同身受,共情理解,去感受、去体验,家国情怀才能够油然而生。其实,教科书中就有很多这类经典素材,如《中外历史纲要(上)》之"全民族浴血奋战与抗日战争的胜利"一课"学思之窗"栏目《延安颂》,是1938年创作的一首歌曲,热情歌颂了抗日战争中的延安,具有抒情性,又富有战斗气息。教师可以播放歌曲,告诉学生当年成千上万的知识分子就是听着这首歌曲奔赴延安,让学生感受全曲激昂的旋律,体悟延安是一个伟大时代的"代名词",是一段传奇岁月的回声,更是一个时代的精神象征,这也是中华民族伟大精神最好的诠释。这样,教科书中的家国情怀素养才会进入学生的内心深处。

再次,能否通过设计活动内化情感。由教师具备的和教科书蕴含的家国情怀到转化为学生的家国情怀这个过程需要有可操作性的路径。需要教师基于自己的教育素养和教学技能设计情境和学习活动。丁健老师"南京国民政府统治和中国共产党开辟革命新道路"一课的情境设计和学习活动设计堪称经典:营造中国共产党在"困境"中探索的大情境,再具体为"大革命失败""武装起义受挫""反'围剿'失利"三个分情境,进而引导学生体验:困境中的抉择,困境中的抗争;引导学生探究:困境中"探索新道路",困境中的"成长"。"情""境"交融,情理交融。

如果说国家层面的课程改革方案为我们提供了平台,提供了政策依据,那么家国情怀素养教育能在多大程度上落地,还要依靠一线历史教师的智慧转化。教师有家国情怀、有家国情怀的责任担当和深耕实践,就能够发掘历史学科家国情怀教育价值,实施促进学生家国情怀培育的教学活动,就能把写在课程标准中、蕴含在教科书中的家国情怀素养生长到学生内心深处。

[1] 徐蓝.关于历史学科核心素养的几个问题[J].课程·教材·教法,2017(10):33.
[2] 徐蓝.统编普通高中历史教科书的新气象[J].基础教育课程,2019(17):63.

(本文选自《中学历史教学参考》2024年第2期。作者单位:山东省青岛西海岸新区实验高级中学)

例谈历史情境教学中的情感体验

○ 陈亚冰　张　宪

历史是人类社会的记忆,是一段段充满悲喜、曲折起伏的故事。法国历史学家托克维尔曾说:当过去不再照亮将来时,人心将在黑暗中徘徊。历史教学不应仅仅是简单地传授历史知识,也应该传递价值,注重引发学生的相关情感体验。通过历史学习过程中日益积累的情感体验,学生能够沉浸于教师所创设的课堂情境,深刻感受历史人物的喜怒哀乐,深入了解历史事件的背后故事,从而激发其对人类历史、人类命运的情感共鸣。

一、情感体验在历史情境教学中的重要意义与方式

从心理学角度分析,学生在学习过程中产生的情感体验,能够更好地达成教学目标、优化教学效果,也有助于融汇道德感、理智感、审美感等人类的高级情感。因此,在历史情境教学中,教师有意识地渗透情感教育,也有助于促进学生健康人格的形成,是历史学科进行"通识教育"的重要途径。情感教育与认知教育相互促进,不仅使学生愿意主动获取历史知识,能够用历史学科的辩证性思维来分析问题,也能够激发学生的爱国主义精神和为实现祖国繁荣昌盛而努力学习的热情。

历史是人类经验的集合,蕴含着人类的喜怒哀乐。情感是人类对历史事件和人物的情绪反应。情感体验可以提升学生对历史的好奇心和兴趣,使他们更加主动地学习历史知识;可以培养学生对历史人物的情感认同和情感投入,更深刻地理解历史事件的意义和影响,更有效地激发学生的情感记忆,也能够进一步加深对历史知识的理解;能够培育学生的人文情怀,提高学生的人文素养和情感素质。

历史教师可以通过提供相关素材、指导朗读、组织表演等方式创设相关情境,多渠道激发学生的情感体验,从而更好地引导学生进行学习,使其在感悟历史的过程中获得情感的升华。

二、历史教学中常见的情感体验方式

情感体验是历史课堂教学的一个重要目标,是学生理解、感知和把握历史知识的基础。历史教师可以通过提供相关素材、指导朗读、组织表演等手段,多渠道激发学生的情感体验,使其在感悟历史的过程中获得情感的升华,培养学生的创新精神和实践能力,引导学生积极主动地参与到历史课堂教学活动中来。

1. **视觉体验**。利用图片、视频等多媒体资料展示历史事件和人物,让学生通过视觉感受历史事件发生的氛围和其中人物的情感,加深对历史事件的理解和记忆。

2. **触觉体验**。利用实物、模型等触觉刺激,让学生亲身感受历史文物和文化遗产,以及历史人物的生活环境,增强对历史的亲身体验和情感共鸣。

3. **阅读体验**。学生通过阅读、欣赏与历史课学习主题相关的文学艺术作品,体验历史人物的情感世界,感受历史事件的冲击力和震撼力。

三、情感体验在历史教学中的实践案例

1. **情感化的历史故事讲解或诵读**。选择历史事件或人物,通过生动的语言、情感化的表达,由教师或学生讲述故事背后的情感和冲突。例如,讲述黄花岗起义时,引用林觉民的《与妻书》来引导学生体悟革命志士投身革命事业,换取国家和平的牺牲与奉献精神。当学生诵读至"吾今以此书与汝永别矣……汝幸而遇我,又何不幸而生今日之中国!吾幸而得汝,又何不幸而生今日之中国",深感林觉民对妻子的款款深情,不禁潸然泪下。然而国难当头,在"遍地腥云,满街狼犬"的彼时中国,林觉民虽深爱妻子,却只能匆匆与爱妻及腹中孩子诀别,二十四岁就成了为天下人、为国家民族蹈死不顾的"铁血丈夫",最终慷慨赴死、英勇就义,从此长眠于异乡。《与妻书》将爱情与家国相联系,林觉民对妻子真切的爱和对祖国深沉的爱,使学生切身感悟到,现在的幸福生活是革命先辈用鲜血、生命换来的,学习他们勇于牺牲、甘于奉献的高尚品格,传承爱国主义精神、涵育家国情怀,也是当代青少年的责任担当。

2. **情感化的历史角色扮演**。围绕课堂学习的主题和内容编排历史小短剧,学生可以选择扮演自己感兴趣的历史人物,或利用触手可及的数字化手段进行沉浸式体验。例如,学生以"配音秀"的方式,借历史人物之口,通过个人的情感投入和真实的情感表达,体验历史人物的独特经历、承载情感、体悟悲喜,引发学生对历史的共鸣和思考。2023年暑假大热的国产动画历史故事片《长安三万里》,通过大量唐诗与李白、高适两位大诗人数十年间的深厚情谊,映照了两种诗风与二者截然不同的人生道路,也展现了唐王朝由盛转衰的历史发展脉络,是中职历史课进行配音教学的极佳素材。在对统编版《中国历史》第9课"隋唐时期的经济、科技与文化"进行教学设计时,教师课前将剪辑好的视频材

料推送至学习通平台,课堂上由各小组代表进行成果展示:当电影中李白骑鹤直上云霄、神游天地的画面出现在大屏幕上,同学们不由跟随齐诵——"君不见,黄河之水天上来,奔流到海不复回……"此时,来自诗歌的力量以及画面中呈现出的奇绝想象力与瑰丽意境,真正活化了盛唐气韵;当高适沙场九死一生回营,却眼见诸将领酒醉欢宴、沉迷于歌儿舞女,遂心痛吟出:"战士军前半死生,美人帐下犹歌舞!"此番场景通过学生充分代入情感体验的配音来展现,更容易让同学们沉浸于"安史之乱"爆发后,大唐山河破碎、战火连绵的社会变迁所产生的巨大冲击,深刻理解个人命运与家国命运的休戚与共。

3. 参观历史遗址和博物馆。在主题研学活动中,组织学生参观历史遗址、考古现场、历史博物馆,让学生主动寻找历史的痕迹,感受文化积淀。学生通过近距离观赏"亲近"历史文物、参与互动展示等方式触摸厚重的历史,汲取文化营养,增强文化自信。在"哲思荟圣地,文脉润千秋"为主题的曲阜之行中,同学们看到了各级政府与当地群众对孔庙、孔府、孔林的精心保护,而作为世界文化遗产的"三孔"圣迹如今依然是国人缅怀先师、纪念先贤的精神殿堂。在孔子博物馆,通过观摩馆藏的大量文物:如自明代以来传承至今的几十万件孔府私家文书档案、数万册古籍图书、八千多件明清衣冠服饰以及历朝历代祭祀孔子的大量礼乐器,同学们切实感受到了华夏"礼仪之邦"的传统典仪和齐鲁大地先哲们绵延不绝的文化脉动;通过对《论语》中"修己以安人""君子和而不同"等经典名篇的重新释读,深切体验中华优秀传统文化焕发出的无限生机和磅礴强劲的中华智慧。

4. 看电影,学历史。《义务教育历史课程标准(2022年版)》提供了10个跨学科主题学习活动设计参考示例,其中包含"看电影,学历史"的设计方向。在过去十数年中,我校通过开设历史选修课的方式,将其作为对中职历史必修课程的补充与完善。开课教师确定学习主题并甄选相关历史题材的电影作品,建立资源库进行线上推送并利用选修课时间组织学生观影,通过沉浸式的代入体验,对其进行情感引领,深刻感受历史事件的冲击。

历史学科作为在全国中职学校开设的公共基础课程,如何从立德树人的培养目标出发,发挥好课程本身的育人作用,一直是我们探索的重要命题。中职学校大多在长期办学过程中逐渐形成不同的特征,办学特色能够较为集中地体现其鲜明特质。青岛艺术学校开设的历史选修课"看电影·学历史",充分结合艺术类办学特色,目的在于通过优秀电影作品学习历史,激发学生的爱国主义情怀,丰富其艺术素养,也教育引导学生自觉弘扬中华优秀传统文化、革命文化和社会主义先进文化。以2021年的学习特辑"挚爱热爱:我的祖国"为例,此专题为献礼百年党建而设计,课程包括"建党百年,辉耀中国""清澈的爱,只为中国""星辰大海,铸爱中国"三部分内容,共《建党伟业》《建军大业》《建国大业》《钱学森》《邓稼先》《为国而歌》《我和我的祖国》《无问西东》《八佰》9部影片。

红色电影承载了我国不同历史时期的主流价值观,有助于宣扬爱国主义精神、赓续民族血脉,具有重要的现实意义。以《建党伟业》观影课为具体案例,教师首先简析《建党伟业》剧情内容,其次基于影片中呈现的重大历史事件与著名历史人物设置具体的问题,引导各小组深入探讨,着重分析这些事件和人物在中国近代史、革命史上产生的深远影响。本主题课程选用的相关教学电影,如《建党伟业》《钱学森》等,不但从多个方面、不同角度诠释了著名历史人物的爱国情怀和民族责任感,歌颂了他们为争取中华崛起和民族解放而奋不顾身、不怕流血牺牲的勇气和气节,同时也通过《我和我的祖国》《八佰》等优秀影片,让学生体会到家国情怀不是只有伟人与时代楷模才具备,它也激荡在无数平凡的小人物心中。

电影作为一种艺术形式,虽然其本身并不会系统性地集中传递价值观,但可于具体故事情节中进行渗透。这就要求教师在选择教学电影素材时,能够把握正确的思想主旨,尽量选择那些具有深厚文化底蕴的作品,既能够恰当处理尊重史实与艺术加工的关系,又能做到格调高雅、内涵丰富。教师确定每次课程的授课主题后,需通过有效途径匹配相关电影资源,包括了解电影内容和影片质量并分析专业影评;观影过程中以设疑方式引导学生观察细节并进行深度思考;观影后要给学生一定的时间和空间进行有意义的讨论和延伸。从影片的拍摄时间上来讲,尽量选择比较新的或者是学生关注度比较高的作品,当然电影史上的某些经典作品如《辛德勒的名单》《美丽人生》等可以酌情使用。

针对我校不同艺术类专业,我们也会选择一些专业匹配度较高、更容易让孩子们产生共情的电影作品来展开学习。以《为国而歌》为例,这是介绍人民音乐家聂耳的成长和创作经历的一部传记电影,展示了聂耳从1928年瞒着家人偷偷参军到创作出民族战歌所经历的16岁到22岁的短暂青春。他与音乐结缘,在国家民族危亡之时展现了自身才华,更发挥了文艺对国民精神的重要引导力量。银幕之上,鲜活的历史被还原。热血青年急切地想要改变千疮百孔的旧社会,因而先改变了自己。在影片传递的人文关怀之中,青年文艺工作者的大义与担当凸显了出来。

中国古代的戏剧艺术素来承担着一定的社会教化功能;近代以来聂耳、田汉、冼星海这样伟大的人民艺术家,也以激昂的作品呈现鲜明的革命立场和强烈的爱国主义精神,鼓舞广大人民进行革命斗争。这就激发了学生的思考和探索:当代的艺术作品应如何为强国建设与民族复兴注入不竭的精神动力?对于中职学生来说,电影教学的方式和情感体验式的历史学习,启发他们自觉肩负起国家社会责任,并意识到,对于文艺工作者而言,卓越的专业能力固然重要,但一时之间的激情迸发,远不如长久地、有气节、有操守地担负起青年人对社会、对民族、对国家的责任有价值、有意义。唯有如此,才能实现最高级、最强劲的个人艺术生命力的绽放。

习近平总书记提出:"怎样对待本国历史?怎样对待本国传统文化?这是任何国家

在实现现代化过程中都必须解决好的问题。"对此,党的二十大报告指出了明确的方向,即"推动中华优秀传统文化创造性转化与创新性发展"。在《中学历史教学参考》举办的第七届历史教育研讨会上,山东大学杨朝明教授特别强调"除却历史,无从谈文化"。中等职业学校的历史课能否让孩子们从博大精深的民族文化中汲取灵感和力量,未来能否创造出有文化传统血脉的文艺作品,这也是作为历史教师的责无旁贷与使命担当。我们希望通过丰富的教学手段和实践案例,创设生动的、沉浸式的体验,引导学生在历史课的学习过程中有所经历和积累,从而更深入地理解历史事件和人物,感受历史的悲喜、曲折和震撼,也借此提升历史教学的质量和效果,培养学生对历史的情感认同,激发他们对历史的热爱和思考,涵养人文情怀和综合素养。在历史情境教学过程中,将情感体验作为核心环节,不仅注重知识的传授和学科核心素养的落实,更强调情感的共鸣与价值观的塑造,其终极目标指向:培养出以情义为坚实基石、以信仰为精神支柱的新时代优秀青少年。

主要参考文献:

[1] 周斌,徐媛媛.红色影视作品实现思想政治教育功能的路径探析[J].现代职业教育,2018(13).

[2] 陈青娇,彭婧.红色电影《建党伟业》中的爱国情怀[J].声屏世界,2019(9):44-45.

[3] 蒋竹山.影像、历史教育与公共史学:透过电影建构当代世界公民的历史意识[J].中国公共史学集刊(第二集),2019.

[4] 钟芳.从小影像观照鲜活大历史:读《看电影,学历史》[J].杭州,2021(7).

[5] 陈灵萱.从电影画面连接历史现场:蒋竹山《看电影,学历史》与影视历史教学[J].中学历史教学,2021(9).

[6] 侯秀平.用理性思维和情感体验触摸历史的脉搏[J].中学历史教学,2018(3).

[7] 李俊文.初中历史课情感教育的实践与思考[D].呼和浩特:内蒙古师范大学,2007.

[8] 胡雄英.音乐,让历史课堂更富有情感体验[J].学周刊(下旬),2011(8).

【附记】本文系青岛市教育科学"十四五"规划2023年度立项课题"基于中职历史教学资源开发利用的实践与研究"(课题编号:QJK2023C063)的研究成果。

(本文选自《中学历史教学参考》2024年第2期。作者单位:陈亚冰/山东省青岛艺术学校;张宪/山东省青岛市教科院)

情感培育是历史教育的旨归

○ 李付堂

以"情感培育是历史教育的旨归"为题,一是对新课程"家国情怀"素养目标的实践回应,二是致敬《精神培育:历史教育的根柢——著名特级教师齐健谈历史教育》(载于《中学历史教学参考》2003年第7期、8期)。齐健老师明确指出:"精神培育是历史教育的根柢……历史教育应当以陶冶和升华人的精神境界为根本……历史上那一幕幕过去的或正在发生着的反人类的行径及其灾难,带给我们的一个最深刻的启示就是:作为历史教育工作者,我们必须要认真探究人类永恒的精神,追寻历史教育的本义,培育青少年的理想人格与完美的精神世界。"于我而言,这与其说是一次访谈,不如说是一次洗礼,树立了我到如今一直坚守的"关注生命,关注人格和人的尊严,回归人性"的历史教育理念。

一、情感培育和价值引领决定着培养什么人和为谁培养人

当今世界国际竞争日趋激烈,科技和人才越来越成为国际竞争的决定因素,教育的地位显而易见。"如何培养人"是教育技术变革问题,很重要;"培养什么样的人"是教育目标问题,而"为谁培养人"则是教育立场问题,是方向问题,后两者更为重要。

就国家民族和社会而言,情感立场和价值判断决定个人价值的正负,决定其社会价值和对国家民族的意义。就个人而言,最重要的是知道自己是谁,知道自己为什么而奋斗。情感立场和价值判断是前提,决定了人生方向,决定了人生价值。

教育的对象是人,人之所以为人,一是情感,一是理性。历史教育的使命则是实现对学生情感培育和理性培育。而其中,情感培育和价值引领是前提。但长期以来我们更为侧重理性的因素。正如近代中国的落后挨打,使我们吃够了科技落后的亏,所以紧紧抓住了"科学""民主",尤其是"科学"。改革开放以来,在发展是硬道理背景下,科技理性的地位不言而喻,"学好数理化,走遍天下都不怕"是现实的。但我们也应该明白,近代中国的落后,不仅仅是科学技术方面的落后,更深层的在于民族精神和民族素质的落后。

现在国家把立德树人作为教育的中心环节,把"培养什么人"和"为谁培养人"作为教育发展的前提,是对时代发展的回应,是对教育问题的反思,更是基于国家民族未来发展对教育的根本要求。

2004年颁布的《普通高中历史课程标准(实验)》中的"情感态度与价值观"目标突出了国家民族的情感、全人类的情感,同时也突出了对人的关注:"加深对历史上以人为本、善待生命、关注人类命运的人文主义精神的理解。培养健康的审美情趣,努力追求真善美的人生境界。确立积极进取的人生态度,塑造健全的人格,培养坚强的意志和团结合作的精神,增强经受挫折、适应生存环境的能力。"明确了历史教育的价值引领和情感培育目标:国家民族情感的维度,人类情感的维度,个人情感的维度。

《普通高中历史课程标准(2017年版2020年修订)》进一步强调:以立德树人为历史课程的根本任务,坚持正确的思想导向和价值判断,以培养和提高学生的历史学科核心素养为目标。我们要培养人才,而且要培养"德智体美劳全面发展的社会主义建设者和接班人",同时明确了"家国情怀"的学科育人目标,是历史学科素养体系中的信念系统,决定人们的思想取向和行为选择。

目前看,"立德树人"的具体目标和措施就是准确全面理解并在教育教学实践中落实"家国情怀"的素养目标。郝爱学老师从教学实践层面特别是从高考试题命题角度对"家国情怀"素养目标从个人、家庭、社会、国家、民族、人类社会六个维度进行解读。这不仅有助于我们准确把握"家国情怀"素养目标,更为我们在具体教学实践中实现这些目标提供了可操作性。所谓"情感培育"不仅仅体现在对国家民族情感的培育,还有对个人的、家庭的、社会的,乃至对整个人类的情感的培育。

二、情境体验与情境探究是历史情感培育的必由之路

《普通高中历史课程标准(2017年版2020年修订)》指出:"学生能否应对和解决陌生的、复杂的、开放性的真实问题情境,是检验其核心素养水平的重要方面。"真实问题情境既可以检验核心素养水平,同样也是培养核心素养的重要途径。尤其是作为情感培育和价值引领的"家国情怀"素养,情境体验、情境思考、情境探究,是情感培育直接、有效、深入的途径。

2004年,作为对国家课程改革应对措施,我在课堂设计方面确定了如下两个原则:

一次活动。每个教学设计,我们一定要设计一个让学生或自主探究,或谈论辩论,或角色体验等的相对开放的学习活动。

一次感动。即每个教学设计,我们一定要设计一个"激情"的环节,或通过一个历史人物,或通过一个历史情节,激发起学生的情感。

"一次感动"是对课程改革"情感态度与价值观"目标的理解和落实;"一次活动"本

来只是对"过程与方法"目标要求的浅层理解和最直接的体现,现在看来是我们目前"情境设计与情感体验"主题研究的真正起点;在"一次活动"的探索积累基础上完成了"高中历史学生自主学习活动设计探索"课题研究,并形成了"自主学习自主探究"的教学思想和实践成果。

作为山东省新课程远程培训项目,我在《高中历史新课程主题单元教学设计探索——以必修3"中国传统文化主流思想的演变"为例》中就设计了"自主阅读与思考""情境体验""自主探究""反思与思辨"四个课时的学生学习活动设计,强调历史教学要引导学生走向自主学习、情境体验和独立思考,后发表于《中学历史教学参考》2012年第1、2期。2012年6月,《学生自主学习与中学历史教学转型》在《青岛大学师范学院学报》发表,系统阐释历史学科学生自主学习的急迫性及其对整体历史教学转型的意义。到2018年我正式以"历史教学:高中历史学生自主学习活动设计探索"立项山东省教育教学研究课题。

历史课堂,一头渊源于历史,一头是活生生的学生生命个体。我们的使命是以教育的名义将二者有机结合,让学生走进历史而延续历史的精神与生命,让历史走进学生的人生而启迪他们的智慧。

目前看,历史课堂最经常、最容易逾越的底线还是教师的"讲授"。一是讲课随意,甚至是乱讲;二是教师迷恋于、陶醉于自己的讲授,教科书内容要讲,有趣的故事要讲,历史问题的答案及思路要讲,与社会现实结合要讲,学科有关前沿问题还要讲。因为他们读书多,知识多,所以要讲;因为他们有思想,对历史问题有独到的见解,要开拓学生的思路,所以要讲……

虽然我们不能断言历史课堂老师究竟需要讲多少,但我坚信老师的水平再高,那是老师的;课讲得再好,那是老师的思想。教师工作的目的是促进学生的发展,而不仅仅是展现自己的学识与思想。教师的水平体现在自身对学科知识、能力及学科思想的理解,更体现在能够将这些理解设计为学生有足够自主学习空间、足够自主发展权力的学习活动,否则,无非是给学生灌输自己的思想、自己的理解,那与灌输教科书中的知识与观点没有什么两样。对学生而言,说到底是"被思考""被学习",这样学生对历史问题认识再全面、深刻,那也不可能有学生自己的认识,不可能有学生自己的思想和情感。

此次"刊网微研"活动,我们确定了"情境设计和情感体验"主题,试图以"南京国民政府的统治和中国共产党探索革命新道路"为例进一步深入探索。丁健老师的课堂设计了一个大情境——"困境",引导学生体验困境,体验困境中中国共产党人的抗争与探索;进一步设计了三个分情境——"大革命失败""武装起义失败""反'围剿'失败",引导学生进一步体验困境,并探究和思考困境中共产党人的"抗争""探索""成长"等精神品格。

由情境到情感,由体验到探究,"情""境"交融,情理交融,由此达成情感培育与价值引领的"家国情怀"素养目标,也让我们的历史课堂充满生命的活力和情感的张力,提升历史课堂魅力。

三、做有情感和情怀的历史教师,教有情感和情怀的历史

历史教育,以历史实现教育。历史能否转化为教育,能否实现历史教育,关键看教师。历史教师是最大的、最直接的历史教育资源。教师的学养素养,教师的思想和情感,教师的为人处世,教师的专业精神,教师的家国情怀,远比任何一个学科对学生的影响都更大、更直接、更深远。

目前一线教师面临着两个选择:一是按着老路子走,只要抓住了历史知识,抓住了历史试题的训练,考试成绩肯定也可以,甚至还不错;二是借助课程改革的契机,更新观念,改变死气沉沉的历史课堂,改变自己没有生命活力、没有情感的专业状态。

20年前我讲"从事高中历史教学10多年,不可回避,成绩是硬道理,是硬指标,没有成绩,特别是没有高考成绩,就无法在学校立足,就无法在这个专业领域站稳脚跟",现在依然是。而且十年前应对考试争取成绩的方法很大一部分到今天依然有效,因为,应对考试很大程度上是需要方法技巧的,是技能;而且我们也不得不承认:十年前的历史高考也是考"素养"的,也是考"情感、态度、价值观"的,也是考"唯物史观"的,也是考"家国情怀"的。随着基础教育课程改革进入素养时代,高考越来越顺应这一方向,特别是《中国高考评价体系》的出台,核心是围绕立德树人来考查考生的思想观念、政治立场、世界观、方法论以及道德品质。学科高考命题牢牢确立以"家国情怀"、价值观引领为核心为导向。

那么,新课程、新高考背景下的新问题就出来了,也就是做题就是应试吗?做题训练能否达到教育目标?能否成为价值引领和家国情怀落地的途径?这取决于教师的选题:选什么样的题目进行训练;这取决于教师的讲评:教师讲知识,那就是知识训练;教师讲答题技巧,就是答题训练;教师讲素养,那就能够深入素养层面,就能够做到:做题也是实现素养落地的途径,做题也是教育,做题也可以培养家国情怀。

在新课改、新高考背景下,深刻领会新高考命题意图,并由此规划和设计实施日常教学与训练,应不失为推动课堂改革的有效途径之一。作为一线高中历史教师,我依然面对高考,我查阅近年来研究高考、讲高考的课件,素养的成分,家国情怀和价值引领的成分是不是越来越多了呢?

精于"务实",善于"务虚":基于上述思考,十年来我形成了一些有益于解决问题的想法。所谓务实,是追求扎实的学科知识体系和对历史问题的准确理解;所谓务虚,是思想教育,点燃激情。即使是高三历史课,也要让学生有泪花,也要让学生有感动!

比高考更高一点,更远一点:核心是讲高考命题和高考备考。更高的和更远的在两

个方面:一是要找到学科题目背后的学科思想和学科思维方式(类似于《像史家一样思考》,或者《像史家一样阅读》);二是对人生,对社会,对国家民族的关怀(当今时代的青少年,已经不是为温饱而奋斗的一代,时代发展和社会经济发展已经为他们提供了为自己的人生价值、为国家民族命运而奋斗的条件)。前者考验历史教师的专业水平,后者则考验历史教师的人生境界和职业层次。教师达不到,就讲不到,也就不可能给予学生这个方面的帮助。所以,作为历史教师责任重大,不仅仅影响学生高考,也很大程度上影响学生的人生,影响国家和民族命运。

回归历史教学的原点:《普通高中历史课程标准(2017年版2020年修订)》颁布,历史学科素养大幕正式拉开。此后两三年时间,我思考研究的重点在于回归历史教学的原点。原点在哪里?历史学科本质属性,历史学科素养。研究的重点越来越倾向于教学,备考与教学越来越有机结合。

知识如何转化为素养:"三新"背景下的历史高考如何备考?"三新"时代赋予历史课堂教学怎样的新内涵和新形式?我依然选择从学科知识入手,一边探索一边反思:学科知识,学科素养,学科备考,学科课堂教学……蓦然回首,感觉自己一路狂奔,随着国家教育改革、课程改革,以及我参加的创新实验研究,所主持的历史学科深度学习研究等,向前,向前,向前!

无愧于伟大的历史:这个主题最初是在给学生做讲座时用的题目:聚焦于历史中的人。人与历史,历史与人,到当今时代(当今历史)与我们(当今的人)。启迪学生敬畏历史,敬畏时代,也敬畏自己。后来作为自我反思,也用了这个题目:是因为我从事了历史教育这个职业,以历史作为教育人的途径,应无愧于伟大的历史。

作为一名基层、普通的一线历史教师,我知道,正是需要众多普通的一线教师才能够铸就国家教育的大厦。培育时代发展需要的"高素养"人才,一定是需要由"我们"亲手实践、实施来实现。只要我们历史教师心中有"家国情怀",牢牢确立了"家国情怀"的教育理念,那么无论是我们的课堂,还是课后都会充满浓浓的家国情怀。

家国情怀,情感培育与价值引领,深知其重要,其艰难,那就继续探索,一起探索,相信会引发更多同仁的关注与探索。

(本文选自《中学历史教学参考》2024年第2期。作者单位:山东省青岛西海岸新区第一高级中学)

"刊网微研"第8期

研讨主题：历史概念与价值教育

研讨团队：王雄中学历史名师工作室

研讨课题：《中外历史纲要（上）》第八单元"中华民族的抗日战争和人民解放战争"第22课"从局部抗战到全国抗战"

"长城"的概念与价值内涵
——"从局部抗战到全国抗战"教学反思

○ 陈一丁

"如今,在教育领域,更多的人认识到课程和教学必须超越知识和技能,它必须涵盖更有深度的、可迁移性的理解,这个层次的理解是在概念性层面的思考中形成的"[1]。当前,大概念教学成为学界热议的课堂教学模式。笔者有幸参与由中学历史教学参考编辑部主办的"刊网微研——历史概念与价值教育"主题研修活动,执教了"万众一心筑长城:从局部抗战到全国抗战"研讨课,课堂效果良好,得到了评课专家的认可。这一宝贵经历让笔者对抗日战争和大概念教学有了更深刻的认识,笔者不揣浅陋,以本课为例谈谈对大概念教学的一些思考。

一、概念建构基于情境创设

"林恩·埃里克森认为大概念处于学科中心位置,是学科核心概念"[2]。"核心概念是学科构成的骨架,对学生具有潜在迁移运用所学知识的价值,需要他们持久的理解。核心概念能够统摄具体术语概念,揭示学科知识的本质和知识之间的联系,利于学生解释和理解相关的新问题。就历史学科而言,历史学科核心概念是指最上位的、能够反映学科特性的抽象概念(如战争、革命等)"[3]。在本课教学设计中,笔者将长城设定为核心概念,长城既是中华民族民族精神的象征,也与抗日战争有着千丝万缕的联系。以长城作为核心概念,一方面使本课线索清晰、主题明确,同时也丰富了本课的价值内涵,有助于学生价值观的养成。

"建构主义认为,知识不是通过教师传授得到,而是学习者在一定的情境即社会文化背景下,借助其他人(包括教师和学习伙伴)的帮助,利用必要的学习资料,通过意义建构的方式而获得"[4]。由于学习是在一定情境下的建构过程,因此学习情境的创设必须有助于学生对所学内容的意义建构。这就对我们的教学提出了更高的要求,教学设计不仅要符合教学目标,还要创设有利于学生建构知识和概念的情境,并把情境创设作为教学设计最重要的内容之一。基于以上要求,本课在导入部分利用《义勇军进行曲》创设情境,利用文字、视频等方式向学生介绍这首具有特殊意义歌曲的诞生过程:爱国将领朱庆澜将军曾任中东铁路护路军总司令兼哈尔滨特别行政区长官,九一八事变后筹建抗日后援会,支持上海十九路军抗日。1935年,朱庆澜作为投资人推动了电影《风云儿女》的拍摄和上映,并将电影主题曲命名为《义勇军进行曲》。以上信息可以将学生的思绪很自然地带入20世纪30年代那个风云激荡、国家危急的情境中。学生由此真切地感受到在极端困难的情况下,中国人民为抵抗日本的侵略所做出的努力。在此基础上,教师利用《义勇军进行曲》中的歌词"把我们的血肉,筑成我们新的长城"引出长城的概念,同时对歌曲诞生背景进行分析,学生在这样的情境中很容易将抗日战争的史实与长城这一概念性视角相联系,至此本课核心概念的构建完成了至关重要的一步。

二、概念建构引导知识整合

"历史学科大概念是教学设计的主心骨,能有效地促进学生将散落的知识点连成线、知识线连成面,体现历史时序发展的线性特征,促进碎片化知识转变成系统的知识单元"[5]。同理,一堂课的知识整合也应符合本课概念建构的需要。本课将长城作为核心大概念,这里的长城既有具象意义也有抽象内涵。具象的长城指的是长城的事实性概念,即指在长城沿线发生的抗战史实。抽象的长城则指长城的价值内涵,即长城象征着中华民族的民族精神和民族意识的觉醒。教师在引导学生梳理与长城有关的抗战史实的基础上,探讨中国人民心中长城概念的构建过程,即中华民族意识觉醒的过程。中国民族意识的觉醒、中华民族凝聚力的增强既是中华民族新长城的价值内涵所在,也是本课的情感价值体现。

核心概念明确后,本课的知识整合便以长城为中心展开。本课内容共分三部分,分别为"局部抗战""全国抗战的开始"和"日军的暴行"。其中"局部抗战"和"全国抗战的开始"两节内容的时间跨度从1929年经济危机爆发到1937年9月,涵盖了九一八事变、长城抗战、华北事变、七七事变及国共第二次合作等局部抗战阶段的主要史实。"日军的暴行"为单列内容,从政治、经济等方面列举了日军在中国的罪行。根据教学需要,本课将"局部抗战"和"全国抗战的开始"作为主要授课内容,兼顾"日军的暴行"。

九一八事变后,战火很快蔓延至长城内外,中国人民在长城沿线进行了艰苦卓绝的斗争。在具象长城概念的指引下,本课以长城抗战作为突破口,由教师提供文献、地图等史料,详细介绍1933年长城抗战的相关史实,帮助学生初步构建知识体系,同时引导学生对长城抗战失利的原因进行分析和思考。至于九一八事变和七七事变等史实则利用地图史料简要讲解。在抽象长城概念的构建方面,本课在知识层面主要依托东北抗日联军、一二·九运动、西安事变、国共第二次合作等史实。教师以教材内容为基础,为学生提供相关史料,引导学生概括九一八事变后,不同阵营的中国人民为抗击侵略做的努力并分析这些努力的共同特点。学生通过思考可以得出:伴随着抵抗的深入,国内不同阵营逐渐认识到团结抗战的重要性,中国人民抗击侵略的决心日益坚定,在此期间中国共产党发挥了至关重要的作用。学生通过对整合之后的知识进行学习,可以更加清楚地认识到长城不仅指具体的长城沿线的抗战史实,也蕴含着中华民族团结一致共同抗日,民族凝聚力逐渐增强等价值内涵。至此,知识性内容在本课大概念教学设计中的地位和作用也变得更加明确。

三、概念建构依托问题探究

如果说基础知识是建构概念的素材,问题探究就是建构概念的重要手段。"以概念为本的课程设计需要教师们清晰地表述他们希望学生们知道什么、理解什么、能够做什么"[1];教师也需要引导学生通过探究和思考印证各类问题和假设,在自然生成概念的同时发现概念的意义;在课堂教学中教师还可以利用问题探究环节有效提升学生的关键能力。例如,本课在设计时就希望学生在问题探究的过程中学会从身边的资源选择史料,从所选史料的过程中提取有效信息以及运用有效信息证明自己的观点。因此,问题探究的设计和实施在大概念教学中就显得尤为重要。本课的问题探究环节共设置三个学习任务:任务一,抗战开始后不同阵营的中国人民为抗击侵略做了哪些努力?这些努力有哪些共性?任务二,局部抗战时中国军民节节抵抗但又屡遭失败,原因有哪些?任务三,局部抗战的失利造成了哪些后果?对中国的未来产生了哪些影响?以上三个问题依据概念建构的逻辑顺序层层递进,使学生在教师的引导下结合材料和所学知识,进行信息提取、归纳概括,最后得出结论。整个环节在实施的过程中进展顺利,学生经过思考也给出了令人满意的答案,看似是一个非常成功的设计。

课后复盘时,笔者对本课的问题探究方式进行了反思。合作学习是课堂问题探究的常用方式,因为"建构主义者认为,事物的意义并非独立于我们而存在的,而是源于我们的建构,每个人都以自己的方式理解到事务的某些方面。教学要增进学生之间的合作,使他看到那些与他不同的观点的基础"[4]。但在本课的合作学习中,学生的讨论看似很热烈,问题的回答也接近完美,但对学生独立思考能力的训练得打个问号了。而独立思考恰恰是学生个体在课堂上建构核心概念的重要一环,缺乏足够的思考时间所得出的概念是生硬的,会给学生造成牵强附会的感觉。自合作探究学习模式兴起以来,不少教师为了追求课堂效果,往往在公开教学中大量使用合作探究的方式来解决问题。合作探究固然可以培养学生协作学习的能力,在小组交流过程中,也可以开拓学生的思维。但这一学习模式也容易使学生落入热烈讨论的"繁荣陷阱",不少学生在小组活动中发现自己的思维往往很容易被打乱,总是被动接受他人的建议,最终成为一个安静的"聆听者"。

这样一来,合作探究就失去了原本的意义。因此,在教学设计时教师不妨将合作探究与独立思考相结合,让热烈的讨论与"沉默的两分钟"共同出现在课堂上。课堂上一些需要学生独立完成的问题必须给学生留出足够的时间进行独立思考,在这一过程中教师要有足够的耐心,不宜进行过多提示。等待的过程是安静的,这种安静也是一种美妙的旋律,此时学生的大脑在飞速运转,思维的大树在独立生长。在"三新"背景下,高考考查的重点是学生在陌生情境下独立自主解决问题的能力。正因为如此,课堂上"沉默的两分钟"才显得如此宝贵。

四、概念建构突出价值养成

大概念教学的最终目的是引导学生在概念构建的过程中养成正确的价值观。作为"中华民族的抗日战争和人民解放战争"这一单元的重要组成部分,本课在素养培养上突出家国情怀的培育。意图使学生在课堂学习中感悟民族意识觉醒的过程,认识中华民族凝聚力的增强对中华民族伟大复兴的促进作用。将素养目标与本课大概念相融合成为本课教学设计的核心任务。

在这一过程中对长城价值内涵的解读显得尤为重要,因此本课在探讨局部抗战失利的后果时提出,一方面长城沿线的防御被日军突破,使得大片国土沦丧,给亿万民众造成巨大的生命财产损失,中华民族到了最危险的时候;同时也使日本军国主义的侵略气焰不断高涨,不断扩大战争规模。日本法西斯在侵占我国大片领土的同时,也对中国人民犯下了累累罪行。在这一环节教师引入日本侵华战犯的档案,使学生真切了解当年日本侵略者所犯下的罪行,激发学生同仇敌忾的民族意识。另一方面,当卢沟桥的烽火燃起的时候,中国各阶层摈弃前嫌,一致对外,民族意识进一步觉醒。在这一环节教师引导学生分析与抗日民族统一战线建立相关的两则史料,使学生认识到,大敌当前,中共和国民党共同促成了抗日民族统一战线的建立。长城防线虽然失守,但在中国人民心中,新的长城逐渐构筑。那么,"新的长城"的价值内涵有哪些?我们该如何理解这一概念呢?学生经过思考可以认识到在日军的铁蹄下,地理上的长城防线虽然沦陷,但与此同时国内不同的政治派别达成了团结抗战的共识,共担挽救民族危亡的重任;中国百姓的民族意识被唤醒,爱国军民从四面八方汇集起来共赴抗日前线,各民族、各阶层,包括海外华侨纷纷参与到抗日洪流之中。中华民族的凝聚力在不断增强,人民心中的长城筑就得越来越坚实。面对一个团结的、逐渐现代化的中国,日本侵略者的结局只有失败!这样一来,学生对长城价值内涵的理解更加透彻,而长城在本课教学中所起到的价值引领作用也更加凸显。

概念可以跨时间、跨文化、跨情境迁移,概念是宏观的,具有抽象性和综合性。教师可以概念为基础引导学生进行深层次、可迁移性的理解。因此我们对长城价值内涵的理解不应只停留在民族意识觉醒的层面。结合本课所学,我们可以引导学生思考"中华民族"中的"民族"与汉族、藏族、蒙古族的"民族"含义是否一致,区别有哪些。中华民族观念是在中国从分散走向整体,特别是在维护国家独立、追求民族振兴的斗争中逐步形成的。与传统的民族概念相比,中华民族是一个政治性的民族观念,中华民族本身就是多民族融合的产物。长城不是一道围墙,它并非封闭的象征。屹立千年的长城,在抗战时期,它是中华民族防御征战、争取民族独立与自由的象征;放眼整个中国历史,长城更体现出中华民族宏大开放的胸怀。

  大概念教学法的提出使教师在运用统编教材进行备课时有了新的抓手。教师提炼概念的过程也是知识梳理和分类的过程,在这一过程中教师对教科书和课程标准的理解越来越深刻,对教材价值内涵的剖析也越来越到位。在此基础上组织的课堂教学,一定符合学生的认知特点,这样的课堂也有利于立德树人的育人目标的实现。

---

[1] 林恩·埃里克森,洛伊斯·兰宁.以概念为本的课程与教学:培养核心素养的绝佳实践[M].鲁效孔,译.上海:华东师范大学出版社,2018.

[2] 李启顺.大概念视域下的任务驱动型教学:以"诸侯纷争与变法运动"一课为例[J].中学历史教学参考(下旬·实践),2023(6):38.

[3] 陈志刚,王继平.大概念的理解与教师备课[J].历史教学(上半月刊),2020(9):38.

[4] 周瑛,胡玉平.心理学[M].长春:吉林大学出版社,2007.

[5] 王清华,张传辉.大概念统摄下的高中历史单元项目式学习实施路径[J].中学历史教学参考(上旬·综合),2023(8):52.

(本文选自《中学历史教学参考》2024年第3期。作者单位:江苏省扬州中学)

"中华民族"作为价值性概念的建构
——以"从局部抗战到全国抗战"一课为例

○ 王 雄

《普通高中历史课程标准(2017年版2020年修订)》(下文简称《课程标准》)指出:学科核心素养是学科育人价值的集中体现,是学生通过学科学习而逐步形成的正确价值观、必备品格和关键能力。因此,培养历史学科核心素养,离不开对正确价值观的理解与阐释。然而,有关价值观的知识与事实性知识、普遍性知识有很多不同,其中包含着主体的情感、态度与内化的观念或信念,其形成与建构的难度很大。布卢姆在《教育目标分类学》(第二分册情感领域)讨论情感目标时,将价值观纳入情感目标,与认知目标区分开来,其原因便是两者区别很大。他指出,许多关于认知成就、态度与价值观之间关系的研究也表明,从统计学上来说,它们是互不相关的[1]6。因此,仅仅采用知识讲授的方法很难实现价值观目标。本文借助中学历史教学参考编辑部主办的"刊网微研——历史概念与价值教育"主题研修活动,对"中华民族"这个概念进行分析,并与相关授课教师一起设计学生学习的过程,探讨价值观目标的形成与建构特点,以供同行参考。

一、如何理解价值性概念

价值观的文字符号非常简练,有时是一句话,如"己所不欲,勿施于人";有时只有一个词,如社会主义核心价值观中的"爱国、敬业、诚信、友善"等。但是,这些文字符号的内涵非常丰富。作为历史课程目标中的重要内容,是教师需要认真对待的。具体而言,可以从以下几个方面来理解。

首先,价值性概念是历史课程价值观目标的重要表现形式。概念可以分为单独概念与普遍概念。历史课程中的秦朝、江南经济发展、王安石变法、黄宗羲等绝大多数历史事件、历史现象、历史人物等史实概念都是单一概念,其内涵只有一个知识单元。而朝廷、君主专制制度、变法、思想家都是对事实或史实抽象概括以后的普遍性概念。历史教学中,人们比较关注的知识主要是由事实性概念和普遍性概念组成的,而价值性概念却常常被遗忘。比如"家国情怀"实际上是"爱国"的另一种表达形式,它当然是普遍性概念,与古代中国的文明成就、近代以来的反侵略战争等很多知识都有关联,却可能被淹没在具体的知识中。因此,有必要将其在课程目标中列出,并细化分解到具体的知识教学中。

其次,价值性概念蕴含情感因素。价值性概念除了具备普遍性概念的结构与内涵之外,还包括情感因素。比如在和平教育中,战争导致生命的毁灭与文明的毁坏,使学生产生憎恨、恐惧或怜悯的情感。学生个体对事物所产生的爱恨、欢乐、恐惧等情绪情感是对该事物价值认知和判断的最直接的依据,个体价值倾向往往首先通过情绪情感表征出来[2]。所以,学生学习价值性概念时,肯定与事实性概念和普遍性概念有所不同,因为,价值性概念内在地具有情感因素。教师进行学习设计时,必须将与之相关的情感因素纳入学习过程中。

再次,价值性概念需要与学生主体建立连接,进而促进学习主体的自主建构。布卢姆讨论价值的概念化时说:"一致性与稳定性是特定价值或信念的构成特征。在这个层次上,加进了抽象或概念化的性质。这使得个体能够看到,某一价值是怎样与他已有的价值或将有的新价值联系在一起的。"[1]171 价值性概念与人的内在性生命密切相关,而人的内在性生命是深藏于外在语言、行为与情感之内的,它是对外在语言、行为与情感起着重要作用的信念系统。这个信念系统需要主体自己开放才可能与外部价值观念连接。因此,布卢姆强调个人要能够在主体参与下,看到(实际上是省察)自己的价值观与新的价值观,进而愿意两者连接,新的价值观才能形成与建构起来。由此可见,主体性在价值性概念形成中具有重要作用。

最后,价值性概念的形成需要体验与长期积累。历史课程所要实现的价值性概念目标需要考虑更为复杂的条件性因素。正因为价值性概念的内在性,所以其形成与建构比较艰难。个体的人并非孤立的存在,他生活在社会中,为各种社会价值规范所约束。"社会价值规范与个体价值规范一直处于一种互动的状态"。国家意识形态的核心价值观与人们普通的生活价值观之间也存在着互动关系[3]203。所以,个体的主动参与需要更多情感体验来支撑,才可能使个体处于明察内心与分辨价值冲突的思考状态,这当然需要更长时间的积累才能有成效。

二、"中华民族"是一个价值性概念

人们在理解事实性概念或普遍性概念时,通常需要保持理性的态度,通过分析概念的结构或内涵与外延来达到理解的目的。价值性概念当然也需要如此,但是,仅仅通过理性是不够的,还需要情感的介入。《课程标准》在阐释课程目标时说:"在树立正确历史观基础上,从历史的角度认识中国的国情,形成对祖国的认同感和正确的国家观;能够认识中华民族多元一体的历史发展趋势,形成对中华民族的认同感和正确的民族观,具有民族自信心和自豪感。"其中,"形成对中华民族的认同感和正确的民族观"体现了"中华民族"这一概念的价值性意义。那么,如何从价值意义上来理解"中华民族"这个概念呢?

第一,"中华民族"概念具有内隐含义与外显表现。这一概念的内隐含义即现代中华民族观念,包含中国境内各族人民作为国民或公民以平等身份构建的现代民族政治共同体,涉及族类认同意识、民族一体化理念与信念[4]1。这当然与汉族、藏族、蒙古族中的民族或族群有所不同,这些民族都是从文化与社会意义上理解的,尽管在文化、语言、历史与其他人群在客观上有所区分的一群人,是文化共同体或社会共同体,但并不包括政治共同体的内涵。"中华民族"体现的是政治共同体、文化共同体与命运共同体。外显表现则丰富多彩,包括有形的如国旗、国歌、国徽、人民大会堂、长城、黄河、长江等;无形的有体现精神观念或信念的叙事与阐释,如鸦片战争、戊戌维新、辛亥革命、抗日战争、开国大典等事件的各类历史叙述等。

第二,"中华民族"概念具有历史性。"中华民族"有着古老的文化发展历程,但作为一个概念是近代中国才出现的新名词和新概念。它是20世纪初现代民族意识和国家意识生成之后,特别是清王朝临近崩溃之际和最终覆亡之后,在中国逐渐产生发展起来的具有政治、社会文化符号意义的民族观念凝结物[4]1。因此,在古老帝国崩溃后的岁月里,共和国是新的,而共和国国民的观念依然是旧的。"中华民族"这一概念从狭义的"汉族"逐步扩大为多民族整体。费孝通先生认为有两个发展过程,即"中华民族作为一个自觉的民族实体,是近百年来中国和西方列强对抗中出现的,但作为一个自在的民族实体则是几千年的历史过程所形成的"[5]。也就是从自在到自觉的过程。梁启超先生是"中华民族"一词的创造者,其中"中华"为中国固有的词汇,"民族"则是引进的词汇,这是学界的普遍认识[6]。中华民国建立是"中华民族"这一概念被众人确认的重要开始。黄兴涛认为:只有辛亥革命彻底推翻清王朝的封建统治建立了中华民国之后,才有可能为国内各民族的平等融合与发展相对全方位地创造必要的政治和文化条件[7]。但是,直到20世纪20年代,梁启超对"中华民族"的认识还未与"中国国民"完全对应[4]49。"中华民族"整体性概念真正完成是在20世纪30年代日本大规模侵华的背景下,由傅斯年、顾颉刚等学者提出并实现的。1935年12月1日傅斯年在《大公报》发表《中华民族是整个的》文章,提出"中华民族本是一体"。1939年2月顾颉刚明确提出"中华民族是一个"的观点,他在《益世报·边疆周刊》指出"团结国内各种各族,使他们贯彻'中华民族是一个'的意识,实为建国的先决条件"[8]。由此,"中华民族"这个概念的内涵逐步清晰,超越了各族群以及民族国家的政治学意义,扩大到社会学、文化学、人类学等多学科领域,一直到今天,其内涵的建构依然在进行。

第三,"中华民族"概念与我们每个人有关。并不是每个价值性概念都有其特定的范围。人们对自由、平等、和平等概念的内涵有不同理解或多种阐释,在各国各个人群都在使用,因此,它们更具有通识意义。不过,有些价值性概念却是针对特定群体的。"不同的群体成员信仰不同的事物,以不同的方式着装,秉承不同的价值观……群体之间经常存在着显著的差异,如国家之间、宗教群体之间,政治群体之间,族群之间……无论人们是被分配到一个群体,还是自己选择到一个群体",或者自然出生在某个群体,"他/她所归属的这个群体对于决定其人生体验都具有重要意义"[9]2-3,同时,价值性概念还是相互区别的关键因素。作为中华人民共和国的公民,自然是中华民族的一员,"中华民族"这个概念自然与我们每个人密切相关,这个词是中国国民政治共同体、文化共同体、命运共同体的高度概括,是我们每个人政治与社会身份的群体表征。

第四,"中华民族"概念需要认同与内化。事实性概念与普遍性概念的掌握主要依靠理解,而作为价值性概念所蕴含的知识单元不仅包括事实性知识(如近代以来中国境内各族人民争取民族独立与自由的斗争:五四运动、抗日救亡运动、淞沪会战等),还包括富有情感因素的价值性知识(如独立、自由、民主、富强等)。每一个高中生虽然都知道"中华民族"这个概念,但是不会自动拥有"中华民族"的价值理念,它的形成与建构需要一个较长时期的教化过程。"价值观教育的实现在于使人脱离人的自然存在的状态,而获得一种文化生命,价值观教育的本质是指向人的存在的文化与文明品格"[10]。因此,这是一个比知识教育更加艰难的过程,也意味着:成为中华民族一员应该拥有的民族精神文化品格,如自强不息、追求独立与自由、社会责任感等。这些目标的达成通常需要学习者通过价值理性和价值引导,实现价值认同,并与内心的价值观念连接,从而实现价值内化的过程[11]。

三、价值性概念目标如何实现

教师准备一节课时,首先考虑的是这一节课应该确定怎样的教学目标。虽然,《课程标准》已经将每个单元的目标做了简要叙述,但是,要真正理解目标并不是一件容易的事情。就拿《中外历史纲要(上)》第八单元第 22 课来说,教师容易列出《课程标准》的内容要求,这些内容大多是事实性知识,如日本军国主义的侵华罪行、正面战场和敌后战场的抗战;或者是对事实的历史解释,如中国共产党是全民族团结抗战的中流砥柱、中国战场是世界反法西斯战争的东方主战场、十四年抗战胜利在中华民族伟大复兴中的历史意义等。但是,却常常忽略其价值性目标,如感悟中华民族英勇不屈的精神。

笔者询问部分教师"为何在教学目标中没有写'感悟中华民族英勇不屈的精神'",他们的回答有三种类型:(1)这个目标不太好把握,感觉比较"虚";(2)知道了正面战场与敌后战场抗战的内容,这个目标就达成了;(3)知道这个内容比较重要,但是写与不写差不多,因为不好评价。这三种问答都很真实地反映了价值性概念教学的困境。

(一)价值性概念的教学困境及其成因

第一种看法认为价值性概念的目标不好把握是对的,不好把握其实就是不容易理解。相对容易理解的是事实性概念、普遍性概念、方法性概念,价值性概念难以理解的原因就在于它包含了前三者之外,还有态度、情感与信念,当然难以把握[3]90。但是,不能因为难以理解就忽略这个重要目标。

第二种看法既混淆了事实性目标与价值性目标的实现方式,又将价值性目标简化成情感目标。事实性概念作为学习目标可以通过记忆与理解完成,如掌握"九一八事变"这个事实性概念需要完成以下两个能力要求:(1)记忆——时间1931年,地点沈阳,事件经过:日军向东北军突发进攻,并占领沈阳城,进而占领东北;(2)理解——日本军国主义与法西斯主义的特征就是对外扩张,东北是他们发动世界大战的第一步。价值性目标除了记忆、理解这两个能力要求之外,还有更高的要求。价值性概念的掌握有很多路径与方式,从学习者的视角来看,至少有这样几个共同性:(1)价值性概念的理性判断。即学习者运用价值理解能力与批评能力对相关价值问题进行讨论或反省。如可以涉及这样的问题:"日本在建立伪满洲国之际,大肆鼓吹东北不是中国的范围,中国北方边界在长城一带。"日方这么说的原因有哪些?这些原因合理吗?为什么?(2)通过一定形式的教化,学习者对相关价值性概念给予认同。所谓认同问题,就是你认为自己是什么样的人以及你归属于哪个群体的问题[12]107。当然,历史教育中的认同不仅如此,它还需要更多,特别是民族国家共同体的想象。安德森认为:"对于民族共同体而言,它是想象的,因为即使是最小的民族的成员,也不可能认识他们大多数的同胞,和他们相遇,或者甚至听说过他们,然而,他们相互连接的意象却活在每一位成员的心中。"[13]"中华民族"整体概念应该在这个单元的教学中得到强化与升华,所以需要更多的历史叙事来帮助学生建立历史想象。(3)价值性概念需要内化于心,才能外化于行。这是一个比较漫长的过程,因为它需要学习者在未来社会中面对价值困境时,能够自觉运用价值性概念学习后所掌握的方法作出正确判断,并指导自己的行为。由此可见,价值性概念的学习绝不仅仅是掌握事实性概念或仅仅是情感的体验。

第三种看法确实揭示了当下价值性概念学习的一个难点,即评价问题。皮亚杰早就指出,儿童具有口头道德和实践道德不一致的问题[14]。因此,假设用一张试卷考查,即使能有效得到学生诚恳的表达,也不能代表在未来面临价值选择时他们会按照自己所说的行动。尽管这个理由很充分,但是,各国依然在努力强化民族国家的价值教育。因为,谁也无法放弃。

(二)价值性概念作为教学目标的建构思路

第一,价值性概念作为教学目标,需要从知识的事实性、普遍性、方法性、价值性四个部分进行建构。本课事实性部分包括:日本侵华、局部抗战、抗日民族统一战线三个知识单元,每个单元又可以细分;普遍性部分包括本课涉及的侵略战争、民族国家的主权独立、法西斯主义和军国主义、战争罪和反人类罪等;方法性部分主要包括历史阅读、价值判断;价值性部分分为共情、认同和内化。(见图1)

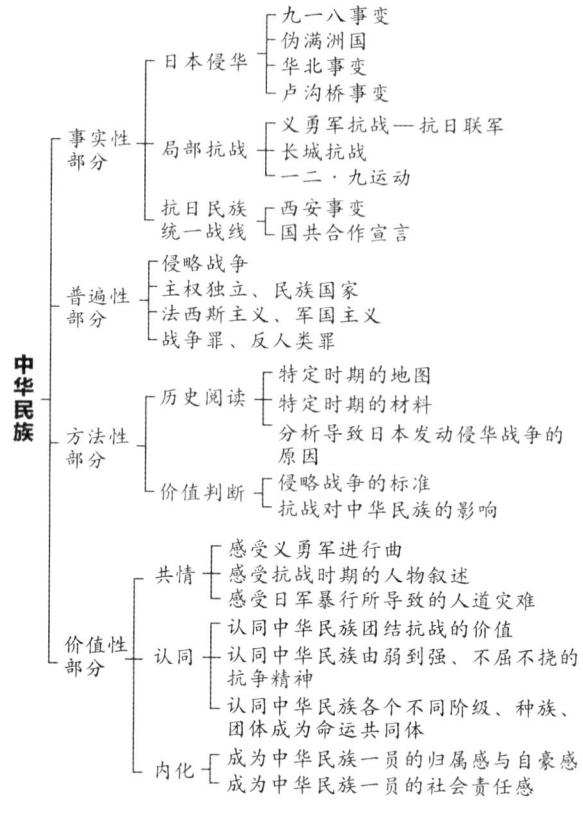

图1

第二,价值性概念的学习需要找到具有历史味的感性素材。"中华民族"作为价值性概念,需要通过中华民族文化共同的文化基础和文化象征符号的重建,来增加民族认同与国家认同的重叠内容[12]111。价值性概念的表现可以是文字符号,也可以是绘画、建筑、音乐等形式的文化符号。在这节课里,授课教师选择了"长城"作为富有感性的文化符号具有非常重要的价值意义。因为,长城是中国古代文明的象征,又是当时中华儿女抗击日本侵略的战场,这种兼容性体现了"长城"作为中华民族文化符号十分丰富的内涵。授课教师将其设计为贯穿整个课堂学习的明线,可以很好地实现价值学习的目标。即课堂导入从长城开始,中间探讨"长城抗战的表现与失败原因",最后以"如何理解中华民族的新长城"作为课堂总结,从而使"中华民族"这个概念有了具象的体现。

第三,价值性概念学习需要通过历史叙事来构建共同记忆。"中华民族"是一个在中国近代形成的概念,抗日战争时期又是此概念所代表的民族国家与民族文化内涵统整的关键期,自然需要特定的历史叙事与历史解释来帮助学生建构这一价值性概念。"当民族主义蔚为兴盛之后,为了巩固民族主义论说,时人常用的一个方法就是通过重新叙述与本民族相关的历史事件,用新的史观与方法论,将其整合成一个具有长时段与自洽性的历史叙事,以此来证明本民族具有悠久的历史与独特的文化"[15]。本课选择了《义勇军进行曲》的诞生、长城抗战、一二·九运动、日本战犯回忆、国内各阶层及海外华侨纷纷参与抗战等多种历史叙事,来帮助学习者构建共同记忆,以强化中华民族的共同体认识。

第四,价值性概念的建构需要价值理性参与的历史解释。高中阶段是学生价值观形成的关键期,"随着社会接触面的扩大,生活阅历的积累及文化知识的增长,智力发育的成熟,青年便开始考虑价值观问题……高中生常体验到更为广泛的内心冲突与压力,面临较多方面的价值取向"[16]。因此,他们的内心充满进行价值理性参与的讨论与探索冲动。本课设计了四个学习任务来帮助学生主动参与价值性概念的建构。其中,任务一"抗战开始后,不同阵营的中国人民为抗击侵略做了哪些努力?这些努力有哪些共性"和任务四"长城防线虽然失守,但在中国人民心中,新的长城逐渐构筑。结合所学,请你谈谈对'新的长城'有哪些理解"体现了"中华民族"作为共性价值观的建构过程。而任务二"局部抗战时,中国军民节节抵抗但又屡遭失败,原因有哪些"和任务三"局部抗战失利造成了哪些后果?对中国的未来产生了哪些影响"的目的是让学生感受抗战的艰难,进而理解中华民族为抵抗侵略所进行的努力是艰苦卓绝和不屈不挠的。

第五,价值性概念建构过程中需要谨慎对待刻板印象。社会认同过程的研究将刻板化看成是对内有益和对外有害的过程。对内有益是指共同体内部逐步形成一致的刻板印象,这是有利于共同体生存并使之区别于其他群体的。但同时,刻板印象也容易导致对外部群体的敌视与攻击性[9]91-96。在本课教学中,当"中华民族"价值性概念逐步强化并被共情时,很容易导致对侵略者的愤恨与泛化。对侵略的愤恨属于正常学习成效,同时,对侵略者的愤恨也不能只停留在情感层面,还需要通过理性分析与价值判断来探寻日本侵华的内在因素。本课特别设计了日本反战人士绿川英子的历史叙述,让学生从价值理性的角度反思。当看到"我爱日本,因为那里是我的祖国,在那儿生活着我的父母、兄弟姐妹和亲戚朋友,对他们我有着无限亲切的怀念。我爱中国,因为她是我新的家乡,在我的周围有着许多善良和勤劳的同志。我憎恨,我竭尽全力憎恨正在屠杀中国人民的日本军阀。不管是中国人还是日本人,谁成为牺牲品,我都会陷入悲痛而不能自拔……"[17]这段叙述后,学生感到震惊不已,很自然地开始分析日本军国主义的本质与影响,从而为建构更加稳定的价值信念体系提供有效支撑。

一节历史课自然不足以建构"中华民族"这样重大的价值性概念,但是,经过日积月累的历史教学,高中生通过自己参与的价值理性分析、价值判断以及价值认同过程,具有丰富内涵的"中华民族"概念就不再是一个文字符号,而成为本国未来公民内心沉淀与外部行为的历史根基,这便是当下历史教育的重要使命。

[1] 克拉斯沃尔,布卢姆.教育目标分类学:第二分册情感领域[M].施良方,张云高,译.上海:华东师范大学出版社,1989.

[2] 朱小蔓,刘巧利.尊重价值观学习特性及学习者:论中学生社会主义核心价值观教育[J].中国教育学刊,2016(3):84-88.

[3] 季苹.教什么知识:对教学的知识论基础的认识[M].北京:教育科学出版社,2009.作者提出知识的四个层面,即事实性知识、概念性知识、方法性知识与价值性知识,本文讨论概念教学,因此依据其观点修改为事实性概念、普遍性概念、方法性概念与价值性概念.

[4] 黄兴涛."中华民族":近代国人民族自觉的新概念与新符号[M]//重塑中华:近代中国"中华民族"观念研究.北京:北京师范大学出版社,2017.

[5] 费孝通.中华民族的多元一体格局[J].北京大学学报(哲学社会科学版),1989(4):1.

[6] 李大龙.对中华民族(国民)凝聚轨迹的理论解读:从梁启超、顾颉刚到费孝通[J].思想战线,2017(3):47.

[7] 黄兴涛.现代"中华民族"观念形成的历史考察:兼论辛亥革命与中华民族认同之关系[J].浙江社会科学,2002(1):134.

[8] 费驰.抗战时期历史教育价值体系的建构[M]//李帆,马卫东,郑林.21世纪全球历史教育的发展与挑战.北京:社会科学文献出版社,2018:79-81.

[9] 迈克尔·A·豪格,多米尼克·阿布拉姆斯.社会认同过程[M].高明华,译.北京:中国人民大学出版社,2011.

[10] 王葎.价值观教育的合法性[M].北京:北京师范大学出版社,2009:7.

[11] 李正楠,薛国军.感动、认同、内化:以"抗日战争"为例探讨家国情怀培育的情感逻辑[J].中学历史教学参考(下半月·实践),2021(8).该文运用美国学者豪恩斯坦将情感领域目标分为"接受、反应、形成价值、信奉(认同)和展露个性"五个类别,来设计具有价值性目标的具体方法.

[12] 韩震.论国家认同、民族认同及文化认同:一种基于历史哲学的分析与思考[J].北京师范大学学报(哲学社会科学版),2010(1).

[13] 本尼迪克特·安德森.想象的共同体:民族主义的起源与散布[M].吴叡人,译.上海:上海人民出版社,2003:5-6.

[14] 柯尔伯格.道德教育的哲学[M].魏贤超,柯森,等,译.杭州:浙江教育出版社,2000:137-138.

[15] 王锐.历史叙事与政治文化认同:章太炎的"历史民族"论再检视[J].人文杂志,2020(5):120.

[16] 张进辅.论青年价值观的形成与引导[J].西南大学学报(人文社会科学版),2007(3):83.

[17] 陈晓卿,李继锋,朱乐贤.抗战十五年:一个时代的侧影:中国1931—1945[M].2版.桂林:广西师范大学出版社,2008:207.

【附记】本文系国家民委高等教育教学改革研究项目"铸牢中华民族共同体意识融入《中国近代史》课程的教学研究"(23062)的阶段性研究成果。

(本文选自《中学历史教学参考》2024年第3期。作者单位:江苏省扬州中学)

大概念统领下的教学设计
——以"从局部抗战到全国抗战"一课为例

○ 曹 伟

  随着课程改革的推进,大概念教学逐渐成为中学教学中的一种共识。大概念处于学科的核心地位,能够统摄、整合历史学科知识,指向历史学科的本质。在此背景下该如何进行教学设计?2023 年 10 月,扬州中学陈一丁老师以"万众一心筑长城"为大概念,呈现了"从局部抗战到全国抗战"一课。本文以陈老师的课为案例,从凝练大概念的目的与方法、围绕大概念的结构化内容、素养目标落实的步骤与策略等角度展开讨论,尝试梳理大概念统领下教学设计的思路。

一、凝练大概念的目的与方法

  课程标准提出"重视以学科大概念为核心,使课程内容结构化,以主题为引领,使课程内容情境化,促进学科核心素养的落实"。这表明凝练学科大概念的主要目的是落实学科核心素养。具体而言,可以通过学科大概念统摄繁多、零散的学科知识,构建系统性的知识框架;可以从史论概念出发,依托大的历史问题,提炼教学主题或主线,串联成知识链条;通过大概念引领教学材料的选择、材料呈现的逻辑次序,创设历史性情境,以此引导学生展开学习活动。因此,凝练学科大概念有利于教师更好地教,也有利于学生更好地学,是深度学习历史和高质量解决问题的重要工具,是落实学科核心素养的有效路径。

  "方法是人实现自己所制定目标的手段。目标方向或目标实现是方法的本质特征。而方法也意味着对于旨在实现目标所应遵循路径的省察"[1]。这意味着凝练大概念要遵循一定的步骤。

(一)要聚焦课程标准与教材

  凝练大概念首先要关注课程标准与教材,并从中找到线索。在课程标准与教材中,大概念的呈现有的地方是显性的,可以直接使用。如课程标准中"秦汉大一统国家的建立与巩固"的表述,对应《中外历史纲要(上)》第3课"秦统一多民族封建国家的建立"和第4课"西汉与东汉——统一多民族封建国家的巩固",就可以把"统一多民族的建立""统一多民族的巩固"分别作为第3、4课的大概念。

但有的地方大概念的呈现是隐性的,需要仔细分析教学内容,甚至需要跨越课时、单元范围进行思考,才能提炼出来。如《中外历史纲要(上)》第22课"从局部抗战到全国抗战"没有可以直接使用的大概念,就需要思考"局部抗战"与"全国抗战"之间的内在联系。同时要对课程标准中"感悟中华民族英勇不屈的精神,认识中国共产党是全民族团结抗战的中流砥柱"的文字表述进行界定,如"中华民族英勇不屈的精神"是什么,从局部抗战到全国抗战的过程中中国共产党是怎样发挥作用的,一个什么样的意象可以概括这种精神与作用。

教材中多处涉及长城,如教材的封面;秦朝在击退匈奴进攻的同时,修筑了西起临洮、东至辽东的万里长城;明朝为了抵御蒙古人的南下,重新修筑了长城。长城作为古代世界一项伟大的国防工程,是南方农耕区域防范游牧民族侵扰的重要屏障。修长城是一种守望,是农耕世界维护和平,保卫家园的努力,守住长城带来文化、心理上的安全感。历史上长城一线一旦被游牧民族突破,农耕世界将无险可守,游牧骑兵便可以长驱南下。联系到长城抗战、《义勇军进行曲》等内容,容易想到把"长城"意象作为大概念使用。

(二)要有学术依据

大概念的凝练必须要有充分的学术依据。学术支撑是大概念科学性的保证,没有学术支撑的大概念,不能成立,更不能引入课堂。在步平、荣维木主编的《中华民族抗日战争全史》中多处使用了"长城"概念。作者认为随着日本不断加快侵华步伐,中日民族矛盾上升为主要矛盾,"严重的民族危机促成了中华民族的空前觉醒,中华民族固有的本色,它的巨大凝聚力在这个时候充分地展示出来"[2]133"中华各民族、阶级、阶层为了一个共同的目标愤然崛起,筑起了一道抵御外来侵略的新的长城"[2]123。在"筑起中华民族的血肉长城"过程中,中国共产党人发挥了重要作用,并旗帜鲜明地号召"全中国同胞、政府和军队团结起来,筑成民族统一战线的坚固长城,抵抗日寇的侵略"[2]134。最终形成的抗日民族统一战线"如同万众一心的中华民族用自己的血肉筑成的民族长城,终于抵御住了凶残的日本帝国主义侵略,取得了抗战的最后胜利!"[2]142步平是中国社会科学院近代史研究所所长、荣维木是中国抗日战争史学会秘书长,都是抗日战争史研究领域的专家。他们的论述为本课大概念的凝练提供了坚实的学术支撑。

陈老师使用"万众一心筑长城",并把中华民族新长城的内涵界定为中国人民的民族意识觉醒、中华民族凝聚力的增强。这一认识有学术依据,是准确的。

凝练大概念要有学术依据,这需要扎实、严肃的专业阅读。立足于学术研究成果的大概念,建立在专业阅读基础上的教学设计,才能创生先锋课例,充满思想的魅力。

二、"大概念"的结构化

理想的教材结构要与学生的认知结构达成一致,也要贴合教师教的结构。统编版高中历史教材内容繁多,在众多学习单元、课时中,有结构良好的部分,也有结构不利于学生学习的部分。这就需要对教材结构进行重新整理、调适,以便于教学实践操作,并转化为学习者的认知结构。结构的调整要紧紧围绕课时大概念,不能单纯关注具体历史知识的结构问题,更要思考课时目标的清晰明确、教学材料的逻辑结构次序、讨论的组织、课堂阅读指导等课堂结构的组织问题。

陈一丁老师在"万众一心筑长城"这一大概念的引领下,把中国人民心中长城的构建即民族意识觉醒的过程作为主线,对教学内容结构进行了大胆调整。本课共编写了三目内容,分别为"局部抗战""全国抗战的开始"和"日军的暴行"。陈老师主要设计了四个学习任务,依照时间线展开,通过一连串问题的讨论,逐步构建出"长城"意象。就结构而言,已经完全不同于教材叙述的逻辑了。

表1 课堂教学环节

环节	具体做法
(1)导入	通过长城和《义勇军进行曲》导入新课
(2)长城与抗战	简要介绍与长城相关的抗战史实
(3)学习任务一	抗战开始后不同阵营的中国人民为抗击侵略做了哪些努力?这些努力有哪些共性
(4)学习任务二	局部抗战时中国军民节节抵抗但又屡遭失败,原因有哪些
(5)学习任务三	局部抗战的失利造成了哪些后果?对中国的未来产生了哪些影响
(6)学习任务四	长城防线虽然失守,但在中国人民心中,新的长城逐渐构筑。结合所学,请你谈谈对"新的长城"有哪些理解
(7)总结升华	结合本课所学,请思考"中华民族"中的"民族"与汉族、藏族、蒙古族的"民族"含义一样吗

很显然,陈老师没有纠缠于事实性历史知识的系统性、完整性。从导入开始到最后的总结都紧紧围绕"长城"展开,层层推进,把知识的实体内容(历史事实、历史概念、史料、理论等)串成相互关联的统一体。从实体的长城到无形的长城,从单纯的军事防御工程到中华民族挽救民族危亡的精神长城,从1931年局部抗战开始到1937年全国抗战局面形成。就材料选择而言,陈老师注意兼顾当时中国社会不同层面、各个阶层、各种政治力量,以说明"万众一心筑长城"。如果能兼顾一点不同民族的材料,就可以呼应"'中华民族'中的'民族'与汉族、藏族、蒙古族的'民族'含义一样吗"这一"总结升华"环节的思考了。

在教学内容结构化过程中,有一点疏漏,需要加强。从局部抗战到全国抗战,1936年发生的西安事变及其和平解决是扭转时局的关键,是教材"学习聚焦"栏目中的重要知识内容,属于必备知识的范畴。这在教学设计中没有表现出来。

个别的实体知识只有在结构化的内容中,整体地、系统化地呈现,才能获得深刻、准确的理解。学生接受结构化的知识,才能牢固掌握,并形成强大的人格力量。

三、大概念目标实现的步骤与策略

大概念目标的实现就是素养目标的落实。凝练了课时大概念之后,就要考虑不同素养目标的特性与课时教学内容的适切性问题,不是所有的素养目标都可以作为显性内容出现在特定的课时里。这需要取舍,有所侧重。陈老师在课堂上落实"史料实证"与"家国情怀"两个素养目标的方式,给我留下了深刻印象。

以落实史料实证为例,学生能够像历史学家一样使用史料固然重要,但在未来的学习、工作和生活中有证据意识更重要。我认为学生首先要学会有根据地说话和写作,更深一层要学会使用更多的、可靠的材料,理想的目标是要能对引用的材料进行审辨,为培养有益于社会的理性公民做铺垫。陈老师的课在这一环节进行了有益的探索。课堂上没有进行史料类型、获取途径、运用原则与方法等方面的常规宣讲。注意从身边的资源中选择材料,如教材图片、国歌、问题探究史料等,这种朴实的做法是经济的,也是有效的,唯有如此才具有可模仿、可复制的示范意义。学生要学会利用自己身边的、熟悉的、自身可以触摸到的资源去尝试解决问题,就发展了自己的核心素养。

点评时,专家们认为有一则史料(谷景生回忆录)引用不太妥当,由于是个人回忆,会存在不准确、记忆偏差,甚至错误等问题。这是中学历史课堂选取材料时需要注意之处。

陈老师对"长城"意象新内涵的诠释非常成功。在导入环节,通过一张图片(教材封面长城图片)、一首歌(《义勇军进行曲》)、一个人(朱庆澜将军),把"长城"深深地印入学生心中。在近代军事技术条件下,长城不能像传统社会那样在军事上发挥重要作用。新长城是无形的,是一座精神长城。新长城抵御的不再是游牧骑兵,而是所有意图侵犯或分裂中华民族的敌对势力。从东北到长城到卢沟桥,中华民族的生存空间被极大压缩,感受到亡国灭种的危机。"长城"被赋予了"民族觉醒、民族团结、共御外敌,争取民族的独立与自由"的新内涵。长城已非古代之长城,中华民族也不同于汉族、藏族、回族、蒙古族等"民族"内涵,变化的核心动力来自抗战时期的救亡逻辑,是救亡意识下对民族本质的再思考。落实家国情怀的素养目标,陈老师没有提及"家国情怀"只言片语,但这种没有"家国情怀"的"家国情怀"一定会抵达学生内心深处。

素养目标的落实应该是润物细无声的过程。本轮课程改革的亮点之一,是凝练了历史学科五大核心素养,但在落实过程中出现一些问题。如直接从概念到概念,异变为核心素养的宣讲,难以内化为个体学生的核心素养;我们期望学生能够像历史学家一样思考,但要超越历史学科,培养德智体美全面发展的人。

大概念具有统领作用,具有较强的解释力,能够将中学历史教学涉及的多种要素有效整合在一起。对单元教学、课时教学、复习教学等不同课型具有普遍的适应性。大概念教学方兴未艾,以上只是个人粗浅的、感性的认识,以求教于方家。

---

[1] 佐藤正夫.教学原理[M].钟启泉,译.北京:教育科学出版社,2001:283-284.
[2] 步平,荣维木.中华民族抗日战争全史[M].北京:中国青年出版社,2010.

(本文选自《中学历史教学参考》2024年第3期。作者单位:扬州大学附属中学)

例说史料的选择与运用

○ 孙兴武

江苏省扬州中学陈一丁老师根据课程标准、依托《中外历史纲要(上)》第八单元第22课"从局部抗战到全国抗战",以"长城"为主线、以学习任务为串联,将关于抗日战争的教学置于"有形的长城"和"无形的长城"之中,使学生更好地了解了相关历史知识,提升了家国情怀。就陈老师该课教学设计中的史料运用情况,笔者不揣浅陋,结合自己的教学实践,尝试做一分析并谈一谈想法。如有不当之处,还请各位老师批评指正。

一、本课教学设计史料运用现状

(一)教学设计所运用的史料

笔者将本课教学设计使用的史料粗浅地归纳为如下几类[1]:

表1 史料分类

类型	文献史料			图片史料		
具体来源	正史	回忆录	文件	乐谱	地图	照片
运用频率(次)	7	2	4	1	4	5

1. 文献史料

正史类。比如,陈老师分析局部抗战中国军民抵抗时,引用了黄文焕、肖前《长城抗战始末》;揭露侵华日军暴行时,运用了中国国家档案局编写的相关资料。

回忆录类。陈老师通过展现谷景生《回忆"一二·九"运动与北平地下党》部分内容,勾勒了"一二·九"运动爆发的背景;通过呈现抗战时在华工作的日本左翼人士绿川英子的所思所想,引导学生更加全面地看待这场战争。

文件类。中共方面《中共中央为公布国共合作宣言》、国民党方面蒋介石《对于卢沟桥事件之严正表示》等文件,使学生更深刻地感受到民族危亡之际国共两党奋勇杀敌、抗战到底的决心。

2. 图片史料

乐谱图片。导入部分,陈老师展示了《义勇军进行曲》的乐谱,为此后教学的展开做了很好的铺垫。

地图类。历史事件的发生,与特定的时间空间密切相关。战争史教学中,地图的使用更显必要。学生观察《九一八事变及日军侵占东北三省要图》《长城抗战示意图(1933年3月—5月)》等地图,直观有效地知晓了日军对东北地区的侵占、中国军队在长城沿线部分地区的抵抗,提升了时空观念。

照片类。学生看着1938年的照片《长城战斗之我军指挥所》《美洲归国华侨航空员留影纪念》,很难不将自己"带入"当时的场景中,仔细观察环境里的一草一木、人的一举一动,甚至会生发出昂扬中的悲悯之情。

(二)教学设计所运用史料的局限

1. 正史类史料运用较多

例如,以时间轴的形式列举了从1931年9月至1933年5月与长城沿线相关的抗战史实,又引用了黄文焕、肖前对长城抗战的论述。这些内容,由于是整理汇编或是结合史实的论述,缺少史事发生时所产生记录的、让后来者仿佛身临其境的一手史料(如日记、信函等)带来的冲击感。

2. 照片史料涉及范围较为局限

5张照片中,3张是人物照,1张是战斗场景,1张是纪念碑照片。具体来说,3张人物照中,1张是美洲归国华侨航空员的留影,另两张均为单个人物的肖像照。因此,与战争直接相关的照片运用不多,或难以有效起到辅助教学的作用。

需要指出的是,以高中必修历史教学为例,一方面,教材内容多、知识点多;另一方面,每周课时安排有限,不时需要赶进度,加之学生历史学科基础和未来高二选科意向差异大——选哪几种史料,效率和达成度能够兼备? 相同种类的史料呈现太多,学生会不会厌烦? 就特定史料进行提问的难度怎样才是适宜的? 等等——增加了教师选史料时的困惑。

二、史料运用应当遵循的原则

如何在琳琅满目的史料中选择适合运用于高中历史课堂教学的几则史料? 笔者根据自身教学实践并结合相关研究[2],归纳了高中历史教学史料运用的原则:

(一)层次性原则

层次性原则,大致体现为两方面:一方面是对同一段史料去繁就简或是保持原样,另一方面是对同一段史料提出难度不同的问题。

以亨廷顿对于文明边界的阐释举例[3]：

文明没有明确的边界，也没有精确的起点和终点。人们可能而且确实重新界定过它们的认同，结果，文明的内涵和外延会随着时间的变化而变化。各民族的文化既相互作用又相互重合。各种文明的文化彼此相似或相异的程度也发生着相当大的变化。然而，文明是有意义的实体，尽管它们之间的界限难得清晰，但这些界限却是真实的。

针对高一学生，可直接展现其中"各民族的文化……但这些界限却是真实的"。以此告知学生文明（文化）之间的相互影响以及每个文明（文化）自身独特性的保留。

针对高二高三选修历史的学生，应直接呈现上述整段史料，并提问：

"文明的内涵和外延会随着时间的变化而变化。各民族的文化既相互作用又相互重合。"能否结合所学中国史知识举例说明？

另外，对高三学生，可继续追问：

（1）"文明没有明确的边界"和"但这些界限却是真实的"，两者之间，是否矛盾？

（2）能否举例说明文明存在着"模糊的边界"？

（二）多样性原则

1. 形式多样

由于史料类型众多，教师呈现史料时不能只关注文献史料，还可以使用照片、地图和音像等史料，一定程度上可以增加课堂教学的生动性。

比如，笔者讲授《中外历史纲要（下）》第6课"全球航路的开辟"时，将奥匈帝国作曲家德沃夏克于19世纪90年代在美国创作的《新大陆交响曲》的乐队演奏片段作为导入，并仿照交响曲的通常结构，将这节课分为"奏鸣曲——行稳致远的起锚""变奏曲——筚路蓝缕的征途"和"回旋曲——渐行渐远的船帆"三个部分。这样的安排，尤其是导入部分的视频播放，极大地调动了学生的学习兴趣，便利了教学过程的开展。

2. 内容多样

当前的高中历史教材涉及政治史、社会史、经济史、文化史等领域。在教学时，可以呈现与社会学、经济学、地理学等学科相关的史料。

比如，在讲授选择性必修3《文化交流与传播》第7课"近代殖民活动和人口的跨地域转移"时，笔者提供了著名社会学家雷洁琼女士对在美华人研究中的一段材料[4]：

访谈者12号：我大学毕业后在药店工作了6年，当初为了谋取到这份工作，我花费了几个月的时间。这6年期间，我的两位美国朋友都提了职，薪水自然也增加了，其中一位还在我之后来到药店，可我的职位和薪水一直没变，非但如此，干的活却愈来愈多。我觉得像这样工作没有什么意思，于是就辞职了。现在，我在一家华人开的店里做簿计员，工作得相当愉快。

这段材料来自社会学研究，但总体上与该课介绍华人在外国发展和探究华人的血缘、政治乃至文化认同相关联。借助这段材料和其他材料进行提问,笔者向学生呈现移民及其后代认同感的复杂性,并让学生思考回答为什么会出现这样的情况。

(三)适度性原则

史料浩如烟海。教师要考虑到课标要求、教学效率和时间把控,选择典型的、有代表性的史料,切忌堆砌史料。笔者立足《中外历史纲要(上)》第5单元"晚清时期的内忧外患与救亡图存"进行高三二轮复习时,通过在幻灯片上呈现教材所载图片"《马关条约》谈判场景""《辛丑条约》签订现场",引导学生从这两张图片出发复习甲午中日战争和八国联军侵华战争的相关知识点,未再提供与这两场战争有关的其他史料。

结合层次性、多样性原则,适度性原则的关键是从尽量少而精的史料(开始的"点")出发,通过教师和学生之间的一问一答,逐渐发散出去,形成对特定历史知识更全面、立体的了解和掌握(构成的"线""面""体")。

三、为理解而选择与设计

当前,高中历史课程以培养和提高学生历史学科核心素养为中心任务。史料实证作为核心素养之一,有着具体的培养目标[5]。以此为指引,高中历史教学的史料运用首先应该是围绕课程目标的重心来选择史料,其次是为促进学生更好理解而选择史料,可尝试在以下方面进一步完善:

(一)教师增加各类史料发掘与运用程度

十四年抗日战争是近代中国历史的重要阶段,留存至今的史料非常丰富。对于抗日战争史的教学,可以关注:

1. 档案汇编

比如通过翻阅中国第二历史档案馆编撰的《中华民国史档案资料汇编》,为本课教学提供相关资料,尤其是国民政府方面的资料;又如通过翻阅《抗战时期西北开发档案史料选编》,搜集特定地区的史料,使学生对抗战有更加全局性的了解。

2. 时人所拍照片

比如可以通过检索布里斯托大学(The University of Bristol)的"中国历史照片项目"(The "Historical Photographs of China" Project[6]),查找抗战时期的照片,并结合图像证史的方法引导学生借助照片来分析历史事件;又可以深入发掘地方史的照片资料,让学生增加对本乡本土历史的了解。

3. 文学艺术作品

尽管文学艺术作品有虚构与非虚构之分,但它们的创作主题只要与特定历史时期相关,都可以更加形象生动地辅助学生了解历史。比如小兵张嘎的故事、王二小的故事,展现了少年儿童在抗战期间英勇无畏、奋勇抗敌的精神;又如田汉、聂耳的《毕业歌》"我们

要做主人去拼死在疆场,我们不愿做奴隶而青云直上"的慷慨豪迈。这些都使得学生相比于直接阅读教材内容、档案史料等,可以更快速地产生一种跨越时空的、共通的情感;如果能结合相关音像史料,更是对学生大有裨益。

(二)教师拓宽问题设计思路

无论是早已被使用多次的史料,还是刚被发现或少有使用的史料,每一个阅读者可能都有自己的解读。就某一段史料,通过问题设计进行启发延伸,符合前述史料运用的层次性原则,哪怕是旧史料也能"老树发新芽",还能提高学生思维能力,促进学生"提出自己的历史认识"。

1. 呈现史料时,可就此启发学生对比不同类型史料在同一历史事件表述上的异同,并探究如何有效融合运用多种史料。比如:

老师展现的第1段材料出自抗战史的汇编,第2段材料摘自时人回忆录。这两段材料在描述"七七事变"时有何异同,各自的局限性又是什么?我们如何有效地融合这两段材料来分析"七七事变"?

2. 呈现观点性、结论性史料时,可安排学生为该观点或结论来寻找所学知识作支撑。如在讲授太平天国运动时,笔者呈现了一段结论性的史料[7]:

这(太平天国)是一场悲壮的斗争。其悲剧意义不仅在于他们失败的结局,更在于他们借助宗教猛烈冲击传统却不能借助宗教而挣脱传统的六道轮回。反封建的人没有办法洗净自己身上的封建东西。

问题:(1)"反封建的人没有办法洗净自己身上的封建东西。"举例说明,哪一史实体现了"封建东西"?

(2)"没有办法洗净"的根本原因是什么?

这段对话从结论性的史料出发,引导学生返回教材寻找可论证这一结论的所学史实,做到了不同以往的"史论结合"。

3. 对于教材提供的史料,应关注其细节,积极使用。如《中外历史纲要(下)》第5课"古代非洲与美洲"的第2子目"古代美洲文明"有一张题为《墨西哥浮动园地》的图片,于是笔者设计了如下的问题:

(1)标题中的"浮动园地"是哪一个文明发明的?

(2)为什么这张图写的是"墨西哥"?为什么没有写"阿兹特克"呢?

(3)阿兹特克文明大致存在于14—16世纪。教材编写是非常严谨的一件事。因为没写"阿兹特克",那么就结合这张图片的标题以及教材中的其他插图,大胆猜测这张图片是不是绘画作品?有可能是什么?

(4)19世纪30年代,摄影技术被发明,明显晚于阿兹特克文明存续时间,进一步说明了这张图极有可能是照片。既然如此,墨西哥浮动园地的照片被置于阿兹特克文明介绍旁边,说明了什么?

这是从笔者阅读教材时发现的一个细节出发进行的问题设计,充分运用了教材提供的史料,引导学生了解阿兹特克文明对后来墨西哥地区发展的长远影响,借此希望学生能够多关注教材。

(三)教师引导学生初步了解寻找史料的途径

"史料实证"核心素养的培养目标指出:学生能够"掌握搜集史料的途径与方法"。课堂上,教师"授人以鱼",将已经准备好的史料直接给学生是通常的做法。"授人以渔"不太常见,原因在于目前的教学总体上仍是以学生直接接受新知为目标,教师在有限的时间和不宽松的教学进度之下难以进一步拓展。可是,将"工具"交予学生,是值得尝试的。在讲授选择性必修2《经济与社会生活》第3课"现代食物的生产、储备与食品安全"时,笔者考虑过这样的教学设计:

照片反映了1945年上海街头一个孩子正在吃螃蟹。曾有一些自媒体刊载这张照片,并写道"穷人靠吃大闸蟹勉强度日"。对于这种说法,无论是证实还是证伪,我们都需要找哪些方面的史料?

我们可不可以追根溯源,找到这张照片为何会被拍摄的原因?

我们既可以寻找纸质版的文献史料,也不要忘了使用网络数据库资源,比如"爱如生《申报》数据库""晚清民国期刊全文数据库""中国数字方志库""读秀"等。当然,这些数据库,就得留到大家在大学期间多加利用了。

这样的设计鼓励学生多思考、多问"为什么""真的是这样的吗",不仅有助于学生掌握已经为他们准备好的知识,更重要的是启发引导他们有信心、有能力去探索教材没写、自己感兴趣的领域——这也是个体可持续的学习能力的体现。

以上是笔者针对高中历史教学史料运用问题,以陈老师"从局部抗战到全国抗战"的教学设计为中心,谈了自己粗浅的想法。还望各位老师多提意见、多多指导。

---

[1] 李晓琳.史料在中学历史教学中的运用[D].北京:首都师范大学,2001:8-11.

[2] 王亚军.高中史料教学理论和实践的研究[D].石家庄:河北师范大学,2007:22-31;陈凤武.高中历史教学中史料实证素养的培养研究[D].济南:山东师范大学,2017:20-29.

[3] 亨廷顿.文明的冲突与世界秩序的重建[M].周琪,刘绯,张立平,等,译.北京:新华出版社,1998:27.

[4] 雷洁琼.对生长于美国的华人的一项研究[M].北京:开明出版社,1999:105.

[5] 徐蓝.关于历史学科核心素养的几个问题[J].课程·教材·教法,2017(10):32.

[6] 其镜像站点由上海交通大学负责管理,网址为https://www.hpcbristol.sjtu.edu.cn/.

[7] 陈旭麓.近代中国社会的新陈代谢[M].北京:中国人民大学出版社,2012:83.

(本文选自《中学历史教学参考》2024年第3期。作者单位:扬州大学附属中学)

历史细节的教学设计与实施
——以"从局部抗战到全国抗战"一课为例

○ 蒋思敏

在历史教学中,我们常常关注宏大叙事和核心概念。然而,历史细节也是历史学习的重要一环。所谓历史细节,是指发生在一连串历史事件中的那些细微的组成部分,是一些细小而有意义的环节或情节,它与历史的变迁、人物的活动、事件的发展和走向等都有密切的关联性[1]。对其进行生动形象、真实难忘的描述,能够加深对历史的理解、激发历史学习的兴趣、构建完善的知识体系和落实落细核心素养。诸多学者认为,历史细节包括背景细节、人物细节、事件细节、观点细节、文化细节等方面。基于前人的研究成果,笔者以"局部抗战到全国抗战"一课为例,从背景细节、事件细节和人物细节三个角度,探讨高中教学中历史细节的设计与实施。如有不当之处,敬请方家不吝赐教,批评指正。

一、为铺垫而设计的背景细节

论及抗日战争的背景,就不可避免地要谈到 20 世纪 30 年代的国际局势和日本发动侵华战争的原因。而这两点正是本课的难点。引导学生关注史料中的背景细节,能顺理成章地推动后续内容的讲述。

(一)日本发动侵华战争的原因

东方会议是日本对华政策转变的重要会议。课本在导言部分以图片史料的形式再现了日本东方会议的场景,并说明了在这次会议上,日本企图将满洲从中国分裂出去的阴谋。这里有一个细节,偌大的中国,为什么日本偏偏就盯上了满洲这块土地?笔者进一步呈现东方会议上通过的《对华政策纲领》以启发学生。

材料一 关于满蒙,特别是东三省,由于在国防上及国民的生存上有重大的利害关系,我国不但要作特殊的考虑,并对该地之维持和平及发展经济,使之成为国内外人士安居的地方,作为接壤的部邦,不能不负有特殊的责任。

——东方会议《对华政策纲领》

通过这段细节描述,我们发现,在1929—1933年经济大危机的背景之下,日本资本主义发展陷入困境,因而产生了觊觎物产丰富、市场广阔的满洲地区的狼子野心。这个教学环节促使学生将日本侵华战争放置在世界大背景下,同时理解满洲对于日本在国防上的重要意义。当时,日本与苏联在满洲地区关系紧张,与美国也争夺激烈。占领战略地位重要的满洲,北可攻苏联,南可占中国。基于此,学生就能顺理成章地理解日本攻占沈阳城,发动九一八事变;扶植"伪满洲国",推行"以华制华"的政策;进行经济掠夺和奴化教育的措施等一系列历史大事件。

(二)20世纪30年代的国际局势

20世纪30年代的国际局势影响着各国对日本侵华的态度。伴随着世界反法西斯战争的推进,各国的态度和行动的变化尤为复杂。笔者通过讲述苏联态度的微妙转变,来反映此时的国际局势对抗日战争的影响。

承接前文所提到的"伪满洲国"的问题,笔者再补充背景细节:

材料二 《苏日中立条约》是苏联与日本于1941年4月13日在莫斯科签订的。同时,苏日双方代表还签署了一个共同宣言。其内容是苏联保证尊重伪满洲国的领土完整和不可侵犯,日本保证尊重蒙古人民共和国的领土完整和不可侵犯。苏联官方及学术界一直认为,该条约的签订是"巩固了我们祖国远东边境的安全。在希特勒德国的威胁日益增长的情况下,它有助于维护远东的和平",并"制止了日本侵略"。

——摘编自黄光耀《〈苏日中立条约〉评析》

通过这个细节,学生会产生疑惑:日本的"死对头"、我们的"老朋友"苏联,竟然是承认伪满洲国的?联系史料,学生能得出这样的结论:苏联为了保证远东边界的安全,集中火力对付德国,避免陷入双线作战的境地,实施了绥靖政策,容忍了日本的所作所为。接着,笔者继续提示学生关注课本历史纵横中的细节:1935年的共产国际是赞成"八一宣言",反对日本,支持中国的。在这里,我们可以看到苏联政策的转变。

那为什么在抗战初期,苏联是支持中国的,但是在抗战中期,中苏关系就冷淡了呢?在抗战初期,苏联就意识到日本对中国东北地区的虎视眈眈,也会威胁到苏联远东地区的安全。尤其是德日两国签署《反共产国际协定》和英美采取绥靖政策后,更让苏联感到孤立和不安。因此苏联提出以"国民党必须停止内战和任何敌视中共的行动"[2]为条件来援助中国。这也促成了国共第二次合作的形成。但是到了抗战中期,面对德国的步步紧逼,日本"南进"政策的实施,苏联转变了对华政策,也就有了上面《苏日中立条约》的签订。这些细节可以启发学生深入理解国际政治的复杂性,理解国家利益至上的原则。且能将抗日战争放置在世界反法西斯战争的大环境之下,理解作为东方战场的中国,为抗击日本侵略所做的苦苦挣扎,为维护世界和平做出的巨大贡献。这样的理解和思考也为下节课教学内容的推进做了铺垫。

二、为理解而补充的事件细节

在本课中,西安事变的和平解决和抗日民族统一战线的形成是重点内容。自九一八战火燃起,华北地区步步沦陷,中国共产党带领民众掀起抗日救亡的热潮。当帝国主义与中华民族的矛盾上升为主要矛盾时,中国共产党发表"八一宣言",召开瓦窑堡会议,确定抗日民族统一战线的方针。此后,1936年的西安事变和1937年国民党中央通讯社发表《中共中央为公布国共合作宣言》,分别标志着抗日民族统一战线的初步形成和正式形成。在这两件大事中,中国共产党的努力和各阶层的团结尤为重要。笔者以它们为例,提示学生关注事件细节,深化对抗日民族统一战线这一知识体系的理解。

(一)西安事变

围绕西安事变,课本上呈现了如下事件细节:

材料三

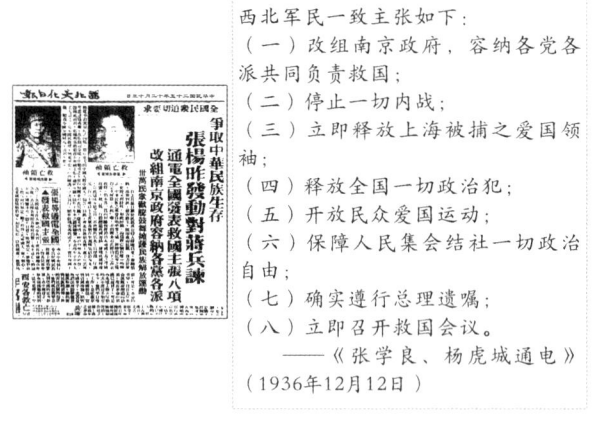

西北军民一致主张如下:
(一)改组南京政府,容纳各党各派共同负责救国;
(二)停止一切内战;
(三)立即释放上海被捕之爱国领袖;
(四)释放全国一切政治犯;
(五)开放民众爱国运动;
(六)保障人民集会结社一切政治自由;
(七)确实遵行总理遗嘱;
(八)立即召开救国会议。
——《张学良、杨虎城通电》(1936年12月12日)

图1

图1的报纸是国民党陕西省党部机关报《西北文化日报》。它代表了以张学良、杨虎城为代表的国民党人士的看法,他们呼吁"争取中华民族生存"(报纸右侧所书细节)。可见,此时的张、杨二人不仅仅是站在国民政府的立场上,更是站在国家和民族大义的立场上。

从具体主张来看,除了大家平时都会注意到的前两点以外,第三点和第五点中的一个细节也很有趣。为什么释放的是"爱国领袖"?既然是"爱国领袖",为什么还会被捕?"民众爱国运动"在当时为什么是被禁止的?由此可以启发学生:这里的"国"不是"中华民国",而是"中国"。这反映张、杨二人呼吁各党各派共同救国,反映了他们民族意识的觉醒和爱国热情,其壮举彪炳史册。这个结论可与报纸上的细节印证。

(二)《中共中央为公布国共合作宣言》

我们再来关注一下《中共中央为公布国共合作宣言》中的细节。

材料四 中共中央再郑重向全国宣言：一、孙中山先生的三民主义为中国今日之必需，本党愿为其彻底的实现而奋斗。二、取消一切推翻国民党政权的暴动政策及赤化运动，停止以暴力没收地主土地的政策。三、取消现在的苏维埃政府，实行民权政治，以期全国政权之统一。四、取消红军名义及番号，改编为国民革命军，受国民政府军事委员会之统辖，并待命出动，担任抗日前线之职责。

——《中共中央为公布国共合作宣言》

在第一点中有这样一个细节：中国共产党认可并遵守孙中山先生的三民主义。可以启发学生思考：这不就与中国共产党坚持的马克思主义背道而驰吗？通过对这个细节的思考，学生可以得出结论：并不是这样的。中国共产党以中国革命过程中的社会矛盾、革命形势等客观条件的变化为依据，灵活地、有创造性地制订符合中国国情的策略和任务。其背后的根源正是国家和民族的根本利益。这不是放弃马克思主义，反而是马克思主义与革命实际相结合的体现。除此之外，第二点中承认国民党的领导地位，联合地主阶级；第三点中取消苏维埃政府和第四点中红军改编这些细节，都反映了中国共产党秉持民族大义，不计前嫌，主张联合各阶层，建立抗日民族统一战线的决心。

三、为共情而提供的人物细节

本课的另一个重点是日本帝国主义的侵略罪行。学生自幼便对这部分有深入的了解和深刻的理解。与此相关的人物细节也较多，如南京大屠杀、731细菌部队、重庆大轰炸的遇难者和幸存者。其实学生较为容易忽略的一点是：日本右翼分子仍在歪曲甚至否认这段历史。通过这类细节的学习，学生能更深刻地理解日本帝国主义犯下的累累罪行，体会对中国人民造成的深重灾难，产生共情，涵养家国情怀。笔者选用比利时漫画家埃尔热的名作《丁丁历险记·蓝莲花》来说明。

材料四

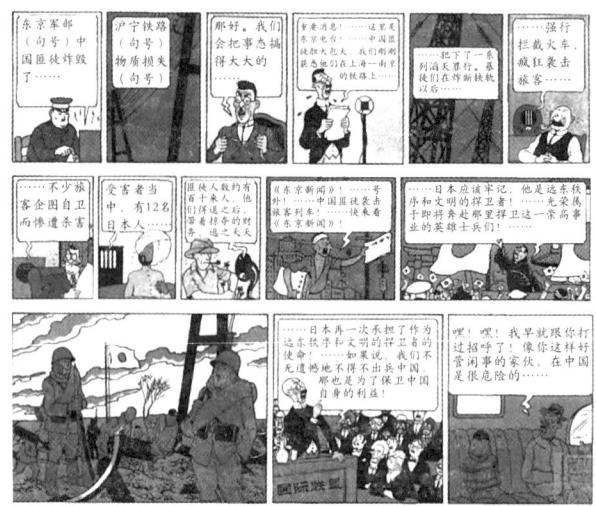

——[比利时]埃尔热《丁丁历险记·蓝莲花》(1934年)

《丁丁历险记·蓝莲花》讲述的是1931年丁丁来上海探险的故事。他目睹了日军的侵华暴行、外商的走私阴谋、百姓深受鸦片荼毒等现象。虽然这是一部漫画作品,但以写实的创作手法和白描的绘画形式再现了民国时期,尤其是抗战时期的社会风貌。其中让人印象极为深刻的是上面这几幅影射"九一八"事件的内容。深夜,丁丁目睹了日本间谍平野松成与其团伙炸毁了沪宁铁路,并污蔑是中国人所为的行径。接着,日方在《东京新闻》上编造了一则新闻:百十名中国匪徒炸毁铁轨,劫掠并杀害了12名日本人。此后,日方在国联发表演说,添油加醋,捏造事实。

在这幅漫画中,不仅要引导学生关注具体的故事内容,还可关注人物的神情细节。如日本侵略者设计阴谋言论之时的兴奋与奸猾,反映出日本侵略蓄谋已久的野心。又如外国民众收听报道时的茫然和疑惑,反映出日本歪曲事实、迷惑世界人民的奸计得逞。再如日本右翼分子的盲从和狂热,反映出日本对外扩张的军国主义野心。而国联代表听取演说时的事不关己,反映了当时的时局情况。日本并不在意国联的权威,英美企图用日本对抗苏联,而苏联为了自身利益采取不干涉的态度。这又可与背景知识相联系。各方的表现可唤起学生强烈的爱国之情,唯有凝结起最广泛的抗日力量才能救中国!

笔者再为学生补充一个细节:在《丁丁历险记·蓝莲花》中出现了大量的抗日标语,如"打倒帝国主义""取消不平等条约"。这引起了当时日本驻比利时大使馆的不满,要求作者道歉并停止发表。彼时的埃尔热顶住压力,"让全世界知道了真正的中国"。此后,宋美龄也以政府的名义,将《丁丁历险记》翻译并引入中国。从这里,我们发现,日本的侵略罪行受到世界人民的反对,中国的悲惨遭遇得到世界人民的同情,中国的抗日战争是反抗外来侵略的正义之战!

综上所述,历史细节的学习和研究常常能加深对系统知识的理解,达到窥一斑而见全豹、观滴水可知沧海的效果。但同时要注意的是,在教学中,要选择能反映历史全局的关键细节,其运用也需适时适度,准确深刻。切不可舍本逐末,忽视全局。此外,除了可以引导学生关注某些细节,也可以引导学生通过自主阅读,挖掘细节,探究背后的原理。

---

[1] 袁春霞.见微知著:历史细节在教学中的运用[J].中学历史教学参考(上半月·综合),2019(4):78.

[2] 赵士国.抗日战争时期苏联对华政策解读[J].世界历史,2007(1):93.

(本文选自《中学历史教学参考》2024年第3期。作者单位:江苏省扬州中学)

生成与评价：宏观视角下一节课的立意

○ 梅　冬

学界关于"教学立意"的讨论，各有侧重[1]18。笔者主张，一节课的立意主要是指一节课的思想主题和关键理念，它是一节课的灵魂。新课标、新教材和新高考背景下，教师的教学行为和学生的学习行为都发生了重大变化。此时，一节课立意的生成与评价就显得尤为重要，它体现了历史文本与学习情境下师生问题意识的觉醒，关系到一节课的价值定位、问题导向与教学进路，也与核心素养时代历史课堂落实立德树人、关注生命成长紧密相连。本文将以《中外历史纲要（上）》第八单元第22课"从局部抗战到全国抗战"为例，尝试从宏观视角构建一节课的立意并探讨其评价路径，多有不足，敬请方家教正。

一、历史文本、学习情境与问题意识

基础教育历史课程承载着历史学的教育功能。教师教学与学生学习这一课程的主要文本是历史教科书。教师需要带着问题意识，从宏观视角深入解读教科书文本，通过一节课立意的生成来创设体现"立德树人"教育理念的历史情境和学习情境，重建历史教学叙事。

从教科书的文本逻辑来看，中华民族的抗日战争是中国历史发展的重要转折点，而第22课"从局部抗战到全国抗战"又最能体现这一历史特征。无论是从教科书文本字面上所见的中华民族抗战史，还是从文本深处中国历史本身的发展逻辑来看，从局部抗战到全国抗战的1931—1937年，都是承前启后的重要历史时期。从宏观视角深入解读这一课，不仅要理解这一课的"历史时间"，还要理解这一课的"历史空间"，它不仅是中国从"局部"到"全国"的抗战，也是全球视野下世界反法西斯战争的重要组成部分。1931年，中国人民的局部抗战就已经拉开了世界反法西斯战争的序幕。全球视野下中国从局部抗战到全国抗战是这一课的核心立意，本文尝试从中华民族发展史、中国对外关系史以及中共力量发展史三个视角分析这一课的立意，也是围绕上述核心立意展开的。

中国是统一多民族国家,各民族交往交流交融,形成了多元一体格局。近代以来,国家落后,民生多艰,列强入侵,内忧外患,民族危机不断加深,中国面临"数千年未有之大变局"。面对危局,中国人民救亡图存,中华民族进入自觉发展的新阶段,民族认同、国家认同意识觉醒,中国也逐渐向现代国家转型。1857年6月5日《纽约每日论坛报》登载恩格斯《波斯和中国》一文,文中恩格斯称第二次鸦片战争是"保卫'社稷和家园'的战争""是一场维护中华民族生存的人民战争"[2]。可以看出,恩格斯是从"民族国家"视角使用"中华民族"一词的。由于当时中外文化交流受限,恩格斯这种看待中国的视角对中国知识界并未产生影响。在中文语境中,1902年梁启超在《新民丛报》上连载《论中国学术思想变迁之大势》一文,最早使用了"中华民族"一词,但当时他是用"汉族"之义使用该词的。1912年,中华民国临时大总统孙中山批准黄兴等基于"五族共和"理念发起组建"中华民族大同会"。五四运动后,"现代中华民族观念"[3]1逐渐传播开来,特别是九一八事变以后,国人的"中华民族"认同进一步深化[3]186。1938年蒙藏回族等代表发布《敬告全国抗战将士书》,宣称国内各族"同为组成中华民族的份子,以历史地理种种原因,存亡与共,相依为命",并高呼"中华民族万岁"[4]。由上可知,"中国人民的觉醒和民族意识的增强,正是伴随着西方入侵的过程而发生的"[5],特别是日本从局部侵华到全面侵华,侵略者犯下的反人类罪、战争罪以及违反人道主义、违反国际法的种种暴行更是激起了中国人民的愤慨,中华民族共同体意识和现代中华民族观念进一步觉醒,推动了全民族团结抗战和中华民族复兴,也推动了传统中国向现代国家转型。

中国是亚洲东部的文明古国,也是传统大国,在世界文明交流史上具有举足轻重的地位。中国古代处理对外关系的基本体制是天朝体制,这一体制在明朝达到顶峰,在清朝逐渐衰落,对外关系开始缓慢转型。18世纪中国对外关系发生重大逆转,并落后于世界潮流,其主要表现为:对外关系从有限开放走向闭关锁国,而西方社会转型,对外交往需求扩大;中国国运由盛转衰,内忧外患凸显,而西方国家崛起,世界形势巨变。近代以来,列强入侵,中国人民更是饱经磨难。随着一系列不平等条约的签订,中国被迫接受西方国际秩序中的条约规则,延续千年的天朝体制最终为条约体系所替代,伴随着社会的艰难转型,中国外交开始了从被动纳入国际秩序到主动参与秩序建构的近代化历程。晚清时期,伴随着朝贡体制的崩溃、条约制度的确立、外交机构的产生、驻外使领馆的开设等,中国外交近代化艰难起步。

中华民国建立后,中国外交近代化进程加快,中国力争逐步收回国家主权。特别是1931年日本发动九一八事变以后,由于中华民族新的觉醒和中国的抗争,当20世纪30年代全球面临法西斯主义国家侵略威胁的时候,世界大国逐渐看到中国的作用。1933年"纳粹"在德国上台,1935年日本制造华北事变,苏联方面对此高度警惕。1935年7—8月,共产国际第七次代表大会在莫斯科召开,会议要求建立最广泛的世界反法西斯统一战线。根据华北事变以来的民族危机加深的形势和共产国际七大的精神,1935年8月1日,中共驻共产国际代表团草拟了《中国苏维埃政府、中国共产党中央为抗日救国告全体同胞书》(即《八一宣言》),10月1日正式以中华苏维埃共和国中央政府和中国共产党中央委员会的名义在法国巴黎出版的《救国报》上发表[6]411,宣言号召"停止内战,一致抗日"。1935年底,中共中央在瓦窑堡召开会议,确定了建立抗日民族统一战线的方针,对扭转时局和全民族团结抗战起到了重要作用。中华民族建立了抗日统一战线,在十分艰苦的条件下与日本侵略者进行了殊死搏斗,成为世界反法西斯战线中的重要一环,获得了国际社会的尊重。抗日战争十四年,中国主动承担大国责任,广泛争取国际援助,不断收回国家利权,逐渐融入国际社会,积极参与国际新秩序的构建,成为联合国的创始成员国和常任理事国,重新确立了中国在世界上的大国地位。可以说,"抗日战争的胜利完成了近代中国从'沉沦'到'上升'的转变,复兴中国的梦想开始成为现实"[7]435。

  中国共产党从诞生之日起就对中国历史产生了重要且深远的影响。《中外历史纲要(上)》第七单元是"中国共产党成立与新民主主义革命兴起",第九单元是"中华人民共和国成立和社会主义革命与建设",这两个单元的"历史情境"得以联通的关键就在于中国共产党及其历史作用。教科书把中华民族的抗日战争和人民解放战争放在一起作为一个单元来建构历史叙事,其核心立意也是为了凸显中国共产党在近代中国民族民主革命中的历史贡献。在中国共产党发展历史上,从局部抗战到全国抗战的1931—1937年是关键时期。"中共于1927年夏秋与国民党分裂时几乎一无所有,到1930年前后,仅三年多时间,就在南方数省交界地区创建了好几块农村根据地,发展了十几万红军。它不仅能够实行武装割据,而且日渐能够直接威胁甚至进攻长沙、南昌这样的重要省会城市。到1931年11月7日,它更公开宣告建立中华苏维埃共和国及其中央政府,准备要与南京国民党决一死战了"[7]337-338。但由于共产国际的指导脱离中国革命实际,中共中央犯了"左"倾错误,到1934年,中共苏维埃革命面临巨大挫折。但1935年底以后由于战略调整,中共逐渐从高举苏维埃革命旗帜向高举新民主主义革命旗帜转变。这一转变对推动中共力量发展和中国革命进程具有重大历史意义。正是从局部抗战到全国抗战的1931—1937年,中共逐渐由被动化为主动,随着第二次国共合作的实现,中共及其领导的军队均取得合法地位。"在抗日战争中,党的力量也获得空前的发展和壮大,党员发展到120多万,人民军队发展到120余万,民兵发展到260万,抗日民主根据地面积达到近100万平方公里,人口近1亿"[6]670。中国共产党及其领导力量的发展壮大,对全国团结抗战的胜利以及后来中国社会的历史发展进程都产生了深远影响。

  由上所示,从宏观视角生成一节课的立意,需要教师通过专业阅读吸收学界研究成果,在问题意识引领下深入解读历史文本,结合自身教学实践,为师生共同参与的历史课程创设好的学习情境,这对师生共同成长有重要意义。

二、价值定位、问题导向与教学进路

一节课的立意主要是指师生在学习情境中构建起来的思想主题与关键理念,好的立意造就有意境、有思想的课堂,帮助提升学习品质与教学境界,对学科育人价值的实现也有重要意义。如何自我评价一节课的立意?侯桂红老师认为,依据教学立意的特征和功效,对其的评价标准大致有三个:(1)是否具有统摄性和引领性;(2)是否具有思想性;(3)是否适合学生和教师水平[1]22-23。这三个标准对高中历史教师教学是有指导意义的。笔者将以自身高中历史教学实践所悟所得来继续探讨这一问题。

价值定位主要关注的是立意的价值取向、价值判断和价值关怀,从而体现核心价值引领。前文提到的"从局部抗战到全国抗战"这一节课的几个立意,如全球视野下中国抗战进程史、中华民族发展史、中国对外关系史以及中共发展史都有其各自侧重的价值定位。全球视野下中国抗战进程史这一立意的价值取向主要有两个:一是民族、国家与个人于危难之际的行为选择;二是世界反法西斯战争背景下的和平教育。前者要凸显民族精神、国家意志与个人情怀,后者则要从和平学视角回顾这段历史,反思战争本质与暴力结构,了解积极和平理念,避免简单的仇恨教育。中华民族发展史这一立意的价值关怀则主要是铸牢中华民族共同体意识和领悟现代国家认同。中国对外关系史立意的价值取向则是世界意识与责任担当。而中共力量发展史这一立意的价值取向则在于政党认同与道路认同。上述价值定位基本上都是这一节课几个立意的核心价值所在,也是这一节课的关键问题,发挥好上述核心价值的引领作用能更好地实现这一节课的育人价值。

问题导向主要关注的是立意的问题意识、问题情境和问题探究,从而坚持学科素养导向。历史研究重在问题意识,历史教学也需要问题意识。判断一节课的立意是否出彩,主要是看它的问题意识,而问题意识的关键则是如何提出有教学新意、有价值关怀、有生命立场的好问题。比如"从局部抗战到全国抗战"一课,"中华民族进入自觉发展的新阶段,民族认同、国家认同意识觉醒"是如何体现的?中国对外关系在18世纪出现逆转,在抗日战争时期再次逆转,原因何在?1931—1937年中国共产党的力量变化反映了什么历史问题?如何在这一节课里进行和平教育和生命教育?问题意识是有效解读问题情境的基础,也是创设学习情境的指引。前文所提的三个立意及其初步阐释其实就是一种情境创设。情境创设是沟通问题意识与问题探究的桥梁。学生问题探究能力和学科素养的提升,既离不开学生自身问题意识的觉醒,也离不开问题情境中对他者问题意识的敏感与解读。

教学进路主要关注的是立意的教学方向、教学路径和教学关怀,从而提升素质教育品质。一节课立意的评价自觉除了关注它的价值定位、问题导向以外,还要关注它的教学进路,关注它的可教性、可学性和可评性。比如前文提到的"中华民族发展史"这一立意中有关"中华民族"观念史的梳理就是一种具有可操作性的教学路径,有助于学生理解何谓中华民族进入"自觉"发展的新阶段;在教科书原有内容"这是日本侵略者违反人道主义、违反国际法则的政府犯罪行为"的基础上引入"战争罪""反人类罪"等概念,有助于学生理解战争本质与积极和平理念,既要了解日本军国主义侵华罪行,也要关注学生在这一学习情境中生命意识的觉醒。比如用"长时段"视角回顾中国对外关系史,突破"1931—1937年"时间界限;沟通共产国际七大与国内政局变化之间的关系、中国抗战与二战发展进程之间的关系,拓展"从局部抗战到全国抗战"一课的空间边界,从而帮助学生从更宏观的视角理解近代中国从"沉沦"到"上升"的转变。再比如把"中共逐渐从高举苏维埃革命旗帜向高举新民主主义革命旗帜转变"作为理解"中国共产党发展历史"这一立意的钥匙,从而引导学生用"历史的眼光"看待历史的进程。

三、回归生命成长的课堂

一节课的立意,从根本上讲,要"看见人"。它能关注学生的历史思维,"没有历史思维,历史教育就会沦为单纯的历史知识灌输活动,从而丧失人文教育的本质"[8];它要"从生命的视角出发,对教育整体进行重新解读与诠释,使教育尊重生命、润泽生命、发展生命、成全生命"[9];它要立足于师生的独立思考、理性判断、学术健全、人格健全;它要"着重关注包容性和不会产生排斥及边缘化的教育""让人们能够过上有意义和有尊严的生活"[10]。归根结底,就是让我们的课堂成为回归生命成长的课堂。

从学术研究的角度看,基础教育阶段历史教师有自身的局限,但从基础教育实践中师生自我生命成长的角度看,当我们用学术眼光和生命意识来审视自我的时候,这个领域就成为我们的主场。教师可以通过专业阅读和清醒解读,吸收学界研究成果,及时更新知识体系、突破原有话语体系、重新认识教科书叙事、重新构建教学叙事,在一节课立意的创设生成与自我评价中追求和实现学习自觉、解释自觉、理念自觉和生命自觉。

---

[1] 侯桂红.试论历史教学立意的概念、确定方法和评价标准[J].历史教学(上半月),2015(4).

[2] 马克思,恩格斯.马克思恩格斯选集:第1卷[M].北京:人民出版社,2012:798-799.

[3] 有学者认为,"现代中华民族观念"明确强调中国境内各民族作为国民或公民的平等身份,他们由历史延续下来的政治、经济、文化乃至泛血缘联系的特殊性及其强化趋势,以及依托在新的现代共和国家形式上的民族共同体的整体性和统一性,包括各族人民摆脱帝国主义列强的侵略,实现全民族独立和现代化发展的共同命运。黄兴涛.重塑中华:近代中国"中华民族"观念研究[M].北京:北京师范大学出版社,2017.

[4] 蒙藏回族慰劳抗战将士团敬告全国抗战将士书[J].蒙藏月报,1938(2).

[5] 李忠杰.马克思恩格斯怎样看中国[M].北京:北京出版社,2019:268.

[6] 中共中央党史研究室.中国共产党历史:第一卷(1921—1949)上册[M].北京:中共党史出版社,2011.

[7] 王建朗,黄克武.两岸新编中国近代史:民国卷(上)[M].北京:社会科学文献出版社,2016.

[8] 张汉林.历史思维能力研究[M].北京:北京师范大学出版社,2023:自序1.

[9] 朱永新.拓展生命长宽高:新生命教育论纲[M].北京:商务印书馆,2022:19.

[10] 联合国教科文组织.反思教育:向"全球共同利益"的理念转变?[M].联合国教科文组织中文科,译.北京:教育科学出版社,2017:29.

【附记】本文系国家民委高等教育教学改革研究项目"铸牢中华民族共同体意识融入《中国近代史》课程的教学研究"(23062)的阶段性研究成果。

(本文选自《中学历史教学参考》2024年第3期。作者单位:江苏省扬州中学)

"刊网微研"第9期

研讨主题：历史教学的"维度"

研讨团队：陕西省郭富斌历史名师工作室

研讨课题：《中外历史纲要（上）》第九单元"中华人民共和国成立和社会主义革命与建设"第25课"中华人民共和国成立和向社会主义的过渡"

立意与策略:基于"教学维度"的教学实践与思考

○ 刘相钧

从事中学历史教学工作起,我就反复追问自己三个问题:学生为什么要上历史课?学生为什么要上"这节"历史课?学生为什么要上"你的"历史课?这三个问题其实也可以归结成一个相反的问题:学生若没有"上你的这节历史课",对他来说究竟"有什么损失"?倘若把这类问题平行移植到其他学科上,似乎不是问题,而历史学科却很容易因此产生一种"理不直气不壮"的挫败感,总是需要"为自己存在的价值而辩护",但仔细想想,这其实也是历史学科特征的一种反映。邓小南教授讲:"历史学是反思的学问。"反思的对象既包括被反思的客体,也包括反思者主体。历史学的这种特质自然也会反映到历史教学上,正如徐赐成教授讲:"没有哪一门学科像历史科这样,必须将历史教育定义在学生成长上,否则历史知识就面临着'学它有什么用'的诘问;没有哪一种教育像历史教育这样,必须注重历史思维、认识和智慧,否则历史学习就面临着'死记硬背有什么错'的理直气壮;没有哪一类教学像历史教学这样,必须直面社会发展中的实际问题,否则历史教师就面临'你和百度谁更强'的调侃。"[1]

上述对于"历史学科(学习)"的"价值追问",以及衍生出来的一系列问题,直接给中学一线历史教师带来诸多困境。为了回应此类现实的教学困惑,呈现不同的教学主题案例,《中学历史教学参考》在2023年进行了"刊网微研"系列活动,笔者作为"郭富斌名师工作室"的成员之一,担任的是11月份的课堂教学展示任务,该场的研讨主题是"历史教学的'维度'"。

维度(Dimension),用于指称一个概念(concept)可以假定的不同方面。这是一个广泛应用于数学、物理学与哲学等领域的概念,不同学科中的内涵也不相同——在数学中,维度指的是独立参数的数目;在物理学中,维度是定义一个事件所在位置所需要参数的数量;在哲学中,维度常被用来描述存在的不同层面或角度。综合这些阐释,"维度"一词本身就具有"层次"和"视角"的基本内涵,一般认为,高维度要优于低维度,多视角要优于单视角。由此而衍生出来的"教学维度",虽然教师在运用这个词的时候有不同的分类,但笔者认为,最关键的应是"教学立意"与"教学策略",立意是终极目标,策略是实现方案。基于此,笔者以《中外历史纲要(上)》第 26 课"中华人民共和国的成立和向社会主义的过渡"的教学设计作为案例,尝试呈现出"教学维度"在中学历史教学中的重要作用与操作实践,限于篇幅,我们重点讨论的是"教学立意"与"教学策略"。

教学立意

什么是教学立意? 侯桂红老师讲:"教学立意,在宏观上是历史教学的取向或意旨,承载了历史的内涵和价值,体现了历史教育的理念和视野,能帮助学生从更高的角度体悟历史;在微观上则统摄着教学内容的选择和组织,以及为之服务的教学策略和教学评价。"[2]教学立意往往被视为一节好课的第一标志,"现在评价一节高中课,首先看的就是教学立意"[3]。

笔者认为,教学立意要尽可能高远,我们不能拘泥于那些琐碎的、机械的、具体的客观性知识,而要把教学主旨提到一定的高度并赋予其更丰富的内涵和更深刻的哲理,帮助学生跳出"看山只是山,看水只是水"的低维层次,这样才有可能对具体的现实问题进行"降维打击"。爱因斯坦说"我们不能用制造问题时的同一水平思维来解决问题",就有这样的含义在里面。当然,高远固然不是指增加知识的难度,但也不满足于低质量的"堂堂清",毕竟学生的理解力是有层次差异性的,而这就需要教师在思维、视野、格局等方面对教学目标进行适当的"升维",有一定"留白"的课堂才更能满足拔尖创新人才的发展需要。

那么,本节课是如何确立教学立意的呢? 本课所涉及的这段历史,国际环境正处于"冷战"的前期,时间上是短暂的 7 年,社会性质是新民主主义社会,地位上是"过渡时期",我们取得的一系列成就却是极富创造力的、备受瞩目的、里程碑式的。对于这段过往的人和事,当前我们如何估量其价值,以及如何在课堂上充分汲取其价值,这其实是关于"我为什么要学习历史"的老问题了,诸多学者都有各自独到的见解,而台湾大学吕世浩教授的见解,令人耳目一新。在吕世浩看来,历史学的三大功用,一是启发智慧,即把历史当作磨刀石,用古人智慧磨炼自己的智慧;二是审时度势,学会洞彻事物发展脉络与前因后果;三是感动人心,即要改变世界,一定要了解人性、掌握人性,当人心转变了,世界才能改变[4]。笔者理解,这其实指的是"思辨力"与"决策力"的问题:通过提升"思辨水平"而进行"正确决策",以"改进历史"。

课程标准对这节课的要求是:认识中华人民共和国成立的伟大意义;概述新中国巩固人民政权的主要举措;认识新中国为民主政治建设和向社会主义过渡所做出的努力。上述要求呈现了三个方面的教学目标,笔者进行了这样的解读:

（1）中华人民共和国成立具有"新纪元"的里程碑意义，应当成为课堂教学的重点之一，可以在"理解"方面下功夫，即教科书对中华人民共和国成立的伟大意义的叙述，是基于怎样的逻辑，蕴含着怎样的内涵，这个方面可以设置一个体现深度学习的探究活动。

（2）巩固人民政权的主要举措，教科书中列举了"土地改革、稳定物价、剿匪镇反、抗美援朝"四个例子，笔者认为可以精选其中一个内容进行解读。这一环节的理论难度并不大，且教科书叙述比较详细，可以设置成一个培养学生整合教科书信息的探究活动。

（3）第三个目标，笔者认为重点是"向社会主义过渡及其所做出的努力"，因为这是道路，是目标；而"民主政治建设"是走上社会主义道路的必要环节，是制度、是保障，同时也是学习的教学重点。所以前者可以重点探究，后者有一些关联能使学生理解即可。

同时，课程标准中上述三个目标是基于时序对重大成就进行罗列，除了对重大事件进行探究之外，更重要的是要捋清楚这些重大成就背后的逻辑，即我们"为什么能"。面对复杂的国内外形势，我们如何从现象中挖掘本质，如何辨识主要矛盾，如何整合资源，如何规避风险，进行了怎样的抉择，又是依据什么进行了怎样的调整……基于史实进行合理的逻辑解释，这是符合课程标准中"探寻历史真相，总结历史经验，认识历史规律，顺应历史发展趋势"对历史学的价值定位的。进行这样的历史教学，有利于学生历史思辨力的提升，为应对复杂的现实问题提供方法论的指导。

那么，课堂立意到底应该从哪里找？应该说有很多视角与策略。笔者注意到，教科书引用了毛泽东"新政协会议"中的讲话片段，笔者找到讲话原文，摘录了这样一段经典片段——"诸位代表先生们：我们有一个共同的感觉，这就是我们的工作将写在人类的历史上，它将表明：占人类总数四分之一的中国人从此站立起来了……让那些内外反动派在我们面前发抖罢，让他们去说我们这也不行那也不行罢，中国人民的不屈不挠的努力必将稳步地达到自己的目的"。这里，毛泽东对复杂环境运用了"我们""他们"的分析与表达方式，笔者认为这是《矛盾论》思维在现实中的具体运用。于是，"我们""他们"的复杂关系，就成为本节课的立意创设与课堂基本逻辑所在。本节课的教学立意如下：以毛泽东《矛盾论》的哲学维度，尝试解析中华人民共和国成立及制度建设的逻辑，体验这种独特的世界观和方法论，以提升我们面对错综复杂环境时的思辨力与决策力。

教学策略

什么是教学策略？顾明远在《教学大辞典》中对教学策略的定位为：教师在教学过程中为达到某一特定目标而采用的相对系统的行为，包括事先有意识地确定的一些教学方法。教学本身既是科学行为，又是艺术行为，所以要兼顾规范性与创新性。

笔者认为，教师的教学策略要尽可能多样，当前教学必须摒弃对知识进行面面俱到的平铺式罗列，而要紧扣核心知识，通过创设多样的探究情境，设置有步骤的挑战性驱动任务,从而刺激学生的学习兴趣与探究欲望。这里面最关键的是教师要具有极强的问题意识,将教学素材转化为探究素材,使学生在解决问题时巩固必备知识,迁移关键能力,铸就核心价值。同时,不断尝试多样化的教学策略,对教师自身的成长也是有利的。限于篇幅,笔者只是呈现探究环节与总结环节。

探究环节一:中华人民共和国的成立

"(我们)站立起来了"!

1. 情境:笔者按照地理位置,绘制了一幅简单的"角色身份图",包括伦敦的艾德礼、莫斯科的斯大林、华盛顿的杜鲁门、平壤的金日成、四川的地主、东北的工人、上海的荣毅仁、上海的投机商、浙江的贫农郁金有……

2. 任务:"站立起来"的是一个崭新的中国,然而不同群体对此事的态度却是大相径庭。假设你是上述角色之一,你会对刚诞生的新中国有怎样的反应或期待?(如斯大林的心里话可能是:我很高兴,因为社会主义阵营又多了一个有力的力量)。

3. 意图:依次践行三个层阶的深度学习。

(1)意图1:学生从已有知识储备出发,产生合理的、多样的、深层的历史想象,并在教师的示范下初步运用"我们""他们"的矛盾分析法廓清当时的复杂国际国内环境,教师亦可趁此了解学情。(预期生成:学生的回答能否结合时空特征、阶级属性、意识形态与现实利益等因素)

(2)意图2:学生能在教师的引导下,结合相关材料(材料略),从上述"合理想象"中发现有价值的问题,并运用必备知识解决这些问题。(预期生成:学生能从中发现,"我们"与"他们"是按照政治标准界定的,对其采取的政策也是不同的;经济意义上的"我们"与"他们"存在着转变的可能性;国际交往中并不存在着"绝对的我们"和"绝对的他们"等。对这些问题的回答,对接的是"人民民主专政、新民主主义向社会主义的过渡、独立自主的外交"等必备知识)

(3)意图3:学生能在教师的引导下,结合上述"生成性问题"及作答,形成对教科书叙述与历史结论的自主性解读。(预期生成:教科书对"新中国成立伟大意义"的叙述可以从"新的国体:人民民主专政"+"新的道路:从新民主主义到社会主义"+"新的对外策略:自主、务实、灵活"等三个方面进行解读)

探究环节二:人民政权的巩固

(他们说我们)"这也不行那也不行"?

1. 情境:出示两则材料。

材料一 老电影《英雄儿女》中的"为了胜利,向我开炮"的著名剧照(图略)。

材料二 (土地改革以来)农村中的资本主义自发势力一天一天地在发展,新富农已经到处出现,许多富裕中农力求把自己变为富农。许多贫农,则因为生产资料不足,仍然处于贫困地位,有些人欠了债,有些人出卖土地,或者出租土地。

——毛泽东《关于农业合作化问题》

2. 任务: 但是"他们"不想让"我们"真正地持久地"站立起来",在各个方面对"我们"发起了挑战。面对严峻形势,我们如何"破局"?请结合教科书第二子目相关内容,以"得到土地的农民"为视角,归纳中华人民共和国成立初期土地改革运动产生了怎样的连锁反应。(举例:当我拥有了自己的土地,我大大提高了生产积极性)

3. 意图:

(1)意图1:培养学生重视教科书,"视教科书为素材"的学习习惯,学会从教科书中提取有关叙述,勾连重大事件之间的逻辑关联,认识到土地改革在巩固政权方面起到多方面的重要作用,并能有条理地进行罗列。(预期生成:学生能够自主整理教科书,从政治、经济、社会、军事、对外等方面概括土地改革所带来的连锁反应)

(2)意图2:学生通过分析材料,能够理解"过渡阶段"被大大缩短的内外因素。(预期生成:学生通过对毛泽东针对土地改革所引发的"农村资本主义的自发发展"的结论,认识到党内对于"私有资本"因素的警惕;通过对反映抗美援朝的电影剧照进行感悟,理解"冷战"格局下中国人对实现工业化的迫切愿望)

探究环节三:社会主义基本制度的建立

"达到(我们)自己的目的"!

1. 情境: 出示材料。

材料三 (国家)为了搞到更多的工业品去满足农民的需要,以便改变农民对粮甚至一些别的工业原料的惜售行为。这是利用资产阶级联盟,来克服农民的惜售……同时,我们依靠同农民的联盟,取得粮食和工业原料去克制资产阶级……他们要原料,就得把工业品拿出来卖给国家,就得搞国家资本主义。他们不干,我们就不给原料……

——毛泽东《农业合作化的一场辩论和当前的阶级斗争》

2. 任务: 城乡私有力量的发展引发了我们对于资本主义的警惕感,抗美援朝加速了我们迅速建成工业强国的焦虑感,于是搞"社会主义+工业化"的进度大大提前,而"苏联经验"就成了我们唯一的选择……请以角色扮演的方式,根据问题链进行互动,以解读"我们"进行"社会主义+工业化"的逻辑。问题链如下:

(1)国家、个体小农、民族资本家三方的诉求各自是什么?

(2)中华人民共和国成立初期新民主主义政策下,"他们"会怎样满足自身的诉求?

(3)这能否支持工业化的要求?

(4)依据讲话与所学知识,如何才能支持我们工业化的要求?

3. 意图: 教师以给定材料的逻辑为依据,设置"国家、个体小农、资产阶级"三种不同身份的角色,以相关问题引导学生进行角色扮演,学生在此过程中,以历史的思维理解时代,进而形成制度认同、道路认同。(预期生成:学生能通过角色扮演捋顺以下逻辑:只有实行工业化才能使中国真正持久地"站立起来",而中国当时的现状决定了只有走社会主义道路才能满足工业化建设的诸般条件,于是必然要求缩短新民主主义社会阶段,转而进行社会主义改造,经济改造是根本性的改造,同时也在政治、社会、文化等方面进行了社会主义的"配套建设"。简而言之,只有工业化才能真正救中国,只有进行社会主义才能开展工业化,学生对"只有社会主义才能救中国"就多了一个理解与认同的视角)

小结环节

1. **情境:** 出示两则材料。

材料一 矛盾存在于一切事物的发展过程中,每一事物的发展过程中存在着自始至终的矛盾运动。

——毛泽东《矛盾论》

材料二 不同质的矛盾,只有用不同质的方法才能解决……例如,无产阶级和资产阶级的矛盾,用社会主义革命的方法去解决;人民大众和封建制度的矛盾,用民主革命的方法去解决;殖民地和帝国主义的矛盾,用民族革命战争的方法去解决;在社会主义社会中工人阶级和农民阶级的矛盾,用农业集体化和农业机械化的方法去解决;共产党内的矛盾,用批评和自我批评的方法去解决;社会和自然的矛盾,用发展生产力的方法去解决。过程变化,旧过程和旧矛盾消灭,新过程和新矛盾发生,解决矛盾的方法也因之而不同……这是马克思列宁主义者必须严格地遵守的一个原则。

——毛泽东《矛盾论》

2. **总结:** 教师结合两则材料,对本课进行逻辑上的整理,形成如下框架:

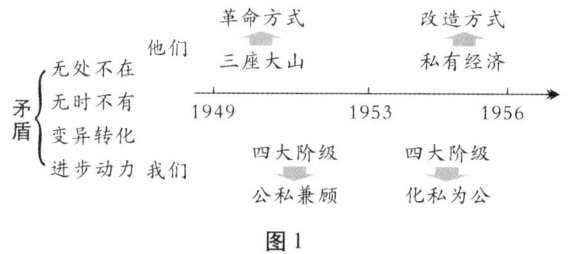

图1

3. **意图:** 改善以往只是"平铺罗列基础知识"的"思维导图",对本节课进行理论的、逻辑的、个性的结构化总结,提升学生的历史思维,提升学生的学习方法层次,引导学生重视《矛盾论》中所蕴含的宝贵思想遗产,如将"矛盾存在于一切事物的发展过程中……每一事物的发展过程中存在着自始至终的矛盾运动""不同质的矛盾,只有用不同质的方法才能解决……这是马克思列宁主义者必须严格地遵守的一个原则"等这些高屋建瓴的思维方式运用到历史学科的学习当中,让学生体验到学习历史的关键与价值,就是通过提升"辨识水平"而进行"正确决策",毕竟每个人的一生时刻都在进行"决策"。

如何让有限的历史课堂发挥出更大的价值？如果站在"每一个具体的学生"的立场上,这个问题就变成了:对我来说,怎样的历史课堂价值最深远？中学课堂上,尤其是高一课堂上进行史料解读、史学理论、人文通识、活动探究等都很重要,但对于每一位"个体的人"来说,"认知、思维"是第一性的,"行动、结果"是派生出来的。培根《习惯论》中说,认知决定思维,思维决定行为,行为决定结果。2006年,郭富斌老师在《中学历史教学参考》发表了题为《让思想的光芒照耀历史课堂》一文,如今已过18年,再读此文仍然让人振聋发聩。郭老师在文中讲:"思想决定高度……教师要用思想把沉睡的知识点激活,赋予历史以现实和灵魂的思考,点燃学生内在的学习激情,促进学生思潮奔腾,学生才有可能真正感受到历史的魅力。"这就阐明了教学立意的关键性。同时,笔者认为,再好的立意也需要相应的教学策略来使其发挥到最大价值。关于这方面,笔者不揣冒昧,结合自身经验与风格总结出一些"常用策略":(1)大与小:宏大叙事与历史细节相结合,大则明晰规律,小则眼中有人。(2)讲与放:凝练讲述与鼓励生成相结合,讲则愤启悱发,放则多元视角。(3)道与技:学科魅力与技能习得相结合,道则及时升华,技则重视实践。(4)聚与散:中心立意与逻辑框架相结合,聚则凝练课魂,散则逻辑清晰。(5)古与今:明晰历史与照亮现实相结合,古则辨析本质,今则拷问现实。(6)范与趣:学科规范与灵动有趣相结合,范则凸显学科,趣则尊重学情。(7)法与例:思维方式与"麻雀解剖"相结合,法则举一反三,例则深刻透彻。

总之,笔者认为,在历史课堂上,除了要有扎实的学科素养之外,教师更要有大格局、大视野、大情怀的教学立意,以及灵活的、恰当的、务实的教学策略,如此才能让课堂、让教师、让学科本身焕发出勃勃生机与无限魅力,这就是我们倡导"有维度的历史课堂"的原因所在。

---

[1] 徐赐成.历史教育需要师生共成长[J].中学历史教学参考(上半月·综合),2022(3):10.

[2] 侯桂红.试论历史教学立意的概念、确定方法和评价标准[J].历史教学(上半月刊),2015(4):18.

[3] 任世江.2011年高考新课程卷第41题的立意及对教学的启示[J].历史教学(上半月刊),2011(9):50.

[4] 张贵勇.读史的妙处在于学会思辨:台湾大学历史学者吕世浩谈历史阅读与学习[N].中国教育报,2015-07-18(4).

(本文选自《中学历史教学参考》2024年第9期。作者单位:陕西省西安铁一中滨河高级中学)

历史课堂教学的"三重逻辑"

○ 华春勇　王艳芝

《普通高中历史课程标准（2017年版2020年修订）》规定，学生通过高中历史课程的学习，要"进一步拓宽历史视野，发展历史思维，提高历史学科核心素养"。《义务教育历史课程标准（2022年版）》也多次强调要发展学生的"历史思维"能力。如果说"在学科教育领域，学科思维、学科能力与学科思维能力三个概念一般情况下可以通用"[1]的话，所谓历史学科关键能力，主要指的是学生的历史思维能力，清晰而严谨的逻辑是保证思维不跳跃的重要前提，因此，历史学科的思维能力就表现为逻辑能力。培养学生的逻辑能力教师必须具备清晰的逻辑能力，在笔者看来，教师的逻辑能力需要关注三个基本维度。

一、尊重历史发生的逻辑，承认历史发生的偶然性，重获教学的"自由"

《普通高中历史课程标准（2017年版2020年修订）》在谈到课程性质时提及"探寻历史真相，总结历史经验，认识历史规律，顺应历史发展趋势，是历史学的重要社会功能"。因此，学生学习历史必然要认识历史发展的规律。一般意义上讲，规律指的是自然界和社会诸现象之间必然、本质、稳定和反复出现的关系，所以，列宁强调"规律是现象中同一的东西"[2]。由于历史的不可重复性，这种同一反复性的规律在历史上是无法验证的，因此，历史的规律主要指的是，历史学家对历史发展的规律性的描述和归纳，即对多次出现的具有相似性的历史现象和过程的描述，以及对导致这些现象和过程的内在因素和外部联系的归纳总结。就中学历史教学而言，"找出各种历史事件或历史现象之间的因果关系，认定事物发展的必然性，这就是历史规律"[3]。在康德看来，历史的必然性是"人类历史大体上可以看作是大自然的一种隐秘计划的实现"[4]。但他并未从根本上揭示大自然的"隐秘计划"为何物，直到马克思唯物史观创立之前，人们对于历史规律的认识始终处于零散和片面的状态。

马克思强调经济基础决定上层建筑,强调"历史过程中的决定性因素归根到底是现实生活的生产和再生产",揭示了人类历史进步的底层逻辑。但是这种所谓的历史规律很容易被庸俗化理解,恩格斯意识到这种曲解的危险,因此强调"如果有人在这里加以歪曲,说经济因素是唯一决定性的因素,那么他就是把这个命题变成毫无内容的、抽象的、荒诞无稽的空话"[5]695。恩格斯强调历史发展表现出多种因素相互作用的结果,"而在这种相互作用中归根到底是经济运动作为必然的东西通过无穷无尽的偶然事件……向前发展"[5]696。由此可见,承认历史发展的偶然性,原本就是马克思主义唯物史观的一部分。

在马克思主义看来,"历史是这样创造的:最终的结果总是从许多单个的意志的相互冲突中产生出来的,而其中每一个意志,又是由于许多特殊的生活条件,才成为它所成为的那样。这样就有无数个互相交错的力量,有无数个力的平行四边形,由此就产生出一个合力,即历史结果,而这个结果又可以看作一个作为整体的、不自觉地和不自主地起着作用的力量的产物"[5]696。这就解释了历史的必然性和偶然性和谐辩证统一的关系。就人类社会从低级到高级的发展而言,"作为整体的、不自觉地和不自主地起着作用的力量的产物"表现为历史的必然性;就历史发展的具体表现而言,"总是从许多单个的意志的相互冲突中产生出来的",又往往表现为偶然性,这种偶然性"又是由于许多特殊的生活条件,才成为它所成为的那样"的必然性结果。因此,就具体历史的学习而言,从短时段来看,历史更多时候表现出偶然性。

列宁也指出:"世界历史发展的一般规律,不仅丝毫不排斥个别发展阶段在发展形势或顺序上表现出特殊性,反而是以此为前提的。"[6]看见历史发展的偶然性,正是马克思主义唯物史观的方法论。承认具体历史发展的偶然、无序、不确定性,是我们靠近真实历史发生逻辑的前提。

不确定性理论是德国物理学家海森堡于1927年提出的量子力学理论,之后逐渐为社会科学各个领域所接受,而且日益成为我们看待现实和未来的重要理论依据。博鳌亚洲论坛2023年年会主题是"不确定的世界:团结合作迎挑战,开放包容促发展",其中强调当今乃至未来一段时期内世界发展的不确定性,这是不确定性理论在现实政治生活中的反映。如果每一个当下,都是明天的历史,那么每一个历史何尝不是昨天的当下。因此,用今天现实的镜子来回望昨天的历史进程,在人类征服自然、征服权力、战胜自己这个伟大的征程中,不确定性大体贯穿每一个历史中的"当下"。

美国著名的联邦法官勒尼德·汉德(Learned Hand)于1944年5月21日在纽约中央公园发表了一篇题为"自由的精神"(The Spirit of Liberty)的演讲,其中说到"自由是对自己习以为常的那种确定无疑的观念的一种不太确定的状态"。其实,历史教师在长期的历史训练中会形成很多理所应当的观念,包括对历史规律和历史必然性的笃定,这些先入为主的观念限制了我们认识丰富多彩的历史发生的真实的多重逻辑。重获历史教学的自由,需要先承认历史发生逻辑的不确定性。当我们对那些毫无疑问的历史知识、司空见惯的历史现象、理所应当的历史结论、笃定无疑的历史规律,能够从内心生发出某种本能的怀疑的时候,我们就获得了多种靠近真实历史逻辑的可能性,就拥有了更多的历史教育的自由。

二、研读历史书写的逻辑,遵守课程标准的目标性,坚守教学的底线

历史极其多面复杂,但作为历史书写者,却并非需要把所有繁杂的历史都载入史册。历史教育工作者需要研读历史著作和教学素材,注意历史学习资源的两重逻辑。

一是作为历史学家所书写的历史著作的逻辑,这会从更宽广的角度、更宏大的层面为我们提供解读所教历史知识的背景。

作为事件的历史发生本身的逻辑经常是偶然的、无序的、混乱的,其保留的形式大体为两种,一种是实物性的,一种是文本性的。作为理解过去的方式而存在的历史,是通过历史学家记述完成的。文本性的保存,就是历史学家对历史进行记录的结果。当人们在语言符号的纵轴,即选择轴,对原始语言材料进行选择,这一过程本身已经逃脱"纯客观"的桎梏,而进入自由表达领域[7]。这就形成了语言符号选择的第一重主观逻辑。更何况,任何一个历史学家必然生活在一定的时空内,带有这个时空内不能超越的认知限制,正如马克斯·范梅南所言:"就文化和传统而言,每一个人都是迟到者,因此都处在以前事物的影响之下。"[8]因此,历史书写者对历史的叙述也必然基于这个时空内的价值观念系统。这种意义的植入是历史学家无意识的,形成了历史写作的第二重无意识主观逻辑。问题在于,历史学家的写作往往带有主观目的。其记述的过程"事件不仅必须被记录在其最初发生的编年框架内,还必须被叙述,也就是说,要被展现得像有一个结构,有一种意义顺序,这些都是仅仅作为一个序列的事件所没有的"[9]。当初司马迁以春秋为例解释历史学家写作的目的时,说:"夫《春秋》,上明三王之道,下辨人事之纪,别嫌疑,明是非,定犹豫,善善恶恶,贤贤贱不肖,存亡国,继绝世,补敝起废,王道之大者也。"[10]无论是"别嫌疑,明是非",还是"存亡国,继绝世"都是历史撰写者主观意志的体现,这就形成了记述的历史文本脱离客观历史的第三重主观逻辑。由此看来,历史的叙述,由于语言的原因、环境的困境和意义建构的需要,史学家的工作基于当下的意义建构和主观目的传达来进行,其对历史本身的材料选择和组织,也必然具有主观性。其作为文本的结果,距离历史发生的逻辑必然存在距离。作为教师如何避免为这种主观色彩所规定和限制,这是教师在课堂教学之前需要面对的另外一个挑战。既然任何记录不可避免地都会成为一种"偏见",那么抵御偏见,最有效的办法就是用更多的"偏见"来取代一种偏

见,以避免陷入单一偏见的陷阱。从这个意义上讲,历史教育学的根基是史学。

二是教科书编写者的书写逻辑。历史学科具有非常重要的育人功能,是学生了解和热爱祖国的历史和文化,增强爱国主义情感,坚定社会主义信念的必备学科。为了更好地强化国家意志、贯彻党的教育方针、落实社会主义核心价值观,党中央明确提出教材建设是国家事权,对语文、道德与法治、历史三科教材实行国家统编、统审、统用。因此,教科书必然要贯彻党的教育方针,宣传党的理论和政策,在基本立场上体现国家意志。

在内容选择上,《普通高中历史课程标准(2017年版2020年修订)》要求历史教科书的编写,"要体现出整体性,突出重点内容、核心概念和关键问题",整体性就要求教师有古今中外关联的宏观把握能力,突出重点内容、核心概念和关键问题,需要教师拥有去粗取精的提炼概括能力。在教科书的编写逻辑上要求"要注重教科书中专题之间、课题之间的逻辑关系,注重内容之间的关联,使学生能够整体把握学习内容",这也回应了内容整体性的要求。

在解读教科书的目标定位上,需要清晰地理解中学历史教学的目标定位不同于大学历史本科专业的培养目标,历史教育学也不同于历史研究。历史学家的书写可以有个性化的解读,中小学历史教学必须严格依照课程标准贯彻国家意志。教科书总是基于课程标准,围绕一定的教育目的编写的,这种教育目的要求和课程标准规定具有内在的一致性。作为历史教师,需要完成国家课程标准对历史教科书所规定的目标性叙写的精准解读。清晰而精准的解读是完成课程标准规定性任务,坚守教学底线的前提。

困难在于如何能够从历史叙述的各种"偏见"中抽身,结合教科书表述做出精准解读,历史教育需要在历史学训练和国家教育目标诉求之间找准平衡点。这无疑对于历史教师而言又是一个巨大的挑战。

三、建构课堂教学的逻辑,实践素养发展的增值性,力保教学的效度

教学逻辑是关于课堂教学活动如何推进的序列化关系的安排,体现为教学活动的流程,是教师在研读历史书写逻辑基础上立足于学科逻辑而形成的教和学两种逻辑的综合。教学逻辑是中学一线教师比较关注的话题,也是研究的热点。常见的以教师为主导的教学基本逻辑有"激发兴趣引入—讲授新课—本课小结—练习巩固";以学生为主导的教学基本逻辑有"预习展示—提出问题和学习任务—研究性学习—汇报展示"。具体到教学活动又可以依照"教师创设问题情境激发学生动机—学生在教师引导下阅读材料进行探究—小组合作分享探究成果—全班汇报评议探究成果"。教学逻辑是课堂的骨架,能够让素材在逻辑的支撑下"立"得住。

教师对历史两重逻辑的研读和理解是为了精准教学,教学的起点和终点是学生在哪

里的现状和要把学生引领到哪里的预期。奥苏伯尔(David Pawl Ausabel)在《教育心理学》的扉页中写道:"如果我不得不将教育心理学还原为一条原理的话,我将会说,影响学习的最重要的因素是学生已经知道了什么,我们应当根据学生原有的知识状况去进行教学。"[11]学情决定着教师如何选取对两种历史书写深刻理解的思想成果,决定着选择怎样的教学条件性资源。

建构主义教学主张盛行以来,我们已经能够达成共识,基于学情是教学逻辑的起点。教学的终点是学生基于现有学情可以达成的教学目标。尽管这一目标体现着教师的教育期待,但终究是要实现一个个具体人的发展,这样的目标在目前班级教学形式下的教学设计书写中,大体上是大而化之,笼统无效的。目前我们无法针对每位学生制定针对性的教学目标,但通过基础性目标、拓展性目标和挑战性目标的纵向分层设计不失为一种有效应对的办法。

就教学的过程而言,基于培养学生学科核心素养的教学设计,不仅要考虑到教学内容的逻辑、教学过程的环节以及学生的认知特点等,更重要的是在教学理念上要以学生的学习与发展为教学的本位、重点,以调动和发挥学生历史学习的积极性、主动性和创造性为核心,以学生的学习活动为实质性线路,以学生的自主探究活动为中心展开。围绕着这样的课程标准要求,一线教师做出了很多优秀的案例。

评价教学逻辑的维度很多,但终究历史课要成为有价值、有意义的课堂,价值立意决定了历史教学的高度、深度、广度与温度。如果我们承认,终究我们的工作是为了学生的可持续发展而奠基,那么这种价值的评判标准就不应该掌握在专家学者手中,而应该在教育服务的对象即学生手中,那教育的价值只能是针对师生成长而言的。每节课我们都需要思考,这节课如何能够让学生有所得,怎样能够帮助学生获得他们应对未来世界的不确定性所需要的那些必备知识、关键能力和核心素养。学生有没有得到发展,是我们评价教育教学成败与否最根本的指标,也是教育最终的归宿。确保学生有进步,是我们实现教学效度最重要的教育理念。

孔敏在《历史哲学引论》中指出:"历史学是对历史上发生过的人类活动进行探索研究的科学,这种探索和研究建立在中介质历史资料的解释基础上的,最后以历史学家们的历史著作的形式问答了人类过去的所作所为。它是由历史实际(人过去的活动)、历史证据(历史资料)和历史认识者(历史学家)三者构成的一个认知体系。"历史教育学要复杂一些,作为历史认识者的师生,所参与的历史教育的认知体系,具备历史学认知的基本特点,但终究在认知目的、形式等方面有自身的特点。因此,除了历史实际的发生逻辑、历史证据的呈现逻辑,更要考虑未成年历史认识者的生理和心理特点,遵循教育规律,遵循教学逻辑。正是从这个意义上讲,中学历史教师面临的挑战比一般历史教育者要大得多,对其素养的要求也要丰富得多。

[1] 薛伟强.高中生历史学科思维能力培育的现状、问题与策略[J].广东第二师范学院学报,2023(5):66.

[2] 列宁.黑格尔《逻辑学》一书摘要[M].北京:人民出版社,1965:7.

[3] 徐素兰,姚昌起.新编中学历史教学法[M].天津:天津教育出版社,1989:20.

[4] 康德.历史理性批判文集[M].何兆武,译.北京:商务印书馆,2011:15.

[5] 马克思,恩格斯.马克思恩格斯选集:第4卷[M].北京:人民出版社,1995.

[6] 列宁.列宁选集:第4卷[M].北京:人民出版社,1995:776.

[7] 王委艳.历史的叙述逻辑:一种交流叙述学视角[J].人文杂志,2017(7):75.

[8] 马克斯·范梅南.教学机智:教育智慧的意蕴[M].李树英,译.北京:教育科学出版社,2001:16.

[9] 海登·怀特.形式的内容:叙事话语与历史再现[M].董立河,译.北京:文津出版社,2005:7.

[10] 司马迁.史记[M].长沙:岳麓书社,1993:943-944.

[11] 奥苏伯尔.教育心理学:认知观点[M].任夫松,译.北京:人民教育出版社,1978:序言.

【附记】 本文系广西壮族自治区教育科学十四五规划2021年度双减专项课题"双减政策背景下关于民族文化传承的课后服务开发研究"(批准文号桂教科学【2021】31号,立项编号:2021ZJY1289)的阶段性成果。

(本文选自《中学历史教学参考》2024年第9期。作者单位:华春勇/西北大学历史学院,广西民族大学民族学与社会学学院;王艳芝/陕西省教育科学研究院)

思维角度就是教学维度

——兼谈"中华人民共和国成立和向社会主义的过渡"的多维度教学问题

○ 李元亨

一、活动启迪思考

此次参与工作室承办的"刊网微研"活动，获益之大、触动之深、思考之多，我用两字概括：一曰"省"，二曰"常"。

1. 多角度思考，找寻"省"的方法，使学科素养"涌"出来

"省"有两个读音，一是"sheng"，常作"减少耗费"之意，二是"xing"，常作"反思""觉悟""觉醒"之解。如何用尽量少的消耗取得尽量大的教育产出？如何更高效、更精准、更科学地引导学生精神觉醒、个人觉悟？我想，这是每一个有责任感的历史教育工作者都在思考和实践的问题。

我认为，以"省"的方法追求"常"的目标，多维度教学是关键。维度指独立时空坐标的数目，是事物"有联系"的抽象概念的数量，也是人们观察、思考与表述事物的"思维角度"。就历史教学而言，维度就是角度，是对同一史实的不同认知，常常表现为同一表述的不同理解、同一理解的不同观察视角、同一视角的不同主体表达等。多维度教学可以从以下几个方面着手：一是变换时空大小，从短时段、中时段、长时段、国内外来考察同一历史事物或现象。二是变换叙述主体，从当事方或第三方视角来认识。三是变换思维模式，从史学、哲学、经济学、社会学等多种思维模式理解同一史实产生的多元影响。角度越多偏见越少，维度越完整，学生的认知拼图越齐全。实践证明，多维度教学是涵育学科素养、助力学生应对未来不确定性世界、服务未来人生的有效抓手，也是构建从"常识性史实"到"常识性认识"和"常识性价值"的可靠方式，更是实现学科素养由"想得到美丽"（抽象）到"看得到风景"（具体）还能"进得了景区"（实践）的可行路径。

2. 多维度建构，培养"常"的能力，让价值认同"长"出来

这里"常"指常识，即社会对同一事物普遍存在的日常共识。对学生而言，包括应习得的历史学科的史实性知识、方法性知识、价值性知识等多方面的专业知识。具备"常识"既要考察历史事实的来龙去脉、流转变异,也要考察历史当事人的看法、主张、立场、动机。"常识性认识"理应以"常识性史实"为基础,而且必须从"史实"推导出来,不能凭空臆断。持续实证并不断扩大史实的范围是历史学的中心任务,主要是历史学家的工作;用常规方法、常态化教好"常识"是中学历史教学的重心工作,也是中学历史教师的使命。

在同一课程标准和统编教科书的当下,中学教师的基本任务是多维度构建"史实性知识"与"认识性知识"之间丰富的意义系统和自洽的逻辑关系,教会学生自主构建基于确凿证据、逻辑完整地形成"常识性认识"、认同"常识性价值"的本领。中学历史教师不是历史学家,毕业生绝大多数不会再与历史学科直接打交道。赵亚夫教授强调:教好"常识"的底线是从公民视角处理好历史知识的过去性、思辨性和反思性。教好"常识"看似轻而易举,实则却是最难达到的境界。教师要针对学生既有经验深入浅出地讲好常识,语言要自然、道理要朴实、阐释要简洁、论证要适切。实践证明,抛开学生经验把课堂学术化,不难;眼中没有学生,把课堂庸俗化,不难;为了考试成绩,把课堂标准化,不难。难的是,教会学生通俗易懂地内化常识,以及运用独立思考解释常识[1]。

显而易见,培养学生求"常"的能力,不是仅把史实梳理清楚就可以,也不是把史实的官方意义拿来让学生记背就可塞责,而是要建立起两者间的必然性逻辑联系和可靠的思考路径与思想方法,让学习者不仅能习得"常识",还能躬身实践、用"常识"服务未来生活。学生"认同"不是被"塞"的"正确"而是自己"长"出来的"正确",不是被灌输"正确"而是自主构建的"正确",不是声称"正确"而是发自内心认同"正确",不仅能够自证"正确",还能举一反三、灵活变通地鉴别类似"正确"是否真的"正确"。

毫无疑问,以反思、追问之"省"(xing)的状态与方法,追求低耗高效之"省"(sheng)的实践目标,助益学生习得"常"的能力,使他们能够用常规方法、常态化地构建从"史实"到"常识"的意义系统,成为头脑清明、智识健全、理性平和的社会主义合格建设者和接班人应当是我们的课堂追求。

二、研讨启发实践

我以"经始大业——未曾辜负的选择"[2]为题在"明理·增信·崇德·力行——历史教育全国学术研讨会"上执教过展示课,所以对这节课做过肤浅的研究。基于上述认识,受这次活动中刘相钧老师维度教学实践的启发,如果再教"中华人民共和国成立和向社会主义的过渡"一课,我会注重处理好以下几个维度的问题。

1. 整体与局部的关系

课程标准对这部分内容的要求是:认识新中国成立的伟大意义;概述新中国巩固人民政权的主要举措;认识新中国为民主政治建设和向社会主义过渡所做的努力。从能力来看,第一个要求是理论性问题,第二个要求是历史描述问题,第三个要求是史论结合问题。从教学实践考虑,前两个问题从简,第三个问题要铺展开来。我的理解,既然是"努力",就必须突出:一是党和政府在新中国建立时就有比较清晰的社会主义目标,二是当时党和政府主观上能够意识到举措的过渡作用,三是采取的举措客观上效果与"向社会主义过渡"相关。从这个角度分析,中华人民共和国的成立、人民政权的巩固、独立自主的和平外交等子目都应在为了实现"社会主义基本制度的建立"的"努力"的框架之下来考虑。这样不仅明确详略,也整合了四个子目之间的关系。

兹以"新中国成立的意义"为例说明。"结束了帝国主义、封建主义和官僚资本主义长期压迫和剥削中国各族人民的历史",强调的是完成反帝、反封建任务的革命意义;"人民真正成为国家的主人,从根本上改变了中国社会的发展方向,为实现由新民主主义向社会主义过渡创造了前提条件",强调的是衔接两个阶段的社会意义;"中华民族开始以崭新的姿态自立于世界民族之林",强调的是壮大和平、民主和社会主义阵营力量的世界意义。

人民政权的巩固、独立自主的和平外交既是新中国成立意义的体现和发展(革命意义:土地改革、肃匪镇反、抗美援朝;社会意义:1954年宪法、稳定物价统一财经、土地改革、支前运动;世界意义:抗美援朝、新中国初期的外交),也是向社会主义过渡的"努力"。

2. 动机与结果的关系

新中国成立、人民政权的巩固、独立自主和平外交是"努力"的过程和表现,社会主义基本制度的建立是"努力"的目标和结果。常识告诉我们,有动机未必有想要的结果。作为启迪智慧、服务人生的历史课,从动机到结果不能仅强调做了什么,更要强调做对了什么、为什么能够做对和怎样才能做对。

众所周知,"三大改造"是向社会主义过渡的关键步骤。厘清历史脉络,不仅要弄清楚怎样改造,还要分析为什么能改造和为什么要改造。1952年下半年,国民经济全面恢复,中国经济内部的关系发生了重大变化:一是公私经济比重有了根本变化,社会主义性质的国有经济在国民经济中的领导地位明显增强,控制着有关国计民生的重要行业和部分,成为中国逐步过渡到社会主义的主要物质基础。二是私营工商业经过调整,有相当一部分通过加工订货、经销代销、公私合营等形式被纳入国家资本主义轨道。三是全国基本完成土地改革后,农业互助合作运动在广大农村普遍开展起来,初步显示了将个体农民组织起来增加农业生产的优越性。实际上,在"三大改造"前某些方面已经开始了社会主义改造的初步工作。

与此同时,我国社会经济中出现和积累了一些新的矛盾:一是农村土地改革后农民分散落后的个体经济扩大再生产的能力有限,难以满足城市和工业发展对粮食与农产品原料不断增长的需要。某种程度的贫富差距也引起了党对农村出现两极分化的担忧。二是城市大规模、有计划的经济建设,需要把有限的资源、资金和技术集中到重点建设上来,而私人资本主义经济则要求扩大自由生产和自由贸易,这就不可避免地产生了矛盾。

三是在朝鲜战争的主要问题上,中美达成协议,有望结束战争。

在新的实践和客观需要的基础上,中国共产党改变原来经过10到15年的新民主主义建设时期,再采取实际步骤进入社会主义社会的设想,而是立即采取社会主义工业化和社会主义改造同时并举的方针,积极而又循序渐进地完成经济上的社会主义革命任务,初步建立社会主义的经济基础和经济制度。这是党依据新中国成立后经济、政治条件的新变化做出的重大决策,是党的总路线、总任务以及发展战略的重大转变,是符合中国社会发展的实际和规律的。显而易见,党和政府领导全国各族人民团结奋斗是主观动机与客观结果高度一致的关键。

3. 国内与国外的关系

新中国初期的外交与两极格局的关系很容易理解,无须赘言。朝鲜战争与"一化三改"的关系往往被忽略。

朝鲜战争使中国领导人深切感受到了中美两国综合国力方面的巨大差距,感受到西方列强对中国的强大压力。这使得党和政府在选择发展策略时,必须将国家安全放在首位来考虑[3]。为维护国家安全必须由一般地提出工业化为主体进一步发展为优先发展重工业。这种发展战略适应了当时国家的迫切需要。这样的发展策略要求政府具有强大的动员能力和资源配置能力,以市场调节为主的私营和个体经济与政府要求的资源配置集中化、计划化是不相适应的,完全依靠价值规律和市场调节是不可能实现重工业优先的。这就要求在生产关系上实行单一公有制,在管理体制上实行计划经济。

要做到"详人之所略,异人之所同,重人之所轻,而忽人之所谨"[4]的多维度教学,我认为关键是处理好求异与释疑的关系。释疑是求异的目的和落脚点,求异是释疑的方式和途径。找到、找准学生疑点的过程是深刻理解课程标准、教科书的过程,也是深刻理解学生当下和未来发展需要的过程,还是以学生视角和认知发现问题、提出问题的过程。找好、找精授课"异点"的过程是教师把人生所历、读书所得、实践所悟与课程标准所要求、学生所需求、价值所讲求有机结合的过程。用角度拓展维度,以求异精准释疑是以"省"求"常"的有益尝试。道阻且长,行则将至,虽不能至,心向往之。

---

[1] 赵亚夫.教好"常识"是中学历史教师的基本任务[J].中学历史教学参考(上半月·综合),2016(7).

[2] 李元亨.计熟经纬万端处 举必经始大业成:执教展示课"经始大业——未曾辜负的选择"之思考[J].中学历史教学参考(上半月·综合),2021(9).

[3] 当代中国研究所.中华人民共和国史稿:第一卷[M].北京:人民出版社,当代中国出版社,2012:102.

[4] 章学诚.文史通义·答客问上[M].上海:上海古籍出版社,2008:86.

(本文选自《中学历史教学参考》2024年第9期。作者单位:陕西省西安市铁一中学)

守正·创新：以文本解读规范历史教学

○ 郭阿男

观摩罢刘相钧老师执教的"中华人民共和国成立和向社会主义的过渡"一课，心里最大的感受可以用"创新""守正"两个词形容。

所谓"创新"，指的是本课的构思——通过"他们"和"我们"范畴的界定和关系的梳理，架构起1949—1957年这段新中国的历史，探索了中华人民共和国建立的政治逻辑，最终升华至毛泽东"矛盾论"的哲学层面。这种构思打破了"筹备政权—建立政权—巩固政权—政权（性质）过渡"的一般思路，令人耳目一新，回甘无穷。

所谓"守正"，指的是刘老师关于本课思考与架构的起点是教科书或者关键的原始文献史料，而非其他。在本课的正文部分，教科书的编者选择了这样的表述："我们的会议是一个全国人民大团结的会议""我们的工作将写在人类的历史上"；教科书引用毛泽东《关于正确处理人民内部矛盾的问题》一文，清楚地写出"国家的统一，人民的团结，国内各民族的团结，这是我们事业必定要胜利的基本保证"。这种通过教科书文本的深度解读以觅新意而非囫囵地从专著、论文中"寻章摘句"的做法，无疑是历史教学的"正道"，因为其更加符合高中历史教学强调"时空观念"和"史料实证"的取向，尤其在统编教科书全面推开的节点上。

故而，刘老师的课示范了在统编教科书推行背景下，面对历史教学诸多"新问题"，固然需要一线教师做"新探索"，但是这种新探索的边界应该设置在对课程标准和教科书文本充分解读的范畴内而不是其他，至少在当下的三五年内。

如此，解读教科书文本的一般路径有哪些？根据刘老师的示范和笔者的实践，窃以为下面的路径可以尝试。

第一，于"熟悉处"解读。统编教科书与其他版本的"旧"教科书在诸多熟悉之处有不同表述。比如，元政权被推翻，统编教科书表述为"明军攻占大都，结束了元朝在全国的统治"；而明政权被推翻的表述则是"明思宗自缢，明政权灭亡"。同样是两个朝代退出历史舞台,教科书表述却迥然不同,深意何在?梳理元、明二朝都城被占领之后的历史可以发现,表述不同的背后是教科书编写者对统一多民族国家的思考:元朝被推翻后,蒙古族统治者所延续的北元政权依旧存在了一段较长的时间(具体时长,史学界到目前尚有争议),其间对今天的内蒙古、东北部分地区进行统治,所以"明军攻占大都,结束了元朝在全国的统治"显然更加符合历史的真实。而明北京城被占领后,清政权迅速建立对全国的统治,即便有南明政权的存在,但是对历史演进的影响甚微,故而教科书用"明思宗自缢,明政权灭亡"概括之。

第二,于"模糊处"解读。统编教科书与其他版本的"旧"教科书相对比,新增了不少新的名词和新的史料,但是限于篇幅,不少地方编者只能"微言大义",表述得比较概括,使得一线教师理解起来比较模糊,但是厘清这些新增概念和史料本身就有助于规范教学。比如《中外历史纲要(上)》第6课所选取的《职贡图》,图片下方文字说明是"这幅图反映的是外国使节和我国边远少数民族使臣携着贡品来唐朝进贡的生动场景"。这幅图经常在本子目结束的时候被一线教师用来做收尾,以印证唐朝民族交融、中外交流的史实。但是如何从图中读出民族交融和中外交流呢?图中的人物粗看起来皆和中原文化差异较大,既有可能是使节,也有可能是使臣,这便属于"模糊处"。聚焦《职贡图》,通过对图中象牙、珊瑚、孔雀尾扇等信息的挖掘,以及对图中展示人物的衣着、发型、容颜的分析,基本上可以得出认识:图中所示人物来自南亚、东南亚,从而印证隋唐盛世时期万国来朝的局面。

再如《中外历史纲要(上)》"三国两晋南北朝的政权更迭与民族交融"一课,一线历史教师清楚三国两晋南北朝时期民族交融的情况左右政权的稳定和统一多民族国家的发展。但是在教学实施中,面对"民族交融"这一宏观概念,往往会简化成"孝文帝改革",进而笼统地得出民族交融有利于统一多民族国家的再次形成的认识。然而,通过对本课的三幅地图进行文本解读则有助于把宏观的、笼统的、模糊的民族交融一一廓清:《西晋末年内迁少数民族分布与北方流民南迁示意图》反映出西晋末年少数民族已经较大规模迁入西晋境内的事实,但是西晋统治者未能很好处理事实,助推西晋灭亡。由此可见,民族间的矛盾是导致该时期政权更迭的重要因素。《东晋十六国形势图》反映的则是少数民族内迁并建立政权的事实。这一时期的少数民族政权的统治者采取了不同程度、不同广度的措施缓解民族矛盾,促进民族交融。《北齐、北周、陈对峙形势图》则反映的是北方少数民族政权的统治者推行积极的民族政策后所取得的成果:一是结束了北方政权更迭或者林立的局面,实现局部统一;二是北方相比南方呈现出明显优势,从而为北方统一南方奠定基础。如此一来,三幅地图展示了三个阶段民族交融的情况,同时也串联起民族交融对统一多民族国家发展的作用。

第三,于"逻辑处"解读。统编教科书在文本表述的逻辑层展示出了一些不同于

"旧"教科书的地方,这正是我们进行文本解读的途径之一。比如在选择性必修1第15课中关于中国最早的货币的表述是:"中国古代最早被用作货币的可能是海贝"。为什么要表述为"可能"是海贝,能否把"可能"二字去掉?回答是否定的。因为教科书使用"可能"一词折射的是考古学学术研究的逻辑,即海贝是中国最早的货币,只是基于目前考古和历史研究的认识;该认识可能会随着考古发掘或者历史研究的新进展而改变,所以必须加上"可能"二字方才严谨。与此类似的还有《中外历史纲要(上)》第1课的表述"距今约1万年,我国进入新石器时代"等。

除了在教科书正文处解读逻辑之外,各级各类标题也值得重点关注。比如《中外历史纲要(上)》第2课课题"诸侯纷争与列国变法"中,"与"是一个连接词,能否把"与"换成同为连接词的"和"?稍加揣摩就可以发现,"和"字连接的对象是并列关系;"与"字连接的对象多是推导关系。时至春秋战国,诸侯之间为了在大争之世生存并且强大,无法按照原有统治方式进行,必须变法。所以,"诸侯纷争"是"列国变法"的背景,不是简单的并列关系,故而在进行教学设计之时,二者之间的关系需要梳理成推导关系而非并列关系。类似文本逻辑在本套教科书中不胜枚举,不可不察。

第四,"立意处"解读。相比于此前其他各个版本的教科书,统编教科书的特色之一就是对"立德树人"人才培养目标的进一步明确,行文中会时常渗透着本节课的"立意"。比如《中外历史纲要(上)》"人民解放战争"一课,在"约定俗成"的"解放战争"前加"人民"二字,再结合具体文本的表述,我们可以揣测出教科书编者的编写思路为:为人民争和平——为人民去战斗——靠人民取胜利。"多出来"的"人民"二字恰好成为本节课的灵魂所在,即人民群众是历史的创造者。基于"立意"解读文本的途径在统编教科书中的其他课文中也不少见,比如《中外历史纲要(上)》第3课"秦统一多民族封建国家的建立"和第4课"西汉与东汉——统一多民族封建国家的巩固",这两课标题中的"建立"和"巩固"即是本课的立意所在。

以上是笔者不揣浅陋,求教诸方家。当然,科学、充分、恰当地解读统编教科书文本的途径肯定不止如上所列,更不意味着以上路径是最佳方式,只是笔者结合刘老师的展示课及自身的实践做出些许尝试。关于使用统编教科书,一线教师首要任务是基于教科书文本(含课程标准)解读建构教学设计;学术著作、学术前沿、学者观点是"求其次"的参考对象。前后不可混,主次不可乱。

(本文选自《中学历史教学参考》2024年第9期。作者单位:陕西省西安高新第一中学)

哲学的思维·逻辑的建构·历史的表达
——观"中华人民共和国成立和向社会主义的过渡"一课有感

○ 赖蓉辉

2023年11月26日上午,《中学历史教学参考》2023"刊网微研"活动中,郭富斌名师工作室成员、西安铁一中滨河高级中学刘相钧老师执教了"中华人民共和国成立和向社会主义的过渡"一课。刘老师的这节课朴实、自然,没有激情澎湃的渲染,却让人感受到了中华人民共和国成立初期的波澜壮阔,以及中国共产党面临暗流涌动的复杂局面化解各种矛盾,探索适合中国国情发展道路的卓越智慧。刘老师带领学生以哲学的思维,体会新中国由新民主主义向社会主义过渡时期的制度建设逻辑,让人耳目一新,记忆深刻。笔者认为,这是一节以培养学生核心素养为导向,将深度学习理念贯穿始终、设计巧妙、教学活动精彩、充满思辨力、有浓厚历史味儿的高质量历史课,其亮点主要表现在以下三个方面。

一、落实核心素养培育,充分体现深度学习特征

北京师范大学郭华教授在《深度学习及其意义》一文中指出:"所谓深度学习,就是指在教师引领下,学生围绕着具有挑战性的学习主题,全身心积极参与、体验成功、获得发展的有意义的学习过程。在这个过程中,学生掌握学科的核心知识,理解学习的过程,把握学科的本质及思想方法,形成积极的内在学习动机、高级的社会性情感、积极的态度、正确的价值观,成为既具独立性、批判性、创造性又有合作精神、基础扎实的优秀的学习者,成为未来社会历史实践的主人。"华东师范大学李月琴副教授认为,从历史学科教学的视角来看,深度学习就是学生在教师引领下,围绕"中外重大历史事件、历史人物和历史现象"中的学习主题,运用历史思维和历史学习方式,把握历史学科本质、逻辑、思想和方法,形成具有历史学科核心素养的学习过程。历史学科深度学习的要素包括素养导向的学习目标、引领性的学习主题、挑战性的学习任务、持续性的学习评价和开放性的学习环境。

刘老师这节课遵循深度学习的路径,围绕核心素养目标的达成,为学生提供了具有

一定深度的学习目标和学习内容,注重对学生进行历史学习方法的培育,帮助学生在全新的情境中,将新知识与认知结构中相应的观念建立起实质性的联系,建构新的知识网络,从而实现了对历史事件内在本质联系的把握。刘老师以"新中国过渡时期'我们''他们'中的制度建设逻辑"为引领,设计了三个具有挑战性的学习任务(如下所示),创设开放性的学习情境,采用角色扮演的方式让学生"神入"历史,使其在体验中理解历史并做出自己的历史解释。在让学生进行角色体验前,刘老师还为学生提供了相应的示范,让学生在模仿、实践中体悟史学的思想和方法,充分体现了以生为本的教学理念。在此过程中,刘老师及时对学生的表现和语言表述进行评价和点拨,在民主和谐的师生互动中向学生传递着对历史的正确认知。

任务一:"站立起来"的是一个崭新的中国,然而不同群体对此事的态度却是大相径庭。假设你是上述角色之一,你会对刚诞生的新中国有怎样的反应或期待?

任务二:请结合教科书第二子目相关内容,以"得到土地的农民"为视角,归纳中华人民共和国成立初期土地改革运动产生了怎样的连锁反应。

任务三:请以角色扮演的方式,根据问题进行互动,以解读"我们"进行"社会主义+工业化"的逻辑。

《普通高中历史课程标准(2017年版2020年修订)》明确指出:"历史课程要将培养和提高学生的历史学科核心素养作为目标,使学生通过历史课程的学习逐步形成具有历史学科特征的正确价值观、必备品格与关键能力。"历史学科五大核心素养强调的是学习历史的方法和思维能力的获得,教师需要引导学生在具体的问题情境下,经历深度学习的过程,才有可能促进学生在理解的基础上获得学科必备品格和关键能力。本节课正是以素养导向为目标,较好地落实了高中历史课程标准的要求。

导入新课后,刘老师设计了利用时间轴梳理中华人民共和国成立后过渡时期基础知识的教学环节,并在引导学生朗读的过程中巧妙进行点拨,强调时间轴的呈现不是简单的时间、事件的罗列,而是要将时间轴上的重要事件按照政治、经济、外交等维度进行分类,朗读时间轴时应按照时间、空间对应的方式,读出该时段的阶段特征。这一教学环节无疑是在教师的示范下,将时空观念素养的培养进行了细化和落实。

综上,本课以哲学思维构建起课时大概念,运用阶级分析法、矛盾论等唯物史观的基本原理,对中华人民共和国成立之初过渡时期的相关史事进行阐释,潜移默化地浸润了学生的唯物史观。

二、教学活动设计巧妙,重难点突出,环环相扣

1. 联系现实,首尾呼应,前后贯通

本节课的新课导入,引人入胜。上课伊始,刘老师首先出示1949年9月21日,毛泽

东在中国人民政治协商会议第一届全体会议上的开幕词文字材料和视频,让学生感受新中国即将建立时人们的激情澎湃和欢欣鼓舞,并向学生提问,引出本课主题中的"我们"和"他们"。

材料一 诸位代表先生们:我们有一个共同的感觉,这就是我们的工作将写在人类的历史上,它将表明:占人类总数四分之一的中国人从此站立起来了……让那些内外反动派在我们面前发抖罢,让他们去说我们这也不行那也不行罢,中国人民的不屈不挠的努力必将稳步地达到自己的目的!

——1949年9月21日,毛泽东在中国人民政治协商会议第一届全体会议上的开幕词

紧接着,出示1925年毛泽东《中国社会各阶级的分析》的摘录,激起学生强烈的求知欲。

材料二 谁是我们的敌人?谁是我们的朋友?这个问题是革命的首要问题。

——摘自毛泽东《中国社会各阶级的分析》(1925年)

课堂结尾,刘老师出示1937年毛泽东在《矛盾论》中的一段论述,紧扣新中国过渡时期的历史,诠释了矛盾无处不在、无时不有,矛盾是可以变异转化的、矛盾是进步的动力等关于矛盾论的主要观点,使唯物史观素养的培养水到渠成。

材料三 矛盾存在于一切事物的发展过程中……每一事物的发展过程中存在着自始至终的矛盾运动。

——摘自毛泽东《矛盾论》(1937年)

最后,刘老师还联系现实,说明"在风云变幻的时代,我们既然躲不掉矛盾,就应该不怕矛盾,正确辨识矛盾,积极解决矛盾",再次强调史学的功能,语重心长地告诉学生:"要提高解决问题的能力,必须提高我们的思辨力和决策力,必须好好学习历史!"充分体现了"读史使人明智"的道理,有利于学生形成正确的历史观。

2. 深入浅出,突出重点,突破难点

在"中华人民共和国成立"这一探究环节,刘老师在引导学生完成了第一个学习任务后,引用1955年毛泽东在七届六中全会上的讲话内容,设置了三个问题,深入浅出地从"国体""道路""格局"三个维度突出了"新中国成立的意义"这一教学重点内容(如图1所示),使学生深切体会到论从史出的史学研究方法。

材料四 马克思主义是有那么凶哩……就是要使帝国主义绝种,封建主义绝种,资本主义绝种,小生产也绝种。

——1955年毛泽东在七届六中全会上的讲话

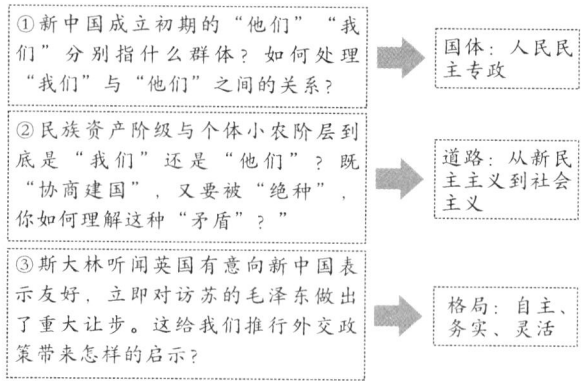

图 1

在任务三中,刘老师引用毛泽东 1955 年 10 月《农业合作化的一场辩论和当前的阶级斗争》的报告,设置了系列问题。指导学生通过角色扮演,并借助思维导图(如图 2 所示)阐明"国家""农民""资本家"三者之间的关系,帮助学生理解"公有制+计划经济+按劳分配—商品、货币、市场"这一"经典社会主义公式",使学生感知中华人民共和国成立初期,"我们"和"他们"是相对的、动态变化的,从而认识到矛盾具有不断变异和相互转化的特征。

材料五 (国家)为了搞到更多的工业品去满足农民的需要,以便改变农民对粮食甚至一些别的工业原料的惜售行为。这是利用资产阶级联盟,来克服农民的惜售……同时,我们依靠同农民的联盟,取得粮食和工业原料去克制资产阶级……他们要原料,就得把工业品拿出来卖给国家,就得搞国家资本主义。他们不干,我们就不给原料。

——毛泽东《农业合作化的一场辩论和当前的阶级斗争》

(1)这里的"两个联盟"指什么?

(2)国家、个体小农、民族资本家三方的诉求各自是什么?

(3)中华人民共和国成立初期的新民主主义政策下,"他们"会怎样满足自身的诉求?

(4)这能否支持工业化的要求?

(5)依据讲话与所学知识,如何才能支持我们工业化的要求?

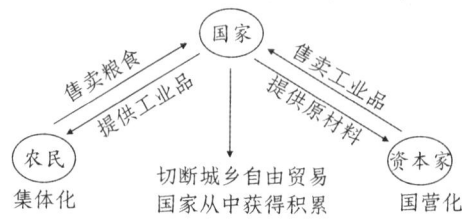

图 2

3. 精心设计过渡，教学环节自然流畅

在探究环节一"中华人民共和国成立"讲述完之后，刘老师用"对于错综复杂的'他们''我们'的辨析与应对，才能开启'中国历史的新纪元'"，承上启下，自然过渡到探究环节二"人民政权的巩固"。讲述这一内容时，刘老师饱含深情地讲述了电影《英雄儿女》中的主要人物——志愿军战士王成的英雄事迹，一句"为了胜利向我开炮"的豪言壮语，让人荡气回肠。随后，刘老师话锋一转："抗美援朝，胜利刻骨铭心！'为了胜利向我开炮'这种话中国人不想再说第二次，为什么我们一定要用自己的血肉之躯抵抗敌人的钢铁洪流呢？我们为什么不能建立起自己的钢铁洪流呢？我们必须要实现工业化！"由此，自然过渡到探究环节三"社会主义基本制度的建立"。这一过渡环节既渲染了志愿军战士的英勇无畏，肯定了抗美援朝战争打出了军威、国威，不愧是新中国的立国之战，对学生进行家国情怀的浸润，又巧妙地引出新中国实现工业化的必要性和急迫性，顺势过渡到下一板块的学习。设计堪称精妙！

三、落实课程标准要求，彰显初高中衔接

《普通高中历史课程标准（2017年版2020年修订）》指出："高中历史教科书应在初中历史教科书的基础上，使相关知识进一步拓展和深化，使学生能够从更新、更多的角度学习历史和认识历史。"这也明确了高中历史教学与初中历史教学的区别，对我们有着积极的指导意义。本节课，刘老师较好地贯彻了课程标准的这一要求。

首先，刘老师在教学中关注了学生初中已有的基础。例如，在利用时间轴梳理基础知识的环节，刘老师要求学生速读教科书，回顾初中已有知识，说出和平共处五项原则、"一化三改"、新政协会议与《共同纲领》、抗美援朝、"一边倒"、一届人大与"五四宪法"、土地改革、"银元之战"与"米棉之战"以及"求同存异"等专有名词所对应的历史时间（段）。分析"中华人民共和国成立初期的'他们''我们'分别指什么群体"这一问题时，刘老师引导学生回顾初中历史中学习过的五星红旗上"四颗小星"代表的四个阶级，以此理解"我们"的含义。

其次，刘老师还运用了联系的、激活的教学方式对接学生初中已有的基础知识，如抗美援朝、土地改革、"一化三改"、人民代表大会制度等，帮助他们更好地理解和把握高中课程标准和教科书所要求的内容，有意识地加强了初高中教学的联系与衔接。

刘老师这节课为我们研究大概念（大主题）引领下的《中外历史纲要》教学，提供了值得反复琢磨和学习的宝贵样本。下面，笔者就本课进一步提出两点自己不成熟的思考，与各位同仁切磋。

一是关于高一年级《中外历史纲要》教学的标高问题。根据课程标准的要求，高一年级的历史学业水平考试是全体高中学生均须参加的合格性考试，以必修课程《中外历史

纲要》为考试内容,达到学业质量水平 2 的要求即为合格。加之,高一年级必修课程教学内容多,课时相当紧张,如果一味地拔高教学要求,势必难以在有限的时间内完成相应的教学任务。所以,笔者认为,高一年级的教学中应根据课程标准要求,立足学情,充分考虑学生的认知特点,确立好合理的标高,增强教学的适切性。刘老师在这节课中提出"经典社会主义公式"这一概念,一定程度上超出了高一学生的认知。虽然教师利用了学生角色体验、思维导图示意等教学手段,讲述清晰明了,但学生能否真正理解还是有待商榷。

  二是关于学生通过角色扮演体验历史的问题。本节课中,刘老师依托三个学习任务,设计了三次角色扮演的学生活动,引导学生在历史情境中展开学习活动,对历史进行探究,极大地调动了学生参与学习的积极性。从学生的课堂表现来看,第一次角色体验最为成功。学生几乎都能站在所扮演的角色的立场上,对不同群体对待中华人民共和国成立的态度进行较为准确的表达。但是,第二次角色扮演,即"以'得到土地的农民'为视角,归纳中华人民共和国成立初期土地改革运动产生了怎样的连锁反应"效果却不甚理想。学生的回答几乎都只是局限在教师提供的示例的角度,虽经教师一再提示,仍难以打开思路。究其原因,一是问题的指向不够明确,二是教师提供的示例正好是学生最易寻找到的视角,而对于其他视角因教师未给予提示,学生也不易想到,所以难以达到所期望的效果。第三次角色扮演可以说基本上是失败的。原因在于学生自身难以理解"国家""农民""资本家"三者之间的关系,所以根本无法通过角色扮演来表达清楚他们的关系。由于这里是本课内容中的一大难点,笔者认为教师可以变换一种方式,比如通过微课的方式来突破,或者教师直接在课堂上边讲解边图示,既节省教学时间,也利于增强教学效果。笔者认为,通过角色扮演的方式让学生体验和感悟历史,不啻为一种行之有效的教学手段,也颇能体现新课程和新教材"双新"背景下新的教学观和认知观,但这种方式须使用得当方能起到事半功倍的效果。

  上海市历史教研员於以传老师认为,统编高中必修教科书名为《中外历史纲要》,"纲要"乃概要之意,意指重要内容的大概。对"纲要"的理解,当指"大势"而非一个个所谓的"重要内容"的点,即从时代特征、历史大势的视角呈现对于各时期重要内容的结构化认识。"纲要"倡导的是对知识结构化背后所隐含的价值观念与史学思想方法的揭示,这种揭示本身已突破了知识内在的通感,意在追求能力、方法与价值观念的通达。刘相钧老师的这节课为我们基于课程标准的要求,基于课程内容的整体统摄力,高屋建瓴、详略得当、化繁为简、化难为易地开展高中历史教学提供了范例,值得我们学习和借鉴。

  (本文选自《中学历史教学参考》2024 年第 9 期。作者单位:四川省成都市教育科学研究院)

"刊网微研"第10期

研讨主题：历史教学与课程思政

研讨团队：陕西省姒吉霞历史名师工作室

陕西省庞明凯历史名师工作室

研讨课题：《中外历史纲要（上）》第十单元"改革开放和社会主义现代化建设新时期"第27课"中国特色社会主义的开创与发展"

"中国特色社会主义的开创与发展"教学设计

○ 庞明凯

"中国特色社会主义的开创与发展"是《中外历史纲要(上)》第十单元的第一课,这一单元内容主要是讲述改革开放四十多年来我国在政治体制、经济体制、文化体制和社会体制上的具体制度,认识这些制度是如何推进中国特色社会主义现代化建设取得巨大成就的。

一、溯源与破题——教材内容及教学目标分析

"中国特色社会主义的开创与发展"这一课要讲清的是:改革开放是中国共产党带领人民开启的又一次伟大革命,是社会主义制度的自我完善与发展,是在新的历史条件下为人民谋幸福、为民族谋复兴。党的十一届三中全会做出实行改革开放的伟大决策,开启了改革开放和社会主义现代化建设的历史新时期。中国共产党抓住完善和发展中国特色社会主义制度这个关键,带领人民攻坚克难,以经济体制改革为牵引统筹推进各个领域的体制改革,快速提升了国家综合实力,有效抵御了国际形势变化对我国的负面冲击,不断推进我国各项事业的健康发展,使社会主义中国巍然屹立在世界东方。据此,本节课设定教学目标如下:

1. 分析十一届三中全会召开的背景,理解十一届三中全会是伟大的历史转折,认识十一届三中全会对社会主义现代化建设的意义。

2. 通过史料分析,能够概述经济体制改革的主要经过和对外开放的历程,并能够结合时代背景分析其历史意义。

3. 通过对中国特色社会主义道路进程和中国特色社会主义理论体系的概括激发学生的爱国思想和民族精神,从而认识到自己身上的历史责任感和使命感。

教学设计以中国特色社会主义的开创与发展为教学明线组织教学内容,以"伟大转折""勇敢探路""道路自信"把"伟大的历史转折""改革开放进程"和"中国特色社会主

义理论体系的概括提出"三个板块内容贯穿起来。通过解读相关史料,帮助学生理解改革开放背景、进程及成效,深化学生对历史的理解,提高学生对历史的解释能力。同时以"问题—反思—实践—理论"为教学暗线,最终落脚"改革不息,道路自信"的教学立意,唤起青年学生的人生奋斗信念,达成家国情怀核心素养的落地。

二、目标与任务——教学过程及设计

新课导入:从近代中国围绕富强、民主、文明进行的"道路"探索,如洋务运动的"自强""求富";辛亥革命的"民主共和";新文化运动的"德"先生、"赛"先生,最终我们选择了马克思主义、选择了社会主义道路。今天我们一起回望社会主义建设在探索中曲折发展之路,一起学习"中国特色社会主义的开创与发展"——从摸着石头过河到道路自信。

设计意图:引发学生思考什么是中国特色社会主义?为什么中国要走特色社会主义道路?

这节关于"路"的问题,我们有三个探究任务:

伟大转折:认识十一届三中全会。

勇敢探路:认识改革开放的进程。

道路自信:了解中国特色社会主义理论体系的概括提出。

新课讲授:

(一)历史转折:中共十一届三中全会

1. 转折的前夜

讲述"伟大的历史转折"这一环节时,要结合初中所学的知识及纲要教材的编写特点,深刻理解社会主义建设在探索阶段中的曲折与发展。只有深度理解了曲折与伟大建设成就,承上启下,才有助于更好地理解中国特色社会主义道路的开辟与发展。这是上好本课的逻辑起点。历史的延续与变迁是课程标准的基本要求,有助于学生理解历史事物在特定时空联系中的发展变化。对此,我们可以引入《中共中央关于党的百年奋斗重大成就和历史经验的决议》中的相关论述,细化相关史实。

从新中国成立到改革开放前夕,党领导人民完成社会主义革命,消灭一切剥削制度,实现了中华民族有史以来最为广泛而深刻的社会变革,实现了一穷二白、人口众多的东方大国大步迈进社会主义社会的伟大飞跃。在探索过程中,虽然经历了严重曲折,但党在社会主义革命和建设中取得的独创性理论成果和巨大成就,为在新的历史时期开创中国特色社会主义提供了宝贵经验、理论准备、物质基础。

——《中共中央关于党的百年奋斗重大成就和历史经验的决议》(《人民日报》2021年11月17日)

"文化大革命"结束以后,"中国向何处去"成为全党全国人民面临的重大历史关头。如何呈现这一历史场景,选择典型性的史料和史实很关键。教材内容多,线索纷繁,解决的办法是挖掘教材,引导学生阅读教科书导言部分,引发学生思考1978年5月关于真理标准问题的讨论所带来的影响、意义。这次讨论成为"拨乱反正"和改革开放的思想先导,进而强调"学习聚焦"栏目的相关陈述,"拨乱反正"有效地调动了社会各阶层人员的积极性,为改革开放奠定了必不可少的社会基础和群众基础。

与此同时,党和国家领导人频密出访,1978年上半年,出现了第一次出国考察潮,这一年就有12位副总理、副委员长以上领导人先后20次访问了51个国家。这些考察团所看到和带回来的信息,对中国领导层的思想冲击很大,影响深远。

表1 1978年第一次出国考察潮

时间	代表团团长	出访目的地
1978年3—4月	李一氓(中共中央对外联络部常务副部长、顾问)	南斯拉夫、罗马尼亚
1978年3—4月	林乎加(中共上海市委书记)	日本
1978年5—6月	谷牧(国务院副总理)	西欧五国(法国、瑞士、比利时、丹麦、西德)
1978年1月至1979年2月	邓小平	缅甸、尼泊尔、朝鲜、日本、泰国、马来西亚、新加坡和美国

1978年10月,邓小平访问日本。访问期间他参观了日本的钢铁、汽车和电器工厂。他在考察汽车工厂时感慨地说:"我懂得了什么是现代化。"回国以后,邓小平在中央工作会议闭幕会上作《解放思想,实事求是,团结一致向前看》的总结讲话。他指出:"我们过去没有及时提出改革。但如果现在再不实行改革,我们的现代化事业和社会主义事业就会被葬送。"问题在于,该如何改革?到底要改什么呢?

2.十一届三中全会内容、意义:略讲

教师播放十一届三中全会党史资料视频,教师注意强调重点。

(1)内容

思想路线、政治路线、组织路线。

(2)意义

伟大转折、新时期、新道路、新集体。

过渡:结合所学和整理可知,十一届三中全会成为中华人民共和国成立以来党和国家具有深远意义的伟大转折,开启了改革开放和社会主义现代化建设新时期。因此,我们也把这次会议看成是中国特色社会主义道路的起点。

3. 新时期民主与法制建设

(1) 实事求是,有错必纠

教师提问:平反冤假错案的举措有什么意义呢?

学生回答:他们卸下历史包袱,可以全身心地投入改革开放和社会主义现代化建设中去。

教师追问:党和国家认识错误并及时纠正给你什么启示?

学生回答:犯错不可怕,最重要的是要认识错误,及时纠正,并从中吸取教训,这样才会变得更好。

设计意图:党和国家实事求是,正确面对历史错误,纠正错误,从历史中吸取教训。学生也能从中正确认识自我,树立有错必纠、及时改正的价值观、人生观。

(2) 科学总结新中国成立 32 年的历史

教师讲述并提问:以上这些为改革开放和社会主义现代化奠定了群众基础。1981年6月的十一届六中全会,通过了《关于建国以来党的若干历史问题的决议》。充分发扬民主,决议科学总结了中华人民共和国成立以来的历史。那么,这个决议有什么重大历史意义呢?

学生回答:(结合所学思考后的回答)对统一全党思想,开展改革开放新的伟大革命,打下了重要的思想基础。

(3) 法治建设

教师讲述并提问:思想的确立及传播还需要法律保障。1982年,五届全国人大五次会议通过了《中华人民共和国宪法》。请大家阅读材料(略),思考这部宪法与之前的宪法有何不同?进步性何在?

学生讨论回答:增加了内容,同时把"公民的基本权利和义务""国家机构"的顺序进行对调。完善了国家机构,突出了公民的地位;增加了适应改革开放和社会主义现代化建设的新规定,标志着我国社会主义民主政治建设进入新的阶段。

(二) 勇敢探路:认识改革开放的进程

设计意图:中国为什么是这样的改革和开放?

1. 对内:经济体制改革

提问:首先是对内开始了经济体制改革,为什么改革从农村开始?十一届三中全会前计划经济弊端已经暴露,表现最严重的就是农村,我们一起来看材料。

(1) 农村:家庭联产承包责任制

> 到 1978 年还有 2 亿多农民没有解决温饱问题……农业生产的经济效益下降,每投入百元资金的纯收入,1956 年为 2.78 元,1978 年下降为 1.85 元。
>
> ——何沁主编《中华人民共和国史》

教师讲述并提问:一方面材料反映了改革前农村生活贫穷,生活水平低下,但另一方面更反映出人民公社体制压抑了农民的生产积极性,阻碍农业生产发展。改革从农村开始。

教师简单讲述:小岗村是从"吃粮靠返销、用钱靠救济、生产靠贷款"到"一家一户分开单干"。1979年,小岗村迎来了大丰收。18枚红手印摁出了责任更摁出了家庭联产承包责任制。这一制度在保留农村土地集体所有权的基础上确立了家庭的承包经营权,农民可以自主经营。农村怎样改?用老百姓的话讲就是:分田单干,包产到户。交够国家的,留足集体的,剩下都是自己的。为了让自己多留下,只有积极劳动,不断创新。这实际上是农民对土地拥有了使用权。这调动了广大农民的生产积极性,最受农民欢迎,这种以家庭承包经营为基础、统分结合的双层经营体制,是我国农村改革的重大成果。依靠着把"责任"下放到家庭,从小岗尝试到皖川试点,再到全国推广,再到撤社建乡,我们探索出了一条农村改革之路。

从历史过程看,农村改革并不是预先选择的突破口,它是在较为宽松的政治环境下,农民对政策底线的冲击与地方上领导人相互推动,一步一步获得共识形成全国性政策的过程。

农村的改革也带动城市改革。

(2)城市:城市经济体制改革

教师设计问题链学生回答:

城市为什么要进行改革?——城市经济的问题在于高度集中的计划经济体制使企业失去活力。

怎么办?——增企业活力。

怎样增?——仿照农村,给自主权,把责任还给企业,政企分开,扩大企业自主权。

如何保障?——1984年10月,中共十二届三中全会,《关于经济体制改革的决定》。

有什么变化?——管理方式、所有制、分配方式。

结果如何?——调动了各方面的积极性,增加了企业的活力,国民经济快速发展,效益显著提高。

教师总结讲述:这一阶段改革特征是民间自发与政府克制:1978—1992年改革开放初期,基层的力量和智慧得到了全面释放。除了农村改革中安徽小岗村农民的勇气与智慧令人印象深刻之外,在商品市场和对外开放方面,中国人民的开拓奋斗精神、勤劳勇敢也表露无遗。同时,面对改革中的不确定性,中国共产党和中国政府表现出强大的领导力和创新力。中国第一阶段改革开放的成果是中国人民与政府互动的结果,呈现出自下而上的探索和自上而下的肯定相结合的特点。

(3)理论总结

随着改革开放的实践,关于中国特色社会主义理论也被提出和发展,十二大(特色论),十三大(初级论)。我们坚定地走社会主义之路,逢山开路遇水架桥,迎难而上,基于实践的检验,在进行理论总结,循序渐进,不断开拓。

(4)问题又现:改革遭遇困境

探索之路开始于农村经济体制改革,实行家庭联产承包责任制——解放农民;扩展于城市经济体制改革(国有企业改革)——解放企业。但是20世纪80年代末期和90年代初期苏联解体东欧剧变共产主义运动陷入低谷,另外国内改革有所成效,但是还是以计划经济主体,改革陷入瓶颈(展示材料,略)。

(5)经济体制改革的深化:社会主义市场经济体制的建立

过渡:在国际局势影响下,人们对中国社会主义该如何走产生了争议。这一关键时期邓小平发表南方谈话,回答了人们的疑惑。请同学们结合南方谈话内容谈谈其对改革开放的影响。

①内容:坚持党的基本路线不动摇;加快改革开放的步伐;计划和市场的关系;关于判断的标准:三个有利于(发展社会主义社会的生产力、增强社会主义国家的综合国力、提高人民的生活水平);社会主义的本质是解放、发展生产力。发展才是硬道理。

②意义:邓小平在中国面临向何处去的重大历史关头,高举改革开放旗帜,坚持解放思想,抓住历史机遇,大大加快了中国的发展。

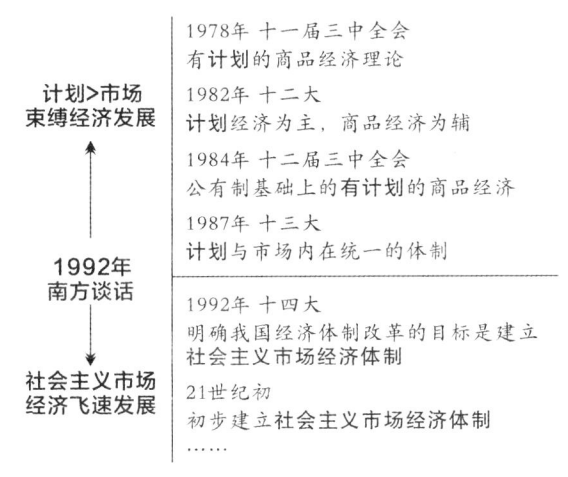

图1

2. 对外:开放

教师简述对外开放重要事件,并与对内改革相呼应。学生总结对外开放的特点是全方位、宽领域、多层次的开放。改革,突破旧有思维习惯,开放不断吸收新思想。改革与开放意味着中国与世界联系愈加紧密。(从中国与世界的角度分析开放的必要性和可行性)

教师总结讲授:这一阶段是:制度支持的自觉与进取(1992—2008年)1992年的南方谈话和中共十四大的召开提出了建设社会主义市场经济体制改革目标,给中国改革开放指明了方向。建设社会主义市场经济目标的提出,是党在制度和法律建设上为中国改革开放做出的划时代的伟大举措。

从此,改革转入快车道,开放也从政策性开放转向制度性开放。中国改革开放变得制度化和规范化,朝更加深入更加快速的道路上前进。2001年,中国加入WTO,中国的对外开放进入了新的阶段。

(三)道路自信——中国特色社会主义理论体系

教师提问:中国特色社会主义理论体系的内容是什么?

学生回答:邓小平理论、"三个代表"重要思想、科学发展观、习近平新时代中国特色社会主义思想。

分组研讨,共同填表完成内容、精髓、意义

表2 中国特色社会主义理论体系内容填写表

角度	邓小平理论	"三个代表"重要思想	科学发展观	新时代中国特色社会主义思想
主要代表	邓小平	江泽民	胡锦涛	习近平
时间	十一届三中全会以来(1978—1997)	十四届三中全会以来(1989—2002)	十六大以来(2002—2012)	十八大以来(2012年至今)
内容				
精髓				
意义				

完成填写后教师总结改革开放进入新的阶段:科学发展的自动与自主(2008年以来)。随着改革开放的深入,中国经济得到大力发展。同时,改革过程中出现的一些问题也引起了党中央的关注。如环境问题,经济发展的可持续性问题,发展的不平衡和不充分的问题,党的建设问题,外贸依存度问题等都成为改革深入发展过程中必须解决的重大问题。中国的改革也从增量时代进入存量时代,改革开放进入"深水区"。

课堂小结:中国改革开放已走过了四十多年的历程,走出了"道路自信"。这四十多年,创造出举世瞩目的发展奇迹,取得了世人称赞的成就,探索出了一条中国独有的发展之路。这四十多年,理论上的最大贡献是形成了中国特色社会主义理论体系,实践上的最大成就是形成中国特色的社会主义市场经济体制,而这也是改革开放以来马克思主义中国化的理论创新,是一条明晰的认知线索,那么,中国特色社会主义道路的开创与发展就是马克思主义中国化的实践。

课后作业:学习习近平总书记在庆祝改革开放40周年大会上的讲话,写一篇学习体会。

三、反思与改进——讲好概念讲清理论

这节课重点是要讲好改革开放,它的进程实际就是从农村到城市,从计划走向市场,让学生认识到改革开放精神:解放思想、实事求是;敢闯敢试,勇于创新;互利合作,命运与共,这也是中国共产党人的伟大精神谱系。

这节课要讲清楚理论。一是伟大理论源于伟大实践:中国特色社会主义理论体系是中国共产党在领导改革开放和社会主义现代化建设的伟大实践中逐步形成的。二是伟大理论指导伟大实践:中国特色社会主义理论体系,是中国共产党领导改革开放和社会主义现代化建设伟大实践的理论结晶,是坚持和发展中国特色社会主义的行动指南。

这节课要让学生清楚什么是中国特色社会主义的开创与发展。开创中国特色社会主义,要坚守社会主义底色;还要符合中国的国情;要坚定思想,实事求是。

(本文选自《中学历史教学参考》2024年第5期。作者单位:陕西省铜川市王益中学)

"三全"育人浸润无声
——历史课程思政育人路径的探索与实践

○ 田茂刚

"历史学作为一门人文社会科学,它所追求的终极目标,是'人之所以为人'的问题"[1]。如何推进"全面发展的人的教育"是一个系统而庞杂的工程,而这就需要课程思政。做好课程思政,不仅需要学校创设良好的思政育人环境,更需要社会助力思政资源开发;不仅需要教师精心挖掘思政元素,更需要学生践行思政实践活动;不仅需要潜移默化的教学策略,还需要多方协同的主体参与。为此,理清历史学科思政育人的要旨,展示课程思政实践探索,总结思政育人的路径与原则成为本文研究的重点。

一、解构:历史课程思政育人要旨的分析

课程思政不等于思政课程,从目前学术界的主流观点看,"课程思政指以构建全员、全程、全课程育人格局的形式将各类课程与思想政治理论课同向同行,形成协同效应,把'立德树人'作为教育的根本任务的一种综合教育理念。"[2]分解课程思政的内涵,笔者认为有四个关键要素,即立德的根本性、师生的主体性、学科的关键性、成长的全面性。那么,就历史学科而言,如何体现课程思政的要旨呢?笔者认为历史学科的思政切入点主要体现在三维度六方面。

表1 三维度六方面

维度	方面	具体点
知识	历史叙事	能够根据特定时空进行历史叙事,能够建立历史知识间的内在联系
知识	知识调用	能够立足历史知识进行现实关怀,能够在现实生活中链接历史知识
能力	史观价值	能够运用唯物史观解决历史问题,能够明确史观与史实之间的内涵
能力	思维品质	能够在宏大叙事中辩证认识史实,能够在复杂化的史实中系统分析
素养	历史底蕴	能够在历史感悟中增强人文底蕴,能够通过历史思维优化生活抉择
素养	家国情怀	能够在历史实践中坚定四个自信,能够在持续学习中勇担时代重任

从这三个维度和六个方面,我们可以推理出三个比较合理的信息点:首先,历史课程思政素材的多元性。历史课程思政的素材是教材文本、史料资源、实践活动和现实关怀等多种元素的结合,因此教师要善于找到不同文本之间的思政元素,从不同元素中巧妙切入,才能够实现全方面、立体化育人的目的。其次,历史课程思政融入的灵活性。只有合理地融入思政元素,才能够让学生比较真切地领悟到历史学科的育人价值,如果强行灌注,很有可能让学生从内心深处产生抵制心理,从而丧失历史学习的兴趣。因此,教师要善于将历史育人素材与学生心理相结合,只有在学习感悟中形成认同机制,才能够浸润成长。再次,历史课程思政实践的可视性。师生之间的教学实践既可以是课堂上的互动,引导学生运用历史思维、系统思维、辩证思维和创新思维等,将问题分析过程可视化呈现,从而培养学生的综合能力;也可以是社会实践中的自我成长,学生通过精心选择历史素材,历史课堂中的习得性思维,既能够在实践中解决现实问题,又能够提升综合能力,涵养家国情怀。

二、建构:历史课程思政育人实践的探索

历史课程思政育人实践需要发挥全过程、全方位和全员的协同作用。全过程育人体现在"三课一线",利用课前、课中和课后环节,最大化发挥课程的引领作用;全方位育人体现在"三位一体",利用课堂、校园和社会资源,立体化落实思政教育;全员育人体现在"四大主体",发挥教师、学生、家长、校外导师等人员优势,四轮驱动、动态育人。为此笔者将列举三个案例,阐释我校历史学科"三全"育人的策略。

(一)以学科教研来引领,明确方向多线并举

课程思政的关键是教师,灵魂在于教研。只有做好宏观而系统的教研规划,开展持久而深刻的教研活动,才能够打造出高素质的教师队伍。但要深化推进历史课堂思政,还需要从评价体系、课堂教学、作业设计和实践活动等角度展开。为此,我校历史学科中心结合思政育人具体实践,制定了课堂思政育人的一般路径。

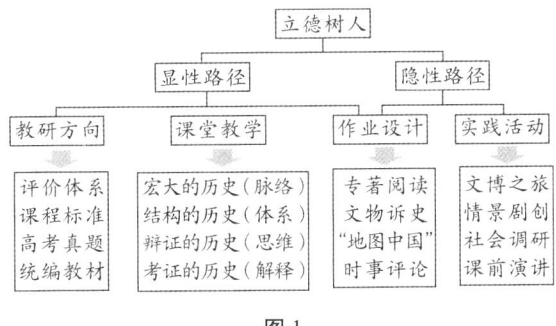

图1

根据该路径,历史学科中心开展了多种类型的教研活动。如从高考试题中提炼历史

主题,在主题升华中培养学生的思维品质与价值使命。为此,笔者根据高考热点,将中国古代史分为传统文化、中华文明、国家治理、民族交融、对外交往、社会改革、历史书写和社会转型等8个主题;将中国近代史分为道路探索、科技发展、国家记忆、党的发展、国家治理、救亡图存等6个主题;将世界史分为多元互动、世界联系、物种交流、文明交汇、工业发展、制度调适、人口迁移和全球治理等8个主题。此外,从统编教材中挖掘历史细节,在细节叙事中培养学生的解释能力和价值关怀。如讲解统编教材第3课"秦统一多民族封建国家的建立"时,为了指导学生分析"问题探究"中"良好的吏治在秦崛起与统一中起到的历史作用",笔者设计了四个问题:(1)荀子到秦国访问,做出了怎样的论断?他是如何做出论断的?(2)你认为荀子做出的论断可靠吗?你可以列举哪些史实来佐证?(3)从荀子的论断中,你认为"良好的吏治"的表现是什么?如何能够促使吏治清明?(4)根据材料和所学知识,分析"吏治"与"国家治理"的关系?四个问题环环相扣,层层深入,深度培养学生逻辑思辨与论证探究能力。最后,从社会实践中渗透思政元素,在活动探索中提升学生的人文底蕴和综合素养。

(二)以课堂教学为载体,精巧渗透润物无声

课程思政的载体是课堂,关键在于设计。《普通高中历史课程标准(2017年版2020年修订)》对统编历史教材第21课"南京国民政府的统治和中国共产党开辟革命新道路"做出如下要求:"了解南京国民政府的成立;认识中国共产党开辟革命新道路的意义;认识红军长征的意义。"为了凸显创新课堂特点,体现跨学科主题理念,增强思政育人的意识,笔者在阅读大量学术论文的基础上,以"红色基因·精神谱系·智慧力量"来立意,对教学内容进行整合,通过展示大量细节而生动的史料,引导学生分析"井冈山时期、中央苏区时期、长征时期"红色文化形成的自然因素和社会因素,体悟不同时期红色文化的精神内涵。

"精神谱系"的学习主要在于还原历史场景,只有在史料选择上增加温度,学生才能比较容易领悟精神内涵。以"井冈山精神"为例,如何让学生理解"艰苦奋斗,坚定信念,实事求是,敢闯新路"的精神,笔者展示下述材料:

由于湘赣边界割据政权处于白色势力的四面包围中,军民日用必需品和现金非常缺乏,为此部队宣布了一个关于用油的规定:各连(直至营和团以上机关)办公时用一盏灯,可点三根灯芯;不办公时,即应将灯熄掉。连部要留一盏灯,供带班、查哨等用,但只准点一根灯芯。而毛泽东就是在这一根灯芯的微弱光亮下,挥笔写下了《中国的红色政权为什么能够存在?》《井冈山的斗争》等重要著作以及给党中央的许多文稿。

——孙伟《井冈山精神的由来与体现》

学生通过阅读,想象中国共产党在井冈山上的艰难生存场景,感受到党员干部的率先垂范和广大人民的热情支持,也被毛泽东的雄才伟略和远见卓识所震撼。

(三)以社会实践为拓展,知行合一主体成长

课程思政的保障是活动,关键在于评价。2020年10月,中共中央、国务院印发《深化新时代教育评价改革总体方案》中明确提出新的评价方案,即"改进结果评价,强化过程评价,探索增值评价,健全综合评价"。那么,设计多元的历史学科活动,充分发挥学生主观能动性,让学生在活动中增长见识,锤炼品格,涵养情怀就显得至关重要。

历史学科中心的实践活动分为两类:即学术性活动和体验性活动。学术性活动主要体现在三个方面:一是阅读学术文献。教师在深度研究历史教材内容的基础上,以主题来引领,精选期刊文章,指导学生构建结构体系,阐释研究者的思路和个人心得体会。二是文物寻解访谈。学生自主选择感兴趣的文物资源或家族往事,在理清历史文化传承脉络的基础上,探究文物或家族发展背后的故事,增强乡土资源的教育功能。三是创设经典试题。高考真题能够体现出国家命题改革与创新型人才培养的要求,但要真正理解高考题命制的底层逻辑,则需要学生原创命题,锻炼思维能力。

体验性活动主要体现在两个方面:一是文博体验之旅。学校通过引进陕西历史博物馆、陕西文物保护研究院和秦砖汉瓦博物馆等资源,让学生在活动实践中见证现代科技与文物叙史之间的联系,从而明确新时代历史学习者的重大使命和责任担当。二是历史剧本大赛。学生立足各自对历史知识的理解,通过创设历史剧本、辩论历史观点、宣讲历史事件、排练历史剧目和感悟历史生活等活动,认识到历史的复杂性和现实性,真正理解卡尔所说的"历史是历史学家与历史事实之间连续不断,互为作用的过程,就是现在与过去无休止的对话"[3]。

三、重构:历史课程思政育人原则的反思

做好思政课需要从"人"和"课"两个方面入手,就"人"而言,需要遵循"六要",即坚持政治要强、情怀要深、思维要新、视野要广、自律要严、人格要正。就"课"而言,要增强思想性、理论性和亲和力,坚持"八个相统一"[4]。为此,在前期一系列实践和反思的基础上,历史学科中心就思政育人提出八点原则。

一是站位要高,育人理念战略化。历史教师要紧紧围绕培养什么人、怎样培养人、为谁培养人这个根本问题,立足现代化建设对人才培养的需求,认真研究高考评价体系,吃透历史课程标准要求,深挖高考真题与统编教材之间的育人资源,形成全方位的育人理念。如课前通过设计研究性问题,重在培养学生的问题导引能力;课中通过各类情境的探究,重在提升学生的逻辑思辨能力;课后通过社会实践活动,重在提升学生的历史感悟水平。除此外,教师要立足学生的"全面发展"需要,根据学生成长的不同特点,在史料选择、情境设计、作业设计和实践活动等方面下足功夫,争取达成"一课一得""知行合一"

的效果。

二是领悟要透,核心价值认同化。一个人只有从内心深处真正认同并信任,才能够在自觉与不自觉间真正践行。就历史教师而言,不仅要传授历史知识,让学生从宏观上了解历史发生与发展的脉络轨迹,更要从不同的立场和视角,洞悉历史经验与启示。但学生囿于视野局限、史料资源收集有限、观点论证思维不足,很难理性思考历史事件的前因后果。如果教师在价值立场和核心认同上不能给予及时的引导,不能够随时解决学生的内心困惑,那么,随着学生疑虑的增加和历史真相的模糊,课堂思政育人的水平和信度就会降低。

三是挖掘要深,思政研究精细化。历史课程思政的精细化表现在两个方面,,即设计问题链条,从思维层面严密论证;勾勒细节史实,从情感深处明理践行。如讲到"抗美援朝"时,笔者利用朝鲜战争形势图和中美实力对比图,设计了四组问题:(1)新中国成立初期,面对国内经济重建和国际局势的不确定性,中国共产党做出抗美援朝决策的深层原因是什么?领导人是如何平衡国内与国际、政治与军事、短期与长期目标的?(2)在抗美援朝战争中,中国人民志愿军如何在敌强我弱、天寒地冻的艰苦条件下,创造性地运用战术和战略,取得了一系列战役的胜利?(3)为什么说抗美援朝是"钢铁与筋骨的较量,实力与血性的比拼"?抗美援朝的胜利对中国的国际地位和后续外交政策产生了什么影响?(4)在新的历史条件下,如何传承和发扬抗美援朝精神,才能够成为推动国家发展和人类进步的强大精神动力?学生在分析这些问题时,不仅充分展现了辩证思维与系统思维,还能够认识到毛主席的智慧抉择与人民的和平愿景,更能够理解习近平总书记今天所强调的"人无精神则不立,国无精神则不强。唯有精神上站得住、站得稳,一个民族才能在历史洪流中屹立不倒、挺立潮头"的时代价值。

四是路径要广,人的发展系统化。历史学科思政不仅仅在于课堂逻辑思辨,还在于社会实践的浸润体验;不仅在于自我成长的探索,还在于未来规划的担责。因此,历史课程思政要充分发挥"育知、育智、育德与育行"的功能,认真研究学生的认知规律和成长路径。如对于历史课堂中的数据表格、图片漫画和文本材料等,教师要引导学生从观察现象、提取信息、初步结论、寻求证据、再次认知、历史结论、规律启示等七个方面分析论证。这种思维训练,不仅能够呈现出思维的可视化,从"感知""思维""记忆""元认知"四个维度实现认知提升;更能够体现出历史与现实的联系,彰显出历史学科的教育与借鉴功能。

五是融入要巧,文以化人浸润化。对正处于青春期的学生而言,本身就具有强烈的主观意识和叛逆心理,这就对历史课程思政提出新的挑战。"只讲结论,不讲方法"的课堂,终将会被淘汰,为此笔者提出三个"巧妙融入"的方法:首先,从多元角度拓展史料广度。如讲解"辛亥革命"时,笔者通过展示保皇派、改良派、革命派、民族资产阶级代表、海军战士、底层民众和英美各国不同群体在"辛亥革命"爆发前后的态度,感悟到革命人士斗争之残酷和民主共和发展之艰难。其次,从现实需求叩问历史价值。学生往往不容易发现生活资源的教育价值,进而认为历史学习枯燥乏味。笔者讲到"新航路开辟后的物种交流"时,从"辣椒"自身的价值出发,分析影响"辣椒传播"的自然因素和社会因素,进而看到辣椒在广泛传播中,对人类命运共同体产生的深远影响。再次,从历史细节引发情感共鸣,前面已论述,此处不再赘述。

六是思维要新,学科交融协同化。"左图右史""图史互证"是历史学习的基本原则,正如南宋史学家郑樵在其著作《通志》中所说:"图谱之学,学术之大者。""图,经也,文,纬也。一经一纬,相错而成文。"实际图文互证也是跨学科思维的一种体现。如笔者在讲到"日本侵华"时,会分为四个小标题,即"一张地图后的惊天阴谋"(1928年侵华日军所用地图)、"一块领土后的战略价值"(1895年占领台湾与1932年建立伪满洲国)、"一条铁路后的军事秘密"(1937年占领津浦线)、"一场偷袭后的国际格局"(1941年12月偷袭珍珠港)。文本资源从宏观上延展了历史的长度,地图资源从空间上拓展了历史的广度,学生不仅能够从地缘政治和历史传统角度,分析日本侵略蓄谋已久的原因,还能够立足世界联系和国际视野,理解中华民族在坚决抗击外来侵略中的决心与价值。

七是情感要真,身临其境同理化。由于受到思维惯性的影响,学生经常会固化历史认识。如讲到"大跃进"时,很多学生都是不加论证地彻底批判。为了引导学生正确对待党的历史主题主线、主流本质,笔者展示了三张图片:1958年1月1日《人民日报》头条"迈开英雄的步伐踏进一九五八年""人民运送锅碗瓢盆到炼铁炉中"老照片,1950—2009年中国经济增长率波动曲线。由此设计了三个问题:(1)当时人们为何有建设热情?如何正确看待这种热情?(2)1958—1961年经济衰退原因分析。(3)怎么认识报刊史料的价值?经过对三个问题的深刻分析,学生认识到"社会主义建设必须尊重科学、尊重规律,同时也要保护人们的工作热情和奉献精神",思政育人成果自然生成。

八是评价要活,增效提质多维化。课程思政的落脚点在于学生的主体成长,思政育人的关键是要体现人性光辉,绽放思想光芒,彰显生命活力。为此,笔者设计了四项评价维度:一是原创命题,评价思维的深度;二是主题演讲,评价表达的精度;三是社会实践,评价历史的温度;四是史学争鸣,评价视野的广度。以原创试题为例,学生根据2023年全国甲卷第42题"新中国的国家记忆"进行变式训练,展示"2008年北京奥运会开幕式"图片,探究改革开放后综合国力的全面提升,由此得出"强国有我"的记忆;展示"中国人民志愿军跨过鸭绿江"图片,探究新中国成立初期,保家卫国,敢于斗争的时代精神;展示"第一个五年计划主要经济建设成就(1953—1957年)"图片,探究"劳模精神"和"工匠精神"。

《普通高中历史课程标准(2017年版2020年修订)》指出,历史课程是落实立德树人根本任务的重要课程,也是培养学生正确价值观、关键能力和必备品格的重要路径。把握国家课程改革的方向,挖掘历史课程的思政元素,增强历史学习的人文底蕴,树立健康向上的生活观念,提升全面发展的综合素养,是当前历史课程思政的重中之重,也是学生发展的基本方向。为此,推进"三全"育人的伟大工程,需要顶层的宏观设计、坚定的实践探索、持续的反思优化和主体的成长觉醒,才能实现历史学科的终极目标——"人之所以为人"。

---

[1] 徐蓝,朱汉国.普通高中历史课程标准(2017年版2020年修订)解读[M].北京:高等教育出版社,2020:38.

[2] 高岩,单伟颖,吕峥.探索在立德树人中课程思政应有的作用[EB/OL].[2022-06-29].https://m.gmw.cn/baijia/2022-06/29/35847129.html.

[3] 卡尔.历史是什么?[M].陈恒,译.北京:商务印书馆,2007:115.

[4] 2019年3月18日,习近平总书记主持召开学校思想政治理论课教师座谈会。会上强调"推动思想政治理论课改革创新,要不断增强思政课的思想性、理论性和亲和力、针对性。要坚持政治性和学理性相统一,以透彻的学理分析回应学生,以彻底的思想理论说服学生,用真理的强大力量引导学生。要坚持价值性和知识性相统一,寓价值观引导于知识传授之中。要坚持建设性和批判性相统一,传导主流意识形态,直面各种错误观点和思潮。要坚持理论性和实践性相统一,用科学理论培养人,重视思政课的实践性,把思政小课堂同社会大课堂结合起来,教育引导学生立鸿鹄志,做奋斗者。要坚持统一性和多样性相统一,落实教学目标、课程设置、教材使用、教学管理等方面的统一要求,又因地制宜、因时制宜、因材施教。要坚持主导性和主体性相统一,思政课教学离不开教师的主导,同时要加大对学生的认知规律和接受特点的研究,发挥学生主体性作用。要坚持灌输性和启发性相统一,注重启发性教育,引导学生发现问题、分析问题、思考问题,在不断启发中让学生水到渠成得出结论。要坚持显性教育和隐性教育相统一,挖掘其他课程和教学方式中蕴含的思想政治教育资源,实现全员全程全方位育人"。

(本文选自《中学历史教学参考》2024年第5期。作者单位:西安交通大学附属中学)

对历史教学与课程思政的一点思考

○ 何高峰

2023年12月31日,笔者有幸参加了中学历史教学参考编辑部举办的刊网微研活动。结合自己关于历史学科课程思政实践的了解,我重点研究了思政课程与课程思政的概念,结合历史教学中本身具有的历史学科特征的思政元素等形成了一些自己的思考。

首先,我们应明确思政课程与课程思政的内涵。思政课程是从中小学到大学的思政课程的总称,在初中小学阶段主要是九个年级的《道德与法治》,在大学包括《马克思主义》《毛泽东思想》《邓小平理论》《科学社会主义》《习近平新时代中国特色社会主义》等课程,在高中阶段主要是三个年级不同侧重的《思想政治》。思政课程是教育体系中首要的思政教育构成部分,在学生成长中起到了价值引领的重要作用。课程思政是青年学生在成长中接受的语文、数学、外语、历史、物理、化学、生物、地理等学科教学中应秉持的立德树人的思政教育元素。在立德树人的教育总要求下,各学科的课程思政是在思政课程的价值引领下进行的协同育人。因此以学科为基础的课程思政不能代替思政课程的重要地位,课程思政是协同育人的组成部分。

其次,明确了课程思政的内涵基础上,我们应就如何进行课程思政,展开研究。我认为进行课程思政必须认识到:课程思政的基础在于课程、特色在于学科、重点在于育人、关键在于教师、难点在于设计、成效在于学生。即立足于课程教学过程,运用好学科中的思政元素,目标指向立德树人,关键在于教师的价值引导,难点在于教学设计中学科思政元素的育人运用,以及课程思政成果在学生的思维、语言、行动中体现。一句话,思政课程取代不了课程思政,课程思政最大的特色在于学科课程中思政元素的发掘和运用。任何脱离学科特色、学科故事、学科人物、学科事物的课程思政,成效必然大打折扣。

再次,课程思政对于历史教学来说,价值重大。课程思政使历史课程更具育人价值,如果没有课程思政,我们的历史教学无法实现立德树人的教育目的。有了学科思政,就为历史教学注入了精神与活力,"以史为鉴"的史学价值才能挖掘出来,才能使历史教学更具价值。课程思政使历史教师更懂得教学设计,好的教学设计实现的不仅仅是知识的传递、能力的培养,更重要的是有灵魂的塑造。历史课程教学中老师若能结合学科中人物与事物的学习,发掘出具有教育意义的课程思政元素,那才是鲜活的、最具教育意义的。在每节课的设计中都能巧妙地运用好历史学素材来进行课程思政,对教师而言,教学设计水平将会进一步获得提高,因为每一节好课都有一个价值灵魂。课程思政使学生更深刻地认识历史,学习历史是为了从历史中获得帮助自己成长的力量,也就是"以史为鉴"的真正含义。学生学习历史,在学科素材的铺垫下、在学科教师的引导下、在同伴互助下,获得对历史人物和事物价值借鉴,不仅使历史课程价值得以凸显,而且使学生获得了更深刻的历史认识。

总之,我们在历史教学中要讲好历史课、用好历史素材、设计好历史问题、服务好现实生活,最后促进学生成长。我们应明确课程思政的含义与地位,课程思政的特点,课程思政对于历史教学的价值和意义,发扬历史学科育人价值、讲好学科育人故事,发挥好历史课育人优势。

(本文选自《中学历史教学参考》2024年第5期。作者单位:陕西省西安市西城中学)

[附]

中学历史课程的变革与反思

○ 张汉林

近年来,我国基础教育各领域都在发生深刻而广泛的变革。核心素养的出台,课程标准的修订,统编教科书的推行,选课走班的实施,教育评价的深化,育人方式的转变,线上教学的普及,"双减"政策的落地,变革措施琳琅满目,让人目不暇接。在基础教育变革的大潮中,中学历史课程也不断涌现出新事物、新概念、新观点。为更好地推进中学历史课程的变革,本文尝试理解中学历史课程变革的发生原理与底层逻辑,并提出应对建议,以讨教于同道。

一、中学历史课程在发生怎样的变革

本文探讨中学历史课程的变化,主要是依据《普通高中历史课程标准(2017年版)》《普通高中历史课程标准(2017年版2020年修订)》和《义务教育历史课程标准(2022年版)》。其中,《普通高中历史课程标准(2017年版)》和《普通高中历史课程标准(2017年版2020年修订)》相差不大,因此在后文很少刻意加以区分,除非是二者存在差异的地方,才会特别标识。三份历史课程标准文本显示,中学历史课程的变革主要体现在课程目标、课程体系、课程内容、课程实施四个方面。下面分而述之。

1. 课程目标的素养表述

2017年之前,我国历史课程目标称"三维目标",即知识与能力、过程与方法、情感态度与价值观。2017年起,高中历史课程标准首次提出"历史学科核心素养",从唯物史观、时空观念、史料实证、历史解释、家国情怀等五个方面来阐明高中历史课程目标。核心素养的提出是对三维目标的发展,但"核心素养"只能属于学生而非学科。故此,《义务教育历史课程标准(2022年版)》沿用了五方面核心素养的提法,但去掉了前面的"历史学科"这四个字,并将核心素养是"学科育人价值的集中体现"改为"课程育人价值的集中体现"。

《普通高中历史课程标准(2017年版)》文本的第二部分标题名为"学科核心素养与课程目标",这种表述方式虽然突出了核心素养,却意味着二者是并列关系。《义务教育历史课程标准(2022年版)》将"学科核心素养和课程目标"改为"课程目标",课程目标之下的标题是"核心素养的内涵"和"目标要求",这就意味着课程目标即核心素养,由此真正体现了课程目标的素养表述。

关于核心素养,课程标准专家做过不少解释,本文不再赘述。在此要谈的是笔者个人的理解,如图1:

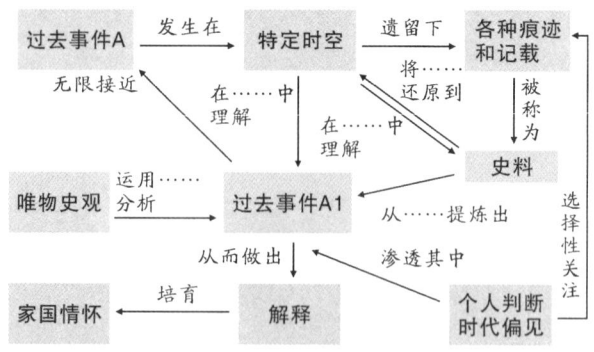

图1 核心素养关系示意图

这幅示意图要表达的意思是:过去曾有某种事件(姑且命名为A)发生在特定的时间和空间。事件A发生后,留下了若干保存至今的痕迹和记载。痕迹是指无意间留下的证据,如遗迹遗址、古物、民俗、传说故事。记载则是指当时人的记述或后人的追述。这些痕迹和记载,并不会当然成为史料。只有在被史学家关注后,它们才会成为史料。史学家关注什么,受个人判断与时代偏见的影响。当痕迹和记载成为史料后,就可作为今人了解过去事件A的依据。解读史料,不可脱离历史语境。只有将其置于特定的时空中,才能得到较为恰当的理解。在解读史料的过程中,不同的时代、不同的史学家能从同一史料中提取出不同的信息,这是因为个人判断与时代偏见在其中发挥作用。综合比对若干史料,史学家就能获得对过去事件A的认识。这种认识,无限接近过去事件A,但不能等同于过去事件A,姑且命名为过去事件A1。我们要将过去事件A1放在特定的时空中去理解,运用唯物史观去分析,从而做出解释。在解释的过程中,个人判断与时代偏见同样发挥作用,因此,对于同一事件存在着互相竞争的解释。这些互相竞争的解释的存在,丰富了我们对过去的认识,从而也丰盈了我们对现在的认识,培育了学生的家国情怀。

2. 课程体系的建构

与其他学科不同,历史课程难以截然划分为各种独立的模块。历史课程最为常见的建构逻辑就是时序:中国通史、世界通史。但是,这种建构方式容易造成历史课程在不同学段的重复。这个问题自近代历史教育产生之后就一直困扰着历史课程编制者。如1929年的历史课程标准规定,初中学习中国通史和世界通史,高中再来一遍。1956年历史教学大纲规定,初中学习中国通史和世界通史,高中则维持中国通史不变,只是将世界通史改为世界近现代史[1]。这种课程体系,在21世纪得到了改变。

为解决这个问题,21世纪初的历史课程改革采取了一个大胆的做法:初中学习通史(中国通史+世界通史),高中则学习专题史(必修3个专题+选修6个专题)。这种构建方式跳出了百年来通史课程的循环怪圈,很好地解决了重复的问题,但也有人认为专题导致时序不清。

《普通高中历史课程标准(2017年版2020年修订)》重组了课程体系(如图2),将课程分为基础型(必修)、递进拓展型(选择性必修)和延伸型(选修)。基础型课程为通史类课程(中国通史和世界通史),递进拓展型课程为专题类课程(可大致概括为政治、经济、文化),延伸型课程为理论方法类课程。为避免通史课程在

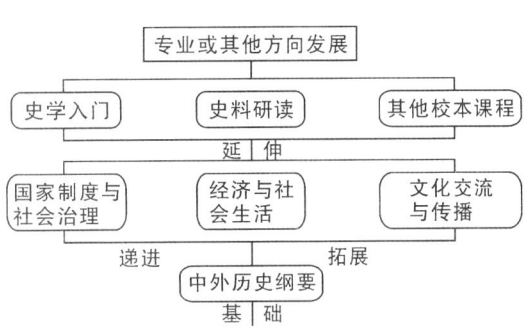

图2 高中历史课程体系示意图

初高中的简单重复,高中的通史课程命名为《中外历史纲要》(顾名思义,是为"提举总纲和要则的著作"[2]),在内容上相对于初中通史课程内容有较大的拓展、深化。这种课程体系的专题类课程部分,显然是受到了21世纪初的高中历史课程结构的启发。当然,该课程体系最大亮点应该是"史学入门"和"史料研读"两门课程的设置,因为之前的课程都是内容类课程,而"史学入门"和"史料研读"则属于理论方法类课程。

《义务教育历史课程标准(2022年版)》在课程体系上也有所突破。课程标准在中国通史和世界通史之外,设置了跨学科主题学习这一板块,并分配了10%的课时。跨学科主题学习课程的创新意义在于:第一,它强调跨学科,突破了学科的藩篱;第二,它强调的是一种学习方式,既不是学科的内容,也不是学科的理论方法——将学习方式定为课程的名称,意味着"课程即学习经验"的理念在历史课程标准中的尝试。

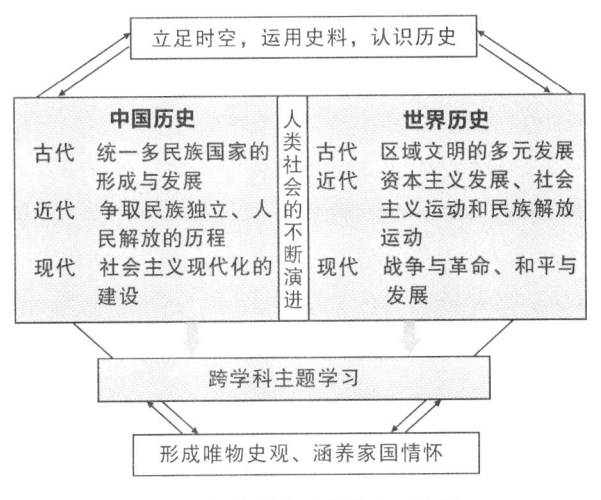

图3 初中历史课程体系示意图

3. 课程内容的组织

21世纪初的历史课程改革采用学习专题来组织课程内容。《义务教育历史课程标准(2022年版)》抛弃了学习专题,"采用'点—线'结合的呈现方式"。《普通高中历史课程标准(2017年版2020年版)》则又回到了"学习专题"。

《义务教育历史课程标准(2022年版)》在课程理念部分强调课程内容"采用'点—线'结合的方式呈现",课程内容部分采用的却是学习专题的组织形式。以中国近现代史为例,高中有八个学习专题,初中有十个学习主题。初高中有六个学习主题的表述一模一样,其他几个学习专题也很类似,唯一不同的是初中多了一个名为"近代社会生活变化"的学习专题。

表1 初高中历史课程学习主题的比较(中国近现代史部分)

初中	高中
晚清时期的内忧外患与救亡图存	晚清时期的内忧外患与救亡图存
辛亥革命与中华民国的建立	辛亥革命与中华民国的建立
近代社会生活变化	
中国共产党成立与新民主主义革命的兴起	中国共产党成立与新民主主义革命的兴起
中华民族的抗日战争	中华民族的抗日战争
人民解放战争	人民解放战争
中华人民共和国成立及向社会主义过渡	中华人民共和国的成立及向社会主义过渡
社会主义革命和社会建设道路的探索	社会主义道路的探索
改革开放与中国特色社会主义建设	改革开放新时期与中国特色社会主义进入新时代
中国特色社会主义进入新时代	

《义务教育历史课程标准(2022年版)》内容组织形式的这种变化,被课程专家概括为"课程内容结构化"。按照义务教育课程标准框架研制组组长郭华教授的解释,"课程内容结构化是指围绕学科的基本概念、基本原理,对课程内容的结构化组织。内容结构化,意在引导教师从学科结构的视角整体把握教学内容,分清内容的'轻重缓急',采用恰当的方式去挖掘和体现不同知识点的教育价值,改变知识点逐点解析、技能项逐项训练的教学思路,从而帮助学生形成强有力的、普遍适用的认知结构"[3]。

学科结构的理论源自布鲁纳。布鲁纳认为:"一门学科的课程应该决定于对能达到的、给那门学科以结构的根本原理的最基本的理解。""给任何特定年龄的儿童教某门学科,其任务就是按照这个年龄儿童观察事物的方式去阐述那门学科的结构"[4]。学科结构是指由学科的基本概念和原理组成的体系。美国《K-12科学教育框架:实践、跨学科概念与学科核心概念》提出了科学的七大(对)概念——模式,原因和结果(机制和解释)、尺度、比例和数量、系统和系统模型、能量和物质(流动、循环和守恒)、结构与功能、稳定与变化——并由此来组织课程内容。加拿大安大略省历史课程标准在这方面也进行了有益的尝试[5]。

表2 加拿大安大略省"加拿大与世界"课程内容组织方式

	社会、经济与政治背景	团体、冲突与合作	身份认同、公民权利与文化遗产
历史意义			
因果关系			
延续和变迁			
历史视角			

"社会、经济与政治背景""团体、冲突与合作""身份认同、公民权利与文化遗产"是关于历史本体内容的基本概念,"历史意义""因果关系""延续和变迁""历史视角"则是关于历史思维能力的基本概念。这种构建方式能帮助教师和学生理解具体知识在历史本体和历史思维两个方面的教育价值,有助于学生形成完善的历史认知结构,对我们进一步探索"课程内容结构化"具有借鉴价值。

4. 课程实施的变化

这里讲的课程实施采其狭义,即专指教学,不包括教科书编写、考试评价、课程资源、教研培训等。在当前的课程改革中,核心素养统率一切,当然也就包括对课程实施的指导。因此,课程实施部分要回答的关键问题是:基于核心素养的历史教学应当怎样做。对于这个问题,历史课程标准从三个方面进行了回答。

首先,历史课程标准倡导大概念、项目学习、深度学习、单元教学、跨学科主题学习(既是学习板块,又是学习方式)等学习理念和方式。所谓核心素养,是指在复杂情境中综合运用知识、能力、态度去解决真实问题的关键能力、必备品格和正确价值观。核心素养的习得,必须摒弃课时主义的思维,不可单纯依赖单个知识点和技能的训练。遵循深度学习的理念,围绕大概念,开展项目学习、单元教学或跨学科主题学习,是培育核心素养的最好方式。

其次,历史课程标准在教学建议部分提出了核心素养时代下历史教学的原则。《普通高中历史课程标准(2017年版)》提出的教学原则是:全面理解历史学科核心素养,科学制订教学目标—深入分析课程结构,合理整合教学内容—树立指向学生历史学科核心素养的教学理念,有效设计教学过程(创设历史情境、以问题为引领、开展基于史料研习的教学活动、充分运用现代信息技术)—多维度进行学习评价。《义务教育历史课程标准(2022年版)》提出的教学原则是:以正确的思想统领历史课程的教学—确立基于核心素养的教学目标—以核心素养为导向整合教学内容—设计有助于核心素养形成和发展的教学过程(创设历史情境、明确学习任务、提出探究问题、开展史料研习、组织历史论证)—采用多种多样的历史教学方式方法。由此可见,无论是教学目标的确定、教学内容的整合、教学过程的安排、教学方法的选择、学业评价的设计,都要围绕核心素养进行。

再次,《义务教育历史课程标准(2022年版)》关注了核心素养时代下的学习活动。初中课标在每个板块的教学提示部分都提出了学生学习活动建议。这些学习活动,可粗略分为调查类、叙事类、制作类、展览类、写作类、研究类、讨论辩论类、阅读类。调查类的有:开展历史调查、开展实地调查、开展社会调查。叙事类的有:组织故事会、编写历史剧本、开展口述史、编写人物小传、编写家庭简史、编写社区简史、编写历史大事年表。制作类的有:制作文物模型、制作历史文创作品、编制历史人物年表、绘制历史地图、设计历史学习园地网页、制作时间轴、绘制历史人物画像、绘制图表。展览类的有:图说历史、古代科技图片展、制作展板、设计墙报。写作类的有:撰写历史小论文、撰写研究报告。研究类的有:运用史料论证问题、专题研究、项目学习。讨论辩论类的有:组织讨论会、组织研讨会、举行辩论会、模拟联合国。阅读类的有:深度阅读、史料研习、史料阅读。对学习活动的关注,是《义务教育历史课程标准(2022年版)》的一大创新,意味着其关注点从教师的教转向了学生的学。

二、中学历史课程为何会发生变革

"任何教育制度都是维持或修改话语占有以及其所传递的知识和权力的政治方式"[6]。中学历史课程标准也不例外。什么内容能进入历史课程,以什么样的方式组织起来,要达到什么样的课程目标,这些都与教育政策、学术发展和社会变革密不可分。

1. 教育政策的变化

教育政策的变化无疑是中学历史课程变革的直接原因。近年来,党中央、国务院、教育部出台了一系列教育政策,如《国家中长期教育改革和发展规划纲要(2010—2020年)》《教育部关于全面深化课程改革落实立德树人根本任务的意见》《国务院办公厅关于新时代推进普通高中育人方式改革的指导意见》《中共中央、国务院关于深化教育教学改革全面提高义务教育质量的意见》《中国教育现代化2035》《深化新时代教育评价改革总体方案》《普通高中学校办学质量评价指南》,这些都是指导历史课程标准编制的重要文件。其中,对中学历史课程改革影响最为直接和深远的当属教育部2014年颁布的《关于全面深化课程改革落实立德树人根本任务的意见》。该意见指出:"立德树人是发展中国特色社会主义教育事业的核心所在",要"全面贯彻党的教育方针,遵循教育规律和学生成长规律。大力弘扬中华优秀传统文化,把培育和践行社会主义核心价值观融入国民教育全过程"。意见提出要"研究制订学生发展核心素养体系和学业质量标准",并决定由教育部统一组织"编写、修订中小学德育、语文、历史等学科教材"。立德树人、中华优秀传统文化、社会主义核心价值观、核心素养、学业质量标准、统编教科书,这些都成为中学历史课程改革的关键词。

2. 学术发展

教育政策决定了中学历史课程改革的方向,学术发展则决定了中学历史课程变革的内涵。由于历史教育学是历史学和教育学的交叉学科,所以中学历史课程的变革同时受到历史学和教育学的滋养。

当今史学发展日新月异,出现了不少新的研究领域和方法,如心态史、文明史、整体史、微观史、新文化史、概念史、日常生活史、公众史学、口述史、环境史、疾病史、历史人类学、历史社会学,不一而足。这些研究领域和方法的出现,深刻地改变了历史学的研究范式。而史学研究的发展,多少会渗透到中学历史课程中来。以高中历史选择性必修课程为例,其课程内容有政治体制,官员选拔与管理,法律与教化,民族关系与国家关系,货币与税收,基层治理和社会保障,食物生产与劳动生活,生产工具与劳作方式,商业贸易与日常生活,村落、城镇与居住环境,交通与社会变迁,医疗与公共卫生,源远流长的中华文化,多样发展的世界文化,人口迁移与文化认同,商路、贸易与文化交流,战争与文化碰撞,文化传承与保护,信息革命与人类文化共享。这种内容建构,显然能隐约看到微观史、新文化史、公共史学、日常生活史、环境史、疾病史、历史人类学、历史社会学的影子,且暗合了鲁西奇教授"人为本位的历史学"的观点。鲁教授倡导一种"站在'人'的立场上,以'人'作为叙述与认识的主体"的历史学,即"人为本位的历史学"。"人为本位的历史学"要求将"生存—生计—经济、交往—关系—社会、控制—权力—政治、求知—学术—思想、死亡—仪式—宗教以及不从(抗拒)—革命或改良—进步等六个方面及其过程作为历史叙述与分析的主要内容"。以此观之,食物生产与劳动生活,生产工具与劳作方式,商业贸易与日常生活,医疗与公共卫生,大体属于"生存—生计—经济";村落、城镇与居住环境,交通与社会变迁,人口迁移与文化认同,商路、贸易与文化交流,战争与文化碰撞,大体属于"交往—关系—社会";源远流长的中华文化,多样发展的世界文化,文化传承与保护,信息革命与人类文化共享,大体属于"求知—学术—思想""死亡—仪式—宗教";政治体制、官员选拔与管理、法律与教化、民族关系与国家关系、货币与税收、基层治理和社会保障,大体属于"控制—权力—政治""革命或改良—进步"。这就启示我们,与《中外历史纲要》强调王朝、国家、民族、国际社会不同的是,高中历史选择性必修课程的教学必须"站在'人'的立场上,从'人'出发,以历史上的'人'为中心,将历史看作生命的体现,叙述并分析历史过程"[7]。

教育学的发展同样非常迅猛。教育人类学、教育社会学、教育现象学、教育心理学、教育技术学、教育经济学、教育管理学、学习理论、教师教育,新的研究领域和方法层出不穷。仅以与中学历史课程联系最为密切的课程与教学论来讲,近年来在课程与教学论的研究中流行大概念、项目学习、深度学习、逆向教学设计、单元教学设计、STEAM 教育、跨学科学习、教学评一体化、社会情感学习等,大部分也在中学历史课程中得到了反映。

3. 社会变化

"化民成俗,其必由学"[8]。教育是使学生从自然人向社会人转变的过程。无论是"课程即社会文化再生产",还是"课程即社会改造",都表明了课程与社会之间的密切关系。《义务教育历史课程标准(2022 年版)》指出:"当今世界科技进步日新月异,网络新媒体迅速普及,人们生活、学习、工作方式不断改变,儿童青少年成长环境深刻变化,人才培养面临新挑战。"其实,构成中学历史课程变革的社会背景的,不仅仅是科学技术的变化。

当今社会,从不同的维度来观察,呈现出不同的面貌,因此也就有了各种各样的命名,如信息时代、人工智能时代、算法时代、大数据时代、第四次工业革命、后全球化时代、后真相时代、后疫情时代。从经济和技术角度来讲,人工智能、大数据、算法、信息技术对社会各领域产生了越来越重要的影响,可称之为人工智能时代、大数据时代、算法时代、信息时代或第四次工业革命;从政治角度来讲,许多国家民族主义势力上升,国与国之间的隔阂、误解乃至仇恨加深,冲突不断,全球化进程严重受挫,可称之为后全球化时代;从社会层面来讲,诉诸情感较之真相更能影响舆情,可称之为后真相时代。后疫情时代不是指疫情结束后的时代,而是疫情发生后的时代。全球新冠疫情的蔓延,对社会各个领域,小至个人出行,中至国民经济,大至国际关系,较之疫情发生前都出现了显著的变化,因此可称之为后疫情时代。这些特征并非彼此隔绝,而是彼此影响、互相叠加。如全球新冠疫情造成个体命运叵测,"靠转嫁压抑来保持精神上的平衡"[9],将怒气发泄到国外,导致各国民族主义势力上升,全球化受挫;而信息技术的普及,大数据以及算法的应用,极大方便了别有用心者对网民民族主义情感的操纵,加速了后真相时代和后全球化时代的到来。

不管学术界如何命名当今时代,不管这些命名在多大程度上准确或不准确,难以否认的是当今世界正在发生深刻而广泛的变革,无论是对国家还是对个人来讲不确定性都在增加,黑天鹅随时都有可能出现。面对世界的变动不居,教育应有何作为?联合国教科文组织提出了"数字国民"的概念,并指出:"互联网改变了人们获取信息和知识的途径、交流方式以及公共管理和业务的发展方向……数字技术正在改变人类的活动,从日常生活到国际关系,从工作到休闲,并且正在重新定义私人生活和公共生活的多个方面……关于互联网、移动技术和社交媒体被误用的例子很多,范围从网络欺凌到犯罪活动,甚至涉及恐怖主义。在这个新的网络世界里,教育工作者需要帮助新一代'数字国民'做好更加充分的准备,应对现有数字技术乃至今后更新技术的伦理和社会问题。"[10]同理,我国中学历史课程无法"躲进小楼成一统",必须打开门来,勇敢而智慧地面对外面的世界。核心素养时代的历史教育强调打开学校围墙,面向真实的生活世界,依靠小组合作解决复杂情境中的真实问题,培育世界各国、各个国际组织都在强调的批判性思维、创造性思维、沟通、合作、文化理解与传承等素养,就是对社会变革所做出的回应。

三、如何应对中学历史课程的变革

塞涅卡有句名言:"愿意的人,命运领着走。不愿意的人,命运拖着走。"[11]面对当今社会的剧变,面对中学历史课程的变革,我们应冷静思考,以不变应万变,方能做到守正创新。所谓不变,不是指什么都不改变,而是指寻觅和确定相对不变的东西。以历史教育而言,相对不变的是学科本质、学科思想方法、历史教育的根本目的,变动不居的是课程标准、教科书、教法、技术、手段。从相对不变的事物出发,才能把握变动不居的事物。否则,不知因何而变,不知为何而变,这样的变化常常是无效的,甚或是有害的。

"道生一,一生二,二生三,三生万物"。找到历史教育的"道",是应对中学历史课程变革的根本。寻找历史教育的"道"可能有很多途径,本文想从历史的定义开始。所谓历史,一是指真实发生的过去自身,二是指对过去的建构与解释。中学生所学习的"历史",一般是指后者。由此,在中学历史教育中,历史可从五个方面——历史知识、历史思维、历史意识、历史文化、历史价值——来考查。

1. 历史知识

联合国教科文组织指出:"知识在有关学习的任何讨论中都是核心议题,可以理解为个人和社会解读经验的方法。因此,可以将知识广泛地理解为通过学习获得的信息、认识、技能、价值观和态度。知识本身与创造及复制知识的文化、社会、环境和体制背景密不可分。""获取何种知识以及为什么、在何时、何地、如何使用这些知识,是个人成长和社会发展的基本问题"[12]。在历史教育中,历史知识同样是一个核心议题。什么是历史知识,历史知识的性质是什么,历史知识如何分类,谁拥有历史知识,这些都是历史教育的基本问题。

关于知识,历来哲人就不乏洞见。苏格拉底认为,"美德是知识",相反,"如果一个人没有知识,他就不能正确地指导"[13]。柏拉图认为,知识不同于意见,意见因人而异,而知识是"带有说理的真信念"[14]。也就是说,知识符合三个标准:首先,命题是真的;其次,人们相信它是真的;再次,人们有理由相信它是真的。虽然2000年之后有人指出,即使具备了这三个要素,也不一定是知识[15]。但是,评判一个命题属于知识还是意见,至今尚无更好的替代标准来取代柏拉图的标准。福柯并不关注什么是知识,而是对知识的产生和认定机制感兴趣,他最终得出结论:"权力制造知识;权力和知识是直接相互连带的;不相应地建构一种知识领域就不可能有权力关系,不同时预设和建构权力关系就不会有任何知识。"[16]利奥塔尔注意到,人类拥有两种不同类型的知识,分别是科学知识和叙事知识[17]。叙事涉及说话者、听话者、指涉物三者之间的关系,因此,叙事知识不仅在陈述指涉物,还反映了说话者与听话者的关系,这就与科学知识仅仅反映自然现象不同。以上哲人对知识的洞见,有助于我们从不同角度去理解历史知识。首先,掌握历史知识不一定会拥有美德或智慧;但对历史知识的无知,常常会导致人类犯错。其次,在接受某命题为历史知识之前,应该去证明它,而不是盲从轻信。再次,历史知识不仅仅反映客观事实,还反映了权力关系,以及说话者与听话者的关系。因此,对历史知识要祛魅。

历史知识也要从教育学的角度进行思考。安德森等人修正后的布卢姆教育目标分类学将知识分为事实性知识、概念性知识、程序性知识、元认知知识。因此,要改变将历史知识等同于历史事实的陈旧观念。更何况,事实性知识也不等于历史事实,而是关于历史事实的知识,包括历史事实和对历史事实的解释。如"1929年,资本主义世界爆发了空前严重的经济危机",这显然属于事实性知识,但它既有事实,也有解释,"资本主义世界""空前严重""经济危机"这几个词都有解释的成分。"在德国,法西斯主义利用经济大危机对民众所造成的恐惧心理和不安全感,从而执掌了国家政权",这在总体上属于历史解释,但也包含事实的成分。由此可见,事实性知识是学科知识的基本要素而不等于历史事实。作为生产事实性知识的副产品,人类又创造了概念性知识、程序性知识和元认知知识,并且,这些类别的知识在知识体系中愈发重要。概念性知识是对基本要素之间关系的提炼与概括,如"历史解释接近历史真实而不等于历史真实"。程序性知识是指做事的方法与程序,如"解读史料应先求其史源,再置身语境,最后组织史料互证"。元认知知识是对认知性质、过程与方法的认识,如"人们对历史的认识受其立场、学识以及所处时代的影响"。树立新的历史知识类型观,有助于我们转变历史教学方式和历史教育观念。

历史知识具有人文性、叙事性和建构性。历史知识是对人类过往经验的总结,反映了人类对自然、社会和自我的理解,当然首先具有人文性。人文性意味着学习历史知识的首要目的是增进对人性的理解。为了理解人类,没有其他好的途径,只能通过人类过去做过什么来推断。其次,历史知识具有叙事性。历史知识与历史语境密不可分,不可脱离具体的时空条件、事情的来龙去脉去理解,因此其呈现方式必然具有叙事性。再次,历史知识具有建构性。皮亚杰指出:"认识起因于主客体之间的相互作用,这种作用发生在主客体之间的中途。"[18]历史认识同样如此。E. H. 卡尔认为:"历史是历史学家与历史事实之间连续不断的、互为作用的过程,就是现在与过去之间永无休止的对话。"不仅如此,历史知识还是社会建构的结果:"历史学家与历史事实之间互相作用的进程……不是一场抽象的、孤立的个人之间的对话,而是近日社会与昨日社会之间的对话。"[19]

历史知识的主体是谁,这是关于历史知识的最后一个重要问题。在古代,精英才拥有历史知识。然而,近代以来,历史教育成为国民教育体系中的一部分。因此,拥有历史知识不再是精英的专利,大众也应该且必须拥有历史知识。在学校教育的语境中,即学生拥有历史知识。"谁拥有历史知识"决定了后续两个问题,即"拥有关于谁的历史知识""如何拥有历史知识"。对于古代精英来讲,当然是要拥有关于朝廷的知识、关于英雄的知识,以便统治者引为鉴戒。对于现代公民来讲,要拥有的应该是关于世界的知识、关于国家的知识、关于民众的知识、关于生活的知识,以便更好地利用历史知识来指导自己的人生。心态史、微观史、新文化史、日常生活史、公众史学、环境史、疾病史的思想与内容融入中学历史课程,当作如是观。对中学历史教师而言,我们除了要在历史教学中关注宏大叙事之外,还要留意个体在时代浪潮中的命运,以及普通人对社会的改良与进步所做出的重要贡献。这实际上也是唯物史观("人民群众创造历史")的题中应有之义。"谁拥有历史知识"要求思考的另一个问题是"如何拥有历史知识"。学生如何才能拥有历史知识,这就要求我们为学生创造建构和运用知识的各种机会,如项目学习、跨学科主题学习、单元学习,使学生在调查、叙事、制作、展览、讨论、辩论、阅读、写作、研究等各种活动中拥有历史知识。

2. 历史思维

历史学科核心素养与历史思维直接相关,如时空观念、史料实证和历史解释,由此可见历史思维的重要性。历史思维是学生获得与运用历史知识、思考历史与现实问题的利器。历史事件总是发生在特定的时空,因此,只有把它还原到特定时空,才能更好地理解它。为了更好地理解历史,在时间上,学生要学会运用时序(先后次序)和时段(长中短时段)、历时性和共时性、延续和变迁、分期和转折等概念。在空间上,学生要学会从历史地理学和全球史的角度来思考问题。历史地理学着眼于地理与人文的关系,认为地理环境为人类历史活动提供了舞台,舞台的大小和宽窄肯定会对人类的演出造成一定的影响。全球史则注意到国家与国家、民族与民族、社会与社会、文明与文明之间互动与交流的重要性,认为这个舞台的演出与那个舞台的演出之间会有竞争、交流、借鉴的关系。《义务教育历史课程标准(2022年版)》对世界历史特点的叙述——人类文明的多源性、人类文化的多元性、世界发展不平衡性、世界逐渐形成整体、真正意义世界历史开始形成、世界日益密不可分、世界历史终于形成、全球性联系与问题,都是从空间的角度而做出的概括,空间的重要性也由此可见一斑。

历史学习如同历史研究,都是对过去的探究。而探究始于问题,成于证据。柯林武德认为,历史研究要从提问开始,通过对史料的拷问,获取有助于回答这个问题的证据。在历史学习中,培养学生的问题意识和证据能力极端重要。史料不会自动说话,史料的价值是相对于问题而言的,对于这个问题来说毫无价值,对于那个问题来说可能就会成为证据。因此,面对史料,如何提问才能获得有用信息,这是历史教师应该着重培养学生的能力。从证据的角度来讲,同样也有很多讲究。证据有直接证据和间接证据、原始证据和传来证据、正面证据和反面证据、有意证据和无意证据、言词证据和实物证据之分。如何综合运用这些证据,使之形成逻辑严密的证据链,应该成为史料研习的重头戏。

史料的解读,应该重视语境与互证。语境有内在语境与外在语境之分。内在语境即上下文语境,外在语境即历史语境——事件发生时的特定时空及相关背景、条件。语境主义认为,一句话只有置于一段话中才能得到理解,一件事只有置于特定时空条件中才能得到理解,脱离语境的话语和事件是难以理解或容易误解的。史料置于语境之中解读,并不能担保解读的准确性,因为容易出现过度解读的危险。因此,为更准确地理解史料,还要让史料与史料之间形成互证关系。史料的互证包括文献资料与考古资料的互证,图像资料与文字资料的互证,有意证据与无意证据的互证,言词证据与实物证据的互证,外部资料与内部资料的互证,本国语资料与外国语资料的互证,不一而足。

人类习惯于探究各种事物发生和发展的原因,想要通过这种手段来理解和把握它们,历史研究者(包括学生)也不例外。然而,历史学探究原因的机制不同于自然科学探究原因的机制。从根本上讲,探究原因就是要排除无关变量,找出导致因变量变化的自变量。自然科学通过实验来控制各种变量:自变量实行单一变量原则,无关变量实行等量适宜原则,因变量实行可观测性原则。如果这个自变量能引起因变量的变化,那么它们之间就是因果关系。而历史研究者却只能在头脑中控制各种变量——假设其他因素都不变,唯独历史研究者要考察的这个因素变了,结果会不会变。如果结果变了,它就是原因;如果结果不变,它就不是原因。比如说,假如没有德意日法西斯主义(其他因素都不变),那么第二次世界大战很有可能不会发生,因此,德意日法西斯主义是第二次世界大战爆发的原因。但是,如果中国的南京国民政府不实行法币改革(其他因素都不变),第二次世界大战仍然会发生,因此,法币改革不是第二次世界大战爆发的原因。当然,严格来讲,这种探究方式所能确定的不是原因,而是相关性。细分的话,有长程相关与短程相关、内部相关与外部相关、强相关与弱相关、直接相关与间接相关。

学生学习历史是为了从中获得意义。赵恒烈提出了三个时态的理论——共时态—昔时态—即时态,共时态是指对当时人的意义,昔时态是指对后来人的意义,即时态是指对现代人的意义[20]。三个时态的理论之所以成立,是因为历史意义因人而异、因时而异。伽达默尔在《真理与方法》中指出:"先行东西的意义正是由后继的东西所决定。"[21]291意义总是A对B的意义,因此意义不仅取决于A,也受制于B。A发生后就不变了,但是,随着时代的变化,B总是在变化,B1、B2、B3纷至沓来,历史意义就变动不居。以例言之,有半杯水,这是确凿的事实。甲认为只有半杯水,乙认为还有半杯水,这是对意义的不同阐释。历史是个延续不断的过程,因此,历史思维要求与之前比,现在的半杯水是多了还是少了。多了还是少了,这是能够确定的,那么,是不是就能由此得出固定不变的意义呢?还是不行,因为有人觉得多的量不够,有人觉得多这么多不容易。此外,为什么会多出这么多的水,会有不同的原因解释,这同样会影响到对多出这部分水的评价。最后,后来人的处境会影响到对这半杯水的评价。身处沙漠中的人与家中有不绝自来水的人,对这半杯水的珍视程度肯定不一样。现在,让我们把"半杯水"替换成"辛亥革命的结果",我们就不难理解为什么对辛亥革命的评价如此多元复杂。

3. **历史意识**

本文是从过去、现在与未来三者之间关系的角度来理解历史意识的。亦即,所谓历史意识,是指个体如何看待过去、现在与未来三者之间的关系。

历史意识的浅表层次是要意识到过去与现在有别。正如西方一句谚语所言:"过去如同异邦。"回到过去,如同来到异域,时时处处都会发现不一样的东西。为了理解过去,就要透过他们的眼睛看他们所处的世界,而不要将自己的价值观与思维方式强加到古人身上。

历史意识的第二层次是意识到"过去是现在中的一个成分"[22]。过去并没有完全流逝,否则我们就无法了解它。过去或多或少留下了一些痕迹或记载,如文献、遗址、遗迹、古物、传说、地名、语言、习俗、记忆。它们存留在当下,是我们今天这个社会的一部分。残留下来的过去并不是被动地等待我们去检阅,而是会主动地搅动我们的情感,甚至塑造我们思考问题的方式。比如说,每当看到遗址遗迹,人们就会不由自主地产生某种悲伤或骄傲的情感。再比如,历史记忆会在潜意识中影响大脑思考问题的方式。

历史意识的第三层次是意识到我们自身是历史的产物。"历史并不属于我们,而是我们属于历史"[21]392。我们以为自己是理性的,我们能够认识过去,把握历史,让历史服务于当下。但在实际上,我们每个人出生之时,都在特定的时期、特定的国家、特定的地域、特定的家庭。这个时期、国家、地域、家庭所尊奉的信仰和价值观,都是过去留下来的。这些构成了我们成长的历史底色。伴随我们的长大,我们又接受了特定的教育,拥有了不同的经历,形成了不同的个性。总之,我们是历史塑造出来的,我们并不能超越我们所处的时代。

历史意识的第四层次是意识到过去、现在与将来的辩证关系。这个层次引入了将来这个维度。过去、现在与将来看起来是依据时序形成了线性关系,但在实际上,它们手携手、肩并肩,难分先后。吕森注意到记忆将过去、现在和将来勾连起来,他说:"记忆使过去成为现在,并且在这一过程中开启了未来的视角。"[23] 汉娜·阿伦特也说:"竭尽全力返回起源的过去不是把我们往后拉,而是把我们往前推,而未来却使劲把我们往过去驱赶。"[24] 立足现在这一个点,过去把我们往未来推,未来把我们往过去赶,三者建立起跨越时间的互动关系。我们的确是历史的产物,但是,历史也是人类创造的。通过回顾人类自身创造出来的历史,我们就能够发现未来的可能性。

4. **历史文化**

历史意识和历史文化是德国历史教育中两个最为重要的概念。什么是历史文化?

德国著名历史哲学家吕森认为:"如果我们仔细研究一下历史意识在一个社会的生活中的作用,那么就可以看到,历史意识是一种完全独特的触及并影响人类生活几乎所有领域的文化。因此,可以将历史文化定义为历史意识在一个社会生活中对(社会生活)实践有效性的表现。"[23]亦即,历史文化是历史意识在社会生活中的体现。历史意识是内在的,历史文化是外显的。历史文化是历史意识的表征,历史意识是历史文化的内核。

"历史文化存在于文本、工具、仪式性或非仪式性的行为中……图画、建筑、礼仪和文化表演都显示出历史知识……纪念碑组织起一种可被时空认同的历史事件及其影响的回忆。借助不断扩大的新老媒介,历史意识得以被唤醒在文本与图像中"[25]90历史文化这一概念的提出,意味着历史教育突破了学校围墙的限制,走向了社会公众与社会生活。历史研究是象牙塔中的学问,历史教育也仅仅发生在课堂。历史研究是少数人从事的职业,且有着很高的专业门槛。历史教育虽然惠及所有国民,但时限只有短短几年。而历史文化广泛存在于历史纪念日、历史仪式、历史纪念碑、历史纪念馆、历史博物馆、历史建筑、历史图像、历史节日、历史剧之中,随处可见,随时可睹,在潜移默化中影响着全体国民的历史意识。如果这些历史文化受不当的历史意识支配,那么其危害将既深且巨;如果这些历史文化受正确的历史意识控制,那么其仁泽将百世不斩。

历史文化与历史教育有什么关系呢?或者说,为什么要在历史教育中探讨历史文化呢?学校即社会,教育即生活。在学校的历史教育中,树立历史文化的观念,帮助学生参与历史文化的建设,既能在眼下影响历史文化的建设,又能培养学生的历史使命感和社会责任感,为其将来进入社会后继续致力于历史文化奠定基础。我国历史教育在这方面已经做过一些工作,现在引进这个概念,只为提高大家的理论自觉,以便做得更好。比如说,前面所说的项目学习、跨学科主题学习,便可以在历史文化领域做文章。

5. 历史价值

学历史有什么用?对于历史教育来讲,这是个永恒的问题。显然,历史会给不同的人带来不同的用处。有人通过贩卖历史知识来获利,有人借用历史知识来消遣,有人像收集古董一样搜集历史知识,有人将历史知识作为炫耀的资本,有人通过了解历史来认识现在,有人通过了解历史来认识人性,有人将历史作为道德教化的工具,有人因历史比小说还精彩而迷上历史,有人将历史作为训练思维的利器,有人将历史作为建构集体记忆的途径,林林总总,不一而足。这些功能都是对现实情况的概括,是实然状态,而非应然状态。而教育总是为了理想目标而努力,历史教育也不例外。

吕森提出了著名的历史科学的学科矩阵示意图[25]44,对我们思考历史教育不无裨益。吕森认为,历史科学可以分成两个层面,一是生活实践层面,一是专业科学层面。生活实践是人们研究历史的起点和归宿。人们之所以想要研究历史,是因为他们有兴趣——在当下社会的变化中,他们产生了某种回顾过去的需求;而历史研究的成果,具有人类生活实践的文化导向功能,满足了人们的需求。在兴趣和功能之间,建立的是集体回忆的政治策略。在专业科学层面,包括历史研究的三个基本要素:角度、方法和呈现形式。人们研究历史,总是从某种理论或视角出发,采用经验研究(历史属于经验科学)的技术规则,最终要以叙事的形式形成历史文本。在角度与方法之间,建立的是历史知识创造的认知策略,即历史思维、历史意识。生活实践层面和专业科学层面彼此关联。生活实践的兴趣开启了历史研究的进程,而历史研究的结果必然要以历史文本的形式呈现,历史文本不可回避地会运用文学作品的某些规则(如诗学和修辞学,这里显然融合了海登·怀特的思想),才能被人们接受,从而发挥其功能。吕森的学科矩阵融合了思辨的历史哲学、分析的历史哲学和叙事主义历史哲学的合理内核,令人耳目一新。

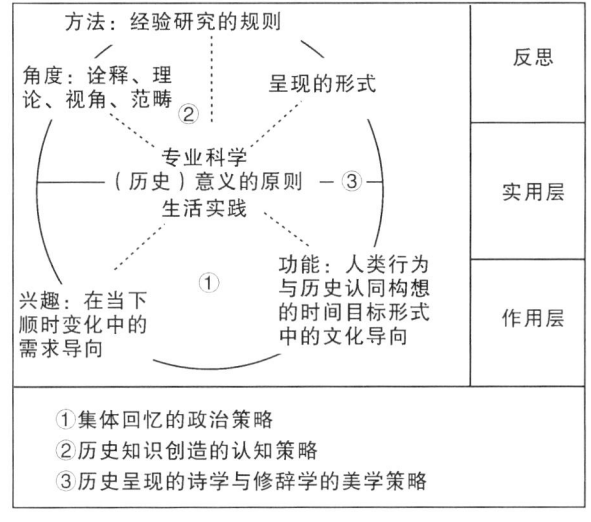

图4 吕森历史学科矩阵

吕森的学科矩阵启示我们:第一,历史教育要正面回应社会的现实需求。历史教育不能与社会隔绝。如前所述,当今社会在发生广泛而深刻的变革,历史教育要培养社会需要的人才。第二,历史作为学术性学科,有一整套研究的规则,有助于学生养成严谨的治学态度,涵养历史思维。第三,历史文本具有美学性质和文化导向,并因此而对社会产生影响。历史教育要推广项目学习,注重历史文化产品的输出。

当然,吕森的学科矩阵并不是针对历史教育提出来的,因此在矩阵中没有学生的位置。历史教育要想取得成效,必须要以学生为本。从根本上讲,历史教育要帮助学生认识他自己。认识自我包括三个基本问题:我是谁? 我从哪里来? 要到哪里去?"我是谁"体现的是主体意识,"我从哪里来"体现的是历史意识,"要到哪里去"体现的是自由意志。历史教育的方式方法,总以服务于学生的主体意识、历史意识和自由意志为宜。

---

[1] 课程教材研究所.20世纪中国中小学课程标准·教学大纲汇编(历史卷)[G].北京:人民教育出版

社,2001:21-42,135-223.

[2] 夏征农,陈至立.辞源(第六版缩印本)[M].上海:上海辞书出版社,2010:560.

[3] 郭华.新课标和课程方案发布俩月,如何具体在学校落地?[EB/OL].(2022-07-1)[2022-07-16]https://m.thepaper.cn/baijiahao_18831260.

[4] 布鲁纳.教育过程[M].邵瑞珍,译.北京:文化教育出版社,1982:47-49.

[5] 赵亚夫,张汉林.国外历史课程标准评介[M].北京:北京师范大学出版社,2017:385-402.

[6] 福柯.话语的秩序[M]//许宝强,袁伟.语言和翻译政治.北京:中央编译出版社,2001:17.

[7] 鲁西奇.人为本位:中国历史学研究的一种可能路径[J].厦门大学学报(哲学社会科学版),2014(2).

[8] 杨天宇.礼记译注[M].上海:上海古籍出版社,2010:456.

[9] 丸山真男.现代政治的思想与行动[M].陈力卫,译.北京:商务印书馆,2018:18.

[10] 联合国教科文组织.反思教育:向"全球共同利益"的理念转变?[M].北京:教育科学出版有限公司,2018:26.

[11] 陶银骠,武斌.中外哲学家辞典[M].西安:陕西人民出版社,1989:529.

[12] 联合国教科文组织.反思教育:向"全球共同利益"的理念转变?[M].北京:教育科学出版社,2018:16.

[13] 柏拉图.柏拉图全集[M].王晓朝,译.北京:人民出版社,2017:91-100.

[14] 柏拉图.泰阿泰德篇[M].詹文杰,译.北京:商务印书馆,2018:126.

[15] Edmund L. Gettier. Is Justified True Belief Knowledge?[J]. Analysis,1963(6).

[16] 米歇尔·福柯.规训与惩罚[M].刘北成,杨远婴,译.北京:生活·读书·新知三联书店,2012:29.

[17] 利奥塔尔.后现代状态:关于知识的报告[M].车槿山,译.南京:南京大学出版社,2011:73-98.

[18] 让·皮亚杰.发生认识论原理[M].胡世襄,译.北京:商务印书馆,1985:21.

[19] E. H. 卡尔.历史是什么[M].陈恒,译.北京:商务印书馆,2007:115-146.

[20] 赵恒烈.历史思维的三时态[J].首都师范大学学报(社会科学版),1993(8).

[21] 汉斯-格奥尔格·伽达默尔.诠释学I:真理与方法[M].金汉鼎,译.北京:商务印书馆,2013.

[22] 柯林武德.历史的观念[M].何兆武,张文杰,陈新,译.北京:北京大学出版社,2010:397.

[23] 尉佩云.历史文化:当代德国史学理论的一个范畴[J].学术研究,2018(10).

[24] 汉娜·阿伦特.过去与未来之间[M].王寅丽,张立立,译.南京:译林出版社,2011:8.

[25] 斯特凡·约尔丹.历史科学基本概念词典[M].孟钟捷,译.北京:北京大学出版社,2012.

(本文选自《中学历史教学参考》2022年第9、10期。作者单位:首都师范大学教师教育学院)